AF406324

Andrés Bello: La pasión por el orden

EDITORIAL UNIVERSITARIA

IMAGEN DE CHILE

305.552092   Jaksić A., Iván, 1954-.
B446J2   Andrés Bello: la pasión por el orden /
             Iván Jaksić A.; prólogo de Simon Collier.
             4ª. ed. Santiago de Chile: Universitaria, 2021.
             336 p., il., planos, retrs.; 17 x 24 cm. (Imagen de Chile)

             ISBN: 978-956-11-2798-2 (ed. rústica)
             ISBN: 978-956-11-2800-2 (ed. cartoné)
             ISBN Digital: 978-956-11-2799-9

             Cuarta edición revisada y actualizada.
             Bibliografía: p. 353-378.

1. Bello, Andrés, 1781-1865. 2. Intelectuales - Venezuela - Biografías I. t. II. Collier, Simon, prol.

Texto compuesto en tipografía *Caslon 540 11/13,2*

Se terminó de imprimir esta
CUARTA EDICIÓN
en los talleres de Gráfica Andes Ltda.
Santo Domingo 4593, Quinta Normal, Santiago de Chile,
en octubre de 2021.

DISEÑO Y DIAGRAMACIÓN
Yenny Isla Rodríguez

CUBIERTA
Raymond Quinsac Monvoisin.
Andrés Bello, 1844.
Óleo sobre tela, 55 x 66 cm.
Casa Central de la Universidad de Chile,
Santiago, Chile.

www.universitaria.cl

IMPRESO EN CHILE / PRINTED IN CHILE

Iván Jaksić A.

Andrés Bello:
La pasión por el orden

Obra premiada por el Instituto Panamericano de Geografía e Historia
Premio Pensamiento de América, 2001-2002

Premio Manuel Montt 2006
Universidad de Chile

Premio Nacional de Historia
2020

Cuarta Edición
revisada y actualizada

La publicación de esta obra fue evaluada
por el Comité Editorial de Editorial Universitaria
y revisada por pares evaluadores especialistas en la materia,
propuestos por Consejeros Editoriales de las distintas disciplinas.

EDITORIAL UNIVERSITARIA

Para Ilse Irina Jaksić

La filosofía sensualista yerra en cuanto supone que la voluntad no es capaz de apasionarse por el orden; la filosofía idealista yerra en cuanto supone que la idea de orden es capaz de mover la voluntad sin apasionarla.

ANDRÉS BELLO, *Teoría de los sentimientos morales*, 1847.

Ya dos generaciones de mortales
habían perecido
mientras que él estaba aún con vida,
los cuales junto a él, anteriormente
se habían criado y nacieran
en Pilo muy divina,
y él era el rey de los de la tercera.

HOMERO, *La Ilíada*, I, 250.

ÍNDICE

PREFACIO

Como la mayoría de los que hemos nacido en Hispanoamérica, he sabido de Andrés Bello sin conocerlo realmente desde la escuela primaria, cuando aprendía gramática de acuerdo con sus métodos. Este vago conocimiento empezó a cambiar cuando estudié Filosofía en la Universidad de Chile, la institución que él creó, a principios de la década de los años 1970. Años después escribí algo sobre el primer Rector en el contexto de mi estudio sobre la filosofía chilena y, con Sol Serrano, sobre la fundación de la Universidad. Si bien es cierto que para ese entonces estaba bastante más familiarizado con la obra de Bello, no sabía lo suficiente sobre su biografía. Esto a su vez cambió cuando me di cuenta de que el pensador venezolano había vivido en Inglaterra por dos décadas, una cantidad de años en los que yo mismo residía en otro país, respirando otros aires y hablando cotidianamente otro idioma. Fue entonces cuando me sentí particularmente cercano a él y a su experiencia, especialmente en lo que se refiere a la preocupación por la lengua, la sensación de carencia vital del expatriado, y el consuelo que otorga el vivir intensamente otras culturas, tanto pasadas como presentes, cuando ellas enseñan que la humanidad es un tesoro compartido. Sin embargo la idea de recorrer los caminos ya expertamente transitados por Miguel Luis Amunátegui, en su *Vida de don Andrés Bello* (1882), o Rafael Caldera con su *Andrés Bello* (1935), junto a muchos otros estudiosos, me hacía temer que no había lugar para otra biografía. Pero una vez que conversé largamente con Simon Collier, a quien debo tanto en este libro, comprendí que había lugar, e incluso necesidad, para un nuevo estudio sobre Bello. No podía, sin embargo, repetir lo ya dicho, y esto significó una investigación de varios años en diferentes países y en más de una docena de archivos y bibliotecas. Tenía además otro incentivo importante, puesto que Jean Franco, a cargo del comité editorial del "Library of Latin America" de Oxford University Press, me pidió participar en la empresa de publicar a los grandes autores del siglo XIX latinoamericano en inglés. Yo me encargué de Bello, y esto me hizo recorrer los 26 tomos de sus obras completas, algunos de los cuales leí varias veces. Con esta familiaridad me sentí finalmente en condiciones de intentar una interpretación de la obra del pensador venezolano, pero agregando nueva investigación y las técnicas de la historiografía moderna.

Durante este largo proceso adquirí una serie de deudas impagables, puesto que fueron muchas las personas e instituciones que hicieron posible esta investigación. Debo agradecer en primer lugar al personal del Archivo Central Andrés Bello de la Universidad de Chile, quienes con gran paciencia me suministraron, por años, los materiales que necesitaba, y por lo general en visitas súbitas. Quiero agradecer en particular a Humberto Giannini y a Darío Oses, directores del archivo, Antonia Rebolledo Hernández, investigadora, y a Gladys Sanhueza, la encargada de Colecciones Especiales, por la generosidad con la que siempre acogieron mis estadías y pedidos en la década de los años 1990. La señora Gladys no solo me esperaba con los materiales listos cuando le decía que iba en camino, sino que me ayudó en un momento particularmente importante, que puede ser la peor pesadilla de un investigador: el cambio del sistema de clasificación de los manuscritos, cosa que por lo demás era muy necesaria, luego de haber tomado notas por años de acuerdo con el sistema anterior. En Chile también tuve la oportunidad de consultar los materiales sobre Bello en la Sala Medina de la Biblioteca Nacional, como también la información pertinente en el Archivo Nacional. Los libreros Erasmo Pizarro y Luis Rivano me ayudaron a localizar materiales que necesitaba tener conmigo para estudiar con detenimiento, sobre todo diferentes ediciones de las obras de Bello, y no en las cortas visitas que me permitían mis obligaciones.

En Venezuela tuve el privilegio de conocer y contar con el apoyo de Pedro Grases, quien me proporcionó una valiosa ayuda tanto por la generosidad con que la entregó como por su conocimiento extraordinario de la biografía y la obra de Bello. Óscar Sambrano Urdaneta y Rafael Di Prisco, directores sucesivos de La Casa de Bello, facilitaron mi acceso a los manuscritos e impresos de la que era entonces una excelente colección. No olvidaré nunca el apoyo del Dr. Rafael Caldera, quien compartió conmigo su amplio conocimiento sobre Bello, y manifestó su interés por esta investigación desde sus comienzos. Fue el Dr. Gonzalo Palacios, en esa época Agregado Cultural de la Embajada de Venezuela en Estados Unidos, quien me presentó al Dr. Caldera, y quien me ayudó con muchos otros contactos en Venezuela, y que además leyó este trabajo con gran cuidado.

Una satisfacción inesperada durante el curso de esta investigación fue la localización de una serie de manuscritos y colecciones en otros países. Me refiero al Archivo Central del Museo Británico, la Biblioteca Guildhall de Londres, y el British and Foreign Bible Society, de la Universidad de Cambridge. También la Biblioteca Sidney Jones de la Universidad de Liverpool, y la Biblioteca del Manchester College de Oxford, que poseen colecciones importantes de manuscritos de José María Blanco White, una de las figuras cruciales en la vida de Bello en Inglaterra. En España el Archivo Histórico Nacional me suministró materiales indispensables sobre el papel de Bello durante el periodo de la independencia, sobre todo en los aspectos diplomáticos. En Estados Unidos encontré con sorpresa y satisfacción materiales de Bello en el Archivo Nacional de Estados

Unidos, en Washington; en la Biblioteca Lilly, de Bloomington, y en la Boston Public Library. En todos estos lugares, y en varias bibliotecas universitarias, encontré por lo general un personal especializado y gentil, a quien agradezco enormemente la ayuda prestada.

La mayor parte de la redacción del libro, primero en su versión inglesa, publicada por Cambridge University Press con el título de *Andrés Bello, Scholarship and Nation-Building in Nineteenth-Century Latin America* (2001), se realizó durante los años 1997 y 1998 en tres instituciones que me proporcionaron tanto afiliación académica como apoyo administrativo: el David Rockefeller Center for Latin American Studies de la Universidad de Harvard, en donde disfruté de la hospitalidad de John Coatsworth, Steve Reifenberg, June Erlick, Dan Hazen y Doris Sommer. Allí pude también compartir con otros investigadores que estaban en ese momento en la universidad: Juan Enríquez Cabot, Juan Carlos Moreno y Francisco Valdés-Ugalde. En Oxford, donde fui nombrado Senior Associate Member del St. Antony's College, pasé un estimulante periodo en el Latin American Centre. Allí debo agradecer muy especialmente a Alan Angell, Malcolm Deas y Alan Knight por su hospitalidad. El Director (*Warden*) de St. Antony's, Sir Marrack Goulding, tuvo la gentileza de presentarme a varios académicos, y en especial a James Hamilton, un gran estudioso del pintor J.M.W. Turner, quien me proporcionó información muy útil sobre el Londres de las décadas de los años 1810 y 1820. Una beca del Instituto Kellogg de la Universidad de Notre Dame me proporcionó un semestre de apoyo que me permitió avanzar bastante en la redacción de este libro. Agradezco a Guillermo O'Donnell, entonces Director Académico del Instituto, quien gestionó mi nombramiento como Residential Faculty Fellow. Debo agradecer también al Institute for Scholarship in the Liberal Arts (ISLA) por becas que me permitieron consultar varios archivos internacionales. Los directores Jennifer Warlick y Christopher Fox patrocinaron mi investigación en momentos en que más lo necesitaba.

Estoy muy endeudado con numerosos amigos y colegas que tuvieron la generosidad de leer atentamente los múltiples borradores de la primera edición de esta obra, o discutir conmigo varias de sus ideas centrales. Me refiero a Jaime Concha, Jorge Correa Sutil, Antonio Cussen, Frank Dawson, Malcolm Deas, Ángel Delgado-Gómez, Judith Ewell, Pedro Grases, Charles A. Hale, Tulio Halperín Donghi, Gary Hamburg, J. León Helguera, Cristián Gazmuri, Alejandro Guzmán Brito, Alfredo Jocelyn-Holt Letelier, Gwen Kirkpatrick, Alan Knight, Brian Loveman, Erika Maza Valenzuela, Matthew C. Mirow, Gonzalo Palacios, Eduardo Posada-Carbó, Guillermo O'Donnell, David Rock, Norman P. Sacks, Rafael Sagredo, David Scott-Palmer, Daniel J. Sheerin (quien identificó y me proporcionó las traducciones de citas latinas a las que Bello recurría con frecuencia), James C. Turner, Julio Samuel Valenzuela y Francisco Vargas Avilés (descendiente de Bello por la línea de Manuel Bello Dunn).

Para los propósitos de esta nueva edición me he beneficiado enormemente con los comentarios de José Antonio Aguilar, Roberto Breña, Antonio Cussen, Héctor Hoyos, Hans Ulrich Gumbrecht, Daniel Gutiérrez Ardila, Alan Knight, John Lynch, Teresa Matte, Ildefonso Méndez Salcedo, Edgardo Mondolfi, Leonidas Montes, Martin Murphy, Juan Luis Ossa Santa Cruz, Francisco Javier Pérez, Inés Quintero, Carlos Sandoval, Tomás Straka, Joaquín Trujillo Silva, Barry Velleman y Cristián Warnken.

Quiero hacer especial mención de cuatro colegas con quienes tengo una deuda adicional muy importante. Simon Collier fue no solo la persona que me sugirió la idea de escribir esta nueva biografía de Bello, sino que fue también mi lector más asiduo, leyendo capítulo tras capítulo, en la medida que salían de mi escritorio, y comentando después el manuscrito completo, cosa que hizo dos veces. Son incontables las sugerencias e información que generosamente compartió conmigo a lo largo de los años, sugerencias tanto más valiosas puesto que pocos lectores conocieron a Bello y la historia de Chile tan bien como él. No dejaré nunca de lamentar su prematuro fallecimiento en febrero de 2003. Karen Racine tuvo la gentileza de leer no solo gran parte del manuscrito sino también compartir numerosos materiales de su propia investigación sobre los expatriados hispanoamericanos en Londres durante el periodo de las independencias. Su generosidad llegó al punto de buscar cualquier rastro de Bello en los archivos que ella misma consultaba. Sol Serrano leyó no solo las versiones en inglés y castellano de este libro, sino que sostuvo un paciente diálogo sobre el tema a lo largo de una década. Son incontables las ocasiones en que me ayudó a dilucidar aspectos de la vida de Bello, de su obra y de la historia del siglo XIX, o en que me ayudó a localizar información, a clarificar problemas de documentación y a considerar problemas historiográficos. Si he logrado una comprensión de Bello en sus dimensiones políticas y humanas, a ella se lo debo. Juan Carlos Torchia Estrada, cuando era miembro de la Organización de Estados Americanos, se tomó el tiempo para leer y comentar la tesis doctoral de un estudiante completamente desconocido para él. Veinte años después leyó una vez más mi trabajo para rescatarme de errores e invitarme a clarificar puntos oscuros. Es con profunda humildad y mayor agradecimiento que confío que este trabajo sea digno de la enorme ayuda que me brindaron todos ellos.

A mi hija Ilse Irina dedico esta edición, por haber estado presente en todas ellas, y mucho más allá.

PRÓLOGO

Andrés Bello es una de las figuras intelectuales más reconocidas de la historia hispanoamericana. Sus obras han sido publicadas una y otra vez, y su nombre e imagen se encuentran en lugares visibles de todo el hemisferio, ya sea en la forma de avenidas, estatuas, parques, instituciones de educación superior, editoriales, medallas, premios e incluso monedas y billetes. Los investigadores han continuado su obra en gramática, derecho civil e internacional, y varias otras ramas del conocimiento que abarcan desde la historia hasta la filología. El primer centenario del nacimiento de Bello fue celebrado en 1881, momento a partir del cual se publicó en Chile la primera edición de sus obras completas en quince tomos. Desde entonces el mundo de las letras tomó conciencia de la enorme presencia intelectual de Bello. Para fines del siglo XIX el nombre de este pensador era tan familiar como el de los grandes próceres de la independencia. De hecho, se retrataba a Bello, junto a Francisco de Miranda y Simón Bolívar, como un arquitecto de la independencia hispanoamericana y como un humanista que había logrado con la pluma mucho más que los guerreros con las armas. José Martí, el prócer cubano, lo denominó "maestro de Repúblicas".[1]

Este reconocimiento creció en el siglo XX. En 1917 el escritor venezolano Rufino Blanco Fombona comentó que "raras veces hombre de pluma y de pensamiento ha ejercido en varios pueblos influencia tan eficaz y perdurable como la influencia que ejerció y aún ejerce D. Andrés Bello en los países de lengua española".[2] La suya fue una de las múltiples voces del siglo que hacía referencia a los aportes de Bello a la formación de las nuevas naciones. En 1928 el crítico literario dominicano Pedro Henríquez Ureña se refirió a Bello como un "creador de civilización", quien desde Londres "lanzó la declaración de nuestra independencia literaria".[3] Rafael Caldera, futuro Presidente de Venezuela, hizo alusión a

---

[1]   José Martí, "Centenario de Andrés Bello", *La Opinión Nacional* (Caracas), 6 de enero de 1882.

[2]   Rufino Blanco Fombona, *Grandes escritores de América (siglo XIX)* (Madrid: Renacimiento, 1917), p. 11.

[3]   Pedro Henríquez Ureña, "El descontento y la promesa", [1928] en *Obra crítica*, edición de Emma Speratti, con prólogo de Jorge Luis Borges (México y Buenos Aires: Fondo de Cultura Económica, 1960), pp. 241 y 249.

Bello en 1935 como "cerebro y corazón americanos".[4] En 1953 el poeta chileno Pablo Neruda (más tarde premio Nobel de Literatura) rindió homenaje a Bello como uno de los pioneros en el uso sencillo del idioma y de la poesía de "construcción continental", agregando que "comenzó a escribir antes que yo mi *Canto General* [1950]", refiriéndose a la "Alocución a la poesía" (1823) y a la "Silva a la agricultura de la zona tórrida" (1826).[5] En 1955 otro premio Nobel de Literatura, el guatemalteco Miguel Ángel Asturias, reconoció a Bello el haber iniciado "el diálogo de la literatura americana en el plano universal".[6] Desde el otro lado del Atlántico, el crítico literario Ramón Menéndez Pidal elogió el trabajo de Bello y declaró que, aunque era verdad que el intelectual de Caracas pertenecía a toda Hispanoamérica, "también pertenece a España", entre muchas otras cosas, por sus aportes a la literatura medieval ibérica.[7] El término "bellista", acuñado para definir a quien estudia la obra de Andrés Bello, entró oficialmente en el léxico de la lengua castellana en 1956, cuando la Real Academia Española lo adoptó y pasó a ser parte del *Diccionario de la lengua española* a partir de la decimoctava edición.

Todas estas manifestaciones de la importancia de Bello han contribuido a una mayor comprensión de su obra. Dos nuevas ediciones de sus obras completas fueron publicadas en Venezuela, la primera a partir de la década de los años 1950, y la última con ocasión del bicentenario del nacimiento de Bello en 1981. Este aniversario se celebró con un gran despliegue internacional, aunque con un énfasis comprensible en los países en los que vivió Bello: Venezuela, Inglaterra y Chile.[8] Varios tomos académicos se publicaron evaluando la personalidad y la obra de Bello. También, varias instituciones académicas y organismos internacionales nombraron becas, premios, y cátedras en su honor.[9] En 1981, el Secretario

---

[4]   Rafael Caldera, *Andrés Bello*, 7ª edición Caracas: Editorial Dimensiones, 1981, p. 190.

[5]   Pablo Neruda, "A la paz por la poesía", en *El Siglo*, 31 de mayo de 1953. Agradezco al profesor Manuel Gutiérrez, de la Universidad de Houston, el facilitarme una copia de este artículo.

[6]   Miguel Ángel Asturias, en Manuel Gayol Mecías, compilador, *Andrés Bello: Valoración múltiple*. La Habana: Ediciones Casa de las Américas, 1989, p. 761.

[7]   Ramón Menéndez Pidal, "La nueva edición de las obras de Bello", en Pedro Grases, comp., *España honra a don Andrés Bello*. Caracas: Presidencia de la República de Venezuela, 1972, p. 252. Este ensayo fue originalmente publicado en 1954 por la *Revista Nacional de Cultura* (Caracas).

[8]   Un recuento exhaustivo de las celebraciones del bicentenario es el de Óscar Sambrano Urdaneta, *El Andrés Bello universal: Crónica del bicentenario de su nacimiento* (Caracas: La Casa de Bello, 1991). También, sobre las celebraciones en Chile, "Crónica del bicentenario de Andrés Bello", en *Anales de la Universidad de Chile*, Quinta Serie, N° 2 (Agosto 1983). En cuanto a la preparación de las obras completas, véase *Andrés Bello: Documentos para el estudio de sus* Obras Completas, *1948-1985*, 2 tomos, prólogo de Rafael Caldera; estudio preliminar de Pedro Grases; investigación, selección y notas explicativas de Ildefonso Méndez Salcedo (Caracas: Fundación Pedro Grases, 2004).

[9]   La inauguración más reciente es la Cátedra Andrés Bello de la Facultad de Filosofía y Humanidades de la Universidad de Chile (2012). La de NYU (New York University) fue instalada en

General de las Naciones Unidas declaró a Bello como "uno de los originadores del Derecho Internacional Interamericano".[10]

Esta fama ha tenido un efecto paradójico. Por una parte, ha provocado una especie de cristalización de la figura de Bello que inhibe nuevos intentos de interpretar su vida y su obra. Por otra, dada la variedad y complejidad de los escritos de Bello, el estudio de sus textos ha derivado en una empresa altamente especializada que, aunque valiosa para comprender la riqueza de sus trabajos individuales, no ayuda necesariamente a comprender la unidad o significado global de su obra. Incluso aquellas excepciones valiosas que han intentado evaluar la totalidad de la obra de Bello, tienden a enumerar sus múltiples vertientes sin ofrecer una visión de conjunto. Como resultado, Bello sigue siendo una figura familiar y a la vez desconocida, una presencia que se reconoce pero que no se puede explicar. Las celebraciones periódicas que recuerdan la importancia de sus aportes nos hablan de una vida ejemplar en la investigación y en la administración pública. Además, se destaca su compromiso con la ley y su visión continental. Sin embargo, a pesar de la abundancia de estudios sobre prácticamente cada aspecto de su obra, y a pesar de los pronunciamientos obligatorios en su honor en los encuentros nacionales e internacionales, una evaluación académica del significado de su proyecto intelectual, e incluso aspectos importantes de su vida personal, no se ha logrado completamente.

Existen dos biografías clásicas de Bello: la de Miguel Luis Amunátegui, *Vida de Don Andrés Bello* (1882) y la de Rafael Caldera, *Andrés Bello* (1935 y múltiples ediciones posteriores). No son las únicas, pero las demás, aunque valiosas, no han logrado ir mucho más lejos de lo establecido por estos autores.[11] Amunátegui tuvo la particular ventaja de conocer cercanamente a Bello, entrevistándolo en

---

septiembre de 1998, con la presencia de Rafael Caldera. La beca Andrés Bello del St. Antony's College de la Universidad de Oxford fue establecida en 1974. En el area del periodismo, la revista británica *The Economist* nombró su principal columna sobre América Latina "Bello" en 2014.

[10] Palabras de Kurt Waldheim, *Las Naciones Unidas rinde homenaje a Andrés Bello*. Caracas: La Casa de Bello, 1981, pp. 23-24.

[11] Estas obras incluyen Eugenio Orrego Vicuña, *Don Andrés Bello*, 3ª edición (Santiago: Imprenta y Litografía Leblanc, 1940), Pedro Lira Urquieta, *Andrés Bello* (México y Buenos Aires: Fondo de Cultura Económica, 1948), Alamiro de Ávila Martel, *Andrés Bello: Breve ensayo sobre su vida y su obra* (Santiago: Editorial Universitaria, 1981), y Fernando Murillo Rubiera, *Andrés Bello: Historia de una vida y una obra* (Caracas: La Casa de Bello, 1986). La biografía más reciente es la notable, y bellamente ilustrada, obra de Luis Bocaz, *Andrés Bello: Una biografía cultural* (Santafé de Bogotá: Convenio Andrés Bello, 2000). El libro de Raúl Silva Castro, *Don Andrés Bello, 1781-1865* (Santiago: Editorial Andrés Bello, 1965) es una colección de ensayos y no una biografía. El libro de Emir Rodríguez Monegal, *El otro Andrés Bello* (Caracas: Monte Ávila Editores, 1969), se acerca bastante a una biografía, pero su énfasis principal es literario. Dos obras sintéticas y muy apropiadas para la difusión son las de Pedro Cunill Grau, *Andrés Bello, 1781-1865* (Caracas: Biblioteca Biográfica

numerosas ocasiones, y eventualmente teniendo acceso a sus manuscritos. Con su hermano menor, Gregorio Víctor, había publicado una biografía anterior, en 1854, bastante incompleta pero muy reveladora del carácter de Bello. Allí estos jóvenes, que apenas sobrepasaban los veinte años, lograron obtener información biográfica importante del normalmente parco venezolano, por lo que vale la pena citar su propia descripción de cómo lo hicieron:

> No habríamos podido escribir lo poco que sobre él va a leerse si no nos hubiéramos valido de un ardid que hasta cierto punto nos ha surtido efecto… Resueltos desde tiempo atrás a escribir la biografía de don Andrés Bello, éste fue el partido que adoptamos para arrancarle las cortas noticias que a continuación van a leerse. En cuantas ocasiones podíamos, le suscitábamos conversación acerca de los sucesos transcurridos antes de su llegada a Chile. Nuestra importunidad no quedaba siempre sin resultado. Lográbamos a veces que se entregara al placer de referir los incidentes de sus primeros años, y cuando eso acontecía, tan pronto como regresábamos confiábamos al papel lo que nos había dicho con tanto cuidado como era el interés con que le habíamos escuchado.[12]

Miguel Luis transformaría estos recuerdos, más otros posteriores, junto a nuevas indagaciones sobre la vida y obra de Andrés Bello, en su monumental biografía de 1882, admirable todavía más de ciento cuarenta años después. Pero Amunátegui no tuvo acceso a los archivos, especialmente en Venezuela e Inglaterra, y por lo tanto se apoyó bastante en los recuerdos de Bello mismo, dejando un vacío importante respecto de más de cuarenta años de su vida. Por su parte, Rafael Caldera no se planteó como propósito escribir una biografía completa sino, más bien, una interpretación del significado de su empresa intelectual, tarea que llevó a cabo con admirable lucidez. El *Andrés Bello* de Caldera mantiene aún su vigencia y frescor, y amerita su puesto como la monografía más importante sobre Bello en el siglo XX.[13] Esto no quiere decir que no existan trabajos extraordinarios sobre el pensador venezolano, especialmente los dos tomos de Pedro Grases, *Estudios sobre Andrés Bello* (1981) y algunos otros.[14] Pero falta aún una biografía moderna,

---

Venezolana, Editora El Nacional, 2006) y Alejandro Guzmán Brito, *Vida y obra de Andrés Bello* (Santiago: Globo Editores, 2009).

[12]   Miguel Luis y Gregorio Víctor Amunátegui, *Don Andrés Bello* (Santiago: Imprenta Nacional, 1854), pp. 5-6.

[13]   La edición más reciente es la realizada por Francisco Javier Pérez (Caracas: Cyngular, 2015).

[14]   Pedro Grases nació en España en 1909, y se radicó en Venezuela luego de la Guerra Civil española. Su trabajo sobre Bello empezó en la década de los años 1940, y es ahora parte de sus

con documentación apropiada, que considere el conjunto de su obra intelectual y política.[15] Además cada generación de historiadores o biógrafos utiliza nuevas técnicas, y a Bello importa examinarlo tanto desde la perspectiva de la historiografía actual como también desde los grandes cambios que ha vivido el continente en las últimas décadas.

Mi propósito en este libro es cumplir con tres objetivos principales. En primer lugar identificar nueva información sobre Bello, como también utilizar fuentes manuscritas en archivos y bibliotecas de Venezuela, Chile, Inglaterra, España, Argentina y Estados Unidos que los biógrafos anteriores no tuvieron oportunidad de consultar o no detectaron. También intento proporcionar una interpretación de la obra de Bello que pone énfasis en los vínculos entre sus diferentes temas de interés, antes que en la acostumbrada compartimentación en disciplinas separadas. Mi punto principal es que el significado de Bello se comprende mejor cuando se sitúan sus obras y acciones en un contexto histórico. Y el contexto, en este caso, fue la gran transición de las colonias a la condición de naciones, que Bello no solo vivió sino a la que también dio una dirección y curso particulares. Muchos otros actores del periodo experimentaron esa transición, pero pocos elaboraron una agenda de construcción nacional con la tenacidad, conocimiento y originalidad de Bello. Como intentaré demostrar, Bello iden-

---

obras completas. Véase *Estudios sobre Andrés Bello*, 2 tomos (Caracas, Barcelona y México: Editorial Seix-Barral, 1981). Sobre Grases, véase Ildefonso Méndez Salcedo, *Pedro Grases: Apuntes para el estudio de una trayectoria intelectual* (Caracas: Fundación Pedro Grases, 2003) y *Pedro Grases: Claves para el estudio de una obra de investigación histórica* (Caracas: Biblioteca de Autores y Temas Tachirenses, 2009). Existen varias compilaciones de estudios sobre Bello, pero por lo general de una calidad muy desigual. Entre las mejores se encuentran: Universidad de Chile, *Andrés Bello, 1865-1965. Homenaje de la Facultad de Filosofía y Educación de la Universidad de Chile* (Santiago: Facultad de Filosofía y Educación, Universidad de Chile, 1966) y *Estudios sobre la vida y obra de Andrés Bello* (Santiago: Ediciones de la Universidad de Chile, 1973). También, Instituto de Chile, *Homenaje a don Andrés Bello* (Santiago: Editorial Jurídica de Chile y Editorial Andrés Bello, 1982), y las publicaciones de la Fundación La Casa de Bello en Caracas, Venezuela: *Bello y Caracas* (1979); *Bello y Londres*, 2 tomos (1980-81); *Bello y Chile*, 2 tomos (1981); y *Bello y América Latina* (1982). Una compilación menos académica pero bastante útil es la de Guillermo Feliú Cruz, *Estudios sobre Andrés Bello*, 2 tomos (Santiago: Fondo Andrés Bello, 1966 y 1971). En inglés existe una muy buena compilación de John Lynch, *Andrés Bello: The London Years* (Richmond, Surrey: The Richmond Publishing Co., 1982). Más recientemente puede observarse una renovación del bellismo internacional en colecciones tales como *Andrés Bello y la gramática de un Nuevo Mundo*. Memorias V Jornadas de Historia y Religión (Caracas: Universidad Católica Andrés Bello, 2005) y *Andrés Bello y los estudios latinoamericanos*, compilación de Beatriz González Stephan y Juan Poblete (Pittsburgh: Instituto Internacional de Literatura Iberoamericana, University of Pittsburgh, 2009).

[15]   Un excelente y reciente ejemplo de investigación bellista, si bien no pretende ser una biografía, es la obra de Joaquín Trujillo Silva, *Andrés Bello: Libertad, Imperio, Estilo*. Santiago: Editorial Roneo, 2019.

tificó el orden, nacional e internacional, como el desafío más importante de la Hispanoamérica poscolonial. Este enfoque le permitió dar sentido y coherencia a su labor intelectual y pública. Le permitió además contribuir de una manera decisiva a la consolidación del Estado nacional, e introducir la idea de un orden moderno que permitiera a las nuevas naciones crear sus propias instituciones a partir de una mayor conciencia de lo logrado en otros países del mundo.

En segundo lugar, busco enfatizar las dimensiones personales de la biografía de Bello. El colapso del orden colonial, el rompimiento involuntario de lazos con familiares y amigos en Venezuela, la experiencia del exilio por casi veinte años en Inglaterra y las incertidumbres del proceso de independencia, todo ello contribuyó a formar una personalidad bastante más compleja y ambivalente de lo que han mostrado hasta el momento las biografías más apologéticas de su persona. Las pérdidas familiares de Bello, incluyendo su primera esposa y nueve de sus quince hijos, fueron también bastante más significativas de lo que se ha reconocido para entender su carácter y sus actividades creativas. Bello experimentó grandes desilusiones que afectaron sus ideas y su acción política. Cada uno de los sucesos que se relatan en este libro, junto a las reacciones de Bello, influyeron de manera decisiva en una de las trayectorias intelectuales más importantes del siglo diecinueve.

En tercer lugar, intento delinear el papel central que jugó Bello en el proceso de construcción de las naciones, y trato de hacerlo para remediar un vacío historiográfico, sobre todo en latitudes fuera e incluso dentro de América Latina. Los historiadores de las últimas décadas no han mostrado mayor interés por la historia intelectual, en parte como reacción a la vieja historia patria, que se caracterizaba por su falta de objetividad en el estudio de los próceres nacionales. Aquel estilo de historia era quizás demasiado superficial, pero no estoy convencido de que lo que se hacía mal en el pasado no se pueda hacer bien hoy, con mayor documentación y con una mejor comprensión del contexto histórico. Es especialmente sorprendente que la investigación en el mundo anglosajón, tan influyente y en tantos sentidos excelente, tenga tan poco que decir, si llega incluso a decir algo, sobre figuras como Bello. Hay excepciones notables, como el libro de David Bushnell y Neill Macaulay, *The Emergence of Latin America in the Nineteenth Century* (1988 y 1994) y los capítulos que cubren el periodo en el *Cambridge History of Latin America*, compilado por Leslie Bethell, pero las referencias a Bello se restringen por lo general a la cobertura sobre Chile, y brevemente.[16] Es

---

[16]   Es solo recientemente que autores como Simon Collier y Matthew Mirow han dado central importancia a los aportes de Andrés Bello. Véase, del primero, *Chile: The Making of a Republic, 1830-1865. Politics and Ideas* (Cambridge: Cambridge University Press, 2003), y de Mirow, *Latin*

necesario y urgente que se amplíe la discusión, y mi objetivo es mostrar cómo un enfoque sobre el pensador venezolano permite dilucidar temas de primera importancia en la historia latinoamericana desde la independencia. Andrés Bello, Juan Bautista Alberdi, Lucas Alamán y tantos otros que jugaron un papel central en esta historia, merecen estudios biográficos modernos.[17]

Más específicamente, este libro intenta demostrar que nuestra comprensión de la Hispanoamérica poscolonial se puede enriquecer mediante un examen del papel de las ideas en la construcción política e institucional de las naciones. Si bien es cierto que hubo un caos insoslayable en las primeras décadas de la independencia, no es menos cierto que varios pensadores y estadistas durante ese periodo lograron una comprensión bastante sofisticada de las opciones y modelos políticos disponibles. ¿Sería la monarquía tradicional, la monarquía constitucional, o el republicanismo, el modelo político predominante? Y si los nuevos Estados elegían la república, ¿sería esta centralista o federal? ¿Qué se entendía por ciudadanía y por representación? ¿Qué era y quiénes constituían la nación? Tales preguntas requirieron un gran esfuerzo intelectual, a veces en el medio de la guerra, para identificar estructuras políticas viables. Un examen de los escritos, discursos y acciones de los actores principales de la época demuestra el nivel de estos esfuerzos, que a su vez replantean los temas centrales del periodo.[18] La

---

American Law: A History of Private Law and Institutions in Spanish America (Austin: University of Texas Press, 2004).

[17] Un notable aporte es el de Christopher Domínguez Michael, *Vida de Fray Servando* (México: Ediciones Era/Instituto Nacional de Antropología e Historia, 2004).

[18] Ejemplos importantes de obras en esta línea son las de David A. Brading, *The First America: The Spanish Monarchy, Creole Patriots and the Liberal State, 1492-1867* (Cambridge: Cambridge University Press, 1991), Anthony Pagden, *Spanish Imperialism and the Political Imagination: Studies in European and Spanish-American Social and Political Theory, 1513-1830* (New Haven y Londres: Yale University Press, 1990), Michael P. Costeloe, *Response to Revolution: Imperial Spain and the Spanish American Revolutions, 1810-1840* (Cambridge: Cambridge University Press, 1986), Eduardo Posada-Carbó, comp. *In Search of a New Order: Essays on the Politics and Society of Nineteenth-Century Latin America* (Londres: Institute of Latin American Studies, 1998), Simon Collier, "Nationality, Nationalism, and Supranationalism in the Writings of Simón Bolívar", *Hispanic American Historical Review*, 63, N° 1 (Febrero 1983), 37-64; Brian R. Hamnett, "Process and Pattern: A Re-Examination of the Ibero-American Independence Movements, 1808-1826", *Journal of Latin American Studies*, 29, N° 2 (Mayo 1997), 279-328, y Jeremy Adelman, *Sovereignty and Revolution in the Iberian Atlantic* (Princeton y Oxford: Princeton University Press, 2006). Véase también el ensayo de Christopher Schmidt-Nowara, "Politics and Ideas in Latín American Independence", *Latin American Research Review*, 45, N° 2 (2010), 228-235. Un significativo aporte a la comprensión de la construcción de Estado y nación en America Latina y España es el de Miguel A. Centeno y Agustín Ferraro, eds., *State and Nation Making in Latin America and Spain: Republics of the Possible* (Cambridge: Cambridge University Press, 2013). También Hilda Sábato, *Republics of the New World: The Revolutionary Political Experiment in 19th-Century Latin America* (Princeton y Oxford: Princeton University Press, 2018).

historiografía de la última década, sobre todo en castellano, revela un interés creciente en estas temáticas.[19]

Precisamente por haberse descuidado el estudio de las ideas políticas, existe una tendencia a identificar el liberalismo como la ideología dominante para la construcción de naciones en el siglo diecinueve. Es común que se describa a la nueva generación de liberales reformistas en México, Colombia y Argentina, para mencionar algunos casos, como imitadores de modelos europeos, cuyas intenciones eran primordialmente las de vincularse a la economía internacional e importar modelos útiles para la creación de nuevos sistemas políticos, por lo general elitistas. Esta mirada, por lo general superficial del pensamiento político decimonónico, tiende a reducir el liberalismo a una ideología monolítica y combativa cuyos afanes eran fundamentalmente económicos y crudamente políticos. Pero un examen de la obra de Bello revela lo estrecho de esta perspectiva: pensadores como él no surgieron del vacío creado por el declive de los caudillos, ni era el liberalismo (por lo demás una filosofía política bastante compleja y con varias vertientes) la única inspiración para construir repúblicas.[20] La

[19]   Sin pretensiones de exhaustividad, importa mencionar los siguientes ejemplos, François-Xavier Guerra, *Modernidad e independencias: Ensayos sobre las revoluciones hispánicas* (Madrid: Editorial MAPFRE, 1992) y, con Annick Lempérière y otros autores, *Los espacios públicos en Iberoamérica: Ambigüedades y problemas. Siglos XVIII-XIX* (México: Centro Francés de Estudios Mexicanos y Centroamericanos y Fondo de Cultura Económica, 1998), Marcelo Carmagnani, comp. *Federalismos latinoamericanos: México/Brasil/Argentina* (México: Fondo de Cultura Económica, 1993), Antonio Annino, Luis Castro Leiva, François-Xavier Guerra, comps. *De los imperios a las naciones: Iberoamérica* (Zaragoza: Ibercaja, 1994); Hilda Sabato, coordinadora, *Ciudadanía política y formación de las naciones: Perspectivas históricas de América Latina* (México: El Colegio de México, Fideicomiso Historia de las Américas, y Fondo de Cultura Económica, 1999); José Antonio Aguilar Rivera, *En pos de la quimera. Reflexiones sobre el experimento constitucional atlántico* (México: CIDE y Fondo de Cultura Económica, 2000); José Antonio Aguilar Rivera y Rafael Rojas, coords., *El republicanismo en Hispanoamérica: Ensayos de historia intelectual y política* (México: CIDE y Fondo de Cultura Económica, 2002); Antonio Annino y François-Xavier Guerra, coords., *Inventando la nación: Iberoamérica, Siglo XIX* (México: Fondo de Cultura Económica, 2003); Paula Alonso, comp., *Construcciones impresas: Panfletos, diarios y revistas en la formación de los estados nacionales en América Latina, 1820-1920* (Buenos Aires: Fondo de Cultura Económica, 2004); Rafael Rojas, *Las repúblicas de aire: Utopía y desencanto en la revolución de Hispanoamérica* (Madrid: Editorial Taurus, 2009) y José Antonio Aguilar Rivera, *Ausentes del universo: Reflexiones sobre el pensamiento político hispanoamericano en la era de la construcción nacional, 1821-1850* (México: Fondo de Cultura Económica y CIDE, 2012).

[20]   Interpretaciones del liberalismo como una ideología sin mayor arraigo o abiertamente incompatible con la tradición política hispanoamericana se encuentran en Claudio Véliz, *The Centralist Tradition of Latin America* (Princeton: Princeton University Press, 1980), Richard Morse, "The Heritage of Latin America", en Louis Hartz, ed., *The Founding of New Societies* (New York: Harvest Books, 1969), pp. 164-167, y "Towards a Theory of Spanish American Government", *Journal of the History of Ideas*, 15, N° 1 (Enero 1954), 71-93. Veáse también Howard J. Wiarda, *The Soul of Latin*

discusión ideológica y política a partir de la independencia condujo a algunos experimentos liberales, pero el alcance y profundidad de estas discusiones está aún por examinarse. Bello, quien no puede ser clasificado con facilidad ni como liberal ni como conservador, es sin embargo una figura clave en el esfuerzo por definir y crear modelos políticos viables después de la independencia. Son sus obras, raramente estudiadas en este contexto, las que revelan un ámbito de ideas insospechado.

El cambio político no fue tomado con ligereza en la Hispanoamérica del siglo diecinueve. Las revoluciones en el hemisferio, precisamente por producirse después de la revolución francesa, se caracterizaron por su rechazo, a veces horrorizado, de métodos jacobinos o de sus síntomas. Los líderes de la independencia buscaron destruir el *ancien régime*, pero solo cuando ya no quedaba ninguna esperanza de realizar reformas dentro del imperio y con el afán de reafirmar el orden y hacer más predecible la vida política. Algunos de los líderes más visionarios entendieron que la república requería de una expansión de la representación y del fortalecimiento de las instituciones gubernamentales, pero no lo hicieron para introducir un radicalismo igualitario, la tolerancia religiosa, o alterar profundamente (salvo en lo que se refiere a la abolición de la esclavitud en algunos países) la estructura de la sociedad y de la economía. Los que defendían el cambio lo hacían con frecuencia defendiendo el gradualismo. Era el temor al desorden lo que los motivaba a avanzar lentamente y a buscar mecanismos políticos que

---

America (New Haven y Londres: Yale University Press, 2001). Una reafirmación de la misma tesis se encuentra en Wiarda, "The Political Sociology of a Concept: Corporatism and the 'Distinct Tradition'", en *The Americas*, 66, Nº 1 (Julio 2009), 81-106. Fuentes críticas de este tipo de interpretación incluyen David Bushnell, "Assessing the Legacy of Liberalism", en Vincent C. Peloso y Barbara Tenenbaum, eds., *Liberals, Politics, and Power. State Formation in Nineteenth-Century Latin America* (Athens: The University of Georgia Press, 1996), p. 279. También Frank Safford, "Politics, Ideology, and Society", en Leslie Bethell, ed., *Spanish America after Independence, c. 1820-c. 1870* (Cambridge: Cambridge University Press, 1987), p. 51, y Charles Hale, "Political and Social Ideas", en Leslie Bethell, ed., *Latin America. Economy and Society, 1870-1930* (Cambridge: Cambridge University Press, 1989), pp. 226-227. En contra de la perspectiva del liberalismo como fenómeno de las élites véase Guy Thomson, "Popular Aspects of Liberalism in Mexico, 1848-1888", *Bulletin of Latin American Research*, 10, Nº 3 (1991), p. 287. También Alan Knight, "El liberalismo mexicano desde la reforma hasta la revolución (una interpretación)", *Historia Mexicana*, XXXV, Nº 1 (Julio-Septiembre 1985), 59-91, y James E. Sanders, "'Citizens of a Free People': Popular Liberalism and Race in Nineteenth-Century Southwestern Colombia", *Hispanic American Historical Review*, 84, Nº 2 (2004), 277-313. Una panorámica sobre el liberalismo del siglo XIX se encuentra en Iván Jaksić y Eduardo Posada-Carbó, eds., *Liberalismo y poder: Latinoamérica en el siglo XIX* (Santiago: Fondo de Cultura Económica, 2011) y, de los mismos autores, "Shipwrecks and Survivals: Liberalism in Nineteenth-Century Latin America", *Intellectual History Review*, 23, Nº 4 (2013), 479-498.

permitieran las reformas. Esto no significa que el gradualismo deba ser entendido como conservadurismo, sino que, dentro del liberalismo, es posible encontrar diferentes niveles de riesgo considerados aceptables en el proceso de cambio. Bello, Domingo Faustino Sarmiento, Juan Bautista Alberdi y José Victorino Lastarria eran todos pensadores que vivían en un universo liberal pero que diferían precisamente respecto de la velocidad y profundidad del cambio.

El tema principal en Chile, donde Bello pasó la etapa final de su vida entre 1829 y 1865, no difería mucho del patrón continental de preocupación e inquietud respecto del cambio político en las nuevas naciones. Pero al contrario de muchos países hermanos, Chile no tenía las fuertes divisiones regionales, étnicas y socioeconómicas que hacían tan difícil la integración territorial y política: era un país pequeño geográfica y poblacionalmente. Luego de un corto periodo de experimentación política en la década de los años 1820 Chile logró el orden que eludía a los otros países: esto es, mediante un modelo político constitucional que se basaba en la separación de los poderes pero que otorgaba instrumentos francamente autoritarios al Ejecutivo y –lo que era común en el mundo occidental– en elecciones con una ciudadanía activa reducida pero en proceso de expansión.[21] Era un país, por ende, en donde era posible tanto el liberalizar, aunque gradualmente, como el fortalecer y centralizar las instituciones del Estado. Bello comprendió este potencial con singular claridad, y orientó su obra de modo de dirigir y legitimar este proceso.

Es importante, sin embargo, no exagerar el éxito de Bello, o el de Chile: hubo periodos en que la integridad del país estuvo seriamente amenazada, cuando la discordia política, la guerra civil y el conflicto internacional remecieron la estabilidad de la nación en ciernes. Bello tomó partido no con los defensores de la liberalización acelerada sino con los conservadores que entendían la necesidad del cambio pero que rechazaban o reprimían cualquier demanda considerada radical. Durante su vida en Chile él estuvo consciente del descontento liberal con las políticas soberbias y represivas de Diego Portales, el ataque a la libertad de prensa durante el gobierno de Manuel Bulnes, y la rapidez y violencia con las que Manuel Montt suprimió dos rebeliones en su contra. Pero igual apoyó a todos estos líderes por razones que se examinarán en los diferentes capítulos de

---

[21]   Véase al respecto Julio Samuel Valenzuela, *Democratización vía reforma: La expansión del sufragio en Chile* (Buenos Aires: Ediciones del IDES, 1985), y "Building Aspects of Democracy: Electoral Practices in Nineteenth-Century Chile", en Eduardo Posada-Carbó, comp. *Elections Before Democracy: The History of Elections in Europe and Latin America* (Londres: Institute of Latin American Studies, 1996), pp. 223-257. Una panorámica más amplia sobre elecciones en Hispanoamérica se encuentra en Antonio Annino, coordinador, *Historia de las elecciones en Iberoamérica, siglo XIX: De la formación del espacio político nacional* (México: Fondo de Cultura Económica, 1995).

este libro. Bello, quien se consideraba un defensor del orden, asumió sus costos y, sobre todo, estuvo dispuesto a subordinar sus propias opiniones a las políticas de los gobiernos de los que era funcionario. Esta fue en varias ocasiones una elección difícil, con certeza de popularidad baja, pero que parecía dar buenos resultados, sobre todo en términos comparativos.[22] Chile se libró relativamente rápido de la inestabilidad política, y fue tempranamente considerado como un modelo por algunos países vecinos, quienes prestaron gran atención a sus instituciones políticas en general y a los aportes de Bello en particular.

Andrés Bello fue un ejemplo extraordinario de las complejidades personales e intelectuales generadas por el proceso de independencia: un hombre formado en el régimen colonial, leal a este, pero que en último término fue uno de los pensadores más influyentes en la transformación de las colonias en naciones. Mientras que algunos miembros de su generación fueron atraídos por Rousseau y los *philosophes* de la Ilustración, Bello se mantuvo fiel a su educación clásica y religiosa. Lamentó el colapso del imperio español, intentó retornar a él en un momento crítico, pero al final se entregó de lleno a la causa de la independencia. Pero para él la independencia no significaba un quiebre total con el pasado o la posibilidad de un nuevo orden revolucionario, sino una transición hacia el restablecimiento del orden legítimo. Su logro más importante, la introducción de un nuevo derecho civil, muestra hasta qué punto aceptó las realidades de la independencia y se convenció de las virtudes del republicanismo, sin por eso abandonar aspectos cruciales del pasado colonial. La mentalidad hispanoamericana poscolonial, parafraseando el feliz título del libro de Biancamaria Fontana sobre Benjamin Constant, eventualmente aceptó y asimiló su propia historia.[23]

En resumen, este libro busca definir el significado de la obra de Bello para la historia moderna de América Latina. Este intento exige una cierta distancia, y a

---

[22] Brian Loveman, en un estudio importante y sugerente, considera que los países hispanoamericanos incorporaron desde un comienzo prácticas antidemocráticas y represivas en la estructura político-constitucional de las naciones, de las cuales no han podido desembarazarse hasta hoy. Véase su *The Constitution of Tyranny: Regimes of Exception in Spanish America* (Pittsburgh: University of Pittsburgh Press, 1993) y, para el caso de Chile (con Elizabeth Lira), *Las suaves cenizas del olvido: Vía chilena de reconciliación política, 1814-1932* (Santiago: Ediciones LOM, 1999). En una línea similar, véase Roberto Gargarella, *Los fundamentos legales de la desigualdad. El constitucionalismo en América, 1776-1860* (Madrid: Siglo XXI, 2005), y Gabriel Salazar, *Construcción de Estado en Chile (1800-1837). Democracia de los "pueblos". Militarismo ciudadano. Golpismo oligárquico* (Santiago: Editorial Sudamericana, 2005) . Desde una perspectiva teórico-constitucional véase Renato Cristi y Pablo Ruiz-Tagle, *La República en Chile: Teoría y práctica del constitucionalismo republicano* (Santiago: LOM Ediciones, 2006).

[23] Biancamaria Fontana, *Benjamin Constant and the Post-Revolutionary Mind*. New Haven: Yale University Press, 1991.

veces crítica, de mucha literatura apologética que se ha escrito desde su muerte. También requiere de una reevaluación de la importancia de la historia intelectual y política en un campo que ha tendido a dejarla de lado en las últimas décadas.[24] Es cierto que una inmersión en el mundo de los intelectuales y fundadores de naciones del siglo diecinueve nos obliga a seguir los caminos accidentados y a veces sin salida que recorrieron, como también a estudiar fuentes y temáticas a primera vista extrañas. Pero es igualmente cierto que estos pensadores proporcionan claves fundamentales para entender los eventos históricos que presenciaron y que a veces precipitaron o dirigieron. Andrés Bello es, en este sentido, un ejemplo crucial y, al mismo tiempo, uno de los mejores compañeros que podría desear aquel lector que decida viajar hacia los orígenes de las naciones hispanoamericanas.

---

[24] Un esfuerzo colectivo en esta dirección es la *Historia Política de Chile, 1810-2010*, 4 tomos (Santiago: Fondo de Cultura Económica, 2017-2018). Los tomos I. Prácticas Políticas, II. Estado y Sociedad, III. Problemas Económicos y IV. Intelectuales y Pensamiento Político, fueron editados por Juan Luis Ossa Santa Cruz, Francisca Rengifo, Andrés Estefane (con Claudio Robles) y Susana Gazmuri, respectivamente.

NOTA SOBRE LAS OBRAS COMPLETAS DE ANDRÉS BELLO

Para los propósitos de cita de las obras impresas de Andrés Bello haré uso de la última edición de sus *Obras completas*, publicadas en 26 tomos por la Fundación La Casa de Bello en Caracas, Venezuela (1981-1984). Esta edición es la más completa y acabada. Hay otras ediciones anteriores, que incluyen la primera chilena, en 15 tomos (1881-1893); una española, parcial, en 7 tomos (1882-1905); la segunda de Chile, en 9 tomos, incompleta (1930-1935); y la primera venezolana, en 24 tomos (1951-1981). La última edición no difiere de la primera venezolana, salvo ligeramente. El contenido, más los autores de los estudios preliminares, es el siguiente:

    I. *Poesía*, prólogo de Fernando Paz Castillo

    II. *Borradores de poesía*, prólogo de Pedro Pablo Barnola, S.J.

    III. *Filosofía*, prólogo de Juan David García Bacca

    IV. *Gramática*, prólogo de Amado Alonso

    V. *Estudios gramaticales*, prólogo de Ángel Rosenblat

    VI. *Estudios filológicos*-1, prólogo de Samuel Gili Gaya

    VII. *Estudios filológicos*-2, prólogo de Pedro Grases

    VIII. *Gramática latina*, prólogo de Aurelio Espinosa Pólit, S.I.

    IX. *Temas de crítica literaria*, prólogo de Arturo Uslar Pietri

    X. *Derecho internacional*-1, prólogo de Eduardo Plaza

    XI. *Derecho internacional*-2

    XII. *Derecho internacional*-3 (Documentos de la Cancillería de Chile), prólogo de Jorge Gamboa Correa

    XIII. *Derecho internacional*-4

    XIV. *Código civil*-1, prólogo general de Pedro Lira Urquieta. Incluye artículos 1 al 950

    XV. *Código civil*-2, artículos 951 al 1.714

    XVI. *Código civil*-3, artículos 1.715 al 2.524

    XVII. *Derecho romano*, prólogo de Hessel E. Yntema

    XVIII. *Temas jurídicos y sociales*, prólogo de Rafael Caldera

    XIX. *Textos de gobierno*, prólogo de Guillermo Feliú Cruz

    XX. *Labor en el Senado*, prólogo de Ricardo Donoso

    XXI. *Temas educacionales*-1, prólogo general de Luis Beltrán Prieto Figueroa

Las citas extractadas de estos tomos aparecerán en el texto entre paréntesis. El tomo será designado con números romanos, y las páginas con números arábigos, por ejemplo (X, 54). Los títulos específicos de los libros y artículos de Bello, y las fechas de publicación, se incluirán en las notas. Cuando sea importante distinguir entre ediciones del mismo título, la cita apropiada aparecerá también en las notas.

Capítulo I

La formación de un intelectual en la colonia, 1781-1810

Andrés de Jesús María y José Bello López nació en Caracas el 29 de noviembre de 1781, el mayor de los ocho hijos de Bartolomé Bello y Ana Antonia López. Ambos padres eran descendientes de familias provenientes de las Islas Canarias, origen bastante común en la Venezuela de la época. El padre, Bartolomé, era abogado y también músico, oficio este último que ejercía con mayor gusto que el primero. Una de sus composiciones, conocida como *Misa del Fiscal*, se interpretó en Venezuela por más de un siglo. A partir de 1789 Bartolomé se desempeñó como Fiscal de la Real Hacienda y Renta de Tabaco en la provincia de Cumaná, deber que le obligaba a ausentarse de Caracas por largos periodos. Bartolomé parece haber sido un funcionario público eficiente y respetado, como se puede apreciar en la copiosa documentación suministrada por Ana Antonia cuando su esposo murió en 1804.[1] Sin embargo, como padre tuvo poca influencia sobre su hijo mayor. Andrés Bello prácticamente no lo menciona ni en su correspondencia ni en sus conversaciones con amigos o biógrafos.

Ana Antonia fue la figura principal en el hogar de los Bello, encargada del presupuesto familiar y de la educación de los niños. Nacida en Caracas en 1764, la madre de Andrés Bello provenía de una familia de destacados artistas. Su padre, Juan Pedro López, era un pintor famoso en Caracas.[2] Ana Antonia se casó con Bartolomé a la edad de diecisiete años (él tenía veintitrés), quizás como resultado de un embarazo, puesto que el matrimonio se realizó el 8 de septiembre de 1781, y Andrés nació el 29 de noviembre, es decir, luego de tres meses.[3] El matri-

---

[1]   Ana Antonia entregó esta información como parte de su solicitud de montepío. La documentación se encuentra en el Archivo General de Indias (Sevilla, España), Audiencia de Caracas, Legajo 395. Agradezco a Pedro Grases el facilitarme, con la generosidad que le era característica, una copia del manuscrito original. Véase también Eduardo Lira Espejo, "El padre de Don Andrés Bello", en Pedro Grases, ed., *Antología del Bellismo en Venezuela*, 2ª ed. (Caracas: Monte Ávila Editores, 1981), pp. 455-457.

[2]   Véase Alfredo Boulton, *El tiempo de Juan Pedro López* (Caracas: Galería de Arte Nacional, 1981-82) y Carlos F. Duarte, *Juan Pedro López* (Caracas: Ediciones Amigos del Arte Colonial, 1981).

[3]   Esta información proviene de los partes de bautismo estudiados por David W. Fernández en *Los antepasados de Bello* (Caracas: La Casa de Bello, 1978). La documentación está confirmada por

monio se celebró en casa de la novia y no en la iglesia, aunque con el permiso del Vicario General del Obispado. Es difícil determinar el efecto que estas circunstancias puedan haber tenido en la relación matrimonial o en la situación social de la pareja, pero sí resulta claro que Andrés tuvo una relación mucho más cercana con su madre, sobre todo luego que Bartolomé comenzó a ausentarse de Caracas, cuando el primogénito tenía ocho años.[4] La muerte del padre hizo aún más cercana la relación entre madre e hijo mayor, puesto que debieron trabajar juntos para sostener al resto de la familia. En 1810, sin embargo, debieron separarse para siempre, cuando Bello salió de Venezuela en misión diplomática a Inglaterra. La correspondencia que mantuvieron con posterioridad revela lazos profundos que sobrevivieron a los sucesos de la independencia y la larga residencia de Bello en Chile. En cuanto a sus tres hermanos y cuatro hermanas, Andrés tuvo una comunicación estrecha con Carlos, con quien mantuvo correspondencia por el resto de su vida, y en cuyo honor nombró a su primogénito Carlos Bello Boyland.[5]

Andrés Bello nació en un periodo de reformas administrativas que unieron a las seis provincias de Venezuela (Caracas, Maracaibo, Cumaná, Margarita, Guayana y Trinidad) y que elevaron el país a la categoría de Capitanía General en 1777. Poco después del nacimiento de Bello, el régimen Borbón eliminó la compañía Guipuzcoana, de origen vasco, que tenía el monopolio del comercio con Venezuela desde 1728 (hasta 1784), y que era causa de gran descontento en

---

el historiador Ildefonso Leal, que la incluye como parte de su estudio *El grado de bachiller en artes de Andrés Bello* (Caracas: La Casa de Bello, 1978). Tal información era un requisito para obtener títulos universitarios. Véase también Alfredo Boulton, *El solar caraqueño de Andrés Bello* (Caracas: La Casa de Bello, 1978).

[4] Angela N. Delutis-Eichenberger sugiere que el énfasis de Bello en materias de ilegitimidad tanto en el *Código Civil* como en su edición del *Poema del Cid* puede estar relacionado con las circunstancias de su nacimiento. Véase "Anecdotes of Bastardy in Andrés Bello's *Gesta de Mio Cid* and Regulations for Ilegitimacy in his *Código Civil*: Authorial Correlations", *Revista Hispánica Moderna* 69, N° 1 (2016): 17-35.

[5] La mayoría de las biografías de Bello cubre muy brevemente el periodo de Caracas. La más valiosa es la de Miguel Luis Amunátegui, quien tuvo la incomparable ventaja de entrevistar a Bello y contar con su plena confianza. Véase su *Vida de Don Andrés Bello* (Santiago: Imprenta Pedro G. Ramírez, 1882). Miguel Luis Amunátegui y su hermano menor Gregorio Víctor escribieron una biografía anterior titulada *Don Andrés Bello* (Santiago: Imprenta Nacional, 1854). Esta biografía motivó al estudioso venezolano Arístides Rojas (1826-1894) a investigar las referencias de Amunátegui sobre la vida de Bello en Caracas. Véase su "Infancia y juventud de Bello", en *Segundo libro de la semana de Bello en Caracas* (Caracas: Ediciones del Ministerio de Educación, 1953), pp. 203-231. Véase también la biografía de Fernando Murillo Rubiera, *Andrés Bello: Historia de una vida y de una obra* (Caracas: La Casa de Bello, 1986), pp. 21-93, y Luis Bocaz, *Andrés Bello: Una biografía cultural* (Santafé de Bogotá: Convenio Andrés Bello, 2000), pp. 29-71. La compilación titulada *Bello y Caracas* (Caracas: La Casa de Bello, 1979), de aquí en adelante abreviada BYC, proporciona información muy útil que complementa la escasa información biográfica existente sobre este periodo.

la colonia. Caracas era una ciudad de 20.000 habitantes para la época del nacimiento de Bello, y ya manifestaba características de gran centro urbano. Cuando el notable científico alemán Alexander von Humboldt visitó la ciudad en 1799 pudo comprobar que Caracas tenía "ocho iglesias, cinco conventos, y un teatro con capacidad para mil quinientas o mil ochocientas personas". Notó con aprobación que "varias familias de Caracas tienen una sed de información, un conocimiento de las grandes obras de literatura francesa e italiana, y una marcada predilección por la música, que se cultiva con gran dedicación".[6] La de Bello fue una de las familias que frecuentó Humboldt.

Parte del crecimiento e importancia de la ciudad y provincia de Caracas se debió a las reformas administrativas del periodo Borbón tardío. Estas reformas indujeron un crecimiento económico basado en la demanda de productos agrícolas, especialmente el cacao, que se exportaba a los mercados mexicanos y también a España. Estas reformas administrativas incluyeron la creación de la Intendencia del Ejército y Real Hacienda en 1776, la Capitanía General en 1777, la Real Audiencia en 1786, el establecimiento de un Real Consulado en 1793 y el Arzobispado en 1803. Estas medidas representan la culminación de un proceso de concentración de la autoridad imperial. Como ha sugerido el historiador Robert Ferry, esta mayor injerencia de la Corona fue una respuesta a la rebelión, en 1749, de los agricultores canarios en contra de la detestada Compañía Guipuzcoana. Es decir, la Corona inició un proceso de centralización y control una década antes de la invasión inglesa de La Habana (1762), fecha considerada como el comienzo de las reformas borbónicas que transformaron el panorama político-administrativo de las colonias.[7]

Cuando nació Bello el poder de la Corona estaba tan sólidamente establecido que resultaba difícil predecir la sangrienta lucha por la independencia que

[6]   Alexander von Humboldt, *Personal Narrative of Travels to the Equinoctial Regions of America During the Years 1799-1804*, edición y traducción de Thomassina Ross, 3 tomos (Londres: George Bell & Sons, 1907), I, 404 y 415.

[7]   Robert J. Ferry, *The Colonial Elite of Early Caracas: Formation and Crisis, 1567-1767* (Berkeley, Los Angeles y Londres: University of California Press, 1989). Para un examen de la historiografía en torno al significado de las reformas borbónicas en Venezuela, sobre todo en términos de la integración territorial, véase Manuel Donís Ríos, *De la provincia a la nación: El largo y difícil camino hacia la integración político-territorial de Venezuela, 1525-1935* (Caracas: Biblioteca de la Academia Nacional de la Historia, 2009) y *El territorio de Venezuela, documentos para su estudio* (Caracas: Universidad Católica Andrés Bello, 2001); también, Ildefonso Méndez Salcedo, *La Capitanía General de Venezuela, 1777-1821. Una revisión historiográfica, legislativa y documentada sobre el carácter y la significación de su establecimiento* (Caracas: Universidad Católica Andrés Bello y Universidad de los Andes, 2002). Sobre la Compañía Guipuzcoana, Carlos Murgueitio, "La Compañía Guipuzcoana de Caracas. Defensas comerciales y estrategias hemisféricas coloniales", *Montalbán* (Caracas) 38 (2006), 9-52 y Gerardo Vivas, *La aventura naval de la Compañía Guipuzcoana de Caracas* (Caracas: Fundación Polar, 1998).

tendría lugar tan solo una generación más tarde. Los criollos de Caracas, salvo excepciones, apoyaron la reformas políticas, administrativas y económicas de la Corona. Gracias a este apoyo Caracas logró, en las dos últimas décadas del siglo XVIII, un nivel de prosperidad económica y estabilidad política que fue solo esporádicamente desafiado, e infructuosamente, por la rebelión de esclavos en Coro en 1795, la conspiración de Manuel Gual y José María España en 1797, y la fracasada expedición de Francisco de Miranda, el famoso "Precursor" de la independencia, en 1806. Estos hechos eran alarmantes, pero en términos comparativos la situación de Venezuela parecía bastante prometedora desde el punto de vista de la lealtad de los criollos a la Corona.

La conspiración de Francisco de Miranda, entre las recién mencionadas, es tal vez la más significativa, entre otras cosas porque Miranda era el opositor más acérrimo del imperio español. Nacido en Caracas en 1750, Miranda obtuvo su comisión militar en el ejército español y participó en varias campañas en el norte de África y en el Caribe. Cuando cayó en desgracia con sus superiores Miranda escapó a Estados Unidos y luego a Europa, donde llegó en 1785. Miranda, quien se identificaba como el representante de los oprimidos de Hispanoamérica, obtuvo el apoyo de personajes influyentes en Gran Bretaña, Rusia y Francia. Aunque contaba con pocas simpatías en Venezuela misma, Miranda recibió el apoyo de la emperatriz Catalina II de Rusia y llegó a obtener el rango de general en el ejército revolucionario francés. Eventualmente, Miranda se instaló en Inglaterra, donde permaneció por más de veinte años, y en donde tuvo a veces acceso a los más altos círculos del poder. El gobierno inglés lo consideraba útil como fuente de información, pero nunca apoyó por completo sus planes de emancipación. De hecho, la expedición de 1806 a Venezuela fue fundamentalmente obra suya. Consiguió que algunos buscadores de fortuna norteamericanos le acompañaran, pero su empresa fue un fracaso completo; cuando desembarcó en Coro en agosto de ese año Miranda comprobó que su promesa de liberación fue recibida con total desconfianza por parte de la población. Muy pronto se vio en la necesidad de abandonar el intento.[8]

---

[8]   La fuente más importante para el estudio de la vida de Miranda es su colección de documentos titulada, *Archivo del General Miranda*, 24 tomos (Caracas y La Habana: Editorial Sur-América y Editorial Lex, 1929-1950). Véase también William Spence Robertson, *The Life of Miranda*, 2 tomos (Nueva York: Cooper Square Publishers, 1969), Karen Racine, *Francisco de Miranda: A Transatlantic Life in the Age of Revolution* (Wilmington, DE: Scholarly Resources, 2003); Gary Miller, "Francisco Miranda", en Barbara Tenenbaum, compiladora, *Encyclopedia of Latin American History and Culture*, 5 tomos (Nueva York: Charles Scribner's Sons, 1996), IV, pp. 67-69; Robert Harvey, *Liberators: Latin America's Struggle for Independence, 1810-1830* (Woodstock, Nueva York: The Overlook Press, 2000), pp. 19-97, e Inés Quintero, *El hijo de la panadera: Francisco de Miranda* (Caracas: Editorial Alfa, 2014). Una descripción de la expedición de 1806 se encuentra en Mario Rodríguez, *"William Burke" and Francisco de Miranda: The Word and the Deed in Spanish America's Emancipation*

Sus aptitudes como comandante, e incluso la integridad de su carácter, fueron severamente cuestionadas por sus propios seguidores.[9]

El episodio mirandino revela claramente que el control imperial de Venezuela estaba apoyado por una élite criolla dispuesta a transar una posición política y social subordinada a cambio de orden y seguridad. Como sugiere el historiador P. Michael McKinley, "ninguna otra colonia, con la posible excepción de La Habana, experimentó tal combinación de crecimiento económico y calma política y social durante las últimas décadas del imperio".[10] Sin embargo existían grandes inquietudes, especialmente luego de la rebelión de los esclavos en Haití, que desembocó en la fundación de una república independiente en 1804 y que amenazaba con extenderse a otras sociedades esclavistas del Caribe. Aun así, los criollos llegaron a conclusiones favorables al mantenimiento del dominio colonial español. El colapso del orden imperial fue el resultado no del descontento local, sino de los sucesos en Europa.

La experiencia de Bello en este ambiente gravitaría positivamente en su memoria del pasado colonial: sus recuerdos de la relativa prosperidad y tranquilidad de Caracas, acentuados por largos años de residencia en Inglaterra y en Chile, inspirarían una búsqueda permanente de instituciones estables y legítimas. Su infancia y juventud fueron en general felices y por lo mismo recordadas más tarde con nostalgia. Los momentos más difíciles de la vida de Bello en Caracas incluyeron la muerte de su padre en 1804, la penuria financiera consiguiente, y los tensos meses anteriores a la creación de la primera Junta de Caracas en 1810, cuando el dominio español de Venezuela comenzó su ocaso.

La educación de Bello

La educación de Bello luego de las primeras letras se realizó en el Convento de las Mercedes ubicado a pocos metros de su casa, en lo que hoy es el pleno centro

---

(Lanham: University Press of America, 1994), 83-121. Sobre Miranda y Rusia véase Russell H. Bartley, *Imperial Russia and the Struggle for Latin American Independence, 1808-1828* (Austin: University of Texas Press, 1978).

[9]   Véase, por ejemplo, Moses Smith, *History of the Adventures and Suffering of Moses Smith During 5 Years of His Life, from the Beginning of 1806, When he was Betrayed into the Miranda Expedition* (Brooklyn: Thomas Kirk, 1812) y James Biggs, *The History of Don Francisco de Miranda's Attempt to Effect a Revolution in South America, in a Series of Letters* (Boston: Oliver and Munroe, 1808).

[10]   P. Michael McKinley, *Pre-Revolutionary Caracas: Politics, Economy, and Society, 1777-1811* (Cambridge: Cambridge University Press, 1985), p. 98.

de Caracas. Fue supervisada por Fray Cristóbal de Quesada, un conocido latinista que enseñó al joven Andrés tanto los clásicos latinos como el castellano desde 1792 a 1796. El padre Quesada había ingresado a la orden de los Mercedarios muy joven, y enfrentó serias dudas vocacionales que le llevaron a dejar la orden en la década de los años 1770. A pesar de esto, fue restituido con posterioridad, siendo un activo maestro e investigador cuando conoció a Bello a principios de los años 1990. Quesada estaba, para esa época, a cargo de la biblioteca.[11] Bello admiraba el magisterio de Quesada, y comunicó con aprecio los recuerdos de la personalidad y habilidades académicas de su maestro a Miguel Luis Amunátegui. Quesada enseñó a Bello gramática y literatura a través de la lectura de los clásicos latinos, y en especial la poesía de Horacio y Virgilio. El nivel alcanzado por Bello quedó demostrado cuando, a raíz de la muerte de Quesada en 1796, estaba lo suficientemente preparado para ingresar a la clase avanzada de latín en el Seminario de Santa Rosa. Esta clase era enseñada por otro latinista notable, el presbítero José Antonio Montenegro. Allí Bello obtuvo el primer premio en traducción latina, y pudo concluir el *trienio* de latín (un curso de tres años) en solo un año, en 1797.

Quesada enseñó también a Bello los clásicos castellanos y en especial a Cervantes, Calderón de la Barca y Lope de Vega. Pero el énfasis principal era el latín, puesto que era un requisito de ingreso para la universidad. Una vez terminados sus estudios bajo la tutela de Montenegro, Bello ingresó a la Real y Pontificia Universidad de Caracas (fundada en 1721) en 1797,[12] para iniciar un curso de estudios en filosofía conducentes al grado de Bachiller en Artes, que obtuvo el 14 de junio de 1800. Gracias a un comentario de Montenegro que Bello mencionó a Amunátegui, es claro que para 1797 había aprendido a leer francés (un poco más tarde aprendería inglés con la ayuda de una gramática y periódicos impresos en ese idioma). Montenegro encontró un día a Bello leyendo una obra de Racine, lo que le hizo exclamar, "¡es mucha lástima, amigo mío, que usted haya aprendido

---

[11]   Sobre las actividades de Quesada véase Lucas Guillermo Castillo Lara, "Nuevos elementos documentales sobre Fray Cristóbal de Quesada", en *BYC*, pp. 111-183.

[12]   Una de las condiciones para el ingreso a la Universidad era el ser hijo de "padres blancos". El documento de admisión, firmado por Pedro Martínes (sic), se encuentra en la "Colección de Manuscritos Originales" de la Fundación La Casa de Bello en Caracas, designados de aquí en adelante como *CMO* y *FLCB* (que usaré para referirme a la Biblioteca), respectivamente. La colección de manuscritos está distribuida en dos cajas. Los papeles no están ordenados, pero tienen designaciones claras. Para los efectos de cita, numeraré los documentos de acuerdo al orden en que los encontré. Así, la cita al documento pertinente es "Constancia expedida por Pedro Martínes, maestre de escuelas de la Catedral de Caracas, a Bello para cursar estudios en la Real y Pontificia Universidad de Caracas", 17 de septiembre de 1797, en *CMO*, Caja 2, N° 62. El listado completo de documentos se incluye en los Anexos de este libro.

el francés!", preocupado al parecer por el tipo de lecturas al que Bello tendría ahora acceso.[13] Bello confirmó más tarde los temores de su profesor, puesto que preparó una traducción del *Zulime* de Voltaire. Esta anécdota le dio ocasión a Bello para relatar cómo Simón Bolívar, quien era miembro del mismo círculo literario en Caracas, le reprochó tan mala elección. El *Zulime* es en verdad una obra mediocre de Voltaire, pero Bello respondió que su traducción era al menos la primera.[14] La anécdota es reveladora puesto que demuestra las habilidades lingüísticas de Bello a una temprana edad, como también su curiosidad intelectual, y el hecho nada menor del tipo de lecturas a su alcance.

Los estudios de filosofía de Bello en la Universidad de Caracas, también en forma de trienio, consistían en un primer año de lógica (curso en el que también se estudiaba matemáticas y geometría), un segundo año de filosofía natural y un tercer año de metafísica. Este curriculum era el predominante para los estudios filosóficos, influidos fuertemente por Aristóteles, durante la Capitanía. Para la década de los años 1790 las reformas Borbónicas pusieron mayor énfasis en las ciencias naturales, y los profesores mostraron una mayor apertura a la enseñanza de los textos científicos de la época. Uno de esos académicos fue Fray Rafael Escalona, quien enseñó a Bello hasta el año 1799, y que pudo haberle influido a seguir estudios de medicina. Aunque existe alguna evidencia de tales estudios, Bello no los continuó por mucho tiempo. Sin embargo mantuvo un gran interés por los temas científicos por el resto de su vida, y demostró tener una gran facilidad para difundirlos a un público general.[15]

Aparte de los temas científicos, Bello absorbió gran parte de la filosofía moderna que Baltasar de los Reyes Marrero (1752-1809) introdujo en la Universidad de Caracas a partir de 1778. Tal como en otras universidades virreinales durante la segunda mitad del siglo XVIII, los profesores de Caracas fueron críticos del escolasticismo y del uso del silogismo como instrumento de adquisición del conocimiento. En un importante estudio del curriculum de la Universidad de Caracas durante la época de Bello, Caracciolo Parra-León menciona los pensadores sobre los que disertaban Marrero y sus sucesores: Descartes, Leibniz, Berkeley, Locke

---

[13]   Amunátegui, *Vida*, p. 16.

[14]   *Ibídem*, 61.

[15]   El historiador Ildefonso Leal localizó la matrícula de Bello en la Facultad de Medicina de la Universidad de Caracas, pero no ha sido posible determinar por cuánto tiempo siguió estos estudios. Véase su "Bello y la Universidad de Caracas", en BYC, pp. 180-181. Bello mismo explicó a Amunátegui que había abandonado los estudios de medicina para seguir estudios de leyes. De cualquier modo, es claro que solo pudo haber cursado estudios en ambos campos entre los años 1800 y 1802, es decir, entre su bachillerato y el comienzo de sus deberes administrativos en el gobierno de la Capitanía General.

y Condillac, entre otros.[16] Entre estos filósofos los dos últimos tuvieron una influencia demostrable en Bello, quien leyó a estos autores, y puede incluso haber traducido partes del *An Essay Concerning Human Understanding* de Locke.[17] La obra de Condillac era un componente importante del curriculum universitario, y Bello demostró su conocimiento de las ideas centrales de este pensador al rendir los exámenes de grado. El 9 de mayo de 1800 Bello defendió la siguiente tesis: *Vim habet sola analysis claras exactasque ideas gignendi* [solo el análisis tiene eficacia para producir ideas claras y exactas], que es la presentada por Condillac en su *Logique* (1780) y otros escritos.[18] Bello continuó sus estudios sobre Condillac, especialmente en gramática (de los que se hablará más adelante) para examinar su aplicabilidad en la conjugación del verbo castellano. En general, los estudios de Bello sobre filosofía moderna significaron principalmente un contacto con las corrientes intelectuales que unían el pensamiento de Locke, Condillac, y la escuela francesa de "Ideología". Estos autores y escuelas estudiaban los procesos de adquisición de las ideas. Bello mantuvo este énfasis y lo enriqueció después con el estudio de los filósofos escoceses del sentido común (especialmente Dugald Stewart, Thomas Reid y Thomas Brown). Posteriormente le dio una exposición sistemática en su *Filosofía del entendimiento*, libro escrito en su mayor parte en la década de los años 1840 y publicado póstumamente en 1881.[19]

[16]   Caracciolo Parra-León, *Filosofía universitaria venezolana*, en *Obras* (Madrid: Editorial J.B., 1954), p. 310. Véase también Ildefonso Leal, "Bello y la universidad", pp. 172-179. Sobre Marrero, véase además José Bifano, "Los universitarios en la independencia", en Inés Quintero (Coord.), *El relato invariable: Independencia, mito y nación* (Caracas: Editorial Alfa, 2011), pp. 271-297, e Ildefonso Leal, "Venezuela", en *Pensadores y forjadores de la Universidad latinoamericana*, editado por Carmen García Guadilla (Caracas: Bidanco, 2008), pp. 527-558.

[17]   José Luis Da Silva, "Notas sobre las introducciones a la *Filosofía del entendimiento* (1881) de Andrés Bello", en *Andrés Bello y la gramática de un Nuevo Mundo*. Memorias V Jornadas de Historia y Religión (Caracas: Universidad Católica Andrés Bello, 2006), p. 311. Véase también Arturo Ardao, "La iniciación filosófica de Bello. Su *Análisis ideológica* de los tiempos verbales", en *BYC*, pp. 329-390. Ardao ve con un comprensible escepticismo la afirmación de Amunátegui acerca de que Bello tradujo en su totalidad el *Essay* de Locke. Bello, quien hacía traducciones para los propósitos de práctica y estudio más que para publicación o difusión, en este periodo puede haber traducido tal vez algunas partes de la obra de Locke.

[18]   El capítulo tercero de la primera parte de la *Lógica* de Condillac afirma: "La análisis sola es quien da ideas exactas, ó verdaderos conocimientos". Este es el texto que circuló en Hispanoamérica en la traducción de Bernardo María de Calzada, *Lógica, o los primeros elementos del arte de pensar* (Madrid: Joachim Ibarra, 1784), p. 29.

[19]   Murillo, *Andrés Bello*, pp. 83-93. El estudio más completo sobre los inicios filosóficos de Bello es el de Arturo Ardao, *Andrés Bello, filósofo* (Caracas: Biblioteca de la Academia Nacional de la Historia, 1986). Sobre lo publicado en la década de los años 1840 véase Iván Jaksić, "Orígenes de *Filosofía del entendimiento*: los aportes de Andrés Bello al periódico *El Crepúsculo*", *Anales de Literatura Chilena*, año 11, Nº 13 (junio 2010), 53-68.

Bello fue sin lugar a dudas un estudiante capaz de suscitar admiración tanto de profesores como de alumnos por sus habilidades intelectuales en varios campos del conocimiento. En 1796 obtuvo el premio de traducción latina en el curso de Retórica. Al año siguiente ganó el premio de ortografía en un certamen público y en 1799 el de filosofía natural. En mayo de 1800 aprobó los exámenes en cinco campos, *Ex Logica*, *Ex Physica*, *Ex Generatione*, *Ex Anima*, y *Ex Metaphysica*, que eran requeridos para la obtención del bachillerato.[20] Su desempeño fue premiado con el primer lugar en ese año. Bello había adquirido una preparación académica de primer nivel, y era reconocido por los maestros e instituciones más importantes de la Capitanía General.

Bolívar y Humboldt

Entre mediados de la década de los años 1790 y el comienzo de sus labores administrativas en 1802, Bello tuvo contacto estrecho con dos individuos notables. Uno de ellos fue el futuro Libertador Simón Bolívar, apenas dos años menor, a quien enseñó literatura y geografía desde 1797 hasta el viaje de Bolívar a Europa en 1799.[21] Bello relató esta experiencia a Miguel Luis Amunátegui, quien le dedicó algunos párrafos en su biografía.[22] Bello y Bolívar se conocían bastante bien, y eventualmente viajarían juntos a Londres como agentes diplomáticos de la Junta de Caracas. La relación posterior de ambos estuvo llena de desencuentros, lo que probablemente afectó los recuerdos de Bello cuando reflexionó sobre Bolívar después de la muerte de este. Bolívar dejó un testimonio elocuente de su relación con Bello en una carta al poeta y diplomático José Fernández Madrid en 1829: "Yo conozco la superioridad de este caraqueño contemporáneo mío: fue mi

---

[20] Leal, "Bello y la universidad", en *El grado de bachiller*, p. 25. Los campos cubiertos en el examen corresponden a lógica, filosofía natural, historia natural, sicología, y metafísica. Cabe señalar que estos campos eran también estudiados en las universidades de Gran Bretaña y Estados Unidos.

[21] Óscar Sambrano Urdaneta, "Cronología de Bello en Caracas", en *BYC*, p. 96. Véase también Pedro Grases, "Andrés Bello, Humanista de Caracas", en *Estudios sobre Andrés Bello* [de aquí en adelante citado como *ESAB*], 2 tomos (Caracas, Barcelona, México: Editorial Seix Barral, 1982), II, p. 20, y Gerhard Masur, *Simón Bolívar*, edición revisada (Albuquerque: University of New Mexico Press, 1969), p. 24.

[22] Amunátegui, *Vida*, pp. 26-27. John Lynch comenta el contacto entre Bello y Bolívar en este periodo en su *Simón Bolívar: A Life* (New Haven y Londres: Yale University Press, 2006), p. 17.

maestro cuando teníamos la misma edad; y yo le amaba con respeto".[23] También le comunicó al general neogranadino Francisco de Paula Santander que "fue mi maestro...de bellas letras y geografía, nuestro famoso Bello".[24] Cuando jóvenes, ambos se veían con frecuencia en el salón literario y social de los Ustáriz, una de las más distinguidas familias mantuanas de Caracas, y tenían bastantes otras ocasiones de verse y compartir una cercana relación, al menos durante los años en que Bolívar se encontraba en Venezuela. Este último conservaba una clara memoria de Bello, pero reconoció con tristeza la distancia que se creó entre ambos, tema que será discutido con más detalle en el Capítulo III.

Otro contacto de gran importancia fue el establecido con Alexander von Humboldt, quien visitó Caracas entre noviembre de 1799 y febrero de 1800. En esa época Bello se encontraba terminando sus estudios universitarios, y estaba por tanto familiarizado con una variedad de temas científicos, filosóficos y literarios. Para el joven caraqueño de dieciocho años el encuentro con Humboldt (quien venía acompañado de su colaborador Aimé Bonpland) fue una verdadera revelación intelectual, ya que tuvo la oportunidad de observar directamente el trabajo de dos experimentados naturalistas con sus instrumentos científicos. Bello acompañó a Humboldt y Bonpland en su ascenso al Ávila, la imponente montaña que domina el valle de Caracas. Bello no pudo llegar hasta la cima en esa ocasión, pero acompañó a Humboldt en otras excursiones, y también tuvo la oportunidad de conocerle en sociedad. Humboldt llegó a estimar a Bello lo suficiente como para recomendar a sus padres que persuadieran al joven de estudiar menos intensamente, para conservar su salud. Resulta claro que, en lo personal, el contacto con Humboldt fue altamente beneficioso, y además pudo apreciar y aprender el arte de la conversación, en el que el científico alemán era un verdadero maestro.[25] También el contacto con Humboldt le inclinó al estudio de las ciencias naturales, que serían parte permanente de sus intereses. Es posible que a través de estas conversaciones Bello se haya enterado de las teorías lingüísticas de Wilhelm von Humboldt, el hermano de Alexander, un campo del conocimiento que sería central para su proyecto intelectual futuro.[26] Humboldt

---

[23] Simón Bolívar a José Fernández Madrid, 27 de abril de 1829, en *Cartas del Libertador*, 8 tomos (Caracas: Fundación Vicente Lecuna, 1969), VII, p. 128.

[24] Simón Bolívar a Francisco de Paula Santander, 20 de mayo de 1825, en *Ibídem*, IV, p. 329.

[25] Amunátegui, *Vida*, p. 25; Rojas, "Infancia y juventud", pp. 219-221.

[26] Véase Amado Alonso, "Introducción a los estudios gramaticales de Andrés Bello", en Bello, *Gramática de la lengua castellana*, tomo 5, pp. xxvi-xxvii, de sus *Obras completas* [de aquí en adelante OC] 26 tomos (Caracas: La Casa de Bello, 1981-84). Wilhelm von Humboldt (1767-1835) hizo grandes aportes al estudio de la lingüística comparada, incluyendo estudios altamente originales de los idiomas vasco y kawi, la antigua lengua de Java.

conservó recuerdos indelebles de Bello. En efecto, dejó sorprendido a Benjamín Vicuña Mackenna cuando, durante la visita de este a Humboldt en Berlín en junio de 1855, recordó sin titubear a Bello a pesar de no haberlo visto por más de medio siglo.[27]

Como puede colegirse de su testimonio posterior, el joven Bello disfrutaba caminar, solo o en compañía de amigos, por los alrededores de Caracas, y en particular en las cercanías de los ríos Catuche, Guaire y Anauco, que fluían a poca distancia de su casa, la que esta estaba ubicada en el Callejón de la Merced (hoy esquinas de Mercedes a Luneta), a pocas cuadras de la casa de Bolívar y a solo metros de la casa en la que se instaló Humboldt en Caracas.[28] Bello extendía sus excursiones por todo el valle de Caracas, y también a lugares como Petare, Los Teques, y los valles de Aragua. En Petare, algunos kilómetros al este de Caracas, la familia Bello adquirió en 1806 un pequeño cafetal llamado "El Helechal", que le proporcionó nuevas oportunidades de visitar el interior de la provincia. El geógrafo italiano Agustín Codazzi, quien hizo un estudio de Venezuela en las décadas de los años 1820 y 1830, describió así la zona: "La posición de Petare es bella: domina todo el valle del Guaire y a lo lejos se ve la capital de la república", y agregó como virtudes "su proximidad a [Caracas], los terrenos fértiles que tiene en su territorio, un clima delicioso y sano".[29] El paisaje de Venezuela, cuya belleza sigue siendo incomparable, proporcionó a Bello materiales abundantes tanto para la poesía que ya empezaba a escribir, como para los gratos recuerdos que siempre tuvo de su lugar natal.

[27]   Ricardo Donoso, *Don Benjamín Vicuña Mackenna. Su vida, sus escritos y su tiempo, 1831-1886* (Santiago: Imprenta Universitaria, 1925), p. 25. Humboldt estaba obviamente enterado de Bello y su obra, puesto que lo cita en el tomo cuarto de su edición castellana del *Viage á las regiones equinocciales del nuevo continente, hecho en 1799 hasta 1804* (París: En Casa de Rosa, Calle de Chartres, 1826), p. 183.

[28]   Una descripción de Caracas en los tiempos de Bello se encuentra en François Depons, *Travels in Parts of South America, During the Years 1801, 1802, 1803 & 1804* (Londres: J.G. Barnard, 1806). Véase también Ermila Troconis de Veracoechea, *Caracas* (Madrid: Editorial MAPFRE, 1992).

[29]   Agustín Codazzi, *Resumen de la geografía de Venezuela (Venezuela en 1841)*, 3 tomos (Caracas: Biblioteca Venezolana de Cultura, 1940), III, p. 29. Andrés Bello se refirió a esta zona en una carta a Antonio Leocadio Guzmán fechada 24 de septiembre de 1864. Guzmán le había enviado un saco de café de la hacienda El Helechal y Bello le agradeció con algo de tristeza, puesto que aquella "durante algunos años fue propiedad mía y de mis hermanos, y en la guerra de la independencia pasó a otros dueños", carta incluida en OC, XXVI [*Epistolario-2*], 449.

Funcionario de gobierno

Desde 1802 hasta 1810 Bello fue funcionario de los gobiernos de tres Capitanes Generales, Manuel Guevara Vasconcelos (1802-1807), Juan de Casas (1807-1809) y Vicente Emparan (1809-1810). No es sorprendente que el gobierno de la Capitanía General haya identificado y reclutado a un criollo talentoso para el servicio Real, pero Bello parece haber suscitado suficiente entusiasmo como para incorporarlo antes de finalizar sus estudios de leyes. La recomendación de Pedro González Ortega, Oficial Mayor del gobierno, proporciona una clara indicación de la precoz reputación de Bello: "Ha seguido la carrera de estudios en la Universidad y se ha dedicado por su particular aplicación al de la bella literatura con tan ventajoso éxito que la opinión pública y de los inteligentes le recomiendan como sujeto que tiene las cualidades necesarias para ser útil al Real servicio", agregando que había visto "varias obras de su aplicación, ya traducidas de autores clásicos, ya originalmente suyas, aunque de menor consideración, en que se reconoce un talento nada común, unas ideas que reúnen a su extensión la circunstancia de un discernimiento ventajoso".[30] Sobre la base de esta recomendación y del apoyo del influyente criollo Luis Ustáriz, el Capitán General Guevara Vasconcelos nombró a Bello Oficial Segundo del gobierno de la Capitanía el día 6 de noviembre de 1802, un poco antes de que este cumpliera los veintiún años, creándole así una fidelidad al orden imperial que Bello no abandonaría con facilidad.[31]

Las funciones de Bello en el gobierno eran primordialmente administrativas: preparar informes, mantener archivos y traducir correspondencia y otras fuentes de información provenientes de las islas francesas y británicas del Caribe. Como ha sostenido Pedro Grases, entre 1802 y 1810, "no se producirá ningún acontecimiento público en la Capitanía General... en donde no esté visible la mano y la presencia de Bello".[32] Quizás el acontecimiento más importante fue la frustrada invasión de Miranda a Coro en 1806. Para esa época Bello tenía venticuatro años y estaba perfectamente consciente del significado político del suceso. Aunque tradujo varias cartas y documentos relacionados con los movimientos de Miranda, Bello no dejó indicación alguna de su propia reacción ante estos eventos.[33] En este sentido, Bello era un funcionario burocrático perfecto: hacía lo que le

---

[30]   Citado por Murillo, *Andrés Bello*, p. 62.

[31]   "Nombramiento de Bello como Oficial Segundo de la Capitanía General de Venezuela, firmado por Manuel Guevara Vasconcelos, Capitán General", 6 de noviembre de 1802, en CMO, Caja 2, N° 63.

[32]   Pedro Grases, "Humanista de Caracas", en ESAB, II, p. 31.

[33]   Las traducciones de Bello se encuentran en el Archivo General de Indias, legajos 105, 485 y 187. Consisten en una carta del Gobernador de Curaçao (13 de mayo de 1806), una carta de Miran-

pedían y mantenía sus opiniones como asunto privado. También resulta claro que, como la mayoría de los criollos de Caracas, no se sintió particularmente encendido por un fervor revolucionario como resultado de la expedición de Miranda. Este fue sin duda un suceso dramático, pero visto como temporal y sin afectar mayormente las operaciones normales y mucho menos la legitimidad del gobierno de la Capitanía General.

Otros acontecimientos importantes en los que Bello tuvo una participación documentada incluyen la introducción de la vacuna contra la viruela en 1804, la introducción de la imprenta en 1808, y la turbulencia política que desembocó en la creación de la Junta Suprema de Caracas en 1810. Estas actividades y sucesos políticos no impidieron que Bello llevara adelante sus intereses intelectuales. De hecho, no solo los cultivó independientemente sino que encontró manera de combinar sus responsabilidades administrativas con la temática de sus escritos.

La Junta Central de Vacuna

La introducción de la vacuna contra la viruela en Venezuela (como en otras partes de Hispanoamérica) creó la necesidad de establecer estructuras administrativas capaces de cubrir enormes extensiones territoriales. El Rey Carlos IV había aprobado una misión científica dirigida por Francisco Javier de Balmis, la que llegó a Venezuela en 1804. En apenas un par de meses la misión logró un éxito rotundo vacunando personas en dos ciudades, incluyendo Caracas, y cuatro puertos. Esta misión culminó con la creación de la Junta Central de Vacuna el mismo año 1804 bajo la jurisdicción de la Capitanía General. La Junta asumió la responsabilidad de llevar la inoculación a las provincias del interior de Venezuela. La cantidad de vacunas aumentó de 25.000 en 51 localidades en 1804, a 104.700 en 107 localidades en 1808, a pesar de la interrupción de más de un año provocada por la campaña de Miranda.[34] Una vez que la Junta reanudó sus actividades en noviembre de 1807 Bello comenzó a jugar un papel central en la Junta como secretario ("político" para distinguirlo de lo "científico") de la misma.[35] En tal capacidad, Bello llevó

---

da extractada de un periódico francés, y una carta dirigida a Guevara Vasconcelos desde Barbados (5 de junio de 1807), respectivamente.

[34]   Ricardo Archila, "La Junta Central de Vacuna", en *BYC*, pp. 240-241.

[35]   "Nombramiento de Bello como Secretario Político de la Junta Central de Vacuna, firmado por Juan de Casas, Capitán General de la Provincia de Venezuela", 22 de marzo de 1808, en *CMO*, Caja 2, N° 65.

las actas de todas las reuniones (diecinueve en total) desde noviembre de 1807 hasta abril de 1808, y preparó dos informes sobre temas administrativos.[36]

Las actividades de la Junta Central de Vacuna tuvieron una gran repercusión social y política en Venezuela, y Bello entendió claramente su significado. Durante este periodo tuvo la oportunidad de trabajar con su maestro José Antonio Montenegro y de colaborar con José Domingo Díaz, médico de profesión y realista ferviente, que más tarde se transformaría en su acérrimo enemigo. Se trataba, obviamente, de una gran empresa tanto en los aspectos organizativos como por sus beneficios para la población. Poco antes de su nombramiento en la Junta, Guevara Vasconcelos, reconociendo la importancia de la labor de Bello, lo propuso como Comisario de Guerra, un puesto honorífico sin comando de tropas, aunque equivalente en la administración pública civil a la de Teniente Coronel en las milicias. Era un puesto lo suficientemente importante, sin embargo, como para requerir las firmas del Rey, del Secretario de Estado, del Capitán General y del Intendente. Se trataba de una distinción importante, y la primera vez que se otorgaba a un criollo en Venezuela.[37] Su desempeño fue considerado como ejemplar, puesto que en diciembre de 1809 fue ascendido a Oficial Mayor de la Capitanía General por el sucesor de Guevara Vasconcelos, Juan de Casas.

Las actividades de Bello sugieren que era un funcionario completamente dedicado a sus labores. La ausencia de documentos hace difícil concluir algo más sobre otras facetas de la vida de Bello, especialmente en lo personal. Algunos estudiosos han sugerido que él pudo haber tenido una relación sentimental con María Josefa de Sucre, hermana del héroe de la independencia, Antonio José. Esta familia vivía en Cumaná, donde Bello iba a visitar a su padre. Como era frecuente entre familias criollas, es muy probable que se reunieran con algu-

---

[36] Los dos informes, "Reglas que pueden servir para la creación, forma y primeras funciones de las juntas subalternas de vacuna" (1807), y "Plan de arbitrios presentados a la Junta por el secretario" (1808), se encuentran en OC, XXIV [*Cosmografía y otros escritos*], 683-700. Véase también el comentario de Pedro Grases, "Dos textos de Andrés Bello en la Junta Central de Vacuna, 1807-1808", en *ESAB*, II, pp. 204-209. Más tarde, en Inglaterra, Bello prepararía un informe sobre los efectos de la vacuna en Venezuela, que entregó al National Vaccine Establishment en Londres y que apareció en el *Report* de la institución (N° 9, marzo de 1813, pp. 11-12), que se encuentra en el Wellcome Library de Londres. Dado que no se conocía y que no aparece en las *Obras completas* de Bello se incluye en este libro como Anexo. La traducción de este texto al inglés parece haber sido preparada por José María Blanco White, como puede concluirse de la carta que este dirigió a Bello y que está incluida en OC, XXVI, 58-59, aunque con fecha equivocada.

[37] El nombramiento fue aprobado por Carlos IV el 11 de octubre de 1807, y otorgado en febrero de 1808, como puede observarse en las varias firmas del documento "Real Cédula de Carlos IV concediendo a Bello el nombramiento de Comisario de Guerra de la Capitanía General de Caracas", en *CMO*, Caja 2, N° 64.

na frecuencia. François Depons visitó el lugar en los años 1803-1804, y quedó muy favorablemente impresionado por la calidad de la vida social. "Los criollos de Cumaná", observó, "se entregan con dedicación a los temas literarios, y se caracterizan por su penetración, juicio, y aplicación".[38] Tanto Bello como María Josefa cultivaban la poesía y probablemente la recitaban en los encuentros sociales del lugar. Bello debe haberse sentido suficientemente cercano a ella como para haberle hablado de sus sentimientos a su discípulo y biógrafo Miguel Luis Amunátegui, quien se refirió a María Josefa como "el primer amor" de Bello.[39] Amunátegui, después de la muerte de Bello, consultó al historiador venezolano Arístides Rojas, quien a su vez obtuvo información de algunos miembros de la familia Loynaz en 1883.[40] Esta relación no pudo prosperar luego que Bello partió con rumbo a Inglaterra para nunca más volver a su tierra natal. El destino de María Josefa fue triste, ya que sufrió mucho durante los avatares de la independencia y murió en un naufragio en el Caribe en diciembre de 1821. La vida de Bello en Caracas, salvo esta fragmentaria información personal, estuvo claramente dominada por sus actividades públicas. Pero en 1808 la normalmente tranquila Capitanía, como el resto del imperio, se vio de pronto enfrentada al colapso total del orden tradicional.

La *Gazeta de Caracas*

La invasión de España y Portugal por las tropas de Napoleón en 1807-1808, junto a otros indicios de una crisis de proporciones en el imperio español, indujeron al gobierno de la Capitanía General a publicar un periódico que pudiera difundir

---

[38] Depons, *Travels*, p. 134. Bello mantuvo amistades cercanas en Cumaná. Véase carta de Andrés Bello a Agustín Loynaz, Londres, 13 de octubre de 1826, en OC, XXV [*Epistolario-1*], 202-203.

[39] Miguel Luis Amunátegui, "El primer amor de don Andrés Bello", en *Ensayos biográficos*, 4 tomos (Santiago: Imprenta Nacional, 1893-1896), II, pp. 232-242. Los estudiosos han seguido también las afirmaciones de Alberto Sanabria, conocedor de la historia de Cumaná, en "Recuerdos de Andrés Bello", *Primer libro de la semana de Bello en Caracas* (Caracas: Ediciones del Ministerio de Educación, 1952), pp. 281-282. Pedro Grases da validez a esta posibilidad en su "Humanista de Caracas", ESAB, II, p. 36. Véase también Manuel Salvat Monguillot, "Vida de Bello", en *Estudios sobre la vida y obra de Andrés Bello* (Santiago: Ediciones de la Universidad de Chile, 1973), p. 23.

[40] Véase la carta de Alejandro y Agustín Loynaz, con Josefa Salcedo, incluida por Enrique Planchart, en "Bello, Arístides Rojas y la familia Loynaz", a su vez incluido en Grases, *Antología*, pp. 280-85. Información sobre la familia Sucre se encuentra en Carlos Héctor Larrazábal, *Sucre: Figura continental* (Buenos Aires: Talleres de Juan Pellegrini, 1950). Véase también Inés Quintero, *El sucesor de Bolívar: Biografía política de Antonio José de Sucre*, 2ª ed. (Caracas: Bidanco, 2006).

información con la mayor celeridad posible. El Capitán General Casas solicitó el envío de una imprenta al gobierno de Trinidad en agosto de 1808, y el equipo llegó a Venezuela en septiembre de ese año junto con los impresores británicos Matthew Gallagher y James Lamb.[41] Dado que Bello había demostrado sus capacidades como escritor, junto a su excelente desempeño en las labores administrativas, era natural que se le nombrara redactor principal de esta publicación periódica en Caracas. Sus responsabilidades incluían las tareas de traducción, selección y redacción de artículos. El primer número de la *Gazeta de Caracas* apareció el 24 de octubre de 1808, y Bello se mantuvo a cargo de la publicación hasta su viaje a Inglaterra en junio de 1810.[42]

Con la excepción de un par de estudios notables, el significado del papel de Bello en la *Gazeta* no ha sido suficientemente evaluado, pero se puede medir de dos maneras. En primer lugar, en la *Gazeta* encontramos el desarrollo de una línea editorial que procesaba y transmitía la preocupante información proveniente de la península ibérica, y que reflejaba un sentimiento de fuerte rechazo de los criollos contra Napoleón. En segundo lugar, la experiencia de Bello en la *Gazeta* le proporcionó conocimientos sobre todos los aspectos relacionados con la publicación y, en particular, una comprensión de la utilidad e influencia de la prensa en la formación de la opinión pública. Más tarde Bello aplicaría esta experiencia en el *Censor Americano*, la *Biblioteca Americana*, *El Repertorio Americano* y *El Araucano*, los influyentes periódicos que publicaría posteriormente en Inglaterra y Chile.[43]

La *Gazeta* apareció en un momento sumamente crítico para el imperio. En marzo de 1808 estalló en Aranjuez la disputa entre Carlos IV y su hijo, el futuro Fernando VII, y para mayo del mismo año Napoleón forzó a ambos a abdicar el trono en favor de su hermano José en Bayona, Francia. Las primeras noticias de

---

[41]   Manuel Pérez Vila, "Andrés Bello y los comienzos de la imprenta en Venezuela", en *BYC*, pp. 265-303. Manuel Donís Ríos ha constatado la existencia de un periódico anterior, *El Correo de la Trinidad Española*, publicado en 1789. Trinidad pasó a manos británicas en 1802 con el Tratado de Amiens. Véase "Venezuela colonial", en Elías Pino Iturrieta (Coordinador), *Venezuela* (México: El Colegio de México, 2018), p. 81.

[42]   He consultado el facsímil de la *Gazeta de Caracas* (París: Établissements H. Dupuy, 1939) en la *FLCB*. Aunque las fechas están en secuencia adecuada, debe señalarse que los números de los ejemplares no siempre corresponden a la secuencia correcta.

[43]   Véase Raúl Silva Castro, "Andrés Bello en el periodismo", en *Estudios sobre la vida y obra de Andrés Bello*, pp. 219-233. También Pedro Grases, "Tres empresas periodísticas de Andrés Bello", en *ESAB*, II, pp. 307-314. Sobre el papel de la imprenta durante el periodo véase Rebecca Earle, "The Role of Print in the Spanish American Wars of Independence", en Iván Jaksić, ed., *The Political Power of the Word: Press and Oratory in Nineteenth-Century Latin America* (Londres: Institute of Latin American Studies, 2002), 9-33.

estos sucesos llegaron a Caracas a principios de julio de 1808, gracias a dos ejemplares del *Times* de Londres, que fueron enviados por los funcionarios de Cumaná al Capitán General Juan de Casas, quien pidió a Bello que los tradujera. Bello, que leyó las noticias al día siguiente de haber recibido los ejemplares, "quedó estupefacto" y le comentó sus contenidos a Casas.[44] Este llamó inmediatamente a varias figuras peninsulares influyentes para discutir las noticias, excluyendo deliberadamente a los criollos, y trató de mantener la información en secreto. Tanto Casas como Bello entendieron que las noticias implicaban el potencial colapso del imperio español en América.

Casas estaba todavía afectado e incrédulo cuando llegó a Caracas (15 de julio de 1808) un emisario francés, el teniente Paul de Lamanon, para comunicar oficialmente las noticias de la ocupación francesa del trono de España. Bello, que hizo de intérprete, relató posteriormente que Casas "se derritió en lágrimas como un niño" cuando Lamanon confirmó lo que el gobernador no había querido creer unos días antes.[45] El teniente francés, luego de informar al Capitán General, procedió a comunicar las buenas nuevas a quien quisiera escucharle en Caracas, lo que provocó una explosión instantánea de indignación que casi le costó la vida en la "Posada El Ángel", ubicada en la Plaza Mayor. Fue Bello quien intervino para comunicarle las órdenes de Casas de abandonar Caracas de inmediato, cosa que Lamanon hizo bajo escolta militar el mismo día.

La actitud antifrancesa de la población de Caracas sorprendió enormemente a Casas, quien, bajo la presión del Cabildo llamó a una asamblea que culminó con una proclamación de lealtad a Fernando VII.[46] Mientras tanto, en el momento en que Lamanon abandonaba Venezuela en la mañana del 16 de julio, llegó al puerto de La Guaira una fragata británica con sus propias noticias e instrucciones: el pueblo español se había levantado espontánea y masivamente en contra de los franceses y su "rey intruso", José Bonaparte. Gran Bretaña se había aliado con España en contra de Napoleón y ofrecía su protección a las colonias hispanoamericanas para el caso de un ataque francés. El emisario británico, capitán Philip Beaver, informó a las autoridades de Caracas sobre la creación de un

---

[44] Amunátegui, *Vida*, p. 38

[45] *Ibídem*, 40-41.

[46] Estos sucesos se encuentran descritos en detalle por Caracciolo Parra-Pérez en *Historia de la primera república de Venezuela* (Caracas: Biblioteca Ayacucho, 1992). El recuento que sigue a continuación debe mucho a este estudio clásico, publicado originalmente en Caracas en 1939, y a los recuerdos que Bello comunicó a Amunátegui. Véase también Clément Thibaud, "*Salus populi*: imaginando la reasunción de la soberanía en Caracas, 1808-1810", en Roberto Breña, ed., *En el umbral de las revoluciones hispánicas: El bienio 1808-1810* (México: El Colegio de México, Centro de Estudios Políticos y Constitucionales, 2010), pp. 335-363.

gobierno provisional en Sevilla y manifestó el apoyo de su país a la resistencia española contra Napoleón.[47]

El capitán Beaver salió de Caracas el 19 de julio con la clara impresión de que sus noticias no habían tenido mayor efecto en el Capitán General. En una detallada carta dirigida al almirante Alexander Cochrane, comandante de la flota británica en el Caribe, Beaver señaló que Casas "me recibió muy fríamente, o por mejor decir, con descortesía" (*very coldly, or rather uncivilly*), pero que el resto de la población lo había recibido calurosamente. Beaver detectó lo que en efecto se transformaría en la acusación criolla contra Casas y su sucesor, Vicente Emparan: que ambos eran profranceses.[48] Durante la entrevista Beaver manifestó que las pretensiones de los franceses respecto de España y sus colonias eran inaceptables, "en términos tan fuertes que el intérprete [Bello] titubeó con frecuencia antes de traducir".[49] En su informe a Cochrane, el emisario británico agregó que los criollos parecían apoyar sinceramente a Fernando VII y que habían recibido con júbilo las noticias de una alianza con Gran Bretaña.

Las esperanzas de Casas consistían en que se aceptara, por el momento, el cambio de autoridad en España, pero la decisión del Cabildo de manifestar irrestrictamente la lealtad a Fernando VII limitó su campo de acción. Los criollos se habían vuelto suspicaces respecto de las intenciones del Capitán General y de otros peninsulares, y presionaron por la creación de una Junta similar a las recientemente instaladas en España para resistir la ocupación francesa. Casas permitió inicialmente una discusión sobre la propuesta, pero eventualmente la abandonó. Cuando los criollos insistieron en noviembre, Casas procedió a arrestar a sus cabecillas.[50] De este modo, el Capitán General y las demás autoridades españolas

---

[47]   El "Tratado de Amistad y Alianza entre S.M. Católica Fernando VII, y S.M.B. Jorge III", fue firmado en Londres el 14 de enero de 1809. El texto del tratado se publicó en la *Gazeta de Caracas*, N° 41, 26 de Mayo, 1809. Para un estudio de la política británica y su alianza contra Napoleón, véase Rory Muir, *Britain and the Defeat of Napoleon 1807-1815* (New Haven y Londres: Yale University Press, 1996).

[48]   El original inglés de la carta de Beaver se encuentra en *The Life and Services of Captain Philip Beaver, Late of his Majesty's Ship Nisus* (Londres: J. Murray, 1829), pp. 334-40. Bello conoció esta carta y la tenía en su posesión puesto que se la entregó a Amunátegui, quien la incluyó en su *Vida*, pp. 47-49. Bello debió conocerla ya en 1817, puesto que aparece incluida en el libro de Manuel Palacio Fajardo, *Outline of the Revolution in Spanish America* (Londres: Longman, Hurst, Rees, Orme y Brown, 1817), pp. 29-33. La publicación de este libro en Londres, junto a la amistad entre Bello y Palacio Fajardo, me confirma que el primero participó activamente en la redacción de este libro, puesto que pocos como él estaban en posición de comprender cabalmente el significado del informe de Beaver.

[49]   Beaver, *The Life*, p. 337. Esta parte de la carta no está incluida en la biografía de Amunátegui.

[50]   Sobre las motivaciones y destino final de este grupo (que incluía algunos peninsulares), véase el notable estudio de Inés Quintero, *La conjura de los mantuanos: Último acto de fidelidad a la*

lograron mantenerse en el poder, pero debieron manifestar una mayor lealtad a Fernando VII para neutralizar las demandas de los criollos. Esta postura tuvo sin duda mucho que ver con la política británica contra Napoleón, como también con el hecho de que la Junta Central de Sevilla envió emisarios que, llegando a Caracas el 5 de agosto, confirmaron a los funcionarios oficiales en sus cargos.[51]

Fue durante el curso de estas graves circunstancias que Bello ayudó a formular una línea editorial para la *Gazeta de Caracas*.[52] El ejemplar inaugural dio la tónica con su declaración, "¡Primero morir que aceptar el yugo de Napoleón!". Este y otros ejemplares hicieron un resumen de los sucesos ocurridos en la península y elaboraron una interpretación de la nueva información que llegaba a Caracas. Como ha señalado Manuel Pérez Vila, el propósito de la *Gazeta* era controlar el flujo de información de manera de neutralizar rumores políticos tendenciosos sobre la situación de España y Venezuela.[53] "Se da al público la seguridad", proclamó el primer número, "de que nada saldrá de la prensa sin la previa inspección de las personas que al intento comisione el Gobierno".[54] Hoy, tal declaración no inspiraría mayor confianza, pero en aquel momento tenía el propósito de centralizar la información de modo de evitar el daño que podrían provocar rumores infundados. El periódico abrió un espacio también para la información más general, incluyendo anuncios, actividad portuaria, listas de precios, y pedidos de datos para ubicar esclavos fugitivos. Además de la transcripción de documentos oficiales se incluían también traducciones de noticias y otros artículos de la prensa extranjera, como el *Times*, de Londres, y el *L'Ambigu ou Variétés Littéraires et Politiques*, un diario antinapoleónico que se publicó en Londres entre los años 1802 y 1818.[55] Durante los dieciocho meses en que Bello

---

monarquía española. Caracas 1808 (Caracas: Universidad Católica Andrés Bello, 2002). Las complejidades tanto del pensamiento como de las prácticas políticas relacionadas con el tránsito de la monarquía a la república, y la fusión de elementos de ambas, encuentran un buen ejemplo en Eric Nelson, *The Royalist Revolution: Monarchy and the American Founding* (Cambridge, Mass.: Harvard University Press, 2014).

[51]   McKinley, *Pre-Revolutionary Caracas*, p. 151. Véase también Jaime E. Rodríguez O., *The Independence of Spanish America* (Cambridge: Cambridge University Press, 1998), pp. 55-56.

[52]   En cuanto al nivel de participación de Bello en la *Gazeta* véase Pérez Vila, "Comienzos de la imprenta", en *BYC*, pp. 265-303, quien señala que no todos los textos publicados entre octubre de 1808 y junio de 1810 se pueden atribuir a Bello, pero al mismo tiempo reafirma el papel central que jugó en la selección, traducción y presentación de la información periodística y documental. Para una evaluación de los propósitos de la *Gazeta* véase Elías Pino Iturrieta, *La independencia a palos y otros ensayos* (Caracas: Editorial Alfa, 2011), pp. 63-72.

[53]   *Ibídem*, 272.

[54]   *Gazeta de Caracas*, N° 1, 24 de octubre de 1808.

[55]   Pérez Vila, "Comienzos de la imprenta", p. 296. También Carlos Pi Sunyer, *Patriotas americanos en Londres: Miranda, Bello, y otras figuras* (Caracas: Monte Ávila Editores, 1978), pp. 313-318.

redactó las columnas de la *Gazeta*, el periódico era inequívocamente antinapoleónico, leal a Fernando VII y a la resistencia española.

Es en este contexto que se desarrolló un cercano contacto entre las colonias británicas y españolas del Caribe, especialmente entre Curaçao y Venezuela. Los oficiales de los respectivos gobiernos, el coronel John Robertson (Secretario del Gobernador John Thomas Layard) y Andrés Bello, iniciaron una correspondencia que compartía información política y comercial e incluía un intercambio de periódicos provenientes de Inglaterra. A continuación las oportunidades de comercio entre ambas regiones intensificaron el contacto entre los respectivos oficiales. Como se puede observar en un informe escrito el 19 de noviembre de 1808, en que Bello detallaba sus discusiones con Robertson, recomendó la reducción de aranceles dada la reciente alianza entre España e Inglaterra.[56] A raíz de este intercambio, Bello y Robertson llegaron a ser buenos amigos. Este último envió a Bello varios libros, incluyendo una gramática inglesa para complementar su estudio del idioma. La comunicación entre ambos resultó crucial para dar a conocer y entender los confusos acontecimientos que transcurrían en España.

Aparte de sus actividades en la *Gazeta*, existe evidencia de que Bello tenía intenciones de publicar un periódico menos restringido por la política oficial. De hecho, a fines de 1809 Bello y Francisco Isnardy publicaron el prospecto de una revista titulada *El Lucero*, que ya había recibido el respaldo del Real Consulado, y que anunciaba cubrir temas de interés científico y cultural, como ciencias naturales, literatura, teatro, e historia y geografía de Venezuela. El proyecto no llegó a realizarse, en parte por las obligaciones de Bello, en parte por falta de suscriptores, y en parte por los sucesos de 1810 que culminaron con el viaje de Bello a Inglaterra. Sin embargo, gracias al prospecto de *El Lucero* es posible identificar la temática y estructura fundamental de tres publicaciones que verían la luz en Inglaterra en el decenio de 1820, el *Censor Americano*, la *Biblioteca Americana* y *El Repertorio Americano*.[57] Por lo pronto, sucesos políticos de primera magnitud absorbieron la atención de la sociedad de Caracas.

---

[56] El informe manuscrito de Bello se encuentra en *CMO*, Caja 2, N° 74, como documento no identificado, pero la letra es claramente de Bello. Los originales de dos cartas de Robertson a Bello en 1809 (10 de enero y 2 de febrero) se encuentran en *CMO*, Caja 1, N° 23 y 24. El archivo tiene un total de seis cartas conocidas de Robertson a Bello, incluidas en *OC*, XXV.

[57] No se ha conservado ninguna copia orginal del prospecto, pero la evidencia del proyecto se encuentra en la *Gazeta de Caracas*, N° 78 y 79 del 5 y el 12 de enero de 1810. Una copia del prospecto debe haber llegado a Bogotá, puesto que el naturalista neogranadino Francisco de Caldas lo menciona en el *Semanario del Nuevo Reyno de Granada*. Véase Pedro Grases, "*El Lucero*, de Andrés Bello y Francisco Isnardy", en *ESAB*, II, p. 305.

Los eventos de 1810

La crisis imperial había llegado a un punto crítico. La precaria Junta Central establecida como gobierno de emergencia en Sevilla en 1808 finalmente sucumbió ante el ataque francés en enero de 1810, y los funcionarios dispersos se refugiaron en el puerto de Cádiz. Allí, la Junta fue reemplazada por un Consejo de Regencia de cinco miembros que dependía del apoyo de los comerciantes gaditanos y de los ingresos provenientes de ultramar. El día 14 de febrero de 1810 el Consejo hizo una sorprendente y desesperada concesión a los hispanoamericanos con vistas a conseguir su apoyo: "Desde este momento, Españoles Americanos, os veis elevados a la dignidad de hombres libres... Tened presente que al pronunciar o al escribir el nombre del que ha de venir a representaros en el Congreso nacional, vuestros destinos ya no dependen ni de los Ministros, ni de los Virreyes, ni de los Gobernadores: están en vuestras manos".[58] El propósito de la proclama era convocar a un congreso (Cortes) en el que los hispanoamericanos tendrían representación, de modo de establecer una relación más estrecha entre España y las colonias. La reacción en Caracas, como en otras partes de Hispanoamérica, fue de rechazo. La retórica de libertad y representación fue entendida más como producto de la desesperación que de la convicción. Los criollos manifestaron un total escepticismo ante la capacidad de los peninsulares de formar un gobierno y de que pudieran ofrecer reformas realmente sustantivas para las colonias, sobre todo por la magra cuota de representación otorgada a los pueblos hispanoamericanos. Además, resultaba claro que los restos del imperio necesitaban más a las colonias de lo que estas necesitaban a España.

Los criollos de Caracas estaban inquietos desde el intento de formar una junta en 1808. Las tensiones aumentaron con la llegada del nuevo Capitán General, Vicente de Emparan y Orbe, en mayo de 1809. Emparan actuó sin consultar al Cabildo y a la Audiencia en materia de nombramientos, y además recurría a medidas represivas. Los criollos, por su parte, desconfiaban de Emparan puesto que este debía su propio nombramiento a las autoridades francesas en Madrid.[59]

---

[58] Esta proclama de la Regencia apareció publicada en la *Gazeta de Caracas*, N° 97, 11 de mayo de 1810, pero fue conocida probablemente en la primera quincena de abril. Véase también Parra-Pérez, *Historia*, p. 196.

[59] Esta fue una de las justificaciones del movimiento del 19 de abril. Véase "Instrucciones de la Junta de Caracas para sus comisionados en Londres", en *Las primeras misiones diplomáticas de Venezuela*, compilación de Cristóbal de Mendoza, 2 tomos (Caracas: Academia Nacional de la Historia, 1962), pp. 244-245. También, Tomás Polanco Alcántara, *Simón Bolívar: Ensayo de una interpretación biográfica a través de sus documentos* (Caracas: Academia Nacional de la Historia, 1994), pp. 198-200. Sobre la fuerte tensión entre la fidelidad y los afanes de autonomía, véase Carol Leal Curiel

El descontento de los criollos se manifestó en un temprano intento de rebelión liderado por el marqués Francisco Rodríguez del Toro, entonces coronel de milicias, el 2 de abril de 1810 en el Cuartel de la Misericordia. Emparan pudo frenar este intento, al parecer debido a información que recibió anticipadamente. Más tarde, el médico y publicista José Domingo Díaz declararía que Bello era uno de los delatores de la conspiración. El asunto se resolvió sin derramamiento de sangre, pero anunciaba sucesos más graves, que de hecho ocurrirían en las siguientes semanas.[60]

Para mediados de abril de 1810 las noticias del colapso de la Junta Central y la proclama del Consejo de Regencia eran ampliamente conocidas en Caracas. La reacción criolla fue rápida: un Cabildo Extraordinario fue convocado para la mañana del 19 de abril y el Capitán General Emparan se vio forzado a asistir. Allí hubo de escuchar argumentos sobre la necesidad de formar una Junta que protegiera los legítimos derechos de Fernando VII, propósito tanto más urgente luego de la disolución de la Junta Central en España. Pero para entonces, los criollos ya tenían otros planes y se encontraban maniobrando abiertamente para derro-

---

y Fernando Falcón Veloz, "Las tres independencias de Venezuela: entre la lealtad y la libertad (1808-1830)", en Marco Palacios, coord., *Las independencias hispanoamericanas. Interpretaciones 200 años después* (Bogotá: Editorial Norma, 2009), pp. 61-92.

[60] Aunque el escritor español Pedro de Urquinaona ya había involucrado a Bello en su *Relación documentada del origen y progresos del trastorno de las provincias de Venezuela* (Madrid: Imprenta Nueva, 1820), p. 17, fue José Domingo Díaz, en su libro *Recuerdos de la rebelión de Caracas* (Madrid: Imprenta de D. León Amarita, 1829) el que tuvo mayor impacto y difusión. Existe una versión moderna del libro de Díaz (Caracas: Biblioteca de la Academia Nacional de la Historia, 1961). La referencia a la delación aparece en la p. 13 del original y pp. 60-61 de la versión moderna. Díaz, un realista ferviente, lanzó los ataques más fuertes contra Simón Bolívar, pero prácticamente nadie que participó en la creación de la Junta se salvó de sus dardos. Bello aparece mencionado entre aquellos que "ejecutaron el proyecto de clavar en el corazón de mi patria el puñal de la rebelión más indecente e insensata" (pp. 400-401 del original, pp. 570-571 de la versión moderna). Sobre Díaz y otros realistas del periodo, véase Tomás Straka, *La voz de los vencidos: Ideas del partido realista de Caracas, 1810-1821* (Caracas: Comisión de Estudios de Posgrado, Facultad de Humanidades y Educación, Universidad Central de Venezuela, 2000). La acusación de infidencia causó a Bello una de las amarguras más grandes de su vida, sobre todo después que Mariano Torrente la repitió en su *Historia de la revolución hispanoamericana*, 3 tomos (Madrid: Imprenta de Moreno, 1830), I, pp. 56-57. Esta fuente es también dudosa, ya que se equivoca en la fecha de la supuesta delación. Sin embargo, autores posteriores han considerado la delación como algo cierto. Sobre el dilema al que se vio enfrentado Bello véase Antonio Cussen, *Bello y Bolívar* (México: Fondo de Cultura Económica, 1998), p. 31. Un examen de las diferentes versiones se encuentra en Óscar Sambrano Urdaneta, *Verdades y mentiras sobre Andrés Bello*, 2ª edición aumentada y corregida (Caracas: Anauco Ediciones, 2005), pp. 35-45 y 113-137. La persona que con propiedad podía corroborar la participación de Bello era Emparan mismo, quien no lo hizo en su informe al rey sobre estos sucesos, citado por Sambrano en la p. 40. Volveré a este tema en el Capítulo IV.

car a Emparan. Tal fue, en efecto, el resultado, puesto que el Capitán General, sobrepasado por las circunstancias y enfrentado a una asamblea hostil, renunció con un gesto de impaciencia y entregó el mando al Cabildo. Este cuerpo, a su vez, nombró una "Junta Suprema Conservadora de los Derechos de Fernando VII", dándole el mandato de gobernar en nombre del rey cautivo. Emparan y otros oficiales de la Corona abandonaron Venezuela sin mayor incidente en los siguientes días y semanas.

De este modo, los criollos dieron sus primeros pasos de autogobierno. La Junta actuó con rapidez y firmeza: abrió los puertos al comercio libre con naciones aliadas y neutrales, eliminó los aranceles de exportación, redujo la alcabala, suprimió el tributo indígena y la trata de esclavos.[61] Los veintitrés miembros de la Junta, dominada por los criollos, no tuvieron mayor problema en lograr un acuerdo con respecto a la necesidad de reformas económicas. Pero la organización política era otra cosa. Algunos miembros favorecían la autonomía dentro del imperio, mientras que otros propugnaban un quiebre completo con España.[62] La tensión entre ambas posturas se resolvió finalmente a favor de la independencia total en julio de 1811, pero inicialmente el movimiento se declaró leal a la Corona.

Bello mantuvo su puesto en la administración de Emparan y, con los mismos títulos, bajo la Junta Suprema. En esta última se le designó para colaborar con Juan Germán Roscio en la recientemente creada sección de Relaciones Exteriores de la Secretaría de Estado.[63] En esta capacidad, preparó la respuesta oficial de la Junta a la proclama de la Regencia, que será discutida más adelante. La continuación de Bello en el gobierno demuestra que el movimiento del 19 de abril no era una revolución en contra del sistema imperial sino, más bien, un realineamiento de fuerzas para neutralizar las fuentes de inestabilidad, identificadas principalmente como el vacío de poder en España y el papel poco confiable de Emparan y otros oficiales peninsulares. Bello, como criollo destacado y talentoso, además de estar familiarizado con los asuntos administrativos de la Capitanía,

---

[61]   Parra-Pérez, *Historia*, p. 205. Véase también la *Gazeta*, N° 95, 27 de abril, 1810, para una justificación de estas y otras medidas. En este número, el primero después del movimiento del 19 de abril, aparece un llamado a las demás provincias de Venezuela para seguir el ejemplo de Caracas. Allí se explica que la Regencia no podía garantizar la protección de España y que por lo tanto Venezuela debía tomar sus propias medidas para defender la causa de Fernando VII.

[62]   Véase John Lynch, *The Spanish American Revolutions, 1808-1826*, segunda edición (Nueva York y Londres: W.W. Norton, 1986), p. 196. También Rodríguez, *Independence*, pp. 110-112, y David Bushnell, "The Independence of Spanish South America", en Leslie Bethell, editor, *The Cambridge History of Latin America*, tomo 3 (Cambridge: Cambridge University Press, 1985), pp. 103-104 y 109.

[63]   El cargo y títulos de Bello aparecen indicados por primera vez en la *Gazeta de Caracas*, N° 102, 8 de junio de 1810.

y como amigo personal de varios de los miembros de la Junta, pasó sin dificultad de un gobierno a otro. Poco después se le pidió que zarpara rumbo a Inglaterra en una misión diplomática junto a Simón Bolívar y Luis López Méndez. Sin lugar a dudas, Bello gozaba de la plena confianza de las nuevas autoridades.

El perfil intelectual y político de Bello

Bello tenía veintiocho años cuando salió para Inglaterra. Debido a su juventud y a sus tareas en el gobierno, sus escritos durante esta época son relativamente escasos, especialmente comparados con su copiosa producción posterior. Además, algunos escritos (especialmente poemas y traducciones) no sobrevivieron los estragos de la guerra. No obstante, existen suficientes materiales, preparados en Caracas y publicados con posterioridad, para formarse una idea del amplio espectro de sus intereses. Ellos proporcionan, además, una evidencia clara de su postura intelectual y política durante un periodo tan crítico de transición desde la colonia a la independencia.

La formación clásica de Bello sentó las bases de un permanente interés por la poesía. De los setenta poemas que escribió o tradujo durante su vida, diez de los que han sobrevivido pertenecen al periodo de Caracas. En términos temáticos, estos poemas incluyen desde imitaciones de clásicos ("Égloga", "A la nave", "Mis deseos"); sucesos específicos como la vacuna contra la viruela ("A la Vacuna", "Venezuela consolada"); la muerte del Arzobispo ("Octava a la muerte del I.S.O. Francisco Ibarra"); la resistencia española contra Napoleón ("A la victoria de Bailén"), y cantos a la belleza natural de Venezuela ("El Anauco", "A un samán" y "A una artista"). Un tono bucólico que recuerda *Las Geórgicas* de Virgilio predomina en todos estos poemas que, como señaló el crítico literario Emir Rodríguez Monegal, llevan el sello de la tradición neoclásica.[64] Los críticos no consideran estos poemas como particularmente valiosos, con la excepción de la "Égloga". Marcelino Menéndez y Pelayo, a quien se puede considerar como un crítico generalmente favorable, califica los poemas sobre la vacuna de "dos lánguidos, fastidiosos y adulatorios poemas en acción de gracias a Carlos IV", y agrega que se trata de poesía "oficinesca y rastrera, indigna por todos conceptos de su nombre".[65] Este juicio es quizás demasiado severo para una poesía que

---

[64] Emir Rodríguez Monegal, *El otro Andrés Bello* (Caracas: Monte Ávila Editores, 1969).

[65] Marcelino Menéndez y Pelayo, *Historia de la poesía hispanoamericana*, 2 tomos (Madrid: Librería General de Victoriano Suárez, 1911), I, p. 374. Los intelectuales Miguel Luis y Gregorio

ofrece datos importantes; en especial sus referencias específicas a la historia de Venezuela, y sus alusiones a la poesía latina y española, que representan ejemplos valiosos de la formación intelectual y política de Bello. Otros escritos del caraqueño, que serán considerados en este mismo capítulo, complementan y refuerzan los temas y perspectivas que aparecen en su poética.

Antonio Cussen ha proporcionado uno de los mejores análisis recientes de la poesía de Bello, sobre todo aquella del menos conocido periodo de Caracas. Lo que resulta central en estos poemas, sostiene Cussen, y especialmente en la oda "A la vacuna", es la referencia a la figura de Augusto, una convención poética de largo uso entre romanos y españoles para adular al rey. En esta oda Carlos IV figura como el monarca que libera a Venezuela de la peste ("el destructivo azote") de la viruela y otras plagas, incluyendo "la peste de los conflictos civiles e internacionales causados por la Revolución francesa".[66] Cussen también señala que los temas de belleza rural, virtud, y una mítica época dorada que caracterizan la poética temprana de Bello son todos temas "venerados por un poder imperial".[67] El Bello que surge de estas páginas es un Bello no solo satisfecho, sino incluso entusiasta respecto del orden imperial.[68]

El contenido político de una parte importante de la obra poética redactada por Bello en Caracas resulta evidente en el análisis de Cussen. No obstante, en los poemas sobre la vacuna, y en particular en "Venezuela consolada", es posible también identificar el germen de una preocupación que acompañará constantemente a Bello en torno a la enfermedad, su contagio y cura. En el poema, una Venezuela desconsolada relata en diálogo con su interlocutor El Tiempo los infortunios que vive el país por "las atroces viruelas". El Tiempo reconoce cuán justificado es el dolor de Venezuela por "ese contagio impío/ que tus hijos devora". Sin embargo, anuncia la llegada de Neptuno con supuestas buenas noticias. Venezuela reacciona alarmada, dirigiéndose al visitante: "Vete de mis ojos;/ para siempre retírate. El amargo/ conflicto en que me miras, ¿de quién vino,/ sino de

---

Víctor Amunátegui (1861), J.M. Torres Caicedo (1863) y Miguel Antonio Caro (1882) se encuentran entre los primeros en estudiar la poesía caraqueña de Bello. Este último, en particular, tradujo algunos de estos poemas del castellano al latín. Véase su "Educación y estudios de Bello: sus primeros ensayos poéticos (1781-1810)", en Miguel Antonio Caro, *Escritos sobre Don Andrés Bello*, editado por Carlos Valderrama Andrade (Bogotá: Instituto Caro y Cuervo, 1981), pp. 17-35.

[66] Antonio Cussen, *Bello y Bolívar*, p. 25. Este libro apareció originalmente en inglés con el título de *Bello and Bolívar: Poetry and Politics in the Spanish American Revolution* (Cambridge: Cambridge University Press, 1992). Existe también una edición venezolana traducida por Gustavo Díaz Solís y publicada por La Casa de Bello en 1995.

[67] *Ibídem*, 28.

[68] Joaquín Trujillo Silva ha desarrollado la temática imperial en su *Andrés Bello: Libertad, imperio, estilo* (Santiago: Editorial Roneo y Centro de Estudios Públicos, 2019).

ti? Mi doloroso estado/ otra causa no tiene que tú solo". Neptuno, símbolo del mar, ha unido a Europa y América a través del Atlántico, trayendo consigo los beneficios de la monarquía hispánica. Pero si bien Venezuela "los favores/ gozaba alegre de su regia mano,/ cuando en infaustas naves me trajiste/ de las viruelas el atroz contagio./ ¿Cómo pretendes, pues, que Venezuela/ sin turbación te mire y sin espanto?" Neptuno, impertérrito ante el reproche anuncia que "el augusto Carlos" envía el remedio, la vacuna, que devolverá la dicha a Venezuela.[69]

Este poema puede leerse a la luz del persistente y nunca abandonado interés de Bello por el lenguaje. Por mar han llegado bienes y males al Nuevo Mundo, incluyendo entre los primeros la ley y la lengua castellanas, la religión y el comercio. No obstante, en las "infaustas naves" de "Venezuela consolada" que comunican a los dos mundos se ha escondido también el mal, concretamente la enfermedad contagiosa que remecerá la plácida vida colonial. Ya no será posible ver el intercambio como enteramente benéfico. Dado que en ese momento Bello se encontraba trabajando en sus primeras obras gramaticales, es posible establecer un paralelo (aunque no una relación causal) entre la dinámica de la relación colonial y la dinámica del lenguaje: ambas son susceptibles de enfermedad y de contagio. Tal es el precio que debe pagar la colonia idealizada por el poeta, y desde cuyo imperio se espera, en el poema, el remedio. Al mismo tiempo, Bello demuestra una preocupación por la realidad de la contaminación, la biológica, que suele ser súbita en su aparición y caótica en sus efectos. En lo lingüístico, la preocupación posterior de Bello por la corrupción del castellano y el contagio del neologismo, particularmente francés, encuentra sus primeros indicios en esta obra poética temprana.

Hay otros aspectos de la poesía de Bello que revelan un aspecto más personal relacionado con el amor por su tierra natal. Aunque algunos de sus poemas, en una típica vena neoclásica, están repletos de referencias mitológicas, tienen además múltiples referencias a la toponimia de Venezuela. Uno de los poemas, "A un samán", está completamente libre de imágenes mitológicas y se refiere

---

[69] El análisis más sugerente realizado hasta el momento de este poema (y también de la oda "A la vacuna") es de José Manuel Pereiro-Otero, "Conquistas vi(r)olentas y vacunas independentistas: Andrés Bello y Manuel José Quintana ante la enfermedad de la colonia", *Hispanic Review*, 76, Nº 2 (Primavera 2008), 109-133. Fernando Paz Castillo analizó, en 1950, el poema "A la vacuna" (aunque no "Venezuela consolada") en su "Introducción a la poesía de Bello", en Bello, OC, 1 [Poesías], pp. ciii-cxii, quizás porque allí Bello enfatiza los lazos de unión antes que los costos y desgarros de la relación colonial que figuran en "Venezuela consolada". Por ejemplo, respecto del mar, Paz Castillo destaca aquellos versos (53-60) en que Bello celebra su función más benévola: "Este mar vasto, donde vela alguna/ no vieron nunca flamear los vientos;/ este mar, donde solas tantos siglos/ las borrascas reinaron o el silencio,/ vino a ser el canal que, trasladando/ los dones de la tierra y los efectos/ de la fértil industria, mil riquezas/ derramó sobre entrambos mundos".

principalmente a la naturaleza de Venezuela y a uno de sus árboles nativos. En otros poemas publicados más adelante, especialmente la "Silva a la agricultura de la zona tórrida" (1826), sus referencias a la flora y fauna americanas se hacen más precisas; de hecho, aparecen explicadas en notas a pie de página y acompañadas de sus nombres científicos. Las raíces de este énfasis, que distinguen a Bello como un poeta hispanoamericano innovador, se encuentran en los poemas escritos en Caracas. Provienen quizás de la influencia de Alexander von Humboldt, quien ya había señalado en su descripción de Caracas que "en medio de las maravillas de la naturaleza, tan llena de producciones interesantes, es muy extraño que no hayamos encontrado persona alguna que se dedicara al estudio de plantas y minerales".[70] Bello, que quedó tan impresionado por el conocimiento de Humboldt, puede haber recibido esta afirmación como una invitación a incorporar las manifestaciones de la naturaleza en su poesía.[71]

Además del énfasis en la naturaleza, la poesía caraqueña de Bello profundiza un interés por la lengua. En sus adaptaciones de la poesía de Virgilio y Horacio, Bello buscó en el castellano no solo formas equivalentes de expresión sino innovaciones y mejoras. Como lo ha demostrado Pedro Grases, al escribir su "Égloga", que está basada en parte en la Égloga II de Virgilio (*Formosum pastor Corydon ardebat Alexim...*), Bello tomó en cuenta las églogas de los poetas Garcilaso de la Vega y Francisco de Figueroa, en particular el uso de la rima y el vocabulario.[72] De este modo, los poemas de Bello pueden estudiarse como composiciones que siguen modelos latinos y castellanos, pero incorporando temas y giros lingüísticos locales.

El interés de Bello por los temas gramaticales –uno de los más centrales de su vida– está demostrado en su *Análisis ideológica de los tiempos de la conjugación castellana*. Este libro fue publicado en 1841 en Chile, pero Bello señaló en el prólogo que había escrito esta obra treinta años antes, es decir, a fines de

---

[70]   Humboldt, *Personal Narrative*, I, p. 415.

[71]   Fernando Paz Castillo sugiere este mismo punto, aunque para proponer que los estudios de Humboldt de la naturaleza americana inspiraron el romanticismo en Bello. Véase su "Introducción a la poesía de Bello", en Bello, OC, I [*Poesías*], xliii. Véase también Juan Durán Luzio, "Alexander von Humboldt y Andrés Bello: Etapas hacia una relación textual", y "Nota de Bello: *Vues des Cordillères*. Alcances de una solitaria indicación al margen", en su *Siete ensayos sobre Andrés Bello, el escritor* (Santiago: Editorial Andrés Bello, 1999), pp. 103-121 y 123-152. Carlos Sanhueza Cerda también analiza el impacto de Humboldt en Bello en su *Chilenos en alemania y alemanes en Chile. Viaje y nación en el siglo XIX* (Santiago: Ediciones de la Dirección de Bibliotecas, Archivos y Museos, 2006), pp. 88-95.

[72]   Pedro Grases, "La elaboración de una égloga juvenil de Bello", en *ESAB*, II, pp. 186-203.

su permanencia en Caracas.[73] El *Análisis* refleja el gran interés de Bello por las funciones del verbo castellano, que había intentado explicar, aunque infructuosamente, a partir de las categorías gramaticales de la lengua latina, del racionalismo de la gramática "universal" de Port Royal, y de las perspectivas de algunos pensadores dieciochescos, como Nicolás Beauzée y Condillac. Es posible que Bello no conociera a estos autores en Caracas, o por lo menos todos sus escritos, de modo que al menos parte del texto debió ser elaborada con posterioridad. Pero su conocimiento de Condillac en Caracas está claramente establecido.[74] La publicación de este libro en 1841 sugiere décadas de reflexión y trabajo sobre el tema. Al mismo tiempo, el prólogo confirma la validez de la intuición original: el verbo castellano requiere categorías propias de clasificación y sistematización. Más adelante Bello aplicó esta perspectiva al campo entero de la gramática. El castellano de América, sostendría, debía basarse en estructuras gramáticas sólidas e inteligibles que permitiesen tanto la innovación como el reconocimiento de los aportes lingüísticos locales.

El estudio de la lengua puede estar estrechamente ligado a la reflexión filosófica, y así se puede constatar en el caso de Bello. Estas reflexiones surgieron a partir de sus estudios formales de filosofía en la Universidad de Caracas, y proporcionan la base de sus intereses gramaticales. En el prólogo de *Análisis* Bello señala que "pocas cosas hay que proporcionen al entendimiento un ejercicio más a propósito para desarrollar sus facultades, para darles agilidad y soltura, que el estudio filosófico del lenguaje". Más allá de su utilidad práctica, Bello agrega que "en las sutiles y fugitivas analogías de que depende la elección de las formas verbales se encuentra un encadenamiento maravilloso de relaciones metafísicas, eslabonadas con un orden y una precisión que sorprenden cuando se considera que se deben enteramente al uso popular, verdadero y único artífice de las lenguas" (V, 6). Con posterioridad Bello escribió extensamente sobre temas filosó-

---

[73] Andrés Bello, en OC, V [*Estudios gramaticales*], 7. He consultado la edición del *Análisis* (Valparaíso: Imprenta de M. Rivadeneyra, 1841) en la FLCB. Es frecuente la pregunta respecto de la declinación femenina de "análisis"; esta era la convención que se aplicaba en la época a los términos provenientes del griego.

[74] Bello relató a Amunátegui que había consultado el volumen I del *Cours d'etudes pour l'instruction des jeunes gens* de Condillac en Caracas (*Vida*, pp. 67-68). Algunos estudiosos sospechan que Bello pudo haber traducido *L'Art d'écrire*, editado por Ramón Aguilar y publicado en Caracas en 1824. Bello negó haber sido el autor de la traducción en una carta a su hermano Carlos fechada el 16 de febrero de 1825, en donde señala que "no solo no querría cargar con la responsabilidad de ideas ajenas, pero ni aun de las propias a tanto intervalo de tiempo" (XXV, 152). Pedro Grases no titubea en atribuir esta traducción a Bello en su "Contribución a la bibliografía caraqueña de don Andrés Bello", en ESAB, II, 53-60. No era extraño que Bello mantuviera sus escritos inéditos hasta estar completamente seguro de que eran publicables. Véase también Murillo, *Andrés Bello*, pp. 87-88.

ficos, en especial sobre la relación entre pensamiento y lenguaje, en un tratado publicado solo parcialmente durante su vida, y póstumamente impreso con el título de *Filosofía del entendimiento* (1881).[75]

Los estudios gramaticales y filosóficos de Bello en Caracas, a pesar de ser importantes, representan solo una parte de sus actividades. Como se mencionó anteriormente, la mayor parte de su tiempo estaba dedicada a los deberes administrativos, y algunos de estos involucraban escritos de otra naturaleza. Aparte de informes, correspondencia, actas, artículos y traducciones para la *Gazeta*, Bello trabajaba en un proyecto de más largo aliento titulado *Calendario manual y guía universal de forasteros en Venezuela para el año de 1810*. La *Gazeta de Caracas* del 27 de octubre de 1809 publicó un prospecto de este libro indicando que el *Calendario* proporcionaría información útil sobre varios aspectos de la historia y la vida contemporánea de Venezuela. El *Calendario* tendría cinco secciones dedicadas a materias civiles y económicas, fiscales, eclesiásticas, militares y, finalmente, comerciales. La obra incluiría un resumen de la historia de Venezuela desde la colonización hasta el presente.

El proyecto era ambicioso, y no pudo elaborarse de acuerdo con el plan original luego de los sucesos de abril de 1810 y de la partida de Bello a Inglaterra en junio. Pero una versión breve del *Calendario*, consistente en 64 páginas que contenían *el Resumen de la historia de Venezuela* vio la luz en 1810. Pedro Grases localizó un ejemplar de esta publicación en el Museo Británico de Londres en la década de los años 1940 –uno de tan solo tres conocidos– y pudo establecer la autoría de Bello.[76] La identificación de este texto era particularmente proble-

---

[75] Inicialmente, la influencia de Condillac fue importante, especialmente en lo que se refiere al lenguaje como el estadio más alto de un proceso cognitivo en el que las sensaciones proporcionan la base fundamental. Con posterioridad, en su principal obra filosófica, con un conocimiento más acabado del empirismo inglés y de la filosofía escocesa, realizará una crítica demoledora de las ideas del pensador de Grenoble. Sobre ambos, Bello y Condillac, véase José Ferrater Mora, *Diccionario de Filosofía*, 4 tomos (Madrid: Alianza Editorial, 1986), I, 310-311 y 578-580.

[76] Véase Pedro Grases "El *Resumen de la historia de Venezuela* de Andrés Bello" y "Calendario manual y guía universal de forasteros en Venezuela para el año de 1810", en *ESAB*, I, pp. 109-277 y 279-334, respectivamente. La investigación de Grases más las propias referencias de Bello en la *Gazeta*, no dejan lugar a dudas sobre su autoría. Véase también Murillo, *Andrés Bello*, pp. 96-105, y Luis J. Ramos con Demetrio Ramos, "Bello y el Resumen de la historia de Venezuela", en *BYC*, pp. 305-327. Investigaciones recientes sobre el *Resumen* son las de Horacio Biord, "El pasado indígena en el 'Resumen de la Historia de Venezuela' de Andrés Bello (1810)", y Marielena Mestas Pérez, "Valoración de la fe cristiana en el 'Resumen de la Historia de Venezuela' de Andrés Bello", ambos en *Andrés Bello y la gramática de un Nuevo Mundo*, pp. 133-146 y 213-227. Véase también el sugerente ensayo sobre el desarrollo de una cultura letrada y un público lector moderno, de Paulette Silva Beauregard, "Andrés Bello y Simón Rodríguez: nuevos lectores y nuevos letrados a finales del periodo colonial e inicios de la independencia", en Beatriz González-Stephan y Juan Poblete,

mática, puesto que Bello mismo no reconoció explícitamente haberlo escrito y además tenía la tendencia a no reconocer trabajos que consideraba incompletos. Quizás aun más importante sea el que la obra tenía su propia complejidad política, habiendo sido escrita durante y como celebración del régimen colonial.

Aparte del mérito intrínseco de ser el primer libro impreso en Venezuela, y ser además una de las producciones históricas más importantes de Bello, el *Resumen* proporciona información clave sobre su perspectiva respecto del imperio español. Su recuento histórico es fundamentalmente interpretativo y tiene un tono de orgullo respecto de las peculiaridades del país. En la descripción de la colonización atribuye muchas de las dificultades iniciales al afán de enriquecimiento rápido, y a la resistencia de la población indígena. La intención es claramente la de proporcionar una narrativa de transición desde la conquista, con su inicial concentración en la extracción minera, a un futuro de producción agrícola y gobierno estable. Refiriéndose al colonizador Francisco Fajardo, Bello señala que "el hallazgo de una veta de oro fue más bien el origen de las desgracias que la recompensa de los trabajos de Fajardo" (XXIII, 21), agregando que "en la gobernación de Venezuela era el hallazgo del Dorado, el móvil de todas las empresas, la causa de todos los males, y el origen de todos los descubrimientos" (XXIII, 29). Los conquistadores "pisaron su majestuoso suelo ciegos por la codicia y sordos a las ventajas de la industria y el trabajo" (XXIII, 40). Venezuela cambió solo gracias a la intervención directa de la Corona, pero con dificultades debido a otro tipo de calamidades: los ataques extranjeros. De acuerdo con la narrativa de Bello, fue solo a fines del siglo XVII que, debido a la influencia conjunta de gobierno e Iglesia, Venezuela alcanzó algún grado de estabilidad.

Uno de los temas más importantes para Bello, el efecto benéfico de la acción de la Corona junto al desarrollo de la agricultura (no es mera coincidencia que tal sea el énfasis de las reformas Borbónicas) es debidamente enfatizado en el *Resumen*. La exaltación del trabajo agrícola, sin embargo, es particularmente significativa puesto que se refleja también en su poesía. Luego del fin de la fase minera, señala Bello, los conquistadores empezaron a explorar otro género de actividades económicas: "La atención de los conquistadores debió dirigirse desde luego a ocupaciones más sólidas, más útiles, y más benéficas, y la agricultura fue lo más obvio que encontraron en un país donde la naturaleza ostentaba todo el aparato de la vegetación" (XXIII, 44). Bello tenía algunas críticas, sin embargo, en especial a que inicialmente la Corona no importara el cacao venezolano directamente (este iba a México), lo que naturalmente privaba al país de un Mercado

---

eds., *Andrés Bello y los estudios latinoamericanos*, Serie Críticas (Pittsburgh: Instituto Internacional de Literatura Iberoamericana, Universidad de Pittsburgh, 2009), pp. 299-330.

importante. Esta limitación a la producción agrícola fue superada en parte con la introducción de la Compañía Guipuzcoana en 1728 (las operaciones de la compañía comenzaron en 1730), cuyas prácticas no fueron universalmente aceptadas e incluso encontraron la franca oposición de los criollos durante la segunda mitad del siglo. Bello reconoció este delicado tema al referirse a los abusos de la compañía, pero consideró el establecimiento de este monopolio comercial como un paso decisivo para el desarrollo de Venezuela (XXIII, 48). El país prosperó, tanto en términos de producción, agregando nuevos productos agrícolas, como en una mayor capacidad de importación. El comercio no solo acercó más a Venezuela y España sino que también a otras regiones de Hispanoamérica. La agricultura, en la descripción de Bello, había probado ser un factor poderoso de desarrollo en la historia de Venezuela, y se transformaría en un tema de gran importancia para su perspectiva futura con respecto a Hispanoamérica.[77]

El *Resumen* de Bello puede entenderse como una celebración de la política económica ilustrada de la Corona, sobre todo bajo el reinado de Carlos III. Pero también puede entenderse como cúlmine de los lazos de unión entre España y Venezuela, que adquieren un carácter altamente emotivo cuando, hacia el final del ensayo, se habla de la invasión napoleónica de España. Allí se declara que,

Tres siglos de una fidelidad inalterable en todos los sucesos bastarían sin duda para acreditar la recíproca correspondencia que iba a hacer inseparables a un hemisferio de otro; pero las circunstancias reservaban a Venezuela la satisfacción de ser uno de los primeros países del Nuevo Mundo donde se oyó jurar espontánea y unánimemente odio eterno al Tirano [Napoleón] que quiso romper tan estrechos vínculos, y dar la última y más relevante prueba de lo convencidos que se hallan sus habitantes de que su tranquilidad y felicidad están vinculadas en mantener las relaciones a que ha debido la América entera su conservación y engrandecimiento por tantos siglos (XXIII, 54-55).

Para comprender con plenitud el significado de estas declaraciones se hace necesario considerar la secuencia de fechas: Bello se estaba refiriendo a la espontánea reacción del pueblo de Caracas el día 15 de julio de 1808, cuando el emisario francés, teniente Lamanon, comunicó las noticias de la instalación de José Bonaparte en el trono de España. Sin embargo, la efervescencia popular no

---

[77] Pedro Grases ha establecido una conexión directa entre las frases del *Resumen* y los versos de la "Silva a la agricultura de la zona tórrida". También señala que el humanismo de Bello está fuertemente enraizado en la contemplación de la naturaleza venezolana. Véase su "El paisaje de Venezuela, base del humanismo de Andrés Bello". Discurso de incorporación como individuo de número de la Academia Nacional de la Historia, Caracas, Venezuela, 1996.

era precisamente la expresión de un amor filial por la Corona española, sino más bien una expresión de sentimiento antifrancés, combinado con la desconfianza, e incluso molestia criolla respecto del Capitán General Juan de Casas. Además era una expresión de la confusión y frustración de los criollos en momentos en que la crisis de España, la abdicación de los monarcas en Bayona y la creación de las Juntas peninsulares eran desconocidas. Bello estaba *interpretando* los eventos del 15 de julio con una lectura que enfatizaba los lazos tradicionales, más bien exagerados en lo afectivo, entre España y sus colonias.[78]

Quizás aun más significativo sea el que estas palabras fueron escritas muy cerca de los eventos de 1810, y de hecho publicadas *después* del movimiento de abril. Dado que la creación de la Junta estuvo inspirada, aunque con diferentes grados de sinceridad, por la defensa de los derechos legítimos de Fernando VII, no había mayor incompatibilidad entre la efusividad de Bello y los objetivos profesos del movimiento. Al mismo tiempo, esta actitud separa a Bello de los miembros más revolucionarios que ya estaban operando dentro del gobierno. El que Bello tuviera esta perspectiva, y que incluso insistiera en publicarla, se puede constatar a través de los diversos anuncios de la *Gazeta*. Como se mencionó anteriormente, el prospecto del "Calendario" que contenía el *Resumen* apareció el 24 de octubre de 1809. Una serie de atrasos fue anunciada en los números del 1° de diciembre de 1809, del 5 de enero de 1810, y del 2, 9 y 16 de febrero de 1810 en las páginas de la *Gazeta*. Finalmente, el 2 de junio, con toda seguridad el último en el que escribió Bello, se anunció que el *Resumen* estaría disponible a partir del 10 de ese mes, es decir, casi dos meses después de la instalación de la Junta. En otras palabras, Bello estaba decidido a publicar sus opiniones a pesar de los eventos del 19 de abril y de su propia descripción de estos sucesos como "el nuevo y deseado orden de cosas".[79]

---

[78] Tomás Straka contrasta las ideas del *Resumen* con las posteriores asumidas por Bello en Londres, para ilustrar el enorme cambio que experimentaron algunos criollos como consecuencia de los acontecimientos del periodo. Véase su *Las alas de Ícaro: Indagación sobre ética y ciudadanía en Venezuela, 1800-1830* (Caracas: Universidad Católica Andrés Bello, 2005), pp. 17-18. Por su parte, Germán Carrera Damas señala con claridad cómo los criollos, y en particular Bello, enfrentaron una "crisis de identidad" al transitar tan rápidamente de la monarquía para "abocarse al azar republicano". Véase su Conferencia Anual en el II Simposio de la Cátedra Andrés Bello de la Facultad de Filosofía y Humanidades de la Universidad de Chile, "Sobre Andrés Bello en la historia de la historiografía venezolana", Santiago, Instituto de Chile, 27 de noviembre de 2014.

[79] *Gazeta de Caracas*, N° 101, 2 de junio de 1810. Los esfuerzos de Bello por publicar el libro en medio de eventos históricos de tal magnitud no eran solo un asunto de convicción ideológica: eran también por un sentido de responsabilidad ante los suscriptores que habían pagado por adelantado y empezaban a reclamar por la tardanza. Bello también quiso justificar el que su recuento histórico terminara el 15 de julio de 1808, puesto que "no se han fixado aún los ramos de Gobierno y admi-

El "nuevo orden de cosas" era el producto de la creación de una Junta independiente, no con respecto a la Corona cautiva, sino al precario Consejo de Regencia. El rompimiento de los lazos con España, justificado por lo que parecía ser la inminente victoria francesa desde la distancia de Caracas, podía unir tanto a los independentistas como a los realistas más fervorosos. Bello, que estaba más cerca de los últimos que de los primeros, pudo gracias a este consenso expresar por escrito los sentimientos de ambos grupos en un importante documento de rechazo a las pretensiones de la Regencia: la carta fechada 3 de mayo de 1810, firmada por los miembros de la Junta Suprema José de las Llamosas y Martín Tovar Ponte.[80] La autoría de Bello fue aclarada por él mismo en una carta a Juan María Gutiérrez fechada 9 de enero de 1846 (XXVI, 114), lo que reiteró después a su biógrafo Amunátegui. Bello no puso mayor énfasis en la importancia histórica de este documento, que desató el bloqueo naval de Venezuela por parte de la Regencia.[81] A 36 años de haberlo escrito, Bello mencionó este documento para demostrar su servicio a la causa de la independencia, en momentos en que este era cuestionado.

El documento, en efecto, representó un paso decisivo hacia la independencia. Comparado con el *Resumen*, hay muy poco de exaltación de los sentimientos monárquicos o de la relación filial por parte de los súbditos hacia su Rey. Aunque se incluye una expresión de lealtad a Fernando VII, la retórica del documento es una retórica de ruptura antes que de unión: "Pero se engañarían VV.EE. si creyesen por esto que se hallan igualmente prontos a tributar su obediencia y vasallaje a las diversas corporaciones que sustituyéndose indefinidamente unas a otras, solo se asemejan en atribuirse todas una delegación de la soberanía que no habiendo sido hecha por el monarca reconocido, ni por la gran comunidad de españoles de ambos hemisferios, no puede menos de ser absolutamente nula, ilegítima y contraria a los principios sancionados por nuestra misma legislación" (X, 413). La Regencia, afirmaba la carta, no podía arrogarse ninguna representatividad luego de ofrecer una cantidad ínfima de escaños a los representantes hispanoamericanos en las Cortes de la Nación, además de la soberbia que refle-

---

nistración que deben suministrar los materiales." Agregó además lo que visto desde hoy resulta muy triste: que continuaría este trabajo al año siguiente, cosa que jamás ocurrió.

[80]   Fue publicada en la *Gazeta de Caracas*, N° 97, 11 de mayo de 1810. Está también incluida en OC, X [*Derecho internacional*-1], 411-418.

[81]   El 15 de julio de 1810 Eusebio de Bardaxi y Azara en Cádiz informó al almirante Juan Ruiz de Apodaca en Londres que la Regencia había decretado un "rigoroso bloqueo" contra la provincia de Caracas. Estas noticias impulsaron a Simón Bolívar a salir de Londres con destino a Venezuela, pero el bloqueo no se materializó hasta enero de 1811. Véase McKinley, *Pre-Revolutionary Caracas*, p. 162. Bardaxi informó a Venezuela al respecto el 1° de agosto de 1810. El documento fue publicado en la *Gazeta de Caracas*, N° 5, del 6 de noviembre de 1810.

jaban sus comunicaciones con las provincias del imperio. La Regencia no era, por lo tanto, muy diferente a una serie de administraciones corruptas que, en nombre del Rey, buscaban debilitar a los cabildos y oprimir a las colonias. Al cabo de una serie de otras protestas, el documento concluía con una contundente expresión de separación: "En una palabra, desconocemos el nuevo Consejo de Regencia". Incluso el esfuerzo por suavizar el impacto de esta frase enfatizaba el que no podría haber un retorno al estado anterior de cosas: "Si la España se salva, seremos los primeros en prestar obediencia a un gobierno constituido sobre bases legítimas y equitativas" (X, 417). Fue exactamente como una expresión de ruptura que la Regencia leyó el documento. Venezuela era considerada en rebeldía, y debía atenerse a las consecuencias.

Vista en el contexto de la publicación casi simultánea del *Resumen*, la carta de respuesta a la Regencia pareciera ser una declaración revolucionaria, pero sin embargo era perfectamente compatible con las expresiones de lealtad a Fernando VII. Es muy dudoso que Bello haya expresado de corazón la frase "el artificio trillado con que se han prolongado tres siglos nuestra infancia y nuestras cadenas" (X, 416) y que la haya considerado como una caracterización apropiada de la historia de Venezuela bajo el gobierno imperial. Como se puede leer en el *Resumen*, publicado más de un mes *después* de la carta a la Regencia, esta no era la manera en que Bello calificaba el pasado colonial. En un documento público de esta naturaleza, que trataba de incorporar una diversidad de opiniones en el seno de la Junta, es más probable que Bello haya hecho los acomodos necesarios para reflejar el consenso.

En suma, el Bello que partió de Venezuela para Inglaterra el 10 de junio de 1810 iba influido por un curso inesperado de acontecimientos que lo llevaron del leal servicio a la Corona a un papel incierto en un nuevo orden político lo suficientemente precario como para requerir de apoyo extranjero. Bello se iba además apesadumbrado por una situación familiar en que dejaba a su madre viuda y a varios hermanos menores. Además tuvo que preparar su viaje con muy poca anticipación y todavía bajo la presión de cumplir con sus deberes en el gobierno y en la prensa. Pero es posible que haya también sentido algo de orgullo al ser llamado a viajar a Inglaterra con gente distinguida y con una misión tan importante para el destino de su país.[82] El que llevase consigo algunos de sus manuscritos sugiere que Bello esperaba que su visita a Europa fuera intelec-

---

[82]   Fue debido a la insistencia de Simón Bolívar y de Luis López Méndez que Bello fue incorporado a la misión diplomática. Ambos hicieron la petición el día 4 de junio y recibieron una respuesta favorable al día siguiente. Los tres delegados zarparon el 10 de junio de 1810. Véase la carta de Juan Germán Roscio a Simón Bolívar y Luis López Méndez, 5 de junio de 1810, en *Las primeras misiones diplomáticas de Venezuela*, pp. 248-249.

tualmente provechosa. Juan Germán Roscio trató de apoyarlo en esta empresa cuando le escribió, mientras Bello iba en ruta, "Consérvese usted. Ilústrese más para que ilustre a su patria".[83] Bello suponía que su ausencia sería relativamente corta, tal vez no más de un año, pero ese no sería el caso: en una carta a su hermano Carlos, fechada treinta y seis años después (17 de febrero de 1846), Bello evocó la siguiente memoria: "Tengo todavía presente la última mirada que di a Caracas desde el camino de La Guaira. ¿Quién me hubiera dicho que en efecto era la última?" (XXVI, 117). No lo esperaba, pero así fue.

Resulta pertinente, tras haber analizado el periodo formativo de la vida de Bello en Caracas, plantear la pregunta sobre las continuidades, rupturas y novedades que presentan las etapas posteriores, por comparación con la primera. O en otras palabras, preguntarse si los intereses y actividades de Bello en Venezuela alcanzan a delinear un perfil intelectual y político consolidado. La respuesta es afirmativa en cuanto a que todos sus intereses en poesía, gramática, filosofía y ciencias naturales ya se habían manifestado en Caracas y serían desarrollados más adelante. Durante esa época Bello había explorado la riqueza poética y gramatical de la lengua castellana, había intentado sistematizar la conjugación del verbo español, y había estudiado los textos filosóficos más relevantes para entender la relación entre pensamiento y lenguaje. Todas estas preocupaciones serían constantes por el resto de su vida, y darían como fruto varios monumentos de la historia intelectual de Hispanoamérica, incluyendo la *Gramática de la lengua castellana* y *Filosofía del entendimiento*. La respuesta es también afirmativa en tanto que los intereses de Bello en ciencias naturales, impulsados por su contacto con Alexander von Humboldt, se transformaron en intereses permanentes. Los incorporó en su poesía, como también en su proyecto de divulgación del conocimiento científico, que consideraba necesario para el desarrollo económico y educacional de las nuevas repúblicas. Finalmente la respuesta es afirmativa, en el sentido en que las actividades de Bello en la administración pública, incluyendo las relaciones internacionales, serían otra constante en su vida. Su labor diplomática, su papel como editor de publicaciones periódicas, su tarea como redactor de mensajes de gobierno, y su administración de instituciones estatales, tienen todas raíces en los años de Caracas.

La respuesta puede ser negativa en dos sentidos. Por una parte, la actividad en la que Bello fue más conocido, la jurisprudencia, se encuentra casi completamente ausente durante el periodo de Caracas. Esto es comprensible en la medida en que fue solo después de la independencia que el imperio de la ley y la actividad legislativa propia de las repúblicas pasarían a ser una necesidad, o por

---

[83]   Roscio a Bello, 29 de junio de 1810, en *CMO*, Caja 1, N° 3. También en OC, XXV, 10.

lo menos una aspiración, de los nuevos Estados hispanoamericanos. Tales intereses fueron inicialmente desarrollados en Londres, pero fue en Chile que, a partir de 1829, se transformaron en un esfuerzo sostenido y documentable en las tareas de Bello. Por otra parte, las lealtades políticas de Bello cambiaron lentamente, pero no por eso menos drásticamente, desde una lealtad a la monarquía española a una consideración, primero, de las ventajas de la monarquía constitucional y, luego, a un compromiso decidido por el orden republicano.

En suma, continuidades y cambios caracterizan el desarrollo intelectual y político de Bello una vez que dejó Caracas. Su educación humanística, su cultivo de la poesía y su pasión por los clásicos, además de sus intereses por la lengua y la filosofía, representan continuidades importantes. Pero la transición de la monarquía a la república como modelo político, más los desafíos de la vida independiente, proporcionan el marco para apreciar los nuevos rumbos intelectuales y políticos que Bello tomaría en el futuro. El hombre que partió de Venezuela para Inglaterra en junio de 1810 era un hombre de amplia experiencia y conocimiento, pero que debía aún probar su capacidad para reorientar tanto la vida como el pensamiento frente las realidades de la independencia hispanoamericana.

Capítulo II

El exilio y los estudios en Londres

Simón Bolívar, Luis López Méndez y Andrés Bello llegaron al puerto inglés de Portsmouth a bordo del *H.M.S. Wellington* el 10 de julio de 1810, y solicitaron de inmediato pasaportes para dirigirse a Londres, como también una entrevista con el Secretario de Relaciones Exteriores (desde 1809), el marqués Richard Wellesley.[1] Los agentes, que recibieron los pases pertinentes el 12 de julio, tenían instrucciones de solicitar la protección de la flota británica, la provisión de armamentos para fines de defensa, la mediación de Inglaterra en el caso de hostilidades por parte del Consejo de Regencia, la aprobación de las decisiones políticas de la Junta Suprema de Caracas, la ayuda de Gran Bretaña para que Venezuela continuase brindando apoyo a la resistencia española contra Napoleón, y la participación activa de los oficiales británicos en el Caribe para garantizar los pedidos mencionados y también promover el comercio inglés con Venezuela. Las instrucciones de la Junta aseguraban que

> Las solemnes declaraciones de aquel Gobierno [la Junta de Caracas] incluyen, además, la seguridad de que bien lejos de aspirar Venezuela a romper los vínculos que la han estrechado con la metrópolis, solo ha querido ponerse en la actitud necesaria para precaver los peligros que la amenazaban. Independiente, como lo está, del Consejo de Regencia, no se considera ni menos fiel a su Monarca, ni menos interesada en el éxito feliz de la Santa lucha de España (XXI, 10).

El Secretario Wellesley invitó a los comisionados a su residencia particular y no al despacho del Foreign Office, para dar el menor carácter oficial posible a sus conversaciones.[2] La cautela del marqués se debía a la política vigente de alianza con España, por mucho que reconociera la debilidad del gobierno de ese país. En

---

[1]   El registro de ingreso a Inglaterra se encuentra en el *Aliens' Entry Books*, Aliens Office and Home Office (HO/5/13, p. 488), Public Records Office, Kew Gardens, Londres. Curiosamente, no aparece registrado el nombre de Bello.

[2]   El tenor de estas conversaciones se encuentra descrito en Edgardo Mondolfi G., *Diplomacia insurgente: Contactos de la insurgencia venezolana con el mundo inglés, 1810-1817* (Caracas: Universidad Metropolitana, 2014), especialmente el Capítulo VIII, pp. 206-256.

67

cuatro reuniones celebradas entre el 16 de julio y el 9 de septiembre de 1810, el Secretario británico discutió, modificó, o simplemente invalidó las pretensiones de los delegados hasta que expuso la contradicción fundamental de la política de Venezuela: que a pesar de sus proclamas de lealtad a Fernando VII, la Junta estaba de hecho declarando su independencia respecto de España. Durante la primera reunión el joven Simón Bolívar (tenía veintisiete años) planteó con elocuencia tal vez precipitada los deseos de independencia de los venezolanos, cosa que contradecía las instrucciones de la Junta.[3] Desde la perspectiva de Wellesley, un quiebre con España solo podría influir negativamente en la guerra contra Napoleón y era por lo tanto contrario a los intereses de la Gran Bretaña. Todo lo que podía ofrecer, manifestó a los comisionados, era una mediación ante el Consejo de Regencia.[4] Sin instrucciones específicas al respecto, o una convicción sobre las ventajas de tal política, los miembros de la delegación rechazaron la oferta. Como jefe de la misión, Bolívar no hizo más intentos de convencer a Wellesley, y de hecho salió de Londres seis días después (el 15 de septiembre) de la última reunión.[5]

Los tres miembros de la delegación tenían planes de volver inmediatamente después de las negociaciones, pero la estadía de cerca de dos meses les convenció de la importancia de mantener una presencia en Londres de modo de promover la causa de Venezuela ante la opinión pública. La posibilidad de una

[3]   Andrés Bello llevó las actas de la reunión, y más tarde relató el encuentro a su biógrafo Miguel Luis Amunátegui, quien incorporó la descripción en su *Vida de Don Andrés Bello* (Santiago: Imprenta Pedro G. Ramírez, 1882), pp. 88-91. El historiador Gerhard Masur confirma este relato, aunque basándose en Amunátegui mismo, y se refiere a la intervención de Bolívar como "un error garrafal" (*remarkable blunder*) en su *Simón Bolívar*, edición revisada (Albuquerque: University of New Mexico Press, 1969), pp. 74-75. Tomás Polanco Alcántara sugiere, por el contrario, que Bolívar planteó la posición más extrema de modo de definir los términos de una negociación. Véase su *Simón Bolívar: Ensayo de una interpretación biográfica a través de sus documentos* (Caracas: Academia Nacional de la Historia, 1994), p. 230. John Lynch realiza una lectura política muy equilibrada de este encuentro en su *Simón Bolívar: A Life* (New Haven y Londres: Yale University Press, 2006), pp. 49-53.

[4]   Sin que lo supieran los representantes de Venezuela, Wellesley mantuvo al embajador de España informado de los propósitos de la misión venezolana, como también de los puntos específicos discutidos en las reuniones. Véase la correspondencia de Wellesley al Duque de Albuquerque fechada a partir del 14 de julio de 1810, en el Archivo Histórico Nacional (en Madrid, de aquí en adelante abreviado AHN), Sección de Estado, Legajo 5462. El Duque de Albuquerque informó a su vez a Eusebio de Bardaxi y Azara en Cádiz de las reuniones de Wellesley el 18 de julio, el 1° y el 13 de agosto de 1810.

[5]   La fecha del embarque en el *HMS Sapphire* en Portsmouth fue posterior (22 de septiembre) según el informe de Bello y López Méndez del 2 de octubre de 1810. Como era común en los despachos diplomáticos, el documento estaba firmado por Luis López Méndez, pero el texto manuscrito pertenece a Bello en su papel de secretario. Véase "Misión diplomática de Bolívar-López Méndez", en OC, XI [*Derecho internacional*-2], p. 61.

independencia, o al menos autonomía, no carecía de apoyo en Inglaterra, tanto por parte de círculos comerciales como de Francisco de Miranda y su propia red de partidarios políticos. Además, la noticia de la respuesta del Consejo de Regencia a la proclama de Venezuela (que, como se mencionó en el capítulo anterior, fue preparada por Bello), llegó a Londres el 3 de septiembre: Venezuela era considerada en estado de insurrección y se la declaraba sujeta a bloqueo naval.[6] Los delegados decidieron que Bolívar debía regresar a Caracas de inmediato, mientras que López Méndez y Bello permanecerían en Londres para mantener informado al gobierno de Venezuela y comunicar las decisiones de este último al gobierno británico. Los delegados también consideraron las ventajas de acceder a la opinión pública inglesa a través de la prensa, que tenía gran influencia en círculos favorables a la posición venezolana. Miranda, quien había demostrado la utilidad e influencia de sus contactos, decidió por su parte dirigirse a Venezuela una vez que Bolívar dejó Londres. Este parecía ser, en efecto, un momento propicio para tal retorno, dada la política criolla de rechazo al gobierno español, bajo el cual Miranda era considerado un conspirador. Tales movimientos no escaparon la atención de la embajada de España en Londres.[7]

El regreso de Miranda a Venezuela era complejo, incluso en el contexto de la formación de la Junta, puesto que existían resentimientos y sospechas a propósito de sus intenciones durante la fracasada invasión a Coro en 1806. En el mejor de los casos, los criollos consideraban a Miranda como un idealista, pero era más frecuente que lo vieran como un sujeto ambicioso y oportunista. A raíz de su contacto con Miranda en Londres, Bello tomó partido a favor del "Precursor". En un informe a Juan Germán Roscio, el encargado de relaciones exteriores en Venezuela, Bello dio pleno reconocimiento a Miranda por los contactos y consejos que le parecieron cruciales para moverse en el complicado mundo de la diplomacia británica. Bello entendía que Miranda no era particularmente popular entre sus compatriotas, y mucho menos entre las autoridades peninsulares, pero sugirió que quizás las acusaciones en su contra se debían a la envidia o a las malas intenciones. Lo que él había podido observar de la vida cotidiana de Miranda, de su voluntad para apoyar las actividades de la delegación de Caracas, y su general

---

[6]   El Consejo de Regencia pidió a Bardaxi informar al Almirante Juan Ruiz de Apodaca en Londres de la decisión de proceder al bloqueo marítimo el 15 de julio de 1810. Véase *AHN*, Legajo 5461. Al parecer, la postura de Wellesley no satisfizo ni a España ni a los representantes de Venezuela, quienes se enteraron de las medidas de Cádiz a través de la prensa y las comunicaron a Caracas el 8 de septiembre. El informe apareció en la *Gazeta de Caracas*, N° 123, 9 de noviembre de 1810.

[7]   Apodaca a Bardaxi, 26 de septiembre y 26 de noviembre de 1810, ambos documentos en *AHN*, Legajo 5462.

empatía con los problemas que enfrentaba Venezuela, le convencían de que el Precursor era un sincero patriota. Además, sugería que Miranda no tenía ninguna ambición por obtener cargos públicos, sino, más que nada, volver a su país para vivir el resto de sus días en paz.[8] Lo que sucedió a raíz del retorno a Venezuela, en parte debido a Miranda mismo, sugiere que Bello estaba muy equivocado respecto de su compatriota. Pero también es posible que una persona tan tímida e introvertida como Bello se haya transformado, sin saberlo, en el instrumento de los designios de Miranda, una persona irresistible tanto por su personalidad como por su experiencia.

El propósito de la descripción de Bello, apoyada por López Méndez, era justificar un hecho consumado, puesto que ya habían apoyado la decision de Miranda de partir a Venezuela, lo que el antiguo patriota hizo el 10 de octubre, llegando a Caracas hacia mediados de diciembre de 1810. Su regreso tendría consecuencias trágicas tanto para sí mismo como para el país que había dejado casi treinta años atrás. Gracias a la recomendación de Bello y López Méndez, junto a la de Bolívar, Miranda fue moderadamente bien recibido, aunque con algunas aprensiones.[9] A pesar de sus promesas a los representantes de Caracas en Londres, Miranda se lanzó de lleno a la política, como miembro de la revolucionaria Sociedad Patriótica y como agitador por la independencia total, la que fue en efecto declarada el 5 de julio de 1811. Miranda, gracias a su trayectoria militar, asumió el mando del nuevo ejército nacional e intentó sofocar los levantamientos de las provincias que se oponían al predominio de Caracas. Tanto por la falta de experiencia de sus tropas como por su estilo de liderazgo, Miranda sufrió una serie de reveses militares que lo llevaron a concluir las capitulaciones del 25 de julio de 1812 con las fuerzas realistas comandadas por Domingo Monteverde. Este acto fue cuestionado por sus propios subordinados, quienes pensaban que la situación no era tan desesperada y además porque consideraban que se trataba de una decisión unilateral. Un grupo de oficiales, con Bolívar incluido, detuvo a Miranda antes que pudiera salir de Venezuela y lo entregó a las fuerzas de ocupación. El hecho de que Miranda tuviera consigo lo poco

---

[8]   "Misión diplomática de Bolívar-López Méndez", en OC, XI [*Derecho internacional-2*], 64-68. El documento que se refiere a Miranda está fechado 3 de octubre de 1810. Este había solicitado permiso para volver a Venezuela el 3 de agosto de 1810 y su carta apareció en la *Gazeta de Caracas*, N° 7, 20 de noviembre de 1810.

[9]   William Spence Robertson, *The Life of Miranda*, 2 tomos (Nueva York: Cooper Square Publishers, 1969), II, pp. 92-93; Karen Racine, *Francisco de Miranda: A Transatlantic Life in the Age of Revolution* (Wilmington, DE: Scholarly Resources, 2003), p. 213; Inés Quintero, *El hijo de la panadera: Francisco de Miranda* (Caracas: Editorial Alfa, 2014), pp. 151-161 y Juan Carlos Chirinos, *Francisco de Miranda: El nómada sentimental* (Sevilla: Ediciones Ulises, 2017), pp. 281-282.

que quedaba del tesoro nacional no le ayudó en nada. Monteverde lo arrestó el 31 de julio de 1812, acto que terminó efectivamente con la primera república venezolana. Miranda fue trasladado primero a Puerto Rico y luego a Cádiz, en donde murió en el infame presidio de La Carraca en julio de 1816.[10] Su ansiado retorno a Venezuela terminó siendo un desastre total. Poco más adelante Bolívar denominaría la capitulación de Miranda como "vergonzosa" y su conducta como de "cobardía".[11] La relación con Miranda se transformaría en uno de los factores de desavenencia entre Bolívar y Bello.

En Londres, tanto López Méndez como Bello carecían completamente de información respecto de estos dramáticos acontecimientos. Se habían instalado en la espaciosa y cómoda casa de tres pisos de Miranda en la Calle Grafton N° 27 (hoy Grafton Way, N° 58, a pasos de Tottenham Court), en donde Bello pudo hacer uso de la magnífica biblioteca del Precursor.[12] La casa de Miranda se transformó en el gran centro de reunión de los patriotas. Allí conoció Bello a José de San Martín, cuando este estuvo de paso en Londres hacia fines de 1811.[13] También allí fue donde varios hispanoamericanos, incluyendo Bello, formaron parte de la logia "Caballeros Racionales".[14]

A pesar de las ventajas de residir en Londres, poco después de la salida de Bolívar y Miranda para Venezuela, los delegados notaron que las comunicaciones con el gobierno británico y con la Junta de Caracas disminuyeron considera-

---

[10]   La descripción de la caída de Miranda se encuentra en Robertson, *Life*, 179-184. Aunque aún subsisten dudas respecto de las motivaciones de Bolívar al participar en el arresto de Miranda, es claro que este suceso no le impidió asumir el liderazgo del movimiento de independencia. Miranda tenía menos seguidores de los que él pensaba. Véase Masur, *Simón Bolívar*, pp. 118-119, Robert Harvey, *Liberators: Latin America's Struggle for Independence, 1810-1830* (Woodstock, Nueva York: The Overlook Press, 2000), pp. 88-97, Racine, *Miranda*, pp. 213-241, e Inés Quintero, *El hijo de la panadera*, pp. 210-233.

[11]   Simón Bolívar al Secretario de Estado del Gobierno de la Unión, 8 de abril de 1813, en *Cartas del Libertador*, 2ª edición, 8 tomos (Caracas: Fundación Vicente Lecuna, 1964-1970), I, p. 74.

[12]   Véase el catálogo de esta biblioteca en Pedro Grases, compilador, *Los libros de Miranda* (Caracas: La Casa de Bello, 1979).

[13]   Bartolomé Mitre, *Historia de San Martín y de la emancipación sudamericana* (Buenos Aires: Ediciones Peuser, 1946), p. 78; Harvey, *Liberators*, pp. 321-322, y John Lynch, *San Martín: Argentine Soldier, American Hero* (New Haven y Londres: Yale University Press, 2009), p. 27.

[14]   "Lista de los hermanos admitidos en la Sociedad de Caballeros Racionales", Carta de Carlos Alvear a Rafael Mérida, 28 de octubre de 1811, Archivo General de la Nación, México, Indiferentes de Guerra, tomo 22, folios 27-29. Bello, Manuel Moreno, Luis López Méndez y el Marqués del Apartado (José Francisco de Fagoaga) formaron parte de la Sociedad de Caballeros Racionales N° 7. Véase Christopher Domínguez Michael, *Vida de Fray Servando* (México: Ediciones Era, 2004). Véase también Alamiro de Ávila Martel, *Andrés Bello y la primera biografía de O'Higgins* (Santiago: Ediciones de la Universidad de Chile, 1978), pp. 15-16.

blemente. En un informe dirigido a Caracas el 2 de octubre de 1810, hicieron mención a problemas económicos. Para el 8 de febrero de 1811 López Méndez y Bello se quejaban de la falta de información proveniente de Caracas, lo que los ponía en una situación bastante incómoda, dado que los periódicos de Londres recibían informaciones sobre Venezuela antes que ellos y no tenían cómo comentar eventos para ellos desconocidos. Aparte de la falta de noticias, estaban prácticamente sin dinero, puesto que los agentes financieros de Londres habían cesado de otorgar crédito hasta no recibir pagos. El 6 de julio de 1811 los comisionados escribieron a Caracas para enfatizar cuán precaria era su situación. Para el 4 de septiembre declararon que sus recursos estaban agotados. Los meses siguientes deben haber sido particularmente difíciles, ya que mencionaron unos "desagradables apuros" en la última comunicación oficial dirigida a Caracas (14 de septiembre de 1812, en XI, 94-96). Esta era una referencia a las deudas que habían contraído en funciones oficiales y que habían llevado a López Méndez, como representante principal, a la cárcel. Tales deudas hacían imposible su retorno, lo que por lo demás hubiera sido inútil y peligroso, puesto que para esa fecha el primer gobierno de la República de Venezuela se había desintegrado. Bello y López Méndez quedaron sin representación oficial y sin patria.[15]

La situación en la que se encontraban, por lo menos hasta finales de julio de 1812, no era el resultado de una negligencia deliberada por parte del gobierno de Caracas. Desde la perspectiva de Francisco de Miranda y Simón Bolívar, que luchaban desesperadamente por mantener vivo el movimiento de independencia, los problemas de los delegados en Londres resultaban secundarios, si es que tuvieron tiempo para considerarlos. Para fines de julio Miranda estaba preso y Bolívar camino al destierro. El nuevo Capitán General de Venezuela, Fernando Miyares, procedió a purgar el gobierno. El turno de Bello llegó el 15 de octubre de 1812, cuando su puesto fue declarado vacante "por la parte activa que ha tenido en la revolución de Caracas D[o]n Andrés Bello que lo obtenía".[16] El gobierno del imperio restaurado probó ser insensible y vengativo, lo que inauguraría una década de sangrientas represalias.

[15]   Sobre Luis López Méndez y sus actividades en Londres véase Edgardo Mondolfi Gudat, *Luis López Méndez, 1758-1841* (Caracas: Biblioteca Biográfica Venezolana, 2011).

[16]   Óscar Sambrano Urdaneta, *Cronología de Andrés Bello, 1781-1865* (Caracas: La Casa de Bello, 1990), pp. 17-18. El documento firmado por Miyares está incluido en Héctor García Chuecos, "Apuntes para una documentada biografía de don Andrés Bello", en Pedro Grases, compilador, *Antología del Bellismo en Venezuela*, segunda edición (Caracas: Monte Ávila Editores, 1981), pp. 291-292.

Años de penuria

Sin contacto con el país que los había enviado a Londres y sin ninguna fuente de ingreso, Bello y López Méndez alojaron en la casa de Miranda por lo menos hasta el momento en que se enteraron del colapso del gobierno venezolano, y quizás hasta un poco después. Pero con seguridad a partir de 1813, Bello tuvo que valerse por sus propios medios, tomando una serie de medidas y cambios de domicilio que resultan muy difíciles de documentar. Pero sí es claro que vivió la mayor parte de ese tiempo en el barrio de Somers Town, una zona que prácticamente desapareció cuando, algunas décadas mas tarde, se inició la construcción de la gran estación ferroviaria de St. Pancras. La situación de Bello llegó a ser tan desesperada como para que, considerando el colapso de Venezuela y su propia situación económica, decidiera acogerse a la amnistía decretada por el Consejo de Regencia en 1813. Bello tenía esperanzas de que, de otorgársele esta amnistía, podría regresar a su patria o a cualquier otro lugar todavía bajo el dominio español. En dos cartas fechadas el 30 de junio de 1813 y dirigidas a las autoridades peninsulares, Bello declaró que había sido un leal funcionario de la Corona que adhirió a la Junta Suprema de Caracas por la incierta situación de España bajo Bonaparte, y también porque el nuevo gobierno se había formado para proteger los legítimos derechos de Fernando VII. Bello declaró que tal vez había cometido un error, pero rogó que se considerara su petición. En Londres, el Conde Fernán Núñez acogió y transmitió la petición de Bello a Cádiz en los siguientes términos:

Se me ha presentado Don Andrés Bello, natural de Caracas, empleado que fue en la secretaría de aquella Capitanía General y después de la Revolución de aquella colonia, Secretario del diputado que aquella Junta envió a [Londres]. Me ha expresado su deseo de pasar a España, y de que en virtud de la Amnistía concedida a los que sirvieron al gobierno insurgente se le reciba en el seno de las Españas a donde desea pasar. No me he creído autorizado a concederle pasaporte sino hasta saber lo que S.A. tenga a bien resolver, y que para este efecto me ha entregado el adjunto memorial para la Regencia del Reyno, en que expresa los servicios que antes ha contraído y su conducta posterior a los acontecimientos fatales de Caracas e implora el favor y gracia de S.M. Con este motivo y antes de remitir al E. el Memorial, he procurado tomar algunos informes de este joven que parece de mérito y estos resultan buenos.[17]

---

[17]   *AHN*, Legajo 5465, N° 169, fechado 7 de julio de 1813. Es decir que Bello demoró una semana entre redactar su memorial y pedir o conseguir una entrevista con el embajador de España en Londres.

Las autoridades de Cádiz, a su vez, pidieron informes al Capitán General de Venezuela el 28 de julio de 1813, pero no existe respuesta en los archivos. Si es que la petición llegó a Venezuela durante los meses posteriores, Caracas ya estaba bajo el control de Bolívar, quien culminaba así su Campaña Admirable de 1812-1813.

Probablemente para la fecha en que Bello preparó su "Memorial" a la Regencia, y positivamente a partir de 1814, Bello vivía en la callejuela Poland N° 9, muy cerca de la más amplia calle Oxford, seguramente arrendando una habitación. Su amigo más cercano en esta época era el español-irlandés José María Blanco y Crespo (más conocido como Joseph Blanco White), quien había sido canónigo de la Catedral de Sevilla y que residía en Inglaterra desde principios de 1810. Blanco tenía muy buenos vínculos con Holland House, el círculo liberal más influyente de la época,[18] y también con círculos de gobierno, bajo cuya protección publicaba el periódico *El Español* (1810-1814), cuya línea editorial era fuertemente crítica de la política de las Cortes en España, y por lo tanto abierta a considerar con simpatía las quejas de las colonias hispanoamericanas. Blanco hizo todo lo que pudo para apoyar a Bello y es gracias a su correspondencia que es posible trazar los movimientos de este y enterarse de lo desesperado de su situación. Las 28 cartas que cruzaron entre 1814 y 1828 revelan una amistad muy cercana, lo suficiente como para que el introvertido Bello compartiera sus sentimientos más íntimos a raíz de la muerte de su esposa y tercer hijo en 1821.[19] Las cartas de Blanco, junto a varias anotaciones en su diario personal y sus escritos autobiográficos, muestran una alta estima por Bello, con quien se reunía frecuentemente para intercambiar ideas sobre temas de interés común, especialmente sobre el medioevo español, como también para conversar acerca de asuntos personales, traducciones, y los sucesos de Hispanoamérica.[20]

[18]   Véase Martin Murphy, *Blanco White: Self-Banished Spaniard* (New Haven y Londres: Yale University Press, 1989). Sobre Holland House, véase Leslie Mitchell, *Holland House* (Londres: Duckworth, 1980). La primera década de Bello en Inglaterra coincide con el periodo de la Regencia (1811-1820). Una visión panorámica de la época se encuentra en Robert Morrison, *The Regency Years* (Nueva York y Londres: W.W. Norton, 2019).

[19]   Blanco White se había convertido del catolicismo al anglicanismo y más tarde pasó a formar parte de la Iglesia Unitaria. Bello no abandonó la Iglesia Católica, pero tuvo graves dudas religiosas que manifestó en una carta a Blanco que desgraciadamente no se conserva, pero de la cual sabemos bastante a raíz de la detallada respuesta de Blanco fechada 8 de julio de 1821 (OC, XXV [*Epistolario*-1], 108-110). Edoardo Crema ha escrito un libro más extenso que documentado sobre la crisis religiosa de Bello, *Trayectoria religiosa de Andrés Bello* (Caracas: Talleres de Gráficas Sitges, 1956).

[20]   He revisado las múltiples referencias a Bello en el Special Collections and Archives de la Sidney Jones Library, University of Liverpool (de aquí en adelante *LUL*, para seguir el uso de Mar-

Es también gracias a las cartas de Blanco que sabemos de sus intentos por conseguir una ayuda financiera del gobierno británico tanto para Bello como para el patriota mexicano Fray Servando Teresa de Mier.[21] Uno de los contactos de Blanco White era el comerciante hispano-irlandés Juan Murphy, quien tenía suficiente influencia en los círculos de gobierno como para hacer presente la situación de los amigos de Blanco. Aun así, la ayuda financiera era un asunto complicado, como lo demuestra una carta de Blanco a Bello de mayo de 1815, en la que le informa, "Amigo mío: hablé a Murphy ayer, y estoy seguro de que si él se hallara en la situación de antes, tendría usted al momento un medio de sosegar su inquietud y vivir decentemente hasta mejores tiempos".[22] Blanco continuó insistiendo, ya que en una carta fechada 14 de diciembre de 1815 le dice a Murphy que, "estoy ansioso por saber si la solicitud de Bello ha tenido éxito".[23] Blanco debe haber solicitado ayuda de sus amigos en Holland House, puesto que le escribió a Bello el día 30 de diciembre de 1815 a una nueva dirección –15 Evesham Buildings en Clarendon Square– que Lady Holland había pedido personalmente ayuda del gobierno, a través del Contralmirante Charles Fleeming, para Bello y Mier. Blanco agregó que Lord Wellesley se había involucrado y que el asunto sería resuelto.[24] Esto es lo que en efecto debe haber ocurrido, puesto que Bello quiso comunicar sus agradecimientos a Lady Holland a

---

tin Murphy), especialmente las secciones I (cartas) y III (manuscritos). Un pasaje revelador se encuentra en III, 262, en donde se refiere a una visita de Bello para discutir los planes de Blanco de trasladarse a Trinidad en 1818. La biblioteca del Manchester College en Oxford tiene manuscritos adicionales de Blanco. Estos están distribuidos en seis secciones con la rúbrica de MS. Las referencias a Bello se encuentran en MS 3, con fechas 8 de octubre, 23 de octubre y 29 de noviembre de 1822. MS 2 tiene más información sobre la colaboración de Blanco y Bello para incorporar a los exiliados españoles en sus proyectos editoriales. La autobiografía de Blanco contiene referencias a Bello, pero usando solamente las iniciales A.B. Véase *The Life of the Rev. Joseph Blanco White, Written by Himself: With Portions of His Correspondence*, compilado por John Hamilton Tom, 3 tomos (Londres: John Chapman, 1845).

[21] Las cartas de Blanco estaban dirigidas, hasta 1814, a la casa de Miranda, en donde Bello debe haber recogido su escasa correspondencia. Blanco apoyó al mismo tiempo a varios españoles exiliados, incluyendo a José Joaquín de Mora a partir de 1813, y luego a los liberales que huyeron de España en 1823. Sus gastos se encuentran detallados en un libro de cuentas (*Book of Accounts*) de 1812-1830, en *LUL*. Este libro está en la sección II, N° 263. Respecto de la relación entre Bello y Mier en Londres, véase Domínguez Michael, *Vida de Fray Servando*, pp. 467-472.

[22] Esta carta no tiene fecha, aparte de un matasellos casi ilegible pero que parece ser del 13 o 23 de mayo de (casi con seguridad) 1815. Se encuentra en la Colección de Manuscritos Originales (*CMO*), Fundación La Casa de Bello, Caracas, Venezuela, Caja 2, N° 4.

[23] Carta de Blanco White a Juan Murphy, 14 de diciembre de 1815, *CMO*, Caja 2, N° 6.

[24] Carta de Blanco White a Bello, 30 de diciembre de 1815, en *CMO*, Caja 2, N° 7. Carlos Pi Sunyer, uno de los estudiosos más importantes del periodo de Bello en Londres hace hincapié en el papel de Fleeming como puente importante en estas negociaciones. Véase su *Patriotas americanos*

través de Blanco, quien le respondió el 5 de enero de 1816 que su mensaje había sido entregado y, con suma delicadeza, cambió de tema para discutir asuntos de interés intelectual común.[25]

La situación de Bello era realmente desesperada. En mayo de 1814 contrajo matrimonio con Mary Ann Boyland (o Boylan), y era obvio que no tenía los recursos para sostenerse. Es muy poco lo que se sabe sobre la primera esposa de Bello, salvo que era una irlandesa católica que pertenecía a la parroquia de St. Patrick en Soho Square. Como ha señalado Miriam Blanco Fombona de Hood, una destacada estudiosa del periodo de Bello en Londres, es posible que haya sido hija de algún arrendador de Bello.[26] En efecto, la primera dirección conocida de Bello después de Grafton es Poland St., calle cercana a Soho Square. A continuación se trasladaron a Somers Town, un barrio de inmigrantes franceses e irlandeses, lugar en que Bello viviría por la mayor parte de su estancia en Londres, aunque con frecuentes traslados debido al tamaño creciente de la familia y sus altibajos financieros. Esta zona tenía tanto una parroquia (St. Aloysius) como un cementerio (Old St. Pancras Churchyard) católicos. Bello bautizó a cinco de sus hijos en la parroquia y en el cementerio enterró a su primera esposa y tercer hijo.

Ante las dificultades de mantener a su familia en Londres, Bello pidió ayuda para trasladarse a Cundinamarca, en Nueva Granada. En una carta al secretario de gobierno fechada 8 de febrero de 1815, Bello explicó que "no molestaré a V.S. con la pintura de mi situación", agregando que sus problemas se resolverían con un traslado pero que este "no puede efectuarse sin los socorros que ese Gobierno se digne conceder a un servidor de la causa de América".[27] La carta no llegó a su destino ya que fue interceptada por las fuerzas de ocupación al mando de Pablo Morillo. Sin poder esperar más, Bello se dirigió al gobierno del Río de la Plata para solicitar que se le continuase proporcionando la ayuda económica que el enviado Manuel de Sarratea le había concedido en junio de 1814 (£ 150). Bello se sentía particularmente urgido, puesto que su primogénito, Carlos, había nacido el 30 de mayo de 1815. Para agosto del mismo año Bello se sintió en la necesidad de solicitar su traslado a Buenos Aires: ya no tenía cómo sostenerse

---

en Londres (*Miranda, Bello y otras figuras*), edición y prólogo de Pedro Grases (Caracas: Monte Ávila Editores, 1978), pp. 297-298.

[25] Carta de Blanco White a Bello, *CMO*, Caja 2, N° 8.

[26] Véase su "El Londres de Andrés Bello", en *Bello y Londres*, 2 tomos (Caracas: La Casa de Bello, 1981), I, p. 186.

[27] Carta de Bello al Secretario del Gobierno Federal de Cundinamarca, 8 de febrero de 1815, en Archivo General de Indias, Sevilla, Estado 57, N° 34, f. 305-307. También en *OC*, XXV, 64-66. La elección de Cundinamarca como posible destino es políticamente significativa, puesto que tal Estado centralista se diferenciaba de las provincias de inspiración más republicana como Cartagena, Antioquia, Tunja o Popayán, y revela además una simpatía hacia Antonio Nariño.

en Inglaterra y había perdido toda esperanza de ayuda por parte de su país.[28] El gobierno rioplatense respondió rápida y generosamente, autorizando el viaje de Bello a Buenos Aires, como se puede comprobar en una carta de Gregorio Tagle fechada 15 de noviembre de 1815.[29] Esta carta debe haber llegado después que Bello recibió la noticia, mencionada anteriormente, de que el gobierno británico había accedido a financiar la petición de sus amigos, lo que hacía viable su permanencia en Londres mientras consolidaba su situación. Una carta de Blanco White fechada 23 de mayo de 1816 demuestra que la situación de Bello había mejorado: "Mucho me alegro del prospecto que se le abre a V. de vivir confortablemente, y sin agonizar de un mes a otro".[30] Bello mismo se sintió en condiciones de responder a Gregorio Tagle que "no ha podido llevarse a efecto el generoso auxilio que ese Supremo Gobierno se ha manifestado propenso a franquearme", pero "no por eso creo menos de mi deber el elevar a dicho Supremo Gobierno el testimonio de mi respetuosa gratitud".[31]

Bello entendía que la asistencia del gobierno británico solo podía ser temporal, de modo que siguió buscando empleo. Entre 1815 y 1816 colaboró con su compatriota Manuel Palacio Fajardo en la preparación de una crónica sobre la lucha por la independencia. Este libro, titulado *Outline of the Revolution in Spanish America*, se publicó en Londres en 1817.[32] Bello también colaboró, en 1816, con otro compatriota hispanoamericano, el representante de Nueva Granada en Londres, José María del Real. Ese mismo año, y gracias a la recomendación de un amigo mexicano, identificado por Miguel Luis Amunátegui como José María Fagoaga, trabajó en una traducción de *La Biblia* para el British and Foreign Bible

[28]   Carta de Bello al Supremo Gobierno del Río de la Plata, 3 de agosto de 1815, en OC, XXV, 66-69.

[29]   Gregorio Tagle a Andrés Bello, en *CMO*, Caja 2, N° 67. Las instrucciones del gobierno al comisionado Manuel de Sarratea, en comunicación también fechada 15 de noviembre, se encuentra en el Archivo General de la Nación, Argentina, División Gobierno Nacional, Sala 10, 1.1.6., folio 284.

[30]   Blanco White a Andrés Bello, 23 de mayo de 1816, en OC, XXV, p. 74.

[31]   Bello a Gregorio Tagle, 30 de abril de 1816, en Archivo General de la Nación, Argentina, División Gobierno Nacional, Sala 10, 1.1.7., folio 293. Esta carta, inédita hasta el momento de la Primera Edición de este libro (2001), se incluye en los Anexos.

[32]   El libro fue impreso en Londres por la editorial Longman, Hurst, Rees, Orme and Brown. Véase el comentario de Pi Sunyer en *Patriotas americanos*, pp. 247-249. Aunque no hay consenso al respecto, me parece que el estilo y la perspectiva de Bello están fuertemente representados en el *Outline*. Allí se detallan sucesos que pocos como él podían relatar acerca de la administración del gobierno bajo el Capitán General Vicente Emparan. Además, el libro da una visión muy positiva de Francisco de Miranda. Como se verá más adelante, pocas personas aparte de Bello mantenían opiniones favorables sobre el Precursor después de su capitulación con los realistas en 1812.

Society dirigida por William Blair.[33] En un memorándum fechado 19 de enero de 1818 Bello comentó detalladamente el trabajo que había realizado: corrección de errores tipográficos y regularización de la ortografía de acuerdo con las reglas vigentes de la Real Academia Española (séptima edición de la ortografía y cuarta edición del diccionario). Bello hizo además una serie de cambios de redacción, que según Blair lo hacían merecedor de una compensación adicional.[34]

Bello impartía también clases de idiomas. Su infatigable amigo Blanco White le consiguió algunas tutorías para los hijos de William Richard Hamilton, el subsecretario de Relaciones Exteriores, en octubre de 1816,[35] y luego para un amigo que deseaba aprender castellano en 1819.[36] Blanco gestionó todavía otro empleo para Bello en 1820, esta vez en el establecimiento comercial de Gordon, Murphy & Co., que se especializaba en comercio exterior (que incluía a México), en donde Bello llevaba la correspondencia y en donde permaneció por dos

---

[33] Miguel Luis Amunátegui, *Vida de don Andres Bello*, pp. 145-146. La carta se encuentra incluida con el mismo nombre José María Fagoaga (aunque firmada J. Fagoaga), 31 de julio de 1816, en OC, XXV, p. 75. Por un tema de fechas, es imposible que José María estuviese en Londres, aunque sí lo estaba el Marqués del Apartado. Sigo en este sentido a Salvador Méndez Reyes, "La misteriosa estancia de los Fagoaga en Londres", *Relaciones: Estudios de Historia y Sociedad* 63/64 (verano-otoño 1995), 123-138. Sobre el el trabajo bíblico de Bello véase Walter Hanisch, "La religión, la filosofía y la historia en los años londinenses de Andrés Bello", en *Bello y Londres*, 2 tomos (Caracas: La Casa de Bello, 1981), II, p. 139. Pi Sunyer, en *Patriotas americanos*, pp. 225-228, sugiere que la edición de *El nuevo testamento* revisada por Bello apareció en 1817. Martin Murphy piensa que Bello y Blanco White colaboraron en la traducción de la Biblia de Felipe Scio de San Miguel, publicada por el British and Foreign Bible Society en Londres en 1821. Véase su *Blanco White*, p. 10 y la nota correspondiente. Manuel Donís Ríos afirma que la versión sobre la que trabajó Bello fue la de Cipriano de Valera, de 1817, pero que incorporó elementos tanto de Felipe Scio como de Félix Torres Amat. Véase su "Dos aspectos poco conocidos de la polifacética vida de Andrés Bello", en *Andrés Bello y la gramática de un Nuevo Mundo*. Memorias V Jornadas de Historia y Religión (Caracas: Universidad Católica Andrés Bello, 2006), pp. 243-264. Según Karen Racine, Bello trabajó en la Biblia de Scio, específicamente diseñada para Hispanoamérica. Véase su "Commercial Christianity: The British and Foreign Bible Society's Interest in Spanish America, 1805-1830", *Bulletin of Latin American Research*, 27, N° 1 (2008), 70-87.

[34] Andrés Bello a Mr. [Joseph] Tarn, 19 de enero de 1818, Home Correspondence-Inwards, British and Foreign Bible Society, Cambridge University, Inglaterra. Tarn era el secretario encargado de finanzas de la Sociedad entre 1804 y 1837. Bello mantuvo relaciones con la Sociedad por lo menos hasta 1823, puesto que hizo otras traducciones para ella entre el 17 y 19 de noviembre de ese año.

[35] Carta de Blanco White a Andrés Bello, en *CMO*, Caja 2, N° 9. Esta parte de la experiencia de Bello no fue grata, dado que Blanco había tratado de dejar su propio puesto de tutor de uno de los hijos de la familia Holland para que lo asumiera Bello, pero esto no sucedió, y además su trabajo con la familia Hamilton terminó abruptamente en marzo de 1817. Véase Murphy, *Blanco White*, p. 223.

[36] Carta de Blanco White a Andrés Bello, 25 de enero de 1819, *CMO*, Caja 2, N° 11.

años.[37] El nacimiento de su segundo hijo, Francisco, el 13 de octubre de 1817, y de Juan Pablo Antonio el 15 de enero de 1820, obligaron a Bello a aceptar cualquier empleo, por breve que fuese.

Es en el contexto de su empleo con William Hamilton que es posible apreciar las dificultades de la situación de Bello en Londres. La siguiente descripción se encuentra en el diario personal de Blanco, quien anotó el 10 de marzo de 1817 que,

> Bello estuvo de visita esta noche, y parecía estar bastante deprimido. El Sr. Hamilton le comunicó que iba a trasladar a sus hijos a la escuela. Este incidente me hizo reflexionar sobre la generosidad con que el cielo parece dirigir mis asuntos… [Bello] es un hombre que me supera en el conocimiento de todos los campos literarios en que ambos nos hemos dedicado a enseñar, un hombre de honra e integridad perfectas que, en lugar de lograr el afecto de la familia a la que ha sido presentado, se queja por el contrario de frialdad y es luego despedido sin miramientos. Tendrá que enfrentar nuevamente a la necesidad más extrema, y vivir de trabajos fortuitos. A mí, por el contrario, se me ha pedido permanecer en esta casa [Holland House], y cuando he querido dejarla, se ha hecho todo lo posible para que me quede…[38].

Blanco estaba convencido de que no era la falta de experiencia o habilidad la razón del término de las labores de Bello en la casa de Hamilton, pero no llegó a ofrecer una explicación. Es muy posible que el carácter introvertido y tímido de Bello, comparado con el sociable y entretenido Blanco, haya tenido algo que ver en una sociedad acostumbrada a la conversación. Bello no tuvo más alternativa que seguir dependiendo de empleos esporádicos.

Uno de esos empleos fue la ayuda que prestó al filósofo escocés James Mill para transcribir los manuscritos de Jeremy Bentham. Bello había conocido a Mill muy a principios de su estadía en Londres y le había proporcionado información acerca de los sucesos de Hispanoamérica. Mill tenía gran interés en estos asuntos, y de hecho había tenido un contacto muy estrecho con Francisco de Miranda. Bello llegó a conocer a Mill lo suficientemente bien como para visitar a su familia y dejar algunos recuerdos de su hijo John Stuart Mill, quien siendo niño

---

[37]   Sambrano Urdaneta, *Cronología*, p. 24. Sobre las actividades de Gordon & Murphy, véase Guadalupe Jiménez Codinach, *La Gran Bretaña y la independencia de México, 1808-1821* (México: Fondo de Cultura Económica, 1991), pp. 223-260. Véase también Martin Murphy, "The Murphy's of Waterford, Málaga, Mexico and London", *The Irish Genealogist* 13, N° 3 (2012), 210-211.

[38]   Blanco White, "Diario Personal, 1812-1820", *LUL*, III, N° 56. La traducción del inglés es mía.

ya manejaba con soltura el griego y el latín.[39] Una carta de James Mill en 1812 demuestra que Bentham conocía a Bello y que había organizado las visitas de este al Salisbury Botanical Garden en Sloan Street,[40] pero no existe evidencia de la duración o el tipo de trabajo que Bello hizo para Bentham. Muchos años más tarde Bello comunicó a Amunátegui un claro recuerdo de la escritura ilegible de Bentham, oportunidad que el biógrafo aprovechó para vengarse afectuosamente de su propio maestro: "Sería de figurarse que el estudio de los manuscritos de Bentham pegó a Bello el contajio de la mala letra".[41]

A pesar de los empleos que consiguió gracias a la ayuda de sus amigos, y a pesar de su versatilidad, la situación de Bello seguía siendo precaria en 1821, a once años de su llegada a Inglaterra. Para esa época, había establecido un contacto cercano con el guatemalteco Antonio José de Irisarri, quien residía en Londres como representante de Chile desde 1819. Este personaje, de quien se hablará con más detalle en el Capítulo III, había jugado un papel importante en el primer gobierno independiente de Chile, esto es, hasta la Reconquista dirigida desde el Virreinato del Perú que derrotó a las fuerzas patriotas en Rancagua en octubre de 1814. Ahora se encontraba gestionando el reconocimiento de Chile por parte de Inglaterra. Irisarri le pidió a Bello que colaborara en una revista publicada en castellano en Londres con el título *El Censor Americano* en 1820.[42] A raíz de esta colaboración Bello escribió a Irisarri una carta fechada 18 de marzo de 1821 en la que le pidió un puesto en la legación chilena en los siguientes términos:

Sólo las reiteradas muestras de favor que de Ud. he recibido en tan distintas ocasiones, pueden hacerme tomar la pluma para hablar a Ud. de un asunto que por tratarse de algo mío, me inspira no poca repugnancia. Sabe Ud.,

---

[39]　Amunátegui, *Vida*, p. 118. Mario Rodríguez cree que Mill escribió varios artículos sobre Hispanoamérica bajo el nombre de William Burke entre 1807 y 1812, algunos de los cuales aparecieron en la *Gazeta de Caracas*. Mill consultaba a Bello con frecuencia, y resulta plausible que si Mill fue en efecto el autor de estos artículos, Bello le haya ayudado con las traducciones. Pero esto no se puede determinar con seguridad. Véase Rodríguez, *"William Burke" and Francisco de Miranda: The Word and the Deed in Spanish America's Emancipation* (Lanham: University Press of America, 1994), p. 518.

[40]　Carta de Mill a Bello, en *CMO*, Caja 2, N° 24. La nota no tiene fecha, pero es casi con seguridad de 1812.

[41]　Amunátegui, *Vida*, p. 145. La letra de Bentham es en verdad casi imposible de leer, como he tenido oportunidad de constatar. Bello transcribió parte de estos manuscritos y llevó algunos originales consigo a Chile, que luego obsequió al historiador Diego Barros Arana. Se encuentran hoy en la Sala Medina de la Biblioteca Nacional. Como se discutirá con más detalle en el Capítulo VI, estos manuscritos versan sobre temas de codificación.

[42]　Más sobre esta revista en el próximo capítulo.

como he podido expresárselo, la desesperada condición a que me tiene reducido la falta de una ocupación permanente donde procurarme una entrada que no esté expuesta, como hasta ahora, a continuos cambios y que me asegure el sustento de mi mujer y mis hijos, por quienes sufro lo indecible (XXV, 102-103).

Bello no exageraba: su hijo menor Juan Pablo Antonio había muerto el 10 de enero recién pasado en la modesta casa en que vivían en Bridgewater St. N° 18, cerca de Clarendon Square en Somers Town. Y tan solo dos meses más tarde se podía leer en el registro de entierros de la parroquia de St. Pancras: "En el año de mil ochocientos veintiuno, nombre: Mary Bello, domicilio: Somers Town, enterrada: el 16 de mayo, edad: 26 años".[43] Mary Ann Boyland murió de tuberculosis. Viudo a los cuarenta años, Bello quedó a cargo de los dos hijos que sobrevivieron, Carlos y Francisco.

Irisarri quedó muy impactado por la situación de Bello, pero también reconoció la oportunidad de reclutar para el servicio exterior de Chile a un funcionario talentoso y experimentado en materias de gestión diplomática. El primero de junio de 1822 Irisarri le ofreció el puesto de secretario de la legación chilena en Londres, proporcionándole así una perspectiva de futuro.[44] Tal cambio, luego de una década de angustias, debe haber sido un alivio enorme para Bello.

Actividades políticas e intelectuales

Incluso en medio de sus padecimientos, Bello siguió concentrado en sus estudios y, aunque en un grado menor, en las secuelas políticas de la cambiante situación desatada por el movimiento independentista. Sin embargo, es casi imposible comprender estas actividades sin una referencia a su situación personal. La desesperación de Bello puede vislumbrarse cuando López Méndez le escribió, en noviembre de 1814, "aquel país [Venezuela] ha desaparecido ya, y solo le habitan hombres convertidos en fieras" (XXV, 62). También es posible imaginar el impacto que tuvieron sobre su sensibilidad las constantes malas noticias, las enfermedades y muertes en la familia, la falta de trabajo estable y las nulas esperanzas de regresar a Venezuela. Bello viajó a Inglaterra como enviado de

---

[43]   Citado por Blanco Fombona de Hood, *Bello y Londres*, I, p. 187.

[44]   Cartas de Antonio José de Irisarri a Andrés Bello, 1° de junio de 1822, en *CMO*, Caja 2, N° 26 y 68.

un país que declaraba representar los intereses de Fernando VII. Había sido un funcionario leal del gobierno colonial que apoyó la creación de la Junta Suprema de Caracas porque la consideraba una expresión sincera del deseo de proteger los dominios del monarca español. Pero más y más, los altos y bajos de la guerra, además del contacto con círculos en Inglaterra que apoyaban un nuevo orden para Hispanoamérica, y sobre todo la política antiliberal y vengativa de Fernando VII a partir de 1814, lo llevaron a considerar la posibilidad de una independencia total. Para 1822 Bello no había abandonado la idea de un futuro político que incluyera el modelo de monarquía constitucional, pero sí había dejado atrás las ilusiones con respecto a la restauración del imperio español.

La transformación política de Bello comenzó a partir de sus contactos con Francisco de Miranda en 1810, de quien llegó a sentirse muy cercano debido al compromiso de este por la independencia hispanoamericana, aunque no compartiera plenamente sus ideas rupturistas. A pesar de las opiniones de Bolívar y de muchos de sus amigos, Bello mantuvo una favorable impresión de Miranda y nunca la abandonó. La admiración de Bello por su compatriota parece haber tenido un fuerte elemento personal: Miranda le había protegido y además le impresionaba su erudición, sus aventuras y su perspectiva continental.[45] Pero al mismo tiempo se sentía obligado por un fuerte sentimiento de lealtad hacia la corona española. Es bastante posible que Bello haya caído bajo el influjo del carismático Miranda y que tuviera dificultades tratando de reconciliar lealtades tan encontradas. De cualquier modo, el contacto directo entre ambos no fue tan largo como para influir en las ideas políticas más duraderas de Bello. Estas se desarrollaron en el contexto de la lucha misma por la independencia, en combinación con la política europea (sobre todo inglesa) y de sus propias reflexiones en torno al futuro político de Hispanoamérica cuando, a fines de la década, las posibilidades de España de mantener el dominio de sus colonias eran cada vez más remotas.

Durante los primeros años de su estadía en Inglaterra Bello se mantuvo leal a la monarquía española. Estaba simplemente siguiendo las instrucciones de una Junta que gobernaba en nombre de Fernando VII. Luego del colapso de la primera república venezolana, como puede observarse en su petición al Consejo de

---

[45] De acuerdo con Óscar Sambrano Urdaneta, Bello pudo haber nombrado a su segundo hijo (Francisco), nacido en 1817, como muestra de su aprecio por Miranda, quien había muerto el año anterior. Véase su *Cronología*, p. 21. Bello y Miranda compartían una gran valoración por los clásicos de la antigüedad. Véase el estudio de Miguel Castillo Didier, *Miranda y la senda de Bello*, tercera edición (Santiago: Centro de Estudios Griegos Bizantinos y Neohelénicos, Universidad de Chile, 2018). Véase además Cesia Hirshbein, "Andrés Bello americanista. Influencia de Miranda", en *Andrés Bello y la gramática de un Nuevo Mundo*, pp. 115-132.

Regencia en 1813, Bello estaba dispuesto a reincorporarse al servicio de España. Pero el caos de la guerra, más sus circunstancias personales, le obligaron a suspender una elección política clara hasta fines de la década, cuando manifestó una preferencia por la monarquía constitucional como modelo de gobierno posterior a la independencia. Esta evolución tuvo lugar en el contexto de las actitudes británicas con respecto a la situación en Hispanoamérica, y la influencia de los contactos de Bello en Londres.

A raíz de las reuniones de la misión venezolana con Lord Wellesley, Bello comprendió rápidamente que el gobierno británico no apoyaría la independencia mientras hubiera una alianza entre Gran Bretaña y España contra Napoleón. La perspectiva de muchos intelectuales, comerciantes y público en general era menos restringida, y Bello tuvo la oportunidad de influir en la opinión sobre los sucesos en las colonias. Un ejemplo importante es la autoría, establecida por Carlos Pi Sunyer, del prefacio del libro *Interesting Official Documents Relating to the United Provinces of Venezuela*, publicado en Londres en 1812.[46] Allí Bello justificaba las acciones de la Junta de Caracas como la única opción disponible ante el colapso de la Junta Central en España, siguiendo de cerca la línea que hasta entonces constituía la política oficial de Venezuela, aunque para la fecha de publicación la primera república ya había colapsado. El propósito del libro era informar a los hispanoamericanos de otras latitudes y también a la opinión pública británica para contrarrestar la propaganda de los representantes del gobierno de Cádiz en Londres. Uno de ellos, Álvaro Flórez Estrada, insistía en que el movimiento de Caracas no hacía más que debilitar la lucha de España contra Napoleón.[47]

Bello estaba al tanto de las diferentes corrientes de opinión respecto de la situación de España e Hispanoamérica en Gran Bretaña, que iban desde las moderadas a las más radicalizadas. Como ha sugerido J.R. Dinwiddy, las más importantes incluían la de Lord Holland junto a la revista *Edinburgh Review* por un lado, y la de Jeremy Bentham y sus seguidores, incluyendo a James Mill, por el otro. También había una corriente conservadora, representada principalmente por el *Quarterly Review*, que tenía muy poca simpatía por lo que suponía un caos

---

[46]   Este libro fue impreso por Longman & Co., e incluía entre los documentos el acta de independencia y el decreto del poder ejecutivo supremo que la proclamó; la declaración de la sesión legislativa del primero de julio de 1811; el manifiesto de la Confederación; la Constitución federal, y las declaraciones del presidente Juan Toro, y el secretario (y colaborador de Bello) Francisco Isnardy. Daniel Gutiérrez Ardila señala que esta obra fue enteramente financiada por Luis López Méndez, lo que por supuesto no contradice la participación de Bello en la publicación. Véase *El reconocimiento de Colombia: Diplomacia y propaganda en la coyuntura de las restauraciones (1819-1831)*, Colección Centro de Estudios en Historia (Bogotá: Universidad Externado de Colombia, 2012), pp. 126-127.

[47]   Pi Sunyer, *Patriotas americanos*, pp. 211-223.

sangriento precipitado por las guerras de independencia.[48] Tanto el *Edinburgh Review* como el *Quarterly Review* eran las revistas británicas más influyentes de la época.

Bello tenía varias razones para sentirse cercano a los círculos bentamistas de Londres: como hemos visto, tenía contactos frecuentes con James Mill, quien había sido amigo de Miranda y colaborador suyo en artículos que promovían la emancipación de Hispanoamérica en el *Edinburgh Review*.[49] Después de la partida de Miranda para Venezuela, Mill dependía de Bello para entender los confusos sucesos de la independencia. Bello también trabajaba con Mill en los manuscritos de Bentham y no cabe duda que a raíz de esto recibió la influencia jurídica del pensador inglés, sobre todo en materia penal.[50] Pero más allá de estos contactos personales y profesionales, Bello sentía un gran escepticismo respecto de las expectativas de estos intelectuales acerca de Hispanoamérica. Bentham pensaba, por ejemplo, que sus ideas sobre sufragio, representación política y organización cívica podían implementarse sin mayor problema en la *tabula rasa* hispanoamericana. Tanto Bentham como Mill pensaron incluso en trasladarse a Venezuela para implementar sus ideas legislativas. La experiencia de Bello en la administración de un país tan complejo como Venezuela no le daba el mismo optimismo respecto de la aplicabilidad de tales ideas. Además Bentham era un agnóstico, mientras que Bello era un católico creyente. Bentham tenía poca fama de ser persona simpática (más bien de lo contrario) y además gustaba poco de la

---

[48] John R. Dinwiddy, "Liberal and Benthamite Circles in London, 1810-1829", pp. 119-136, José Alberich, "English Attitudes towards the Hispanic World in the Time of Bello as Reflected by the *Edinburgh Review* and the *Quarterly Review*", pp. 67-81, en John Lynch, ed., *Andrés Bello: The London Years* (Richmond, Surrey: The Richmond Publishing Co., 1982) y Gabriel Paquette, "The Intellectual Context of British Diplomatic Recognition of the South American Republics, c. 1800-1830", *Journal of Transatlantic Studies* 2, N° 1 (2004), 75-95.

[49] "Emancipation of Spanish America", y "Molina's Account of Chili", ambos en *Edinburgh Review*, N° 13 (Enero 1809), 277-311 y N° 14 (Julio 1809), 333-353, respectivamente.

[50] Alamiro de Ávila Martel, "The Influence of Bentham in the Teaching of Penal Law in Chile", *Revista de Estudios Histórico-Jurídicos*, N° 5 (1980), 257-265 y "Londres en la formación jurídica de Andrés Bello", en *Bello y Londres*, II, pp. 211-242. La obra de Elie Halévy, *The Growth of Philosophical Radicalism* (Nueva York: Kelly and Millman, 1949) proporciona numerosas claves para entender el clima intelectual que condujo al utilitarismo con el cual Bello tendría un contacto directo. Pero es obvio que en temas importantes Bello se distanciaba de Bentham. En materias filosóficas, sin embargo, resulta revelador observar las coincidencias, aunque limitadas, entre el pensamiento de James Mill y Bello, quien desarrollaría varios temas de sicología y lógica en su *Filosofía del entendimiento*, en donde comparte con Mill su admiración, pero también crítica, del pensamiento de Dugald Stewart y Thomas Brown.

literatura mientras que para Bello esta era indispensable, incluso para el sustento emotivo. Así, la influencia de Bentham sobre Bello no podía sino ser limitada.[51]

Bello se sentía mucho más cercano a las ideas de Lord Holland y del círculo de la *Edinburgh Review*, que conoció gracias a Blanco White,[52] quien también era muy influyente debido a sus artículos en *El Español*. La afinidad política era entonces bastante mayor, puesto que este último periódico defendía la lucha contra Napoleón y al mismo tiempo proponía reformas en España que asegurasen un vínculo satisfactorio para Hispanoamérica.[53] Blanco, Holland House y el círculo de la *Edinburgh Review* consideraban justas muchas de las demandas de las colonias, pero se oponían a la independencia. Los miembros de Holland House aborrecían el resultado de la Revolución Francesa, que la hacía sospechar de toda nueva revolución, lo que además explica que tanto Lord Holland como su esposa Elizabeth tuvieran una gran admiración por Napoleón.[54] De cualquier modo, los Holland preferían la monarquía constitucional por sobre el dudoso modelo de la república. Esta postura no era ajena a la de muchos criollos hispanoamericanos, incluyendo la de José de San Martín y Agustín de Iturbide, que consideraron seriamente la monarquía constitucional, o llegaron incluso a implementarla, aunque con resultados desastrosos, como fue el caso del "emperador" mexicano. En ambos lados del Atlántico existía el temor de que los excesos de la Revolución Francesa reaparecieran disfrazados de republicanismo. En los círculos moderados de Inglaterra, con los que Bello se sentía más identificado, se pensaba que la monarquía limitada era la mejor garantía del orden social.

La opción monárquica

Es a través del contacto con Blanco White que Bello dio las primeras señales de un activo interés por la monarquía constitucional como modelo político para una Hispanoamérica independiente. A partir de 1817, cuando Bolívar había establecido

---

[51]   Íñigo Álvarez Gálvez ha examinado la magnitud de esta influencia, sobre todo en la filosofía de Bello, en "Acerca de algunas ideas utilitaristas de Andrés Bello", en Carlos Ossandón Buljevic y Carlos Ruiz Schneider (Coords.) *Andrés Bello. Filosofía pública y política de la letra* (Santiago: Fondo de Cultura Económica, 2013), pp. 65-95.

[52]   Sobre el amplio espectro de las ideas de Lord Holland y su círculo, véase Mitchel, *Holland House*.

[53]   Pi Sunyer, *Patriotas americanos*, pp. 319-343; Murphy, *Blanco White*, pp. 63-76.

[54]   Véase Henry Richard Vassall Lord Holland, *Foreign Reminiscences*, editado por Henry Edward Lord Holland (Londres: Longman, Brown, Green and Longmans, 1850).

una precaria base militar en territorio venezolano y empezaba a actuar como jefe de un gobierno soberano, Bello pudo considerar seriamente los escenarios políticos para el caso de una victoria patriota.[55] Esto fue incluso más justificable cuando Bolívar pronunció su famoso discurso en Angostura (1819) y obtuvo las victorias militares de Boyacá (1819) y Carabobo (1821) que liberaron definitivamente al Virreinato de Nueva Granada. La causa independentista, para estas fechas, había triunfado completamente en Chile y Argentina, y José de San Martín se encontraba en plena campaña contra el Virreinato del Perú. En España misma, el pronunciamiento de Rafael Riego en enero de 1820 forzó a Fernando VII a ceder parte de su poder y gobernar de acuerdo con los términos de la Constitución de 1812, un hecho decisivo que aseguró el triunfo final de la independencia hispanoamericana. Incluso desde la distancia de Inglaterra, los observadores podían concluir que la situación era irreversible y que era necesario considerar modelos políticos futuros. En una carta a Blanco White fechada 25 de abril de 1820, Bello comunicó a su amigo que había recibido, por parte de un representante hispanoamericano (posiblemente Irisarri), la siguiente pregunta: ¿vería Europa con simpatía la instalación de monarquías en Hispanoamérica? ¿Qué sería necesario para promover tal sistema en los nuevos estados? De acuerdo con Bello,

> Se trata de saber si suponiendo que uno de aquellos gobiernos tratase de establecer una monarquía (no como la de la Constitución española de 1812, sino una monarquía verdadera aunque no absoluta), y si pidiese a las Cortes de Europa un príncipe de cualquiera de las familias reinantes, sin excluir la de Borbón se recibiría favorablemente esta proposición en las actuales circunstancias. A mí me parece que ninguna concilia mejor el interés de los americanos (que U. sabe muy bien no son para republicanos)...[56]

---

[55]   Bolívar renovó la representación de López Méndez y Bello en Londres el 5 de enero de 1817, aunque con más instrucciones que financiamiento, y la naturaleza del nombramiento no incluía las solemnidades del caso. López Méndez jugó un papel importante en el reclutamiento de seis mil soldados británicos, incurriendo en ocasiones en deudas que lo llevaron a prisión. Sus actividades forzaron al gobierno británico a promulgar el *Foreign Enlistment Bill* en 1819 de manera de regular el reclutamiento de súbditos británicos para guerras en el exterior. No existe mayor evidencia de que Bello haya jugado un papel en este sentido. Véase Bolívar a Gual, *Cartas del libertador*, I, pp. 356-357; Eric Lambert, "Los legionarios británicos", en *Bello y Londres*, I, pp. 357-358, 364 y 375; Pi Sunyer, *Patriotas americanos*, pp. 231-243; Gutiérrez, *El reconocimiento*, pp. 82-95, y Edgardo Mondolfi Gudat, *El lado oscuro de la epopeya: Los legionarios británicos en Venezuela* (Caracas: Editorial Alfa, 2011).

[56]   Carta de Bello a Blanco White, *LUL*, I, 41 (1). También en OC, XXV, 93-95. La indagación de Bello sobre la viabilidad de un modelo político monárquico al parecer produjo un quiebre con su colega Luis López Méndez, quien le escribió al encargado de las relaciones exteriores de Colom-

Bello agregó en la misma carta que "estoy persuadido que [la paz en Hispanoamérica] no podrá consolidarse jamás bajo otros principios que los monárquicos". Esta parecía ser una evaluación pragmática, puesto que la violencia que acompañó al proceso de independencia confirmaba tanto la desconfianza respecto de los principios republicanos, como la legitimidad de la monarquía para sectores importantes de la población. Blanco White no necesitaba mayor convencimiento en estas materias. Al día siguiente, 26 de abril de 1820, Blanco respondió que la única manera de conseguir la paz era mediante "el abandono de las ideas republicanas que hasta el momento han prevalecido en aquellos países". Advirtió, sin embargo, que si la monarquía era una verdadera opción en cualquier país hispanoamericano, debía contar con el apoyo de la "opinión pública".[57] Aunque Bello no participó en negociaciones al respecto, el intercambio de correspondencia con Blanco White demuestra su apoyo a esta forma de gobierno. Por lo demás, esta era la posición del gobierno británico. Como planteó Bello a Servando Teresa de Mier (15 de noviembre de 1821): "Es verdad que la Inglaterra, como las otras grandes potencias de la Europa, se alegrarían de ver prevalecer en nuestros países las ideas monárquicas", y agregó:

> Diré que en este punto el interés de los gabinetes de Europa coincide con el de los pueblos de América, que la monarquía (limitada por supuesto) es el gobierno único que nos conviene y que miro como particularmente desgraciados aquellos países que por sus circunstancias no permiten pensar en esta especie de gobierno. ¡Qué desgracia que Venezuela después de una lucha que en virtudes y heroísmo puede competir con cualquiera de las más célebres que recuerda la historia, y deja a una gran distancia detrás de sí la de los afortunados americanos del norte, qué desgracia, digo, que por falta de un gobierno regular (porque el republicano jamás lo será entre nosotros) siga siendo el teatro de la guerra civil, aun después que no tengamos nada que temer de los españoles! (XXV, 114-117).

La carta de Bello a Mier no llegó a su destino. Cuando el patriota mexicano se fue de Inglaterra dio a Bello la dirección del representante neogranadino Manuel

---

bia, José Rafael Revenga, sobre el plan monárquico en que estaban involucrados Bello, Irisarri y Francisco Antonio Zea. Allí señaló que este último financiaba el *Censor Americano* en que colaboraban los dos primeros. Véase la carta de López Méndez a Revenga, Londres, 20 de septiembre de 1820, en Archivo General de la Nación (Bogotá, Colombia), Ministerio de Relaciones Exteriores, Delegaciones, Transferencia 2, t. 298, ff. 66-70. Agradezco a Daniel Gutiérrez el facilitarme esta información.

[57]   Carta de Blanco White a Bello, *LUL*, I, 41 (2). También en OC, XXV, 96.

Torres en Filadelfia para enviar correspondencia, y a este último la autorización para abrirla. Al recibir la carta de Bello, Torres comprendió de inmediato la magnitud de los comentarios del caraqueño y los comunicó a su superior Pedro Gual. "El contenido de un artículo de la carta de aquel señor [Bello] que incluyo en copia", escribió Torres, "me pareció tan injurioso y denigrativo a los principios de nuestro sistema social y tan peligroso al establecimiento de gobiernos populares representativos en América, que he creído de mi deber comunicárselo a U.S. reservadamente, para los efectos que pueden convenir".[58] Pedro Gual había sido condiscípulo de Bello en Caracas y a la fecha se desempeñaba como encargado de relaciones exteriores de la República de Colombia, nombre que ahora llevaban los territorios del antiguo virreinato del Nuevo Reino de Granada y de la extinta Capitanía General de Venezuela. La carta indignó a Gual, quien en un oficio al encargado de Colombia en Londres, José Rafael Revenga, dio instrucciones para que "en sus comunicaciones con este individuo [Bello] guarde la debida reserva", puesto que "sus opiniones son contrarias del todo a nuestro actual sistema de gobierno".[59] Bello debe haber sufrido los rigores del ostracismo, puesto que, en carta fechada 28 de octubre de 1824, preguntó a Mier si había tenido algo que ver en el asunto. Mier contestó desde México el 15 de noviembre de 1826, negando haber recibido una carta de tal naturaleza, y agregó que no le sorprendería que su correspondencia hubiese sido abierta, como en efecto ocurrió y como el mismo Mier lo había autorizado.

Para la época de la contestación de Mier, sin embargo, Bello ya estaba en buenos términos con el gobierno colombiano, y de hecho había sido nombrado secretario de la legación de Colombia en Londres en noviembre de 1824, cargo que asumió el 7 de febrero de 1825.[60] También había reanudado sus relaciones con Gual y con Revenga. Una explicación posible es que, dado el desastre del "imperio" mexicano creado por Agustín de Iturbide (1822-1823) y la instalación de gobiernos republicanos por parte de Bolívar en Sudamérica en la década de

---

[58]   Manuel Torres a Pedro Gual, 18 de marzo de 1822, Archivo General de la Nación (Colombia), Ministerio de Relaciones Exteriores, Delegaciones, Transferencia 2, t. 124, ff. 77-78. La carta continúa con una reveladora percepción de la influencia de Bello: "El señor Bello disfruta generalmente de la opinión de ser uno de los americanos enviados a Europa que han adquirido más ilustración con la ventaja de poseer un juicio recto. Estas circunstancias le dan grandísimo influjo en todas las partes de América, para inculcar y difundir sus principios monárquicos y atacar y ridiculizar el sistema popular representativo. Desgraciadamente, tenemos infinitos individuos de este lado del mar, que piensan del mismo modo". Agradezco a Daniel Gutiérrez el facilitarme este valioso documento.

[59]   Gual a Revenga, 17 de julio de 1822, en OC, XXV, 118.

[60]   Nombramiento de Bello como Secretario de la Legación de Colombia en Londres, firmado por [Francisco de Paula] Santander y [Pedro] Gual, 9 de noviembre de 1824", en *CMO*, Caja 2, N° 69.

los años 1820, el tema de la monarquía haya sido algo menos sensible y que Bello mismo empezara a aceptar la realidad del gobierno republicano como modelo político prevalente. El monarquismo de Bello, tan criticado más tarde, era razonable dado el contexto político internacional de la época.[61] Simplemente ya no era relevante, sobre todo después que el Secretario George Canning anunció que Gran Bretaña establecería relaciones con algunos países hispanoamericanos al margen de su sistema de gobierno, siempre que estuvieran suficientemente constituidos. Al aceptar esta realidad Bello completó su evolución política y comenzó entonces a buscar los medios de fortalecer las instituciones republicanas, sobre todo ahora que parecían tener alguna posibilidad de sobrevivencia. La investigación erudita tuvo un papel preponderante en esta búsqueda.

La investigación filológica

A pesar de las dificultades económicas, las transformaciones políticas y las tragedias personales, Andrés Bello se dedicó a ciertos temas de investigación desde los comienzos de su estadía en Londres. La concentración con que lo hizo demuestra que poseía una inclinación natural hacia el estudio, aun cuando tuviera que dedicarse a una serie de labores administrativas tanto en Caracas como en Inglaterra. En Londres se concentró especialmente en la historia de la lengua castellana, con un énfasis especial en el *Cantar de Mio Cid*, y un interés más general sobre la evolución de las lenguas románicas desde el declive del latín hasta su desarrollo posterior en diferentes regiones de Europa. Muy poco de lo que Bello pensó y escribió acerca de estos temas se publicó en vida,[62] pero los materiales que estudió y transcribió en la biblioteca del Museo Británico constituyen la base de prácticamente todos sus trabajos en filología, literatura y gramática. Si bien las ideas de Bello evolucionaron por vía de un diálogo directo con los sucesos de la independencia, las notas que tomó de los fondos documentales del Museo Británico forman la base fundamental de todos sus otros intereses, especialmente en derecho civil, historia literaria y filosofía.

[61]   Klaus Gallo describe una transición similar para el caso del rioplatense Bernardino Rivadavia, quien, como Bello, pasó varios años en Londres y tuvo una cercana relación con Jeremy Bentham. Véase su *Bernardino Rivadavia: El primer presidente argentino* (Buenos Aires: Edhasa, 2012).

[62]   Una excepción importante es su "Uso antiguo de la rima asonante en la poesía latina de la media edad y en la francesa; y observaciones sobre su uso moderno", en *El Repertorio Americano*, N° 2 (Enero 1827), pp. 21-33.

El lector que consulta estos materiales, preparados entre aproximadamente 1814 y 1823, y especialmente los trece cuadernos de apuntes que se encuentran en el Archivo Central Andrés Bello de la Universidad de Chile en Santiago bajo el nombre *Cuadernos de Londres*, enfrenta un rompecabezas que solo puede ser armado a partir de sus escritos posteriores.[63] Aunque se encuentran bien conservados desde la muerte de Bello, estos manuscritos no han llegado a formar parte de las discusiones de los especialistas.[64] Pedro Grases fue uno de los pocos bellistas que se refirió a estos cuadernos, pero solo brevemente. También lo hizo Nadia R. Altschul, pero sin analizarlos.[65] Incluso Miguel Luis Amunátegui, que conoció cercanamente a Bello y su obra, no pudo utilizar más que algunos párrafos, sobre todo del primer *Cuaderno*. Y sin embargo estos manuscritos son indispensables para comprender la genealogía de las ideas de Bello, sus hábitos intelectuales, su conocimiento de varios idiomas y su manera de razonar.

Antes de examinar el contenido de estos manuscritos vale la pena describir sus características y sus fechas aproximadas de composición. Tal vez el aspecto más impactante de estos cuadernos es el grado de concentración de Bello en las temáticas tratadas, puesto que rara vez se aparta de ellas para anotar sus propias conclusiones, y casi nunca entrega información que se pudiera considerar personal, o incluso consignar fechas de composición. Es posible que algunos cálculos aritméticos que aparecen en algunas hojas tengan que ver con asuntos privados, como deudas o préstamos, pero si tal es el caso Bello no dejó ninguna indicación al respecto. Los cuadernos están escritos con una letra pequeña, frecuentemente muy difícil de entender, y hacen referencia constante a fuentes documentales en varios idiomas. La escritura llena todos los espacios posibles, incluyendo las cubiertas. Si bien estos escritos revelan una mente muy disciplinada, no tienen ninguna estructura obvia, salvo para Bello mismo, pues saltan de fuente en fuente documental, ya sea original manuscrita o impresa, con citas largas y frecuentes, que no incluyen transición o explicación alguna. Pareciera que está copiando las fuentes documentales de acuerdo con una investigación que se construye, al menos en parte, sobre la base de la lectura misma.

---

[63]   La investigación en que se basa este libro fue realizada cuando los cuadernos se encontraraban manuscritos. Actualmente existe una edición impresa de Iván Jaksić y Tania Avilés, *Cuadernos de Londres de Andrés Bello* (Santiago: Editorial Universitaria y Centro de Investigaciones Diego Barros Arana de la Biblioteca Nacional de Chile, 2017), en la que colaboraron, aparte de los editores, Miguel A. Carmona, Claudio Gutiérrez y Matías Tapia.

[64]   Debido a lo reciente de la publicación (2017), solo Joaquín Trujillo Silva ha incorporado plenamente el material de los cuadernos a su estudio *Andrés Bello: Libertad, imperio, estilo* (Santiago: Editorial Roneo, 2019).

[65]   Véase *Geographies of Philological Knowledge: Post-Coloniality and the Transatlantic National Epic* (Chicago y Londres: University of Chicago Press, 2012).

En relación con las fechas en que estos cuadernos fueron escritos, solo contamos con los sellos de agua que aparecen en los pliegos de papel como posible evidencia. Pero el examen de otros escritos de la época que sí tienen fecha, como las cartas escritas por Bello y aquellas dirigidas a él con sus correspondientes matasellos, nos permite concluir que todos estos cuadernos fueron utilizados dentro de tres años de haber sido manufacturados. Se puede decir casi sin lugar a dudas que todos ellos fueron redactados entre 1814 y 1823, un segmento temporal sumamente importante para comprender el contexto histórico de estos escritos. La fecha más temprana coincide con otro documento importante que se considera como el primero de los "Reader's tickets" (solicitudes de materiales) que Bello usó en la Biblioteca del Museo Británico en 1814.[66] El sello de agua del primer *Cuaderno* es de 1811, y por lo tanto cae dentro del periodo en donde se puede decir con certeza que Bello hizo uso de esta biblioteca. La gran mayoría de los otros sellos de agua llevan fechas de 1815 a 1818. Bello escribió estos cuadernos casi al mismo tiempo que se encontraba preparando sus versos "Americanos", es decir, el periodo que va desde las victorias políticas y militares de Bolívar entre 1819 y 1821. De este modo, resulta posible establecer con algún grado de precisión los momentos claves de la evolución política e intelectual de Bello y su relación con el proceso de independencia.

El contenido de los cuadernos hace necesaria una lectura históricamente contextualizada, puesto que versa sobre temas filológicos tan eruditos que algunos biógrafos han llegado a sugerir que se trata de una forma de escape ante las duras realidades del destierro. Algunos de ellos han agregado un tono dramático al sugerir que la disciplinada asistencia de Bello a la biblioteca era una manera de acogerse al calor de una chimenea durante los fríos días londinenses.[67] La te-

[66]   Este documento fue examinado por varios estudiosos antes de la década de los años 1970, es decir, antes de la decisión del Museo Británico de deshacerse de los "Reader's tickets" de la época (se conservan solo unos pocos, de periodos posteriores). Véase Rafael Caldera, "La incomprendida escala de Bello en Londres", en *Primer libro de la semana de Bello en Caracas* (Caracas: Ediciones del Ministerio de Educación, 1952), p. 52. Existe mayor información sobre los registros del uso de la Biblioteca a partir de 1820, en donde se pueden observar las múltiples inscripciones de Bello, que van siempre acompañadas de su domicilio. Hay registros bajo el nombre de Bello el 9 de mayo de 1820, el 10 de febrero de 1821, el 6 de febrero de 1822, el 4 de noviembre de 1822, el 1° de septiembre de 1823, el 8 de noviembre de 1824, el 5 de septiembre de 1825, y el 15 de febrero de 1827. Su patrocinador en la Biblioteca del Museo era Charles Konig, quien era el encargado de la colección de historia natural. Véase *Admissions to the Reading Room*, Enero 1820-Noviembre 1826, Central Archives, British Museum, Londres.

[67]   Véase, por ejemplo, Pedro Lira Urquieta, *Andrés Bello* (México y Buenos Aires: Fondo de Cultura Económica, 1948), p. 85, y Rufino Blanco Fombona, *Grandes escritores de América (siglo XIX)* (Madrid: Renacimiento, 1917), p. 53.

sis escapista resulta dudosa, sin embargo, dada la intensidad de la investigación misma, que puede ser descrita como un intento deliberado por comprender el surgimiento de las naciones modernas, fenómeno que Bello podía observar en la extensa documentación histórica disponible en el Museo Británico. El colapso del imperio español, después de todo, era comparable a la caída del imperio romano, y resultaba pertinente plantearse la pregunta respecto de si Hispanoamérica se fragmentaría de la misma forma que la Europa de la Edad Media, y cómo se reconfiguraría, en el caso de llegar a formar nuevas naciones.

Que había más que escapismo en las investigaciones de Bello ha sido demostrado por dos importantes estudiosos de la obra del venezolano. Pedro Grases ha enfatizado el significado de los estudios filológicos de Bello, que representan una búsqueda de raíces culturales anteriores al periodo colonial.[68] Es decir, una Hispanoamérica independiente que rechazara el pasado español corría el riesgo de confundir un periodo específico con una matriz histórica más amplia, la que podría proporcionar valores culturales importantes para los nuevos Estados. Colin Smith, por su parte, ha enfatizado que el "medievalismo" que caracterizó a la generación romántica europea, además del gran prestigio de los estudios filológicos, era muy fuerte en Londres durante ese periodo.[69] Bello, a pesar de lo intrincado de sus anotaciones en los *Cuadernos*, estaba estudiando deliberadamente la dinámica de la fragmentación imperial desde una perspectiva lingüística, como también ponderando el papel del idioma en la construcción de nuevas identidades culturales.

Gran parte de la investigación de Bello durante este periodo, de la que poco se sabría sin los manuscritos, y quizás la parte más significativa, es sobre el *Cantar de Mio Cid*, el poema épico nacional más importante de España. El *Cantar*, que

---

[68] Pedro Grases, "Estudio preliminar", en Bello, OC, VII [*Estudios filológicos-2*], CXV. También del mismo, "Los estudios de Bello en Londres sobre literatura medieval", en *Bello y Londres*, II, pp. 41-58.

[69] Colin Smith, "Los trabajos de Bello sobre el Poema de Mio Cid", en *Bello y Chile*, 2 tomos (Caracas: La Casa de Bello, 1981), II, pp. 61-73. Véase también John M. Ganim, "The Myth of Medieval Romance", en R. Howard Bloch y Stephen G. Nichols, editores, *Medievalism and the Modernist Temper* (Baltimore y Londres: The Johns Hopkins University Press, 1996), p. 163, quien nos recuerda que el objetivo central del romanticismo era "el establecimiento de tradiciones literarias nacionales". Nadia Altschul también inscribe los estudios filológicos de Bello firmemente en el contexto romántico de la época en su *Geographies*, pp. 45 y 55. Estudios importantes sobre materias lingüísticas en Inglaterra durante el periodo incluyen Hans Aarsleff, *The Study of Language in England, 1780-1860* (Princeton: Princeton University Press, 1967), y Olivia Smith, *The Politics of Language, 1791-1829* (Oxford: Clarendon Press, 1984). Para una historia más amplia de la filología, véase James Turner, *Philology: The Forgotten Origins of the Modern Humanities* (Princeton: Princeton University Press, 2014).

también se conoce como el *Poema del Cid*, fue escrito hacia finales del siglo XII o más probablemente a comienzos del XIII.[70] Bello conoció este poema en la edición de Tomás Antonio Sánchez, *Colección de poesías castellanas anteriores al siglo XV* (1779), que consultó en la bien provista biblioteca de Francisco de Miranda, y que consideró como una defectuosa transcripción del castellano original. En la biblioteca del Museo Británico Bello pudo consultar una multiplicidad de documentos que le permitieron reconstruir las prácticas lingüísticas del periodo y también establecer las similitudes de la lengua castellana tanto con otras lenguas románicas como con el latín. Como poeta Bello se sintió especialmente atraído por la peculiar métrica y rima del *Cantar*. Este está escrito en alejandrinos (versos de catorce sílabas divididos en dos hemistiquios por una cesura), pero también utiliza una variedad de otros tipos de métrica (incluyendo versos de nueve y diez sílabas). La rima del poema está determinada por la asonancia, es decir, que el ritmo de cada verso está marcado por la acentuación en las últimas vocales. Esta técnica se apartaba claramente de la aliteración y del uso de las consonantes que era característica del ritmo en la antigua poesía medieval europea. Con el tiempo, el castellano mantendría la asonancia y alcanzaría su grado más alto de desarrollo en la poesía de Lope de Vega (1562-1635). Quizás no sea coincidencia que dos de los cuadernos manuscritos de Bello estén dedicados a este autor.

La búsqueda de Bello tenía aspectos muy específicos, como los orígenes de la rima asonante. En el primer cuaderno anotó que "la rima se deriva de la poesía Provençal, que la tomó de la latina; en la latina empezó a usarse la rima desde la venida de los normandos a Italia, hacia 1032". En el mismo *Cuaderno* identificó el uso de la asonancia en un himno eclesiástico del siglo VI escrito en latín por San Columbano (540-615 D.C.). En otros cuadernos Bello amplió su examen a una variedad de fuentes y lenguas, pero el enfoque siguió siendo la prosodia. Se concentró especialmente en las *Chansons de Geste* francesas, pues le parecían tener conexiones muy directas con el *Cantar de Mio Cid* en el uso de la asonancia, aunque también con prácticas lingüísticas y temáticas largamente establecidas en otros países, incluyendo Inglaterra. El mundo de la Europa medieval, desde esta perspectiva lingüística, era un mundo de intercambios constantes, facilitados en parte por un legado común, tanto religioso como intelectual, y por la participación de varios reinos en la lucha contra el Islam en territorio ibérico.

Bello encontró una serie de otros elementos en el *Cantar* que tenían una particular resonancia en los asuntos políticos y personales que le preocupaban

---

[70]   La edición crítica de Ramón Menéndez Pidal, que incluye una gramática y un vocabulario, da como fecha de composición el año 1140, que fue por largo tiempo aceptada, pero que resulta ser una mera aproximación. Se hará una exposición más detallada de este tema en el Capítulo VII.

durante la primera década de su estadía en Inglaterra. La historia del *Cantar* es una historia de persecución injusta y luego de redención, de coraje ante la adversidad y de unificación territorial inspirada en la fe religiosa. Además, y quizás más importante, se trata de una historia sobre la justicia y el imperio de la ley, temas que, a raíz de las actividades posteriores de Bello, representan su primer encuentro con la ley como pilar fundamental en la construcción de las naciones. El Cid del *Cantar*, Rodrigo Díaz de Vivar, comienza su historia camino al exilio. Aunque no se sabe por qué, ha perdido el favor del rey, quien lo ha estigmatizado y a raíz de lo cual debe sufrir la separación de su familia y la confiscación de sus bienes. Sin embargo lucha por recobrar la confianza del monarca con gran valentía y con una fe inalterable en la legitimidad dinástica. El Cid mata y saquea cuando estima necesario, siempre en nombre de una causa que considera justa, ya que se encuentra en territorio infiel, al que conquista en nombre del monarca y de la religión. Su creciente prestigio y riqueza llevan al Rey Alfonso VI a finalmente autorizar su retorno. Hasta aquí la narración de los sucesos es heroica, quizás comparable con los hechos de la guerra de independencia que Bello ya empezaba a poetizar. El paralelo puede también incluir el deseo de que el monarca de entonces, Fernando VII, demostrase igual capacidad de estadista al reconocer, como Alfonso VI, la profunda lealtad de sus súbditos rebeldes.

En el tercer y último cantar, sin embargo, la historia que parecía ir por buen camino toma un giro pavoroso: los infantes de Carrión, yernos de Rodrigo, golpean y abandonan en la intemperie de Corpes a las hijas que solo ante la insistencia del Rey Alfonso el Cid les ha entregado en matrimonio. Los infantes se apropian también del dinero del Cid, lo que agrega un asalto a su propiedad. Sin embargo, en lugar de buscar una venganza personal, Rodrigo Díaz pide al rey que llame a Cortes, con la asistencia de toda la nobleza del reino, para que diriman su querella. El juicio representa no solo la parte más dramática del poema, sino que también la más grande de las victorias del Cid. Una vez que este ha ganado varios aspectos del juicio, Rodrigo exclama (versos 3250-3257),

–¡Merced, ya rey e señor, por amor de caridad!
La rencura mayor   non se me puede olbidar;
oídme toda la cort   e pésevos de mio mal;
los ifantes de Carrión, quem' desondraron tan mal,
a menos de riebtos   no los puedo dexar.[71]

---

[71]   *Cantar de Mio Cid*, edición, prólogo y notas de Alberto Montaner (Barcelona: Crítica, 1993), pp. 291-292. Para un análisis de la importancia de la figura del Cid en Bello, véase Trujillo, *Andrés Bello*, pp. 505-537.

En lugar de recurrir a una *vendetta*, el caudillo más poderoso de la España del siglo XI presenta su caso ante la corte y allí lo gana. Es tal la elocuencia y habilidad jurídica demostrada en el juicio que incluso el lector moderno se siente conmovido por el pleito y por la narrativa misma. Es posible imaginarse el impacto que tal historia debe haber tenido en un solitario investigador hispanoamericano que se encontraba pagando el precio del exilio por su propio papel en la Junta de Caracas, que además estaba lleno de aprensiones acerca de la guerra en su patria y que también se preguntaba acerca de su futuro cuando la justicia parecía ser tan solo una víctima más de la guerra. Si la investigación de Bello, sobre una historia que era mucho menos conocida entonces de lo que sería en la segunda mitad del siglo, revela algo de su propia situación, es posible que haya estado ansiando un resultado similar para Hispanoamérica: un rey capaz de reconocer la valía de un súbdito injustamente tratado, y el surgimiento de un caudillo poderoso que demostrase suficiente disciplina como para guiar su conducta de acuerdo a la justicia. En el poema, tanto la ley como la virtud cívica que la sostiene son las grandes triunfadoras.

El *Cantar de Mio Cid* representa también el primer encuentro significativo y documentable de Bello con el derecho romano. Como algunos estudiosos han demostrado, los pasajes del tercer cantar revelan un conocimiento muy sofisticado de los procedimientos y principios de la emergente profesión jurídica en España.[72] Per Abat, el presunto autor del poema, era abogado de profesión y además un innovador en su defensa de duelos controlados por el Estado, que promovía para evitar el efecto desestabilizador de las revanchas personales. No fue sino hasta fines del siglo XIII que un número importante de estudiantes españoles acudió a las aulas de la Universidad de Bolonia para estudiar derecho, pero el *Cantar* proporciona evidencia de que el juicio en la corte seguía los procedimientos romanos, en particular aquellos que tenían que ver con la propiedad privada. Andrés Bello, que llegaría a ser uno de los grandes promotores del estudio del derecho romano, y que fue autor de un texto sobre el tema, se encontró por primera vez con la eficacia de estos procedimientos en el *Cantar de Mio Cid*, en el cual el satisfactorio desenlace depende enteramente de la implementación de procedimientos legales basados en la jurisprudencia romana.

---

[72] Milija N. Pavlovic y Roger M. Walker, "Roman Forensic Procedure in the *Cort* Scene in the *Poema de Mio Cid*", *Bulletin of Hispanic Studies* 60, N° 2 (Abril 1983), pp. 95-107. Colin Smith sostiene la misma perspectiva en su *The Making of the "Poema de Mio Cid"* (Cambridge: Cambridge University Press, 1983), pp. 83-86. Véase también Irene Zaderenko, "El procedimiento judicial de riepto entre nobles y la fecha de composición de la *Historia Roderici* y el *Poema de Mio Cid*", *Revista de Filología Española* 88 (1998), 183-194.

Una de las tristes consecuencias del proceso de independencia fue que la investigación de Bello sobre el *Cantar*, y otros de sus escritos sobre lengua y literatura medieval española, permanecieron prácticamente desconocidos por décadas. El mismo Bello se vio enfrentado a una serie de demandas urgentes una vez que se trasladó a Chile en 1829. Sin embargo logró mantener un enfoque en materias filológicas no como fin en sí mismo, sino como medio para mantener la conexión del lenguaje de Hispanoamérica con sus antiguas tradiciones, y también para identificar una referencia épica como sostén de su defensa y promoción del imperio de la ley. Bello hizo varios esfuerzos por publicar su versión del poema como también las conclusiones que estableció luego de largos años de estudio, especialmente cuando pudo observar, con orgullo pero no sin desacuerdos, el desarrollo de los estudios sobre el medioevo español en otras partes del mundo. Como se discutirá en el Capítulo VII, se sintió en particular desacuerdo con un ex catedrático de la Universidad de Harvard, George Ticknor, residente de Boston, sobre los orígenes de la asonancia en la poesía española. Ticknor, autor de la monumental *History of Spanish Literature* (1849 y ediciones posteriores), no dio mayor importancia a las conexiones del castellano con otras lenguas románicas, y su trabajo podía por lo tanto entenderse como una evidencia en contra de los vínculos de España con el resto de Europa, tanto en materias jurídicas como literarias.[73]

La mayor parte de los trabajos filológicos de Bello, que a su vez tienen relación con su obra jurídica, solo fueron publicados póstumamente. Una larga tradición de investigadores hispanistas, desde Marcelino Menéndez y Pelayo en la década de los años 1880 y Colin Smith en la de los años 1980, ha establecido que los hallazgos de Bello, de haberse conocido a tiempo, podrían haber cambiado el curso de la investigación erudita sobre estos temas. Tal era una de las desventajas de la distancia (especialmente en Chile) respecto de los centros de investigación medievalista, tanto en Europa como en Estados Unidos, y de la falta de recursos para investigar e incluso publicar. Una demostración de la importancia de los escritos de Bello publicados en vida de este es la cantidad de citas, e incluso plagios, por parte de los investigadores extranjeros.[74]

---

[73] Bello conoció la obra de Ticknor en su original inglés, pero utilizó primordialmente el libro de este autor en su versión castellana, *Historia de la literatura española*, traducida por Pascual de Gayangos y Enrique de Vedia, 4 tomos (Madrid: Imprenta de la Publicidad, 1851-1856). He estudiado el tema en mi *Ven conmigo a la España lejana: Los intelectuales norteamericanos ante el mundo hispánico, 1820-1880* (Santiago y México: Fondo de Cultura Económica, 2007).

[74] Los artículos más importantes publicados en vida son "Noticia sobre la obra de Sismondi sobre la literatura del mediodía de Europa", en *Biblioteca Americana*, N° 1 (1823), 42-60, y "Uso antiguo de la rima asonante", en el número de *El Repertorio Americano* mencionado anteriormente.

No está sin embargo adecuadamente respondida la pregunta respecto del lugar de las investigaciones de Bello sobre filología medieval, sobre todo en su contexto histórico. Los manuscritos sugieren algunas posibilidades, quizás muy parciales, pero su temática adquiere mayor claridad al comprobar que fue desarrollada en otros escritos publicados en Inglaterra y en Chile. Tales escritos demuestran que Bello temía en particular la fragmentación lingüística de Hispanoamérica debido a la "corrupción" de la lengua castellana, como había ocurrido con las letras "en aquella tenebrosa época en que empezaron a desenvolverse los idiomas modernos" (VII, 17) cuando, "ahuyentada por la guerra y la desolación, desapareció la cultura romana, y faltó poco para que pereciesen enteramente las letras" (VII, 501). O cuando "tantos siglos de barbarie y desolación" siguieron a la corrupción del latín (VI, 367).[75] Pero Bello tenía la esperanza de que, tal como la lengua castellana había surgido de su matriz latina, manteniendo viejas tradiciones e incorporando otras nuevas (como la rima asonante en la poesía épica), Hispanoamérica fortalecería su nuevo orden político mediante la preservación de la lengua castellana, para así evitar la multiplicidad de dialectos que conducirían a la incomunicación entre los pueblos y precipitarían su irrevocable separación. Una manera concreta en que la unidad lingüística ayudaría a la consolidación de la nación era el acceso que ella permitiría a las mejores tradiciones jurídicas, como se encontraba heroicamente ejemplificado en el *Cantar de Mio Cid*.

El trabajo filológico de Bello es un verdadero modelo de investigación metódica. Traza detalladamente los cambios del castellano hablado y escrito durante varios siglos, a través de una multitud de documentos, apoyado tanto por un conocimiento extenso del latín como por un particular enfoque sobre la conexión entre lenguaje y sociedad. Pero la investigación de Bello también incluye un aspecto intensamente personal y político. Sus primeras investigaciones buscaban documentar los procesos de decadencia y colapso imperial, pero más y más enfatizaban la unidad lingüística como antídoto ante la interminable fragmentación cultural y territorial. Además le importaban los fenómenos de innovación dentro de la tradición, tema que, siendo lingüístico, era también eminentemente político. Bello no quería que Hispanoamérica siguiera el rumbo de la Europa medie-

---

George Ticknor pensaba que François Just Marie Raynouard (1761-1836) había tomado como propias las conclusiones de Bello respecto de los orígenes de la asonancia. Véase su *History of Spanish Literature*, 3 tomos (Nueva York: Harper and Brothers, 1849), I, p. 119. El artículo de Raynouard, "Trouvères", apareció en el *Journal des Savants* (Febrero 1833), pp. 65-74. Bello es mencionado en las páginas 69 y 71.

[75]   Estos argumentos serían retomados por Rufino José Cuervo, nombre indisolublemente unido al de Andrés Bello hacia fines del siglo XIX. Véase *El castellano en América: Polémica con Juan Valera* (Bogotá: Instituto Caro y Cuervo, 2004).

val. Por el contrario, la quería unida en lenguaje y en cultura. El idioma, estaba convencido, era uno de los pilares más sólidos para construir la unidad política, cultural y social. Su famosa obra, *Gramática de la lengua castellana destinada al uso de los americanos* (1847), fue de hecho preparada con el propósito de establecer la unidad lingüística de las nuevas naciones hispanoamericanas y evitar así la disolución de un mundo que unido representaba un gran potencial futuro.

Del mismo modo que había logrado una comprensión del desarrollo histórico a través del estudio de la lengua, Bello estaba seguro de que el idioma podía servir de guía para la posteridad independiente. La historia de la lengua era una historia de cambios y variaciones, pero era también una historia de contactos, de armonía, belleza y unidad. El significado de este paciente trabajo filológico, cuando se mira en relación con los altos y bajos del proceso de independencia, reside en la búsqueda de claves para comprender el colapso imperial y el surgimiento de las naciones. Bello llevó a cabo esta búsqueda con una clara fe, si bien optimista, en el poder del lenguaje para fomentar la unidad. En la década de los años 1820, en Londres, Bello encontró su papel en el proceso de construcción de las naciones: el proyecto de estructurar la nacionalidad independiente sobre la base del cultivo y adaptación del castellano a las nuevas realidades políticas, y en cercano contacto, además, con la promoción del imperio de la ley.

Poesía

Casi al mismo tiempo que llevaba a cabo sus investigaciones sobre el castellano medieval Bello comenzó a redactar sus poemas más conocidos e importantes. Como se ha visto, ya había compuesto varios poemas en Caracas, pero fue en Londres que adquirió mayor conocimiento sobre la evolución e historia de la versificación. Ahora estaba en condiciones de aplicar estos conocimientos a su propia poesía, la que, tal como el *Cantar de Mio Cid* en España, pasó a constituir la base fundamental de un emergente sentido de nacionalidad hispanoamericana.[76]

[76]   Sobre la poesía de Bello, uno de los estudios más sugerentes es el de Antonio Cussen, *Bello y Bolívar.* La poesía de Bello recibió gran atención entre los hispanoamericanos del siglo XIX, quienes discutieron y compilaron sus poemas, como Juan María Gutiérrez (1846); Miguel Luis y Gregorio Víctor Amunátegui (1861); José María Torres Caicedo (1870); Arístides Rojas (1881) y Miguel Antonio Caro (1882). En España Marcelino Menéndez Pelayo redactó una extensa reseña de la poesía de Bello en su *Historia de la poesía hispano-americana*, 2 tomos (Madrid: Librería General de Victoriano Suárez, 1911), I, pp. 353-416. Un estudio global de la poesía de Bello es

Tal como en Caracas, Bello continuó preparando en Londres diversas traducciones de poesía. Durante los años de su estadía tradujo poemas de Jacques Delille, poeta francés que escribía en una vena virgiliana, y también poemas de los romanos Tibulo y Horacio.[77] Es decir, se encontraba trabajando aún dentro de un marco clásico y neoclásico, con su abundancia de imágenes rurales, virtud cívica y con su énfasis en la belleza y simplicidad de la vida campestre. En muchos sentidos, estos eran ejercicios cercanamente relacionados con sus dos mayores poemas del periodo, la "Alocución a la poesía" y la "Silva a la agricultura de la zona tórrida", que fueron originalmente concebidos como partes de un poema titulado "América".[78] La mayor parte de los dieciséis poemas y traducciones que publicó o escribió durante los años de Londres están interrelacionados en cuanto a su utilización de temas pastorales, pero difieren, especialmente la "Alocución", en la incorporación de conflictos bélicos y políticos. Aunque estos poemas utilizan una variedad de referencias a la república romana, también abundan en información concreta sobre la lucha hispanoamericana por su independencia.

Tanto la "Alocución" como la "Silva" representan las obras poéticas más ambiciosas de Bello y se encuentran sin duda entre las mejores. También representan pronunciamientos políticos de singular importancia, en cuanto proporcionan una perspectiva respecto de eventos históricos, su significado y dirección, como también propuestas para los tiempos de paz. Los estudiosos han reconocido la calidad de estos poemas, los que han originado un corpus importante de crítica literaria. En el contexto de este capítulo, sin embargo, importa destacar más bien las dimensiones políticas e intelectuales de la poesía de Bello, no solo porque

---

el de Fernando Paz Castillo, como prólogo del primer tomo de las *Obras completas* de Bello, OC, I [*Poesías*], xxxvii-cxxxi.

[77] Un perceptivo análisis del interés de Bello por traducir a Delille –y otros poetas– es el de Andrea Pagni, "La traducción poscolonial como máquina cultural", en Beatriz González Stephan y Juan Poblete, comps., *Andrés Bello y los estudios latinoamericanos*. Serie Críticas (Pittsburgh: Instituto Internacional de Literatura Iberoamericana, University of Pittsburgh, 2009), pp. 77-112. Sobre las traducciones e imitaciones de Bello, véase Trujillo Silva, *Andrés Bello*, pp. 621-641.

[78] La poesía del periodo de Londres, en donde destacan sus silvas americanas, ha sido estudiada por Emir Rodríguez Monegal, *El otro Andrés Bello*, especialmente los capítulos 2 y 3, pp. 41-138. Véase también Miguel Gomes, "Las *silvas americanas* de Andrés Bello: Una relectura genológica", *Hispanic Review*, 66, N° 2 (Primavera 1998), 181-196; Pedro Grases, "La silva 'Agricultura de la zona tórrida'", en *Estudios sobre Andrés Bello*, 2 tomos (Caracas, Barcelona, México: Editorial Seix Barral, 1982), II, pp. 225-231; los artículos de Pedro Pablo Paredes, "La realidad americana vista por don Andrés Bello desde Londres a través de la silva a 'La agricultura de la zona tórrida'", de Mario Torrealba Lossi, "Los temas del romanticismo en las 'Silvas americanas'", y de Pedro Pablo Barnola, "Poesía de Bello en Londres", en *Bello y Londres*, II, pp. 75-112. Véase también Juan Durán Luzio, *Siete ensayos sobre Andrés Bello, el escritor* (Santiago: Editorial Andrés Bello, 1999), dedicado en gran parte a la poesía redactada por Bello en Londres.

ellas proporcionan claves para comprender la biografía de su autor, sino también porque representan esfuerzos importantes para definir la agenda político-cultural del periodo posterior a la independencia.

Gracias a la investigación de Antonio Cussen resulta ahora posible fechar con precisión la redacción de ambos poemas. Este investigador demuestra que una parte importante de ellos fue redactada entre 1814 y 1817, y luego entre 1823 y 1826, periodos que corresponden aproximadamente a la composición de la "Alocución" y de la "Silva", respectivamente. Importa señalar, sin embargo, que Bello tenía la costumbre de revisar una y otra vez sus escritos, como ocurrió especialmente con el primero. La "Alocución" fue publicada en la *Biblioteca Americana* en 1823, y la "Silva" en *El Repertorio Americano* en 1826, aunque en un ordenamiento de versos y estrofas que difiere de la composición original.

Los primeros 207 versos de la "Alocución" se refieren a las riquezas del paisaje americano, enaltecen la flora y fauna del continente y demuestran un vasto conocimiento de la geografía y peculiaridades regionales desde México hasta el Cabo de Hornos. El poema es una celebración de la belleza y abundancia de América, escrita en un verdadero *crescendo* de admiración por su naturaleza, hasta que en el verso 207 el poema cambia abruptamente de tono. Hasta ese punto el tema ha sido la poesía misma y los temas a los que debería dedicarse en el Nuevo Mundo, lo cual podría continuar indefinidamente gracias a la riqueza del material,

> Mas ¡ah! ¿prefieres de la guerra impía
> los horrores decir, y al son del parche
> que los maternos pechos estremece,
> pintar las huestes que furiosas corren
> a destrucción, y el suelo hinchen de luto?
> ¡Oh si ofrecieses menos fértil tema
> a bélicos cantares, patria mía!
> ¿Qué ciudad, qué campiña no ha inundado
> la sangre de tus hijos y la ibera?
> ¿Qué páramo no dio en humanos miembros
> pasto al cóndor? ¿Qué rústicos hogares
> salvar su oscuridad pudo a las furias
> de la civil discordia embravecida? (I, 48)

Bello continuó narrando los sucesos de la independencia, describiendo la guerra en cada uno de los países previamente descritos en una vena arcádica. Los hechos están relatados con un tono heroico, pero también con intención de despertar el horror, a la manera de Virgilio en *La Eneida*, de modo que resalta su rechazo a la violencia entre hispanos de ambos continentes. La "Alocución" se refiere principalmente a los héroes mártires, salvo dos excepciones que Bello no podía soslayar: José de San Martín y Simón Bolívar. Para la fecha de la publicación del poema, ambos estaban vivos, y a San Martín se le consideraba como el libertador del Perú. Bolívar, por su parte, aparecía representado en el poema con una curiosa mezcla de respetuosa admiración y estudiada cautela: Bello daba a entender que la celebración de Bolívar estaba por encima de sus talentos poéticos: "Mas no a mi débil voz la larga suma/ de sus victorias numerar compete;/ a ingenio más feliz, más docta pluma,/ su grata patria encargo tal comete" (versos 821-824, I, 64). Y sin embargo Bello dedicó 30 versos de elogios irrestrictos a Miranda, a quien Bolívar consideraba un cobarde y a quien hacía responsable del colapso de la primera república. Dado que Simón Bolívar estaba entre los que detuvieron a Miranda y causaron su prisión en manos de las fuerzas de ocupación española, los versos de Bello dedicados a este último no resultaban particularmente favorables al Libertador: "Y si, de contratiempos asaltado/ que a humanos medios resistir no es dado,/ te fue el ceder forzoso, y en cadena/ a manos perecer de una perfidia" (versos 694-697, I, 61). Más adelante (versos 736-750), Bello rindió un panegírico a Manuel Piar, el líder pardo que Bolívar ordenó fusilar por rebeldía y conspiración en octubre de 1817. Según las declaraciones del francés Louis Peru de Lacroix, quien mantuvo un diario de sus conversaciones con Bolívar en 1828, conocido como el *Diario de Bucaramanga*, el Libertador reaccionó con asombro y fastidio ante la glorificación de sus enemigos en el poema de Bello.[79] Es perfectamente posible que la percepción contradictoria del papel y personalidad de Miranda haya sido uno de los factores importantes en la complicada relación entre Bello y Bolívar. Como se verá en el próximo capítulo, había una serie de otros factores que apartaban a estos amigos que las circunstancias transformaron quizás en rivales. Pero Bello podía, con alguna legitimidad, haber pensado que parte de sus problemas, como los de un poeta que admiraba, Ovidio, provenían de sus referencias poco favorables al César hispanoamericano Simón Bolívar. Quizás sin quererlo, Bello se encontró en la situación de numerosos artistas e intelectuales que en el curso de la historia se han visto enfrentados a la ira de los poderosos. Al mismo tiempo, no existe evidencia de que Bolívar haya querido castigar en particular a Bello, de ninguna manera su más importante enemigo durante esa

---

[79] *Diario de Bucaramanga: Vida pública y privada del Libertador Simón Bolívar*, 8ª edición (Medellín: Editorial Bedout, 1967), pp. 104-108. Antonio Cussen describe la escena en su *Bello y Bolívar*, pp. 165-166. El fastidio de Bolívar habría sido probablemente mayor de haber llegado a sus manos el cuarto tomo del *Repertorio Americano*, correspondiente a agosto de 1827, en el que aparece el retrato de Miranda y varios documentos sobre su prisión y muerte (pp. 264-277).

década, por un poema susceptible de múltiples lecturas. Pero el deterioro de la relación entre ambos se manifiesta en las claras preferencias de Bello en su poesía.

En contraste con la "Alocución", la "Silva a la agricultura de la zona tórrida", publicada en 1826, versa no sobre la guerra sino sobre las perspectivas de futuro. Bello hizo uso de todo su talento poético para promover la idea de una Hispanoamérica independiente cuyos valores se basaban en una economía agrícola y un sistema político republicano.[80] El valor estético de la Silva es sin duda muy grande, pero también lo es el significado político de su mensaje. La "Silva" proporciona además abundante información científica, incluyendo largas notas a pie de página sobre especies animales y botánicas que agregan otra dimensión de riqueza a este poema.[81] La palabra "tórrida" de su título se encuentra ya en las crónicas españolas, como la de José Oviedo y Baños, *Historia de la conquista y población de la provincia de Venezuela* (1723). Bello, sin embargo, parece haber seguido el uso de este término por Alexander von Humboldt, de manera de dar una connotación científica contemporánea a su descripción de la naturaleza.[82] La "Silva" de Bello, en efecto, tiene una relación directa con otros escritos en donde celebra ciencia y naturaleza, como la oda "A la vacuna", y el *Resumen de la historia de Venezuela*. El mensaje político, sin embargo, es nuevo, en tanto sugiere

[80] Comentaristas recientes exploran estos y otros aspectos en la poesía de Bello. Marco Aurelio Ramírez Vivas establece una vinculación entre la Silva y los postulados de la fisiocracia del siglo XVIII en su "El liberalismo cristiano de Andrés Bello en *La agricultura de la zona tórrida*", en *Andrés Bello y la gramática de un Nuevo Mundo*, pp. 195-212. Richard Rosa enfatiza los aspectos económicos y comerciales en "A seis grados de Andrés Bello: Literatura y finanzas en los años 1820", en González Stephan y Poblete, comps., *Andrés Bello*, pp. 45-76. Desde una perspectiva de género, Catherine Davies analiza los poemas de Londres, como también algunos escritos gramaticales posteriores, en "Troped out of History: Gender Slippage and Woman in the Poetry of Andrés Bello (1781-1865)", incluido en Catherine Davies, Claire Brewster y Hilary Owen, eds., *South American Independence: Gender, Politics, Text* (Liverpool: Liverpool University Press, 2006), pp. 56-75.

[81] Francisco Javier Pérez ha destacado este aspecto de la Silva, que considera "la primera manifestación americana que relaciona literatura y lexicografía". Al proporcionar detalladas descripciones de diferentes especies, sobre todo vegetales, "Bello compone, sin saberlo o sin pretenderlo, el primer glosario literario en la lexicografía no formalizada de nuestro continente". Véase su "El diccionario y los diccionarios en la obra de Andrés Bello. Teoría, crítica y elaboración lexicográficas", *Boletín de Filología* 49, Nº 1 (2014), 107-133.

[82] Véase de Alexander von Humboldt, *Personal Narrative of Travels to the Equinoctial Regions of America during the years 1799-1804*, traducido y editado por Thomasina Ross, 3 tomos (Londres: George Bell & Sons, 1907). Un interesante paralelo entre Humboldt y Bello, como también un análisis de la "Silva", se encuentra en Mary Louise Pratt, *Imperial Eyes: Travel Writing and Transculturation* (Londres y Nueva York: Routledge, 1992), pp. 172-182. También Durán Luzio, *Siete ensayos*. La difusión de la obra de Humboldt por parte de Bello más allá de la poesía es discutida por Carlos Sanhueza Cerda, *Chilenos en alemania y alemanes en Chile. Viaje y nación en el siglo XIX* (Santiago: Ediciones de la Dirección de Bibliotecas, Archivos y Museos, 2006), pp. 88-95.

que los recursos naturales del continente proporcionan las bases económicas y políticas más seguras para la construcción de las nuevas naciones. Bello se refiere en primer lugar a la manera errónea de comenzar la vida independiente: subordinar la naturaleza al fin poco edificante de mantener una vida ociosa en las ciudades. Es así como presenta los riesgos de tal modelo:

> ¿Sabrá con firme pulso
> de la severa ley regir el freno;
> brillar en torno aceros homicidas
> en la dudosa lid verá sereno;
> o animoso hará frente al genio altivo
> del engreído mando en la tribuna,
> aquel que ya en la cuna
> durmió al arrullo del cantar lascivo,
> que riza el pelo, y se unge, y se atavía
> con femenil esmero,
> y en indolente ociosidad el día,
> o en criminal lujuria pasa entero? (I, 68).

La pregunta de la estrofa es evidentemente retórica. El talento para construir la nación, con lo que se quiere decir específicamente la capacidad de frenar las tendencias tiránicas y establecer el imperio de la ley, se atribuye a quienes son capaces de condenar el ocio y fundar la virtud en el trabajo agrícola. Para que tal ética individual no parezca totalmente utópica, Bello ofrece el siguiente ejemplo histórico:

> No así trató la triunfadora Roma
> las artes de la paz y de la guerra;
> antes fió las riendas del estado
> a la mano robusta
> que tostó el sol y encalleció el arado;
> y bajo el techo humoso campesino
> los hijos educó, que el conjurado
> mundo allanaron al valor latino (I, 68).

Bello promovía así abiertamente el modelo de la república romana, que valoraba el trabajo agrícola, rechazaba los placeres de la vida urbana, y se basaba en la simplicidad y saludable fortaleza de la vida rural para construir un sistema político opuesto a la tiranía. Sería exagerado, sin embargo, sugerir que Bello derivaba su concepto de republicanismo enteramente de fuentes clásicas. El surgimiento del republicanismo se encuentra en el pensamiento político del Renacimiento y se halla muy presente en la ideología de las revoluciones norteamericana y francesa.[83] Pero la república, en este último caso, había llevado a excesos jacobinos y Estados Unidos estaba aún lejos de ser un ejemplo, sobre todo en el sentido de respetar la soberanía de los nuevos estados hispanoamericanos. La prudencia dictaba un modelo menos controvertido, como el de la república romana. Además el mensaje más importante del poema era el énfasis en los valores de la vida rural.

Es posible que Bello mismo no estuviera completamente consciente del significado de su mensaje: las opciones económicas en la Hispanoamérica independiente eran muy limitadas más allá de la agricultura y la ganadería. La minería (excepto en zonas periféricas como Chile) no lograba recuperar sus niveles coloniales de producción luego de los estragos de la guerra; tampoco había suficiente capital para repararlas, como descubrieron los inversionistas británicos luego del colapso financiero de Londres en 1825-1826. El optimismo inicial sobre las posibilidades comerciales del continente dio lugar a un gran escepticismo en los círculos financieros internacionales que duró décadas. El futuro económico y político, entonces, dependía del ámbito rural. Es posible que la perspectiva de Bello haya estado influida por su experiencia en Londres, pero su defensa de un modelo rural para Hispanoamérica estaba tal vez más influido por la relación entre actividad agrícola y virtud republicana ejemplificada por Roma. Además este era un precedente republicano histórico bastante más aceptable que el de la sangrienta república francesa que siguió a la Revolución. Cualquiera haya sido el destino del imperio romano, la lección que podía aprenderse de su historia era todavía válida: Hispanoamérica podía fundar un modelo de republicanismo en los valores de la vida campestre y la virtud ciudadana.[84] Los versos 147-148

---

[83] Véase J.G.A. Pocock, *The Machiavellian Moment: Florentine Political Thought and the Atlantic Republican Tradition* (Princeton: Princeton University Press, 1975); Harold T. Parker, *The Cult of Antiquity and the French Revolutionaries: A Study in the Development of the Revolutionary Spirit* (Chicago: University of Chicago Press, 1937) y, de Carl J. Richard, *The Founders and the Classics: Greece, Rome, and the American Enlightenment* (Cambridge: Harvard University Press, 1994) y *Greeks and Romans Bearing Gifts: How the Ancients Inspired the Founding Fathers* (Lanham: Rowman and Littlefield Publishers, 2008). Para el caso de Hispanoamérica, véanse José Antonio Aguilar y Rafael Rojas, coords., *El republicanismo en Hispanoamérica. Ensayos de historia intelectual y política* (México: Centro de Investigaciones y Docencia Económica y Fondo de Cultura Económica, 2002), y de Rafael Rojas, *Las repúblicas de aire: Utopia y desencanto en la revolución hispanoamericana* (México: Taurus, 2009).

[84] Bello se sentía particularmente cercano a los poetas latinos que se inspiraban en la naturaleza, la vida agrícola y el amor por el suelo patrio. El más querido era Virgilio, pero también admiraba a Horacio, Lucrecio y Tibulo. Más tarde Bello redactaría una extensa sección sobre poesía latina, en donde explicita sus preferencias: el *Compendio de historia de la literatura*, publicado en 1850 (OC, IX [*Temas de crítica literaria*],106-196). Véase también Durán Luzio, *"La agricultura de la zona tórri-*

(I, 69) declaran "el campo es vuestra herencia; en él gozáos./ ¿Amáis la libertad? El campo habita". Bello también llamaba a que Hispanoamérica dejase atrás la guerra: "En el más hondo encierra/ de los abismos la malvada guerra,/ y el miedo de la espada asoladora/ al suspicaz cultivador no arredre/ del arte bienhechora,/ que las familias nutre y los estados" (versos 294-299, I, 72). Hacia el final del poema Bello hace un llamado aun más directo para adoptar el modelo republicano de Roma,

> ¡Oh jóvenes naciones, que ceñida
> alzáis sobre el atónito occidente
> de tempranos laureles la cabeza!
> honrad el campo, honrad la simple vida
> del labrador, y su frugal llaneza.
> Así tendrán en vos perpetuamente
> la libertad morada,
> y freno la ambición, y la ley templo (I,74)

Bello no era el único en utilizar referencias positivas sobre la república romana, como se puede ver en escritos de Simón Bolívar tales como la *Carta de Jamaica* (1815) y el *Discurso de Angostura* (1819). Bolívar, como otros miembros de su generación, absorbió el fuerte énfasis de la Ilustración en las fuentes clásicas, que usaba repetidamente en sus escritos.[85] Bello, sin embargo, le dio al modelo republicano de Roma un papel mucho más amplio en la construcción de las naciones hispanoamericanas, especialmente como puente hacia un programa liberal de desarrollo económico y político. El uso de las fuentes clásicas era un recurso conveniente para comunicarse con un público educado, pero iba más allá: parecía particularmente adecuado en un contexto en que el potencial económico más importante del continente residía en el agro. Mediante la "Silva" Bello tenía la esperanza de comunicar su mensaje a un público cada vez más amplio. Tal como lo había constatado en el caso del *Cantar de Mio Cid*, un poema podía llegar a ser un verdadero pilar de la nacionalidad.

---

da: Expresión literaria de un proyecto de identidad nacional", y "Sobre Bello en Londres: Textos y contextos durante la elaboración de sus *Silvas americanas*", en *Siete ensayos*, pp. 53-84 y 85-102.

[85] Esto lo ha señalado con particular fuerza David Brading en su *The First America: The Spanish Monarchy, Creole Patriots, and the Liberal State, 1492-1867* (Cambridge: Cambridge University Press, 1991), pp. 603-620. Véase también mi "Simón Bolívar and Andrés Bello: The Republican Ideal", en David Bushnell y Lester D. Langley, eds., *Simón Bolívar: Essays on the Life and Legacy of the Liberator* (Lanham: Rowman and Littlefield, 2008), pp. 75-98.

Aparte de proponer un modelo particular de desarrollo político y económico, los poemas de Bello reflejan una importante transición en las relaciones entre Hispanoamérica y Gran Bretaña –que Bolívar consideraba fundamentales. Entre la publicación de la "Alocución" y sus cantos marciales en 1823, y la de la "Silva" con sus propuestas de desarrollo independiente en 1826, el gobierno británico había alterado su propia política respecto de las repúblicas hispanoamericanas. Gran Bretaña dejaba atrás su política de alianza con España para reconocer *de facto* a los nuevos Estados, lo que hacía posible que Bello considerase con mayor confianza, y hasta certeza, el futuro político independiente. Fue en el contexto de la gran agitación diplomática que acompañó el cambio de la política británica en la década de los años 1820, que Bello comenzó a explorar sistemáticamente cómo construir las nuevas naciones sobre las ruinas del imperio español en América.

CAPÍTULO III

LA DIPLOMACIA DE LA INDEPENDENCIA, 1820-1829

En la década de los años 1820 Londres fue el imán diplomático, financiero y cultural de las nuevas repúblicas hispanoamericanas. Después de la derrota de Napoleón Gran Bretaña era sin duda el imperio más poderoso del mundo. Sin ya necesidad de mantener su alianza con España, el gobierno británico cambió gradualmente de política, desde una estricta neutralidad a un reconocimiento pragmático, si bien limitado, de aquellos Estados que parecían en vías de consolidación y que prometían buenas oportunidades comerciales. Era una política cautelosa pero limitada a los círculos oficiales, ya que los financieros y el público con capacidad de inversión abrazaron con entusiasmo la percepción de oportunidad que ofrecía la independencia.

Aquellos hispanoamericanos que habían languidecido por más de una década en Londres pasaron a ser el centro de atención. Ellos mismos tomaron la iniciativa de promover el proceso de reconocimiento presentando al Nuevo Mundo como un continente de oportunidades sin límite. Cronológicamente, fue la revolución de Rafael Riego, que restauró el liberalismo doceañista en España en 1820, la que hizo que los expatriados hispanoamericanos se embarcaran en esta empresa de difusión. Aquel pronunciamiento, o golpe militar, obligó a Fernando VII a gobernar bajo los términos, o más bien límites, de la Constitución de 1812. La inestabilidad política de España, sumada a las victorias patriotas en Hispanoamérica, prácticamente aseguraron la independencia del Continente. Incluso después de la segunda "restauración" de Fernando VII en 1823 con el apoyo de la Santa Alianza, los exiliados hispanoamericanos podían concluir con certeza que el gobierno español en América había llegado a su fin. Se dedicaron entonces a promover el reconocimiento de las nuevas naciones a través de publicaciones periódicas que difundían en Europa noticias sobre sus países, y que además hacían llegar a estos últimos la información científica y práctica que surgía del ámbito europeo. Durante ese periodo colaboraron cercanamente con los liberales españoles perseguidos por el monarca Borbón, lo que ayudó a estrechar los vínculos culturales entre peninsulares e hispanoamericanos. Andrés Bello, que residía en Londres desde 1810, pasó ahora a ocupar una posición central en una serie de actividades diplomáticas y culturales: no solo asumió un importante papel en la interpretación de la política exterior europea, sino que también logró articular un mensaje coherente sobre las oportunidades y desafíos de la independencia. Bello tuvo oportunidad de observar de cerca las políticas del Secretario de Relaciones Exteriores (y luego Primer Ministro) George Canning (1822-1827), con quien intercambió correspondencia diplomática y a quien llegó a conocer a raíz del tratado celebrado entre Gran Bretaña y Colombia en 1825.

Canning es frecuentemente citado como el arquitecto del reconocimiento británico de la independencia hispanoamericana. Él mismo cultivó esta imagen cuando pronunció su célebre aunque poco modesta declaración ante la Cámara de los Comunes el 12 de diciembre de 1824: "Di existencia al Nuevo Mundo para corregir el desequilibrio del Viejo". Sin embargo fue su predecesor, Lord Castlereagh (1812-1822), quien había dado antes (1822) el paso fundamental de reconocer las banderas de buques hispanoamericanos en los puertos británicos. También, Lord Liverpool argumentaba en 1824 que España debía reconocer *de jure* la independencia que Hispanoamérica vivía *de facto*. Además la política europea exigía una respuesta a la intervención francesa (y de la Santa Alianza) en España en 1823, la que planteaba una vez más la pregunta respecto de la relación entre España y sus excolonias bajo el régimen absolutista de Fernando VII.[1] Además el gobierno de Estados Unidos había reconocido la independencia hispanoamericana en 1822, y, el año siguiente, el presidente James Monroe había advertido a las potencias europeas que no aceptaría nuevas intervenciones en el hemisferio. Aunque Estados Unidos no estaba en condiciones militares de impedir tales intervenciones, la doctrina planteada en diciembre de ese año proporcionó las bases de una política que ponía en cuestión los intereses europeos, incluidos los rusos, en el Nuevo Mundo.[2]

Finalmente, es importante señalar también que George Canning en realidad postergó lo más que pudo el reconocimiento de la independencia hispanoamericana, de modo de convencer a los nuevos Estados que adoptaran un modelo

---

[1]	El verdadero contexto de la frase de Canning era la política de su gobierno de impedir que Francia, que había invadido España para restaurar a Fernando VII, adquiriera el dominio de las colonias (o excolonias) españolas. Más certera es la frase anterior a la citada: "He resuelto que si Francia va a poseer a España, no será España con sus Indias", en Harold Temperley, *The Foreign Policy of Canning, 1822-1827: England, the Neo-Holy Alliance, and the New World* (Londres: Frank Cass & Co., 1966), p. 381. Véase también William Anthony Hay, *Lord Liverpool: A Political Life* (Woodbridge, Suffolk: The Boydell Press, 2018).

[2]	Sobre la política y las actitudes estadounidenses respecto de Hispanoamérica véase Arthur P. Whitaker, *The United States and the Independence of Latin America, 1800-1830* (Nueva York: W.W. Norton & Co., 1964), Lars Schoultz, *Beneath the United States: A History of U.S. Policy Toward Latin America* (Cambridge, MA: Harvard University Press, 1998), T. Ray Shurbutt, comp., *United States-Latin American Relations, 1800-1850: The Formative Years* (Tuscaloosa y Londres: The University of Alabama Press, 1991) y Brian Loveman, *No Higher Law: American Foreign Policy and the Western Hemisphere since 1776* (Chapel Hill: The University of North Carolina Press, 2010).

político monárquico. Esta fue la razón por la cual, cuando en 1824 Canning ya no pudo dilatar más su pronunciamiento respecto de la independencia, los hispanoamericanos pudieron considerar seriamente otros modelos políticos.[3] Se ve ahora cómo las preguntas de Bello a Blanco White y sus declaraciones a Servando Teresa de Mier sobre la monarquía constitucional referidas en el capítulo anterior, se inscriben en el contexto de las preferencias del gabinete británico. Esta fue la política que Bello trató de comunicar, oficial y extraoficialmente, a sus amigos y colegas en diferentes Estados hispanoamericanos.

El papel de Bello en la diplomacia hispanoamericana de la independencia no fue enteramente exitoso o siquiera grato, en gran parte porque las expectativas tanto de Gran Bretaña como de Hispanoamérica respecto de los beneficios del reconocimiento se desmoronaron rápidamente debido a la fragilidad de los nuevos Estados y la debilidad de sus economías. Pero por un tiempo, aunque breve, tales expectativas tenían sentido, y tanto Bello como muchos otros creyeron, quizás ingenuamente, que el reconocimiento de la independencia inauguraría una nueva era en la política mundial y en la historia de la civilización. Los viajeros iban y venían; libros, artículos y reportajes proporcionaban una abundante e interesante información acerca de los nuevos Estados nacionales; el comercio y las inversiones alcanzaban niveles sin precedentes. Por un breve lapso, durante la década de 1820, Hispanoamérica parecía en verdad un lugar de enorme potencial, pero la ilusión se esfumó tempranamente.

La ofensiva cultural

Conscientes del contexto político internacional, los hispanoamericanos de Londres organizaron una serie de actividades para difundir noticias sobre el continente y destacar su potencial en una serie de ámbitos. Como se ha descrito anteriormente, Bello ya tenía experiencia en tal tipo de difusión, pues la había realizado con James

---

[3]   Harold Temperley, *The Foreign Policy of Canning*. Véase también C.K. Webster, compilador, *Britain and the Independence of Latin America, 1812-1830. Select Documents from the Foreign Office Archives* (Londres: Oxford University Press, 1938); D.A.G. Waddell, "International Politics and Latin American Independence", en Leslie Bethell, compilador, *The Cambridge History of Latin America*, 11 tomos (Cambridge: Cambridge University Press, 1985), III, pp. 197-228; Robert Harvey, *Liberators: Latin America's Struggle for Independence, 1810-1830* (Woodstock, Nueva York: The Overlook Press, 2000), pp. 227-234, y Gabriel Paquette, "The Intellectual Context of British Diplomatic Recognition of the South American Republics, c. 1800-1830", *Journal of Transatlantic Studies*, 2 N° 1 (2004), 75-95.

Mill, Blanco White y también mediante su colaboración en publicaciones como *Interesting Official Documents Relating to the Provinces of Venezuela* y el *Outline of the Revolution in Spanish America*. El clima político era ahora incluso más propicio, puesto que el surgimiento de las nuevas repúblicas había creado un mayor interés por los asuntos del Nuevo Mundo. Además en las naciones independientes había crecido también el interés por Gran Bretaña, no solo por su potencial de comercio e inversión sino también por su sistema político y sus valores socioculturales.[4]

Por inclinación natural y por sentido del deber, Bello fue uno de los hispanoamericanos más activos en esa tarea durante la década de los años 1820. Su propósito era transmitir al público hispanoamericano, en castellano, noticias y comentarios sobre temas científicos, políticos y culturales que él tenía a la mano en Londres. Las tres revistas en las que Bello tuvo un papel central le permitieron no solo publicar los resultados de sus propias investigaciones sino, además, proporcionar elementos culturales que le parecían indispensables para la construcción de la nacionalidad tras el triunfo de la independencia. Estas revistas estaban dedicadas a difundir información de utilidad práctica para las nuevas repúblicas, pero tenían también un propósito político.[5]

Este propósito queda muy claro en *El Censor Americano*, revista publicada por Antonio José de Irisarri en Londres en 1820, que defendía abiertamente el modelo de la monarquía constitucional. Posteriormente, hacia mediados de la década, pocos querían defender, o incluso recordar, tal sistema de gobierno; pero en su momento no careció de algunas razones justificatorias, especialmente debido a las preferencias del gabinete inglés. Bello no firmó ningún artículo en el *El Censor*, pero su participación está documentada por el propio Irisarri, quien lo reclutó para colaborar en el periódico. En efecto, el 16 de junio de 1820 Irisarri se dirigió a Bello para "suplicarle me acompañe en estos nuevos oficios, favoreciéndome con sus interesantes escritos y tomando activa parte en la consecución

<hr>

[4]   Karen Racine, "This England and This Now: British Cultural and Intellectual Influence in the Spanish American Independence Era", *Hispanic American Historical Review*, 90, N° 3 (2010), 423-454.

[5]   Sobre la prensa hispanoamericana en Londres véase María Teresa Berruezo León, *La lucha de Hispanoamérica por su independencia en Inglaterra, 1800-1830* (Madrid: Ediciones de Cultura Hispánica, 1989); Vicente Llorens, *Liberales y románticos: Una emigración española en Inglaterra, 1823-1834*, segunda edición (Madrid: Editorial Castalia, 1968), y Karen Racine, "Imagining Independence: London's Spanish American Community, 1790-1829" (Tesis doctoral, Universidad de Tulane, 1996). Véase también John Ford, "Rudolph Ackerman: Publisher to Latin America", en *Bello y Londres*, 2 tomos (Caracas: La Casa de Bello, 1981), I, pp. 197-224, y su "Rudolph Ackermann: Culture and Commerce in Latin America, 1822-1828", en John Lynch, compilador, *Andrés Bello: The London Years* (Richmond, Surrey: The Richmond Publishing Co., 1982), pp. 137-152.

de mi proyecto… téngase Ud. desde ahora como mi colaborador oficial".[6] Bello accedió, como corroboraría más tarde Irisarri al señalar: "Publiqué después varios cuadernos mensuales con el título de *El Censor Americano*, en que me propuse notar los errores y los aciertos de los gobiernos de América en su nueva carrera política, y se formó de este periódico un grueso volumen, que vale algo por lo que tiene mío, y mucho por los artículos con que me auxilió el muy erudito y muy amable señor Bello".[7]

La temática de *El Censor Americano* lleva el sello de Irisarri, pero los aportes de Bello son fáciles de identificar, especialmente porque algunos temas eran de un interés probado por su experiencia y sobre los cuales escribiría más en el futuro. Por ejemplo, en el tercer (septiembre de 1820) y cuarto (octubre de 1820) números de esta revista aparecen artículos como "Topografía de la provincia de Cumaná [Venezuela]", región que Bello conocía muy bien gracias a las visitas a su padre Bartolomé, quien se desempeñaba como oficial de la Corona en ese territorio; también extractos del libro de Humboldt, *Viaje a las regiones equinocciales del nuevo continente*, y un artículo sobre la vacuna contra la viruela. Además, los ensayos de contenido político eran compatibles con las declaraciones de Bello a Blanco White y Mier sobre la monarquía constitucional. El cuarto número, por ejemplo, declara: "Este tiempo no será favorable ciertamente a los Reyes que ejercen el despotismo, pero sí es favorabilísimo al establecimiento de las Monarquías moderadas, siendo este el sistema favorito del día".[8] En el ambiente de principios de la década Irisarri y Bello coincidían plenamente en sus ideas políticas. La colaboración de ambos en *El Censor Americano* resulta una buena ilustración de la importancia de la perspectiva monárquica, pero cabe señalar

---

[6]   Carta de Irisarri a Bello, 16 de junio de 1820, en Andrés Bello, *Obras completas* [OC], 26 tomos (Caracas: La Casa de Bello, 1981-1984), XXV [*Epistolario*-1], 97-98. Alamiro de Ávila Martel ha afirmado con bastante convicción que Bello colaboró estrechamente en un proyecto anterior de Irisarri, la *Carta al Observador en Londres* (1819), en el que Bello habría aportado una breve biografía de Bernardo O'Higgins. Véase su *Andrés Bello y la primera biografía de O'Higgins* (Santiago: Ediciones de la Universidad de Chile, 1978).

[7]   Citado por Ricardo Donoso, *Antonio José de Irisarri, escritor y diplomático, 1786-1868*, 2ª edición (Santiago: Facultad de Filosofía y Educación, Universidad de Chile, 1966), p. 90. Véase también Berruezo, *La lucha*, pp. 270-279. Guillermo Feliú Cruz afirmó que Bello no tuvo participación en esta revista, pero sobre la base del examen de dos números (de cuatro), y por el estilo literario. El testimonio de Irisarri, sin embargo, es contundente. Véase, de Feliú Cruz, "Bello, Irisarri y Egaña en Londres", en *Andrés Bello y la redacción de los documentos oficiales administrativos internacionales y legislativos de Chile* (Caracas: Fundación Rojas Astudillo, 1957), p. 14.

[8]   *El Censor Americano*, N° 4 (Octubre de 1820), p. 288. Uno de los pocos ejemplares originales disponibles en el mundo se encuentra en la Biblioteca Nacional de Chile. He realizado una transcripción de este periódico, precedida por un estudio preliminar, bajo el título original de *El Censor Americano* (Santiago: Ediciones Biblioteca Nacional de Chile, 2019).

que el aporte de Bello en temas de difusión científica y de utilidad práctica está también firmemente establecido en este periódico.

Bello desarrolló estos temas con mayor extensión en la revista *Biblioteca Americana*, publicada en Londres en 1823.[9] Esta publicación fue patrocinada por una "Sociedad de Americanos", pero es claro que los promotores y redactores más importantes eran Andrés Bello y el intelectual y diplomático neogranadino Juan García del Río, quien había llegado a Londres en 1822 como representante del General José de San Martín.[10] Nacido en Cartagena, en el entonces virreinato del Nuevo Reino de Granada, García del Río había tenido una activa participación en la prensa peruana. Incluso antes de partir a Inglaterra, este escritor ya se había formado la idea de publicar noticias sobre Hispanoamérica en Londres. De camino a Gran Bretaña, García del Río escribió al entonces ministro chileno de Gobierno y Relaciones Exteriores Joaquín Echeverría y Larraín (1820-1822): "No se olvide usted del encargo que le hice desde Mendoza. Diga usted también a Don Manuel [de] Salas cuál es mi proyecto, y estimúlele a que me envíe algunos papeles curiosos para su publicación en Europa. Manuscritos interesantes, noticias estadísticas, artículos biográficos y retratos de chilenos ilustres, planes de toda especie, que todo esto hace a mi objeto".[11] Este era también el propósito de Bello, y ambos iniciaron en Londres una de las colaboraciones intelectuales más fructíferas de la historia de la independencia. Aunque debieron suspender la publicación de la *Biblioteca* por razones financieras y por sus respectivas ocupaciones, reanudaron la empresa con la publicación de *El Repertorio Americano*, revista que salió en cuatro tomos entre 1826 y 1827.

Como se ha señalado en el capítulo anterior, estos periódicos incluyeron poemas y ensayos de Bello sobre literatura medieval. Empezando con *El Censor Americano*, pero más claramente en la *Biblioteca Americana*, Bello publicó además ensayos que consideraba de utilidad para las nuevas repúblicas. Entre los temas

---

[9]   Sobre el papel de Bello en la *Biblioteca*, con la identificación de autoría de los diversos artículos, véase Pedro Grases, "La Biblioteca Americana (Londres, 1823)", en *Estudios sobre Andrés Bello* [*ESAB*], 2 tomos (Caracas, Barcelona, México: Editorial Seix Barral, 1981), II, pp. 318-328. Véase también su "Tres empresas periodísticas de Andrés Bello" en el mismo tomo, pp. 307-314.

[10]   San Martín nombró a García del Río ministro de relaciones exteriores en agosto de 1821 y le comisionó a Inglaterra en noviembre del mismo año. Véase Jaime E. Rodríguez O., *The Independence of Spanish America* (Cambridge: Cambridge University Press, 1998), p. 217, y John Lynch, *San Martín: Argentine Soldier, American Hero* (New Haven y Londres: Yale University Press, 2009), 157-159. Sobre el papel de García del Río en la prensa del periodo, véase Guillermo Guitarte, "El papel de Juan García del Río en las revistas de Londres", en *Bello y Londres*, II, pp. 59-74.

[11]   Carta de García del Río a Echeverría, 13 de mayo de 1822, Archivo Central Andrés Bello (*ACAB*), Bandeja 4, Caja 36, N° 1.218. Manuel de Salas (1754-1841) era un respetado intelectual, educador y estadista chileno.

más importantes para este propósito se encontraban la geografía, los productos y la especies animales y vegetales del continente. El prospecto de la *Biblioteca* declaraba que "La política española tuvo cerradas las puertas de la América por espacio de tres siglos a los demás pueblos del globo; i no satisfecha con privarla de toda comunicación benéfica con ellos, la impidió también que se conociese a sí misma".[12] La difusión y cultivo del conocimiento como fuente de liberación fueron ilustrados con la selección del verso de Petrarca (*Canzoniere*, XXVIII, 61-63) como lema de la revista:

> Dunque ora è'l tempo da ritrare il collo
> Dal giogo antico, e da squarciare il velo
> Ch'è stato avolto intorno a gli occhi nostri
>
> [Pues ya es tiempo de sustraer el cuello
> Del yugo antiguo, y de romper el velo
> En que han estado envueltos nuestros ojos][13]

El papel de Bello como editor era traducir, extractar y reseñar artículos sobre temas tan variados como la química y el magnetismo, las cordilleras y la flora y fauna del continente. Algunos de estos artículos provenían de publicaciones inglesas y francesas, y se traducían para difundir información científica y proporcionar algunos modelos de investigación europea. Otros autores de la revista se concentraban en diferentes temas. García del Río, por ejemplo, escribía sobre aquellos de interés social y político.

Uno de los artículos firmados conjuntamente por Bello y García del Río, pero preparado principalmente por el primero, fue: "Indicaciones sobre la conveniencia de simplificar y uniformar la ortografía en América". Se trata de un ensayo particularmente importante, que anticipa el trabajo posterior de Bello para promover el acceso al lenguaje escrito. El caraqueño estaba muy consciente de las posibilidades que el idioma ofrece para construir un sentido de nacionalidad y en este sentido su perspectiva era similar a la de Noah Webster, el autor del diccionario más conocido, hasta la fecha, en Estados Unidos.[14] El artículo plantea-

---

[12] "Prospecto", *Biblioteca Americana*, N° 1 (Abril 1823), p. v. Cabe señalar que García del Río tenía mayor inclinación que Bello en cuanto a manifestar sentimientos antiespañoles.

[13] Traducción de Pedro Grases en "Tres empresas periodísticas de Bello", en ESAB, II, p. 309. Se publicó originalmente en la *Revista Nacional de Cultura* (Caracas), N° 108 (Enero-Febrero 1955). El texto de Petrarca proviene de *Rimas*, Canción 5, parte I.

[14] Véase Noah Webster, "Introduction to the Blue-Black Speller, 1783", en Richard M. Rollins, *The Autobiographies of Noah Webster* (Columbia: University of South Carolina Press, 1989), pp. 68-79.

ba que la simplificación de la ortografía castellana era particularmente urgente tras la independencia, por la imperiosa necesidad de expandir la alfabetización. Bello estaba convencido de que la adquisición del lenguaje escrito se facilitaría mediante la eliminación de letras superfluas y el mantenimiento, únicamente, de aquellas que representasen un sonido. Tal como Webster (aunque no existen indicaciones de que haya conocido su obra), Bello sostuvo que el modelo ortográfico de la Real Academia Española, basado en el latín, más bien complicaba que facilitaba el proceso de alfabetización. Estaba convencido de la necesidad de la reforma no solo por razones lingüísticas sino también por razones políticas y morales, como "único medio de radicar una libertad racional, i con ella los bienes de la cultura civil i de la prosperidad pública".[15]

En *El Repertorio Americano* Bello continuó privilegiando la difusión científica y el cultivo de la lengua castellana.[16] Esta nueva publicación reunía un número mayor de colaboradores: aparte de Bello y García del Río, participaron los poetas José Fernández Madrid (Colombia) y José Joaquín Olmedo (Ecuador), y los intelectuales españoles Pablo Mendíbil y Vicente Salvá. Resulta particularmente significativo que los editores decidieran reimprimir, con cambios menores, el artículo sobre ortografía publicado en la *Biblioteca*, lo que parece subrayar la importancia que atribuían al idioma en la gestación de las nuevas naciones. Bello agregó un ensayo sobre etimología de palabras españolas y también un "Bosquejo del origen y progresos del arte de escribir", que promovía reformas del castellano escrito. Este último ensayo recurría a la historia para demostrar que el lenguaje se encontraba en constante transformación, sugiriendo que el progreso de la civilización exigía de reformas periódicas del lenguaje utilizado para representarla, cultivarla y expandirla. En último término, se esperaba que estas reformas rindieran el "incalculable beneficio que acarrearían diseminando la enseñanza i generalizando la educación en la masa del pueblo".[17] Tales

---

También Joshua Kendall, *The Forgotten Founding Father: Noah Webster's Obsession and the Creation of an American Culture* (Nueva York: G.P. Putnam's Sons, 2010).

[15] "Indicaciones", *Biblioteca Americana*, N° 1, pp. 50-62. Bello trató además de las diferencias entre la pronunciación latina y griega, por un lado, y la española, por el otro, en su "Prosodia Castellana", en *Biblioteca Americana*, N° 2, pp. 24-40. Allí defendía el estudio de la prosodia para eliminar "vicios que al fin se hacen incorrejibles, i tienden a corromper la lengua, i a destruir su uniformidad en las varias provincias i estados que la hablan" (p. 40). La prosodia, cabe señalar, era tema obligado en todas las gramáticas desde la Edad Media. Bello mantuvo el énfasis en la prosodia en sus propios estudios gramaticales.

[16] Sobre el papel de Bello en esta revista véase Pedro Grases, "*El Repertorio Americano* (Londres, 1826-1827)", en *ESAB*, II, pp. 329-355, y "Tres empresas", del mismo autor.

[17] Bello, "Bosquejo del origen y progresos del arte de escribir", *El Repertorio Americano*, N° 4 (Agosto, 1824), 11-25. La cita se encuentra en la página 25. El académico venezolano Francisco

declaraciones eran coherentes con el plan ya bosquejado en el prospecto de la *Biblioteca Americana*, en el sentido de difundir la Ilustración que el imperio español había intentado reprimir. La independencia, así, iba mucho más allá de lo puramente político, en la medida en que facilitaba la alfabetización y por lo tanto la civilización.

Este enfoque no impedía que la revista difundiera conocimientos útiles, como lo hacían las revistas británicas, y en especial la *Edinburgh Review*. La *Biblioteca* contenía artículos sobre la enseñanza de la economía, el uso del barómetro, el cultivo del algodón y la explotación de la cochinilla, la cura de paperas y una serie de otros temas médicos y científicos. Bello adquirió por su cuenta conocimientos sobre estas materias mediante amplias lecturas y la asistencia a las charlas del Royal Institution de Londres, en la cual se inscribió en abril de 1823, cuando Sir Humphry Davy estaba en plena presentación de sus hallazgos en química y electromagnetismo.[18] También mantenía una estrecha amistad con el Dr. Neil Arnott, autor de *The Elements of Physics* (1827), con quien asistía a la sala de lecturas de la biblioteca del Museo Británico. Los intereses de Bello en ciencias no eran una preferencia puramente personal, puesto que los consideraba como un vehículo más para la consolidación de las nuevas repúblicas, en atención a la necesidad que estas tenían de difundir conocimientos para educar a las nuevas generaciones bajo un nuevo sistema político, ahora mayoritariamente republicano. La ciencia, en este sentido, era parte del proceso más amplio de construcción de las naciones, y Bello difundía la información que podía obtener en Inglaterra y otras partes de Europa. Además, la sección bibliográfica de la revista proporcionaba recensiones breves sobre la manera en que los países europeos organizaban sus sistemas judiciales, sus procedimientos parlamentarios,

---

Javier Pérez analiza este importante texto, junto a otros, para inscribirlo en el énfasis filológico y "orientalista" del periodo. Véase su "Andrés Bello, orientalista", en Beatriz González Stephan y Juan Poblete, comps., *Andrés Bello y los estudios latinoamericanos*, Serie Críticas (Pittsburgh: Instituto Internacional de Literatura Iberoamericana, University of Pittsburgh, 2009), pp. 113-139.

[18]   El nombre de Bello se encuentra registrado en los "Managers' Minutes" del 14 de abril de 1823, tomo 6, p. 386, en el archivo del *Royal Institution of Great Britain* en Londres. Fue propuesto por Juan García del Río. Sobre la importancia del Royal Institution véase Morris Berman, *Social Change and Scientific Organization: The Royal Institution, 1799-1844* (Ithaca, NY: Cornell University Press, 1978), y Bence Jones, *The Royal Institution: Its Founder and its First Professors* (Nueva York: Arno Press, 1975 [originalmente publicado en 1871]). Véase también Jan Golinski, *Science as Public Culture: Chemistry and Enlightenment in Britain, 1760-1820* (Cambridge: Cambridge University Press, 1992). Si bien no cabe duda de la inscripción de Bello en el Royal Institution, es al menos posible que lo haya estado anteriormente en otra sociedad científica, el Royal Society, como puede observarse en los *Royal Society Journal Books* (JBO/42) correspondiente a los meses de enero y febrero de 1812. La duda surge por lo mal deletreado de su apellido en los folios 31, 34, 55, 67 y 73.

la educación o las elecciones. Bello redactó la mayor parte de las reseñas en los cuatro tomos publicados de *El Repertorio Americano*.

Incluso los temas más especializados proporcionaban oportunidades para que Bello y otros autores elaboraran recomendaciones para las nuevas repúblicas. Por ejemplo, en una reseña sobre las actividades de una sociedad francesa de promoción de la educación primaria Bello encontró manera de proyectar temáticas conducentes a la consolidación de las nuevas naciones. En este caso particular recomendaba que la enseñanza de la historia nacional no excluyera el pasado hispánico, sobre todo el examen de sus instituciones políticas y religiosas: "Una historia elementar [sic] de España en que se desenvolviesen objetos con juicio i sencillez no dejaría de presentar un cuadro tan interesante, como fecundo en lecciones útiles". Los nuevos Estados debían evitar "la afectación de filosofía, i la declamación destinada a perpetuar odios nacionales", refiriéndose al posible uso de una retórica revolucionaria en la educación primaria. Además los países hispanoamericanos debían promover la pureza y corrección del lenguaje, puesto que "si es vergonzosa i lamentable en otras producciones de la prensa americana la falta de exactitud gramatical, i el flujo de vozes i frases estranjeras que amenaza convertir el idioma de nuestros mayores en una jerigonza bárbara, ¿cuánto más lo serían en obras destinadas a andar en manos de la primera edad, i a tener una estensa circulación en el pueblo?"[19]. La perspectiva de Bello respecto de lo que era fundamental para las nuevas naciones incluía la preservación de la lengua española (aunque con algunas reformas), los lazos culturales renovados con Europa (incluyendo a España) y el rechazo de la ideología revolucionaria de corte francés. Esta posición coincidía en gran parte con la ideología reformista de los *Whigs* liberales de Londres, quienes rechazaban rotundamente el jacobinismo de la Revolución Francesa. Como declaró Bello, "no es, como algunos piensan, el entusiasmo de teorías exajeradas o mal entendidas lo que ha produzido i sostenido nuestra revolución". Por el contrario, "lo que la produjo i sostuvo fue el deseo inherente a toda gran sociedad, de administrar sus propios intereses i de no recibir leyes de otra"[20].

Los esfuerzos de Bello para difundir información útil a las nuevas repúblicas, más su interés por promover una perspectiva antijacobina, se encuentran combinados en las recomendaciones que hizo para la biblioteca de la Universidad de Caracas. Probablemente a pedido de José Rafael Revenga, el representante colombiano en Londres entre 1822 y 1824, Bello preparó una lista de

[19]   Bello, "Sociedad parisiense de enseñanza elementar [sic]", en *El Repertorio Americano*, N° 1 (Octubre 1826), p. 68.

[20]   Bello, "Colección de los viajes y descubrimientos que hicieron por mar los españoles desde fines del siglo XV", en *El Repertorio Americano*, N° 3 (Abril 1827), p. 194.

textos prioritarios para ser adoptados por la universidad. Esta lista es de la mayor importancia, puesto que muestra la perspectiva de Bello sobre un curriculum universitario moderno, su conocimiento de las fuentes y su selección de títulos para la instrucción en áreas humanísticas. Bello recomendó un total de 78 libros distribuidos en dos listas ("A" y "B," probablemente para separar la instrucción universitaria preparatoria de la más avanzada). La lista "A" incluye los cursos de latín, matemáticas, física, química, historia natural, y ciencias morales e intelectuales. La lista "B" incluye los cursos de castellano, historia antigua y moderna, humanidades, ciencias morales e intelectuales y economía política.[21]

Esta variedad de temáticas demuestra que Bello ponía un fuerte énfasis en las ciencias experimentales, mantenía el latín pero expandía las fuentes para la enseñanza del castellano, e introducía la economía política. Los autores a estudiarse en esta última disciplina incluían a Adam Smith, Jean-Baptiste Say y David Ricardo.[22] Bello sabía que el conocimiento del inglés era escaso en Hispanoamérica y por lo tanto enfatizaba las obras publicadas en castellano y en francés. Sin embargo recomendó las obras de William Paley, *Natural Theology* y *The Principles of Moral and Political Philosophy*; de John Locke, *An Essay Concerning Human Understanding*; de Thomas Reid, *An Inquiry into the Human Mind* y *Essays on the Powers of the Human Mind*; de Dugald Stewart, *Philosophy of the Human Mind*, y de George Campbell, *The Philosophy of Rhetoric*. Esta selección de títulos muestra que Bello había adquirido un importante conocimiento de la filosofía escocesa, y probablemente recomendaba esas obras por lo moderado de su posición política y porque mantenía unidas ciencia y religión.[23] En Francia,

---

[21]   Esta lista manuscrita fue encontrada en el Archivo de José Rafael Revenga en Caracas y publicada primeramente por la Dirección de Cultura de la Universidad Central de Caracas en 1950. Pedro Grases la incluyó en *ESAB*, II, pp. 249-257, con un estudio y notas, bajo el título de "Andrés Bello y la Universidad de Caracas: Dictamen sobre la biblioteca universitaria".

[22]   Sobre la tradición de economía política véase la obra de Emma Rothschild, *Economic Sentiments: Adam Smith, Condorcet, and the Enlightenment* (Cambridge, MA: Harvard University Press, 2001).

[23]   Un panorama de la ilustración escocesa se encuentra en *The Cambridge Companion to the Scottish Enlightenment*, editado por Alexander Broadie (Cambridge: Cambridge University Press, 2003). Véase además Richard B. Sher, *Church and University in the Scottish Enlightenment: The Moderate Literati of Edinburgh* (Princeton: Princeton University Press, 1985). También George Elder Davie, *The Democratic Intellect: Scotland and her Universities in the Nineteenth Century*, 2ª edición (Edinburgh: Edinburgh University Press, 1964). Pensadores escoceses como Stewart y Thomas Brown habían recibido a su vez la influencia de la escuela de Ideología representada por Destutt de Tracy. Si bien ambos rechazaban el radicalismo político de la Revolución Francesa, representaban una forma de radicalismo filosófico con el que Bello no estaba plenamente de acuerdo. En términos políticos Bello se encontraba más cercano a los liberales doctrinarios franceses como François Guizot. Sobre el radicalismo filosófico véase Elie Halévy, *The Growth of Philosophical Radicalism* (Nueva York: Au-

Victor Cousin fue igualmente atraído por la filosofía escocesa, y especialmente por la obra de Reid, mientras trabajaba en la reforma de la educación superior. Los filósofos escoceses también eran leídos en Estados Unidos, donde se estudiaba con interés el alcance integracionista de la filosofía moral. Por su parte, Bello exploraría en detalle los temas de la filosofía escocesa en su *Filosofía del entendimiento*, sobre todo en materias de lógica y teoría del conocimiento. Por el momento, la labor de difusión de Bello fue reconocida por sus compatriotas: la Academia Nacional de Colombia le nombró miembro de número el día 7 de noviembre de 1826.[24]

En el marco de estas recomendaciones para el currículum universitario, Bello hizo algunas otras sugerencias tal vez más sorprendentes, puesto que incluyó a varios autores españoles a pesar de que la guerra de independencia se encontraba todavía en curso. En efecto, para esta fecha aún no se había combatido ni en Junín ni en Ayacucho, esta última la batalla decisiva de la independencia. Cervantes y Garcilaso de la Vega no eran de ningún modo polémicos, pero sí Manuel José Quintana (1772-1857), cuyo papel en la crisis de la década anterior era conocido. Esto indica que Bello, quien nunca había defendido quiebres bruscos y menos definitivos con España, pensaba que la educación en la Hispanoamérica independiente debía continuar el estudio de la literatura peninsular. Esta actitud fue probablemente reforzada por la presencia en Londres de varios españoles perseguidos por Fernando VII desde su restauración como monarca absoluto en 1823. En la opinión de Vicente Llorens, un estudioso importante de esta diáspora, el periodo que va desde 1824 a 1828 unió a peninsulares y criollos que ayudaron a temperar las animosidades de una guerra todavía en curso.[25] Durante la década anterior Bello había cultivado relaciones con Blanco White y con el estudioso extremeño Bartolomé José Gallardo. La nueva oleada de exiliados le permitió expandir su esfera de contactos, que ahora incluía a

---

gustus M. Kelley, 1949); sobre la Ideología y la obra de Destutt de Tracy en particular, véase Cheryl B. Welch, *Liberty and Utility: The French Idéologues and the Transformation of Liberalism* (Nueva York: Columbia University Press, 1984). Sobre los liberales doctrinarios franceses véase Luis Díez del Corral, *El liberalismo doctrinario*, 2ª edición (Madrid: Instituto de Estudios Políticos, 1956) y Aurelian Craiutu, *Liberalism Under Siege: The Political Thought of the French Doctrinaires* (Lanham: Lexington Books, 2003).

[24] Véase copia del decreto firmado por Francisco de Paula Santander en Julio Hoenigsberg, *Conjura de la historia contra el sabio. Don Andrés Bello en el primer centenario de su muerte, 1865-1965* (Barranquilla: Imprenta Departamental, 1965), pp. 52-53. Bello agradeció este nombramiento en una carta dirigida a José Manuel Restrepo, 5 de abril de 1827, en OC, XXV, 278-280.

[25] Llorens, *Liberales y románticos*, p. 164. Véase también Antonio Alcalá Galiano, *Recuerdos de un anciano* (Buenos Aires: Espasa-Calpe, 1951). Alcalá fue uno de los miembros de la comunidad hispana de Somers Town. Este libro fue publicado por primera vez en 1878.

Pablo Mendíbil y Vicente Salvá, quienes colaboraron en *El Repertorio Americano*, y a los intelectuales José Joaquín de Mora, Agustín Argüelles, José Canga Argüelles y Joaquín Lorenzo Villanueva.[26] No hay evidencia de que Bello haya conocido personalmente a Antonio Puigblanch, pero es seguro que leyó sus obras y las de otros españoles emigrados que colaboraban en las revistas *Variedades* y *Ocios de los Españoles Emigrados*.[27] No era extraño que estos escritores colaboraran en varios periódicos y que compartieran y comentasen sus respectivas obras. Además, compartían las dificultades del destierro como también los placeres de la conversación en los cafés y en los alrededores de la iglesia de St. Pancras. El famoso autor Thomas Carlyle dejó una impresión bastante colorida de la comunidad hispana de Somers Town, en donde vivía la gran mayoría de los expatriados, en 1824.

> Durante aquellos años una sección bastante visible de la población de Londres, y conspicua más allá de toda proporción respecto de su tamaño o valor, era la de un grupo de españoles que habían encontrado un solaz como Refugiados Políticos. "Refugiados Políticos": la trágica sucesión de miembros de esta clase es una de las posesiones de Inglaterra en nuestro tiempo. Hace veintiséis años, cuando vi Londres por primera vez, recuerdo aquellos desafortunados españoles que eran parte de este nuevo fenómeno. Diariamente, en los fríos aires de la primavera, bajo cielos tan distintos a los suyos, uno podía observar a un grupo de cincuenta o cien de ellos deambulando con altiva dignidad con sus capas raídas, y con los labios cerrados, por los amplios espacios de Euston Square y las cercanías de la iglesia de St. Pancras. Vivían principalmente en Somers Town, según entiendo, y la plaza cercana a la iglesia era su lugar principal de encuentro. Hablaban poco o nada de inglés, no conocían a nadie y encontraban poco en lo cual ocuparse en este nuevo ambiente. Algunos ya estaban encanecidos, mientras que otros tenían unas tupidas cabelleras de color azabache que impactaban. Su tez morena y mirada fogosa hacían pensar en su trágica condición como la de leones enjaulados.[28]

---

[26]   Emir Rodríguez Monegal, *El otro Andrés Bello* (Caracas: Monte Ávila Editores, 1969), pp. 80-81.

[27]   El *Variedades, o Mensagero de Londres* (1823-1825) fue editado por el amigo de Bello, Blanco White, quien le pedía asesoría y le invitaba a colaborar en esta publicación. En cuanto a Puigblanch, Bello comentó su trabajo filológico en Chile en 1831. Véase el ensayo "Filología", de Bello, en OC, VII [*Estudios filológicos-2*], 363-367.

[28]   Thomas Carlyle, *The Life of John Sterling* (Londres, Nueva York y Toronto: Oxford University Press, 1907), pp. 66-67. La traducción de esta obra publicada originalmente en 1851 es mía, aunque he tenido en cuenta la paráfrasis de Llorens en *Liberales y románticos*, p. 42.

Esta descripción del escritor escocés es un buen ejemplo de la manera en que los españoles (y los hispanoamericanos) eran vistos por sus perplejos anfitriones en Londres. Estos "leones enjaulados", sin embargo, consideraban encontrarse en medio de importantes cambios en el mundo hispánico y colaboraban para forjar nuevos lazos: como resultado, se publicaron varias revistas que contenían ensayos y propuestas que resultarían centrales para la historia política e intelectual de Hispanoamérica. Además, gracias a su estadía en Londres, los hispanoamericanos desarrollaron una clara conciencia del ambiente internacional en torno a los sucesos de la independencia, y adquirieron una experiencia que les resultaría de gran utilidad al volver a sus países. Pero este balance positivo no debe soslayar el que tales actividades culturales se realizaban en el contexto de una difícil situación diplomática y, especialmente en el caso de Bello, personal.

Nuevos problemas

El éxito de Bello en varias empresas culturales no se reflejaba en otras facetas de su vida. En una carta del 6 de enero de 1825 dirigida al ministro colombiano de relaciones exteriores, Pedro Gual, Bello hizo una descripción muy franca de su situación personal en Londres. Allí explicaba cuán urgentemente necesitaba volver a su patria y proporcionaba una lista de actividades en las cuales podía desempeñarse, incluyendo: 1) oficial mayor (puesto equivalente al de subsecretario) en cualquier ministerio, 2) misiones diplomáticas en cualquier otro país, y 3) cargos en organizaciones culturales o educacionales.

> Pero, como he dicho, aceptaría cualquier encargo en que el Gobierno me considere útil y que me proporcione una subsistencia...[yo] sabía las principales lenguas de [Europa] antes de venir [a Inglaterra]... de estos catorce años he pasado seis sirviendo secretarías de legación... He cultivado, como Ud. sabe, desde mi niñez las humanidades; puedo decir que poseo las matemáticas puras; y aunque por falta de medios he carecido del uso de instrumentos, he estudiado todo lo necesario para la descripción de planos y mapas. Tengo además conocimientos generales en otros ramos científicos... Ud. no ignora mis antiguos hábitos de estudio y laboriosidad, y los que me han conocido en Europa, saben que los conservo, y que se han vuelto en mi naturaleza.

Bello y Gual habían sido compañeros de estudio en la Universidad de Caracas en la década de los años 1790. Se conocían lo suficientemente bien, sobre todo después de superar las diferencias políticas descritas en el capítulo anterior, como para que Bello describiera descarnadamente la urgencia de su situación. Sin embargo el mero hecho de tener que hacer un pedido de esta naturaleza le entristecía e incomodaba, como revela el siguiente párrafo de la misma carta:

> Ocurro pues a Colombia; y me asiste la confianza [de que] su gobierno reconocerá el derecho que tiene a la protección un empleado de Venezuela, que es lo mismo que decir un empleado suyo. La causa de su libertad me trajo a Londres; las desgracias de mi patria me condenaron a un largo destierro, a una vida de trabajos y privaciones; ¿y hoy que esta patria triunfa, me abandonará? En manos de usted está, amigo mio, que yo vuelva a servirla. Sus recomendaciones al gobierno pueden hacer mucho p[ara] mejorar mi actual suerte, que le aseguro a V. es delicada y crítica. Aunque no desdeño ninguna especie de trabajo, creo que el modo con que he pasado mi juventud y aun pudiera decir toda mi vida, me hace capaz de algo más importante que el oscuro ejercicio de amanuense y de intérprete, a que se hallan reducidas ahora casi todas mis funciones.[29]

Esta última frase demuestra que Bello había llegado a un punto de desesperación al considerar que su puesto en la legación de Chile en Londres estaba en riesgo, lo que se examinará un poco más adelante. Además, Bello pasaba por difíciles penurias económicas, se preocupaba por su edad (en ese momento tenía 43 años) sin tener todavía un empleo estable, y temía lo peor para el futuro de su familia. Después de la muerte de Mary Ann, Bello había contraído matrimonio con Elizabeth Dunn (1804-1873) el 24 de febrero de 1824.[30] Además de los hijos que sobrevivieron del primer matrimonio, Carlos y Francisco, Bello y Elizabeth tuvieron cuatro niños en Londres: Juan, nacido en 1825, Andrés Ricardo, nacido en 1826; Ana Margarita, nacida en 1827, y José Miguel, nacido en 1828. Otros ocho hijos nacieron en Chile.

Poco se sabe de cómo se conocieron Bello y su futura esposa, pero la correspondencia muestra que un "young Dunn", probablemente un hermano de Elizabeth, le llevaba ocasionalmente la correspondencia cuando Bello vivía en

---

[29]   Bello a Gual, 6 de enero de 1825, Latin American Manuscripts. Venezuela. Manuscript Department, Lilly Library, Bloomington, Indiana. El deterioro de esta carta ha hecho que se pierdan algunas palabras, pero este último párrafo entero no apareció en la versión publicada en las *Obras completas*, XXV, 142-144. Se incluye la versión completa en los Anexos de este libro.

[30]   Se casaron en la Iglesia de St. George's en Hanover Square. Esta era una iglesia anglicana, aunque era común que los católicos se casaran en ellas. Testigos del matrimonio en esta ocasión fueron John Murphy y Harriet Dunn, esta última probablemente una hermana de Elizabeth.

Clarendon Square.[31] Una de sus descendientes, Inés Echeverría Bello ("Iris"), identificó a Elizabeth como irlandesa,[32] lo que se ve confirmado por la fuerte presencia de esa inmigración en el vecindario de Somers Town. En cuanto a la dirección de Bello, los registros de la biblioteca del Museo Británico, en donde Bello renovaba regularmente su pase para el "Reading Room" (sala de lectura), muestran que vivió en Clarendon Square N° 39 hasta por lo menos el 4 de noviembre de 1822. Para principios de 1823 se había cambiado a Solls Row N° 6 en Hampstead Road, cerca de Somers Town, probablemente en preparación para su matrimonio. Después del casamiento, y del nacimiento de su segundo hijo, la familia se trasladó, en 1826, a una casa en Egremont Place N° 9, un conjunto de 17 casas en New Road (hoy llamada Euston Road a la altura de la estación ferroviaria de St. Pancras). Esta es la casa en la que residieron en Londres hasta que se trasladaron a Chile.[33] Todos estos cambios de domicilio, y el crecimiento de la familia, explican en gran medida la ansiedad financiera de Bello.

Aun así, el matrimonio gustaba de las visitas de un amplio círculo de amigos. De estos, quizás el más cercano era el poeta ecuatoriano José Joaquín Olmedo, quien había llegado a Inglaterra en 1825 como representante del Perú. Los quehaceres diplomáticos lo llevaron a París en noviembre de 1826, pero regresó a Londres en julio de 1827 para quedarse hasta marzo de 1828. Durante esa época cultivó una intensa amistad con la familia Bello, a la que enviaba afectuosas cartas desde París, y fue también padrino de Andrés Ricardo. Andrés Bello correspondía esta amistad con expresiones que revelaban la intensidad de su propios afectos, como sugiere su poema "Carta escrita de Londres a París por un americano a otro",

[31]   Las palabras "from young Dunn" aparecen anotadas en la parte posterior de las cartas de Blanco White a Bello fechadas 8 de julio de 1821, 13 de septiembre de 1821 y 4 de octubre de 1822. Colección de Manuscritos Originales, Fundación La Casa de Bello, Caracas, Venezuela [citado de aquí en adelante como *CMO*], Caja 2, N° 14, 15 y 17, respectivamente.

[32]   Iris [Inés Echeverría Bello], *Nuestra raza: a la memoria de Andrés Bello; su cuarta generación* (Santiago: Ediciones de la Universidad de Chile, sin fecha), p. 7. Inés era la nieta de Juan Bello, el primer hijo del matrimonio Bello-Dunn. Erasmo Pizarro tuvo la generosidad de obsequiarme este escaso ensayo en Chile.

[33]   Evidencia definitiva de que Bello vivía en esta dirección se encuentra en el *Admissions to the Reading Room, 1827-1835*, p. 4, Central Archives, British Museum, donde Bello renovó su permiso de lectura el 15 de febrero de 1827 dando esta dirección. La anterior estaba fechada 5 de septiembre de 1825, y daba como dirección Solls Row. También se puede considerar como evidencia la carta a José Rafael Revenga del 12 de abril de 1826, en donde dice "He alquilado una casita en Egremont Place cerca de Battle-Bridge", en OC, XXV, 179.

Es fuerza que te diga caro Olmedo,
que del dulce solaz destituido
de tu tierna amistad, vivir no puedo.

¡Mal haya ese París tan divertido,
y todas sus famosas fruslerías,
que a soledad me tienen reducido! (I, 93)

El poeta luego pide a Olmedo que regrese prontamente a Londres, en donde, poniéndose en el lugar de este, declara

Me aguarda una alma fiel, veraz, constante,
que al verme sentirá más alegría
de la que me descubra en el semblante. (I, 94)

Incluso en las épocas más difíciles, Bello tenía la capacidad de comunicar sus afectos con franqueza. Este rasgo de su carácter era altamente apreciado por Olmedo, quien también podía expresar sus sentimientos sin inhibiciones. Cuando dejó Londres para dirigirse a Colombia (al departamento de esa república hoy conocido como Ecuador) el 7 de marzo de 1828, Olmedo escribió a Bello una nota en la que declaraba, quizás intuyendo que esta sería una despedida final: "Llegó el momento. Cuando usted lea esta cartita ya estaré lejos de Londres; pero nunca están lejos los que se aman. Llevo a usted, mi querido Andrés, en mi alma y en mi corazón. Y muy adentro" (XXV, 384). Jamás volverían a verse.

Bello podía enfrentar los momentos personales más difíciles gracias a la amistad de personas como Olmedo y Blanco White. Pero a pesar de ser muy abierto con quienes compartía una misma sensibilidad, podía ser muy reservado, e incluso distante, con quienes no conocía, y sobre todo con aquellos de quienes dependía. Además se sentía desvalido e inseguro respecto de su situación en general. El hecho de que no recibiera una respuesta satisfactoria a su apelación tan directa a Pedro Gual reforzó su sensación de haber sido abandonado por su patria. No tuvo más alternativa que quedarse en Londres. Los años siguientes estarían marcados por esta desilusión, más las complicaciones, muchas veces caóticas, de las misiones diplomáticas de este periodo.

El papel de Bello en la diplomacia

Los esfuerzos diplomáticos de los primeros gobiernos hispanoamericanos se limitaron a obtener la protección de Gran Bretaña ante la posibilidad de una invasión francesa. Pero después de Angostura (1819) y de las victorias militares de Bolívar en Boyacá y Carabobo en Colombia y Venezuela, respectivamente, los hispanoamericanos de ambos lados del Atlántico podían desarrollar políticas para consolidar su independencia. En el Congreso de Angostura se nombraron nuevos comisionados para obtener el reconocimiento europeo, ya no en la forma de protección contra invasores extranjeros sino que en nombre de la soberanía y autodeterminación de las naciones. El reconocimiento de Gran Bretaña seguía siendo un objetivo principal, pero el artículo 31 de las instrucciones a los comisionados Fernando de Peñalver y José María Vergara incluía también el reconocimiento del Papado.[34] Dado el poderoso efecto de la oposición de la Iglesia Católica al gobierno de la primera república, el Congreso de Angostura buscó neutralizar la capacidad de España (en virtud del Patronato Real) de utilizar a la Iglesia en contra de la nueva república mediante un acuerdo directo con Roma. En teoría, un concordato con el Papado permitiría a los nuevos gobiernos nombrar a las autoridades eclesiásticas, y de esta manera eliminar una potencial fuente de oposición al nuevo orden político.

Una vez en Londres en 1820, los comisionados Peñalver y Vergara no lograron alterar la política de neutralidad de Gran Bretaña, por lo que decidieron concentrar sus esfuerzos en las negociaciones con el Papado. Así fue que le pidieron a Bello que redactara una carta al papa Pío VII solicitando el establecimiento de relaciones diplomáticas formales con Roma. Bello terminó de redactar este interesante documento, escrito en latín, el 27 de marzo de 1820.[35] Gran parte de la carta se refería a la situación de un pueblo católico privado de servicios religiosos. Pero también reafirmaba el principio de autodeterminación, especialmente urgente en un lugar expuesto a amenazas externa, y en un contexto en que España probaba ser incapaz de resolver sus propios problemas políticos. La carta afirmaba que, no habiendo ninguna posibilidad de retornar a la situación colonial anterior, el tema más importante consistía en cómo los nuevos Estados podían administrar sus propios asuntos, incluyendo las necesidades espirituales de la población. Sin embargo, "a pesar de todos los esfuerzos del Estado por remediar asunto tan grave, estamos sufriendo extrema penuria de sacerdotes" [*Inde factum*

---

[34]   Aurelio Espinosa Pólit, "Bello latinista", prólogo a OC, VIII [*Gramática latina*], lxxvii.

[35]   "Informe al Papa Pío VII redactado en Londres por Don Andrés Bello y suscrito por Fernando de Peñalver y José María Vergara", en OC, VIII, 457-469.

est ut, quamquam tantae rei Status impensa cura consuluerint, maxima sacerdotum inopia laboremus]. Sin ellos, agregaba la carta, "se puede temer poco menos que la ruina total de la religión" en un pueblo predominantemente católico (VIII, 467). De esta manera, se hacía necesario equilibrar la necesidad de proporcionar servicios religiosos con la realidad de las nuevas naciones independientes. Si España mantenía el monopolio de los nombramientos eclesiásticos, y a la vez no había reconocimiento de la existencia de las nuevas entidades políticas soberanas, el pueblo se encontraría enfrentado al terrible dilema de, o tener sacerdotes enemigos del gobierno, o no tenerlos en absoluto. De mantenerse el *statu quo*, estos serían nombrados por España, con lo cual los problemas simplemente se agudizarían. En suma, la carta pedía que el Patronato Real (un derecho de la monarquía española ejercido desde el siglo XVI) fuese otorgado a las nuevas repúblicas y ponía el énfasis en el hecho de que estas estaban efectivamente establecidas. Era en nombre de la soberanía que solicitaba el derecho que España ya no podía sostener. Es decir, la carta ponía en evidencia uno de los dilemas fundamentales de la independencia: cómo conciliar una realidad *de facto* con una legitimidad *de jure* pero inoperante. Además, enfatizaba la importancia que tenía Roma para el cumplimiento de las aspiraciones de los nuevos Estados.

El impacto de esta carta no fue inmediato, pero el Papado sí aceptó nombrar nuevos obispos para la República de Colombia pocos años después, en 1827, lo que constituyó el primer reconocimiento de este tipo en Hispanoamérica.[36] La carta demuestra que ya en 1820 Bello se encontraba en condiciones de elaborar argumentos fundados en la soberanía de las naciones, aun cuando fuesen presentados con el lenguaje de la religión y de los principios humanitarios. Cabe señalar, sin embargo, que Bello planteó tales argumentos sin poseer un rango oficial. Fue solo cuando Antonio José de Irisarri le contrató como secretario de la legación chilena que Bello representó formalmente a un gobierno hispanoamericano después de la misión diplomática en 1810. Este nombramiento fue efectivo a partir de junio de 1822. Como se ha mencionado, Bello había solicitado ese puesto el año anterior, cuando su penuria económica parecía haber llegado al límite.

Antonio José de Irisarri (1786-1868) nació en Guatemala. Negocios y contactos familiares lo llevaron a Chile en 1809. Cercano al poderoso clan Larraín (conocido como "Los Ochocientos"), Irisarri participó activamente en la política del primer gobierno autónomo (1810-1814), llegando por un breve periodo a

---

36   David Bushnell, *The Making of Modern Colombia: A Nation in Spite of Itself* (Berkeley, Los Angeles y Oxford: University of California Press, 1993), pp. 57-58. Un resumen de las relaciones entre el Papado y otras repúblicas hispanoamericanas se encuentra en Leslie Bethell, "A Note on the Church and the Independence of Latin America", en Leslie Bethell, compilador, *The Cambridge History of Latin America*, tomo 3 (Cambridge: Cambridge University Press, 1985), pp. 229-234.

ser Director Supremo. Cuando las fuerzas realistas derrotaron a las patriotas en Rancagua en octubre de 1814, Irisarri atravesó la cordillera de los Andes hasta Mendoza y de allí partió a Londres, en donde permaneció entre 1815 y 1817. Irisarri fue un aliado cercano del estadista y héroe de la independencia chilena Bernardo O'Higgins, quien lo nombró jefe de su gabinete en 1818 y luego lo despachó a Londres como ministro plenipotenciario chileno.[37] Fue durante esta segunda estadía en Inglaterra que Irisarri trató cercanamente a Bello, posiblemente en 1819, pero definitivamente en 1820, cuando ambos colaboraron en la publicación de *El Censor Americano*.[38] Irisarri era un hombre de gran autoestima, soberbia y combatividad que tenía poca delicadeza en la administración de los asuntos diplomáticos y financieros. Pero era también un escritor notable, como lo demostró en sus artículos para los periódicos chilenos *El Semanario Republicano* y *El Duende de Santiago* durante la primera década de la independencia. También era un hombre muy educado y con un gran respeto por el conocimiento, por lo cual, a pesar de su carácter descalificador, se sintió completamente cautivado por Bello. Apenas encontró la oportunidad, Irisarri reclutó al venezolano para el servicio diplomático de Chile. Fue gracias a Irisarri, como antes había sido el caso de Blanco White, que contamos con descripciones de la personalidad de Bello durante este periodo.

En una carta al ministro chileno de Relaciones Exteriores Joaquín Echeverría, fechada 10 de octubre de 1820, Irisarri describió a Bello como "un hombre habilísimo, de muy variada literatura y extensa ciencia, y posee una seriedad y nobleza de carácter que lo hacen mucho más estimable. Estas condiciones tan difíciles de alcanzar hoy en día, amigo mío, me mueven fuertemente hacia él".[39] A su esposa Mercedes explicó cómo pasaba el tiempo en Londres asistiendo a la

[37]   Aparte de la biografía de Donoso mencionada en la nota N° 7 de este capítulo, véase John Browning, *Vida e ideología de Antonio José de Irisarri* (Ciudad de Guatemala: Editorial Universitaria de Guatemala, 1986), y Simon Collier, *Ideas and Politics of Chilean Independence, 1808-1833* (Cambridge: Cambridge University Press, 1967), *passim*. Existe una nueva versión castellana de esta última obra, *Ideas y política de la independencia chilena, 1808-1883*, traducida por Iván Jaksić y Juan Luis Ossa (Santiago: Fondo de Cultura Económica, 2012).

[38]   Alamiro de Ávila Martel sostiene que los contactos de Bello e Irisarri se remontan a 1815-1817 en su *Dos elogios chilenos a Bolívar en 1819* (Santiago: Ediciones de la Universidad de Chile, 1976), pp. 36-39, y también en su *Bello y la primera biografía de O'Higgins*, p. 25. Esto parece ser desmentido por Irisarri mismo, como se puede ver en su carta a O'Higgins citada más adelante, pero los argumentos de Ávila Martel son atendibles debido a la existencia de una carta de Irisarri a San Martín fechada 26 de junio de 1817, en la que el primero hace mención a Bello y que se encuentra en *Dos elogios*, p. 39.

[39]   Irisarri a Echeverría, 10 de octubre de 1820. Citado por Feliú Cruz, "Bello, Irisarri y Egaña", p. 11.

biblioteca del Museo Británico, "consagrado a la lectura y a ciertas averiguaciones literarias en que me acompaña un excelente amigo, el señor Andrés Bello, verdadero sabio por su carácter y su sabiduría y hasta por la resignación con que soporta la pobreza muy semejante a la mía, si no mayor".[40] Al Director Supremo Bernardo O'Higgins comentó además, que

> Hay aquí un sujeto de origen venezolano por el que he tomado particular interés y de quien me considero su amigo: le he conocido hace poco, y nuestras relaciones han sido frecuentes por haber ocupado él ciertos destinos diplomáticos, en cuyas materias es muy versado, como también en otras muchas. Estoy persuadido que de todos los americanos que en diferentes comisiones esos estados han enviado a esta corte, es este individuo el más serio y comprensivo de sus deberes, a lo que une la belleza del carácter y la notable ilustración que le adorna. Su nombre es el de Andrés Bello y su edad, de 40 a 45 años, aproximadamente.[41]

Irisarri podía juzgar con autoridad las habilidades de Bello puesto que le había encargado un informe sobre el sistema lancasteriano de educación, y este lo había entregado puntualmente el 11 de septiembre de 1820.[42] En la misma carta a O'Higgins Irisarri expresaba su esperanza de poder contratar a Bello en alguna ocupación, y hacerlo urgentemente, puesto que "no podrá vivir seguramente mucho tiempo más en esta corte por la situación angustiadísima a que se ve reducido con su familia, y es probable que deba abandonarla con quién sabe qué rumbo". Con posterioridad Irisarri le escribió a Bello, el 21 de marzo de 1821, para decirle que se encontraba a la espera de una respuesta del gobierno de Chile. Allí aprovechó de criticar a Simón Bolívar: "Ud. podrá ser todo lo amigo que quiera del General Bolívar, proclamarse su partidario, pero yo sin ser ni lo uno ni lo otro, sin tener de este individuo otro conocimiento que sus hazañas, no puedo entenderlo tan grande cuando no sabe aprovecharse de hombres como Ud".[43] Esta declaración sugiere que Irisarri, y quizás otras personas cercanas, hayan preguntado a Bello sobre las razones por las que Bolívar no le ayudaba. Quizás Bello se hacía la misma pregunta.

---

[40]   Irisarri a Mercedes Trucíos y Larraín, 10 de octubre de 1820, en *Ibídem*, 13.

[41]   Irisarri a O'Higgins, 22 de octubre de 1820, en *Ibídem*, 27. Es interesante que Irisarri calculara la edad de Bello entre 40 a 45 años. En ese momento, Bello tenía 38 años.

[42]   Bello a Irisarri, 11 de septiembre de 1820, en OC, XXII [*Temas educacionales-2*], 613-615.

[43]   Irisarri a Bello, 21 de marzo de 1821, en OC, XXV, 105.

La legación chilena

Irisarri estaba decidido a contratar a Bello, y la oportunidad se presentó cuando el secretario de la legación de Chile, Francisco Ribas Galindo, dejó su empleo a principios de 1822.[44] Desde París, Irisarri le escribió a Bello para ofrecerle interinamente el puesto, hasta que pudiese obtener la confirmación de Santiago. La oferta formal indicaba que Bello sería contratado como secretario interino y que mantendría su rango venezolano de Comisario de Guerra; su compensación sería de $2.000 pesos chilenos anuales (aproximadamente £400), suma que aunque modesta era la mayor que había recibido durante su estadía en Londres. Irisarri acompañaba su oferta con una carta que, aunque llana y formal, ponía de manifiesto su entusiasmo.[45]

Irisarri tenía buenas razones para estar entusiasmado, puesto que tan solo unos días antes (18 de mayo de 1822) había contratado el empréstito de un millón de libras esterlinas a nombre de Chile con el establecimiento de Hullett Brothers.[46] Necesitaba un funcionario competente que se encargara de la legación mientras él se trasladaba de Londres a París para invertir o, más bien, como consideraban sus críticos, despilfarrar los fondos.[47] Irisarri se autoasignó una comisión de £20.000 por contratar el empréstito, y retuvo otras £18.000

---

[44]   En una carta fechada 12 de marzo de 1822 Irisarri le escribe a Ribas que "Hoy mismo he recibido la apreciable de V. de 26 de enero, en que me comunica la proximidad de su casamiento y en consecuencia de esto, su resolución de quedarse en Caracas", en *Revista Chilena de Historia y Geografía*, N° 126 (1956), 316. Francisco Ribas Galindo era hijo del general venezolano José Félix Ribas. Aunque se sabe poco sobre él, parece haber sido una figura importante en los círculos patriotas. Era, por ejemplo, el interlocutor principal en las cartas de Antonio Nariño descubiertas por J. León Helguera, "Tres cartas de Nariño", *Boletín de Historia y Antigüedades*, 48, N° 555 (Enero-Febrero 1961), 113-116. Véase también Berruezo, *La lucha*, p. 262, y la información que proporciona Pedro Grases en carta a Guillemo Feliú Cruz, Caracas, 8 de febrero de 1955, en *Andrés Bello. Documentos para el estudio de sus Obras Completas, 1948-1985*, 2 tomos (Caracas: Fundación Pedro Grases, 2004), I, p. 47. No era inusual que los hispanoamericanos del periodo se desempeñaran en diferentes países y legaciones cualquiera fuese su origen.

[45]   Irisarri a Bello, 29 de mayo y 1° de junio de 1822, *CMO*, Caja 2, N° 26 y 68.

[46]   Los términos del empréstito se encuentran en *Documentos de la misión de don Mariano Egaña en Londres (1824-1829)*, comp. de Javier González Echenique (Santiago: Ministerio de Relaciones Exteriores de Chile, 1984), pp. 534-536. Véase también Frank Griffith Dawson, *The First Latin American Debt Crisis: The City of London and the 1822-25 Loan Bubble* (New Haven y Londres: Yale University Press, 1990), pp. 32-34. En el juicio a Irisarri las declaraciones de Bello confirman que estuvo presente en París para la fecha del contrato.

[47]   Sobre las actividades de Irisarri (y también de otros hispanoamericanos) en París, véase Daniel Gutiérrez Ardila, *El reconocimiento de Colombia: Diplomacia y propaganda en la coyuntura de las restauraciones, 1819-1831* (Bogotá: Universidad Externado de Colombia, 2012), pp. 212, 215, 222.

por sueldos atrasados. Este es el cuestionado empréstito que obligó a Irisarri a comparecer ante una corte británica de justicia en 1825 y que puso en serias dudas su reputación. Este fue también el empréstito que llevó al gobierno de Chile a enviar al ministro Mariano Egaña a Londres para investigar el destino de los fondos.

En virtud de su cargo en la legación de Chile, Bello firmó el contrato del empréstito, pero no hay evidencia de que haya tenido responsabilidad alguna en la administración de los fondos, puesto que su labor principal era burocrática y política antes que financiera. Por razones obvias, Irisarri mantenía este aspecto de la legación bajo su directa supervisión. Dado que este pasaba gran parte del tiempo en París, Bello debió hacerse cargo de las comunicaciones con el Ministerio de Relaciones Exteriores de Chile, y cumplir con las tareas cotidianas de la legación. Un ejemplo notable de su labor de análisis político se encuentra en dos informes fechados 8 de mayo de 1823 y 24 de junio de 1824, en los cuales Bello proporcionó importantes evaluaciones de cómo los gobiernos europeos veían la situación hispanoamericana.[48]

En el primer despacho Bello describía de manera bastante descarnada cómo la restauración de Fernando VII, con el apoyo de la Santa Alianza y de Francia, hacía prácticamente imposible el reconocimiento de la independencia hispanoamericana por parte de los gobiernos europeos. Además sugería que podía esperarse de España que intentara recuperar sus antiguas colonias. En ese contexto, era vital conseguir el reconocimiento británico, sobre todo luego que George Canning, el secretario del Foreign Office, declaró que Gran Bretaña se opondría a una intervención francesa en Hispanoamérica. Ante tal preocupación, resultaba necesario demostrar cuánto sufriría el comercio inglés si España llegaba a recuperar sus dominios. Aun más importante, los nuevos Estados debían considerar la posibilidad de hacer ciertas concesiones. Respecto a Chile, Bello pedía instrucciones acerca de cómo responder a las predecibles preguntas de Canning, en el caso de producirse una reunión para discutir el tema del reconocimiento, sobre si el país estaría dispuesto a hacer reparaciones financieras (y quizás de otro tipo) a España a cambio del reconocimiento británico.

Las preguntas de Bello se justificaban porque la política de neutralidad de Gran Bretaña insistía en un acuerdo entre las partes en conflicto. El mensaje de Bello en este informe era que Hispanoamérica debía obtener el reconocimiento

---

[48]   Se encuentran en Bello, OC, X [*Derecho internacional-1*], 429-433 y 437-442, respectivamente. Un importante estudio sobre las relaciones diplomáticas de Chile durante el periodo es el de Ricardo Montaner Bello, *Historia diplomática de la independencia de Chile* (Santiago: Editorial Andrés Bello, 1961).

británico a toda costa, puesto que sin él seguiría siendo muy vulnerable a los designios de España y de la Santa Alianza. Otra dimensión importante del informe era que, de acuerdo con Bello, Gran Bretaña se abstenía de otorgar el reconocimiento por falta de certeza respecto de la estabilidad política de las nuevas naciones, y en particular de Chile. En un esfuerzo por comunicar esta dimensión lo más suavemente posible, Bello indicaba que "el gobierno de S.M.B. aguarda a ver más consolidadas las instituciones políticas de aquellos Estados. Qué especie de consolidación es la que se echa de menos, no se nos dice, y así quedamos con la declaratoria de que por ahora no se nos cree en disposición de ser reconocidos" (X, 431). Aunque este planteamiento era un tanto ambiguo, la implicación era que Chile debía definir su forma de gobierno, a sabiendas de que Canning continuaría afectando una falta de certeza hasta que los nuevos Estados adoptaran la monarquía constitucional como sistema político. Esta era, además, la preferencia de Irisarri y Bello, aunque en parte debido a la postura de Canning.[49]

Mientras tanto, Chile se encontraba preocupado precisamente por la estabilidad política, aunque no necesariamente porque el reconocimiento británico estuviera en juego sino por la sobrevivencia misma del Estado. O'Higgins había abdicado como Director Supremo luego de la rebelión del general Ramón Freire en enero de 1823, pero el cambio de gobierno no logró frenar el faccionalismo de la política chilena. La organización del Estado no recibió mayor apuntalamiento con la Constitución de 1823, un documento complejo preparado por el erudito pensador Juan Egaña que declaraba a Chile como república, pero que otorgaba funciones confusas y contradictorias a las diversas ramas de gobierno.[50] El Congreso, en un gesto de frustración, suspendió la Constitución luego que el Director Supremo Freire renunció en julio de 1824 aduciendo no poder gobernar con ella. Ese mismo año el Congreso rechazó la Constitución, pero sin reemplazarla. Tal estado de cosas, de las que el gobierno británico estaba muy bien informado, dificultaba la obtención del reconocimiento. Sobre la base de los informes del

---

[49]   En una carta fechada 25 de noviembre de 1820, Irisarri planteó el tema del reconocimiento a O'Higgins de una manera bastante feroz: "Espero saber cuáles son los principios por los cuales debe ser regido ese Estado para proponer finalmente el reconocimiento de la independencia de Chile. Ahora es excusado tratar de esto, porque nadie sabe lo que ha de reconocer, si es una república democrática, aristocrática, o una monarquía, o un gobierno sin principios", citado en Donoso, *Irisarri*, pp. 90-91.

[50]   El texto de la Constitución se encuentra en Luis Valencia Avaria, *Anales de la república. Textos constitucionales de Chile y registros de los ciudadanos que han integrado los poderes ejecutivo y legislativo desde 1810*, 2ª edición (Santiago: Editorial Andrés Bello, 1986), pp. 115-150. Véase también Brian Loveman, *The Constitution of Tyranny: Regimes of Exception in Spanish America* (Pittsburgh y Londres: University of Pittsburgh Press, 1993), pp. 324-325. Sobre las ideas constitucionales de Egaña y el fracaso de su proyecto véase Collier, *Ideas y política*, pp. 263-286.

Cónsul Christopher Nugent, Canning concluyó que "Chile no está aún maduro para el reconocimiento".[51]

Las comunicaciones entre el gobierno británico y su red de cónsules en varios países eran mejores y más rápidas que las de los gobiernos hispanoamericanos con sus propios representantes diplomáticos. Sin estar al tanto de la situación política de Chile, Bello entregó un segundo informe el 24 de junio de 1824, en el que insistía acerca de los peligros que representaban las actividades de la Santa Alianza y la actitud hostil del gobierno de Fernando VII hacia los nuevos Estados hispanoamericanos. En párrafos mesurados, Bello volvió al tema de la organización política: Canning estaba a punto de anunciar un reconocimiento muy limitado, reducido probablemente a Colombia, de la soberanía en Hispanoamérica. Este reconocimiento, sin embargo, no significaría una promesa de auxilio en el caso de una guerra con España. Bello informó que Canning dejaba la puerta abierta al reconocimiento de otros países, pero que esto dependería de "el más o menos progreso que los Nuevos Estados hayan hecho en consolidar sus instituciones" (X, 437). También señaló que el secretario del Foreign Office le había comunicado recientemente a Juan García del Río, en su calidad de representante del Perú, que "aunque la robustez de los nuevos Estados era el punto esencial de que pendía su reconocimiento, los Gabinetes de Europa mirarían con más satisfacción, y presagiarán mejores resultados para lo futuro, si los nuevos Estados adoptasen constituciones monárquicas bajo los principios europeos" (X, 441-442). Por convincentes que parecieran estos argumentos, el gobierno chileno tenía prioridades completamente diferentes.

Una de las principales preocupaciones del gobierno era el destino de los fondos del empréstito de 1822, y decidió por lo tanto enviar al ministro de Relaciones Exteriores Mariano Egaña (el hijo de Juan Egaña) a Londres para investigar las actividades de Irisarri.[52] El papel de Bello no era parte de esa investigación, pero la situación del venezolano era bastante precaria puesto que había prestado servicios a Irisarri (o más bien había sido utilizado por él) durante las negociaciones del empréstito. De cualquier modo, Bello se encontró atrapado en la disputa entre ambos agentes, y como resultado terminó dejando la legación de Chile. Un breve resumen de esta situación permite ilustrar tanto las desastrosas consecuencias del empréstito como el curso que siguió la vida de Bello a raíz de la misión de Egaña.

Mariano Egaña carecía de la fineza, y tal vez también del estómago, para obtener la cooperación de Irisarri y propiciar los intereses de Chile en Londres. El

---

[51]   Webster, *Britain and the Independence of Latin America*, pp. 362-365.
[52]   Las instrucciones de Egaña se encuentran en *Documentos de la misión*, pp. 32-34.

cónsul británico en el país austral lo describió, con algo de brutalidad, como "más un vendedor de feria en materias diplomáticas que una persona de carácter".[53] Sin saber una palabra de inglés, Egaña tuvo dificultades para darse a entender en aduana cuando desembarcó en el puerto de Gravesend el 26 de agosto de 1824. El astuto Irisarri se aprovechó de la torpeza del enviado chileno y logró que este entregara su equipaje a un agente suyo; así, pudo enterarse de los planes e instrucciones de Egaña y obstruir cada uno de sus pasos. Pocos días después salió de Londres con destino a París llevándose el sello de la legación y algunos documentos importantes, dejando a Bello a cargo de la oficina.

Mariano Egaña escribió tres cartas exasperadas a su padre, con fechas primero, veintidós y veinticuatro de septiembre, en las que describió en detalle todos los problemas que hubo de enfrentar llegando a Inglaterra, como también la actitud de Irisarri. Allí dio curso libre a su ira contra este, probablemente justificada, pero también manifestó sospechas menos fundadas contra todos los que tenían alguna relación con el guatemalteco. Bello tuvo la mala fortuna de encontrarse frente a frente con Egaña en el momento mismo en que el ministro chileno se enteraba de la pérdida de su equipaje. Había ido a saludar a Egaña, ante quien se presentó y a quien respondió que, en efecto, Irisarri se encontraba todavía en Londres. Fue entonces que Egaña se dio cuenta de que su equipaje estaba en manos de su némesis y, con sus propias palabras, "fuera de mí y como furioso salí sin saber las calles en busca de mi escritorio principalmente".[54] De allí en adelante, el confundido Bello tuvo que sufrir las indiscreciones y sospechas de Egaña, quien lo tenía por cómplice de Irisarri. Como relató a su padre, "[Agustín] Gutiérrez [Moreno] y Bello no son personas de confiar por la amistad que guardan a Irisarri, y este último, sobre todo, me ha parecido muy cauteloso y reservado, dándome cierta espina su trato".[55] Sin embargo, a poco andar Egaña entendió que necesitaba a Bello, de modo que lo mantuvo como secretario de la legación, sobre todo al enterarse de que su sueldo había sido pagado por adelantado. Fue muy lentamente que Egaña llegó a apreciar sinceramente al venezolano, al punto de gestionar su traslado a Chile hacia finales de la década.

---

[53] Christopher Nugent a George Canning, 4 de junio de 1824, en Webster, *Great Britain and the Independence of Latin America*, I, p. 354.

[54] Mariano Egaña a Juan Egaña, 24 de septiembre de 1824, en *Cartas de don Mariano Egaña a su padre, 1824-1829* (Santiago: Sociedad de Bibliófilos, 1948), p. 31. Un recuento algo más moderado aparece en *Documentos de la misión*, pp. 48-51.

[55] Citado por Feliú Cruz, "Bello, Irisarri y Egaña", p. 55. Utilizo esta fuente puesto que las líneas citadas no aparecen en la compilación de cartas de la Sociedad de Bibliófilos. Feliú Cruz las tomó del manuscrito original.

Mientras tanto, Bello sentía una enorme presión ante la vigilancia y suspicacia de Egaña. El 6 de enero de 1825 Bello escribió al gobierno de Colombia para pedir ayuda urgente puesto que "lo peor de todo es que la remoción del Sr. Irisarri de este destino ha hecho mi permanencia en él apenas compatible con la delicadeza de un empleado".[56] También le escribió a Irisarri el 3 de febrero de 1825 para relatar cómo "el señor Egaña ha considerado que nuestras relaciones son de tal punto desfavorables para el logro de su comisión, que se ha permitido indiscreciones que no he podido soportar". Bello agregó que sus explicaciones y refutaciones no habían servido de nada y que habían llegado a un punto de completa incomunicación; a continuación afirmó que si Irisarri le podía conseguir alguna ocupación, "me quitaría Ud. la pesadilla del señor Egaña, que francamente me ha resultado más incómoda de todo lo que yo era capaz de imaginar".[57] Irisarri, que se encontraba en Londres en ese momento, respondió que no estaba en condiciones de prestar ayuda, lo que era efectivo, puesto que en ese momento estaba ya al borde de la bancarrota. Aprovechó la oportunidad de este contacto con Bello para proferir sus epítetos más insultantes contra Egaña.

Justo cuando pensaba estar ya sin alternativas, Bello se enteró de que a raíz de sus peticiones al gobierno de Colombia el vicepresidente Francisco de Paula Santander le había nombrado Oficial Mayor de la legación de ese país en Londres (8 de noviembre de 1824).[58] Santander estaba en ese momento a cargo del gobierno de Colombia, mientras Bolívar se encontraba en campaña en Perú, la que culminaría con la batalla de Ayacucho un mes más tarde. Mientras se desarrollaban estos sucesos el documento que nombraba a Bello llegó finalmente a Londres el 5 de febrero de 1825. Manuel José Hurtado, ministro plenipotenciario de Colombia, acusó recibo de este nombramiento y debe haber notificado a Bello de inmediato, puesto que este prestó el juramento de rigor el día 7 de

[56] Bello a Pedro Gual, 6 de enero de 1825. Latin American Manuscripts. Manuscript Department, Lilly Library. También en OC, XXV, 143.

[57] Bello a Irisarri, 3 de febrero de 1825, en OC, XXV, 145-146. Eventualmente, Bello y Egaña se harían grandes amigos y, como bien demuestra Enrique Brahm García, pasarían a ser los pilares jurídicos del gobierno de Joaquín Prieto cuando ambos llegaron a Chile. Véase su *Mariano Egaña. Derecho y política en la fundación de la República conservadora* (Santiago: Ediciones Centro de Estudios Bicentenario, 2007).

[58] El 14 de agosto de 1824 el ministro plenipotenciario de Colombia informó al Ministro de Relaciones Exteriores que se había quedado sin secretario de legación. Recomendó a Andrés Bello, a pesar de las opiniones políticas que este había vertido en el pasado, considerándolo un "buen americano," a quien conocía desde hacía ocho años. Manuel José Hurtado a Pedro Gual, Archivo General de la Nación (AGN) [Colombia] Ministerio de Relaciones Exteriores, Delegaciones, Transferencia 2 (MRE, D72), t. 308, ff. 12-13. Todas las referencias a ese archivo en este capítulo han sido generosamente proporcionadas por el historiador Daniel Gutiérrez Ardila.

febrero de 1825 en la residencia de Hurtado en Portland Place N° 33.[59] Las instrucciones de Bello venían detalladas en dos cartas fechadas el 9 de noviembre de 1824 y firmadas por el ministro de Relaciones Exteriores de Colombia Pedro Gual. Una de ellas encargaba a Bello: "Trabaje V. con asiduidad en disipar los errores que prevalecen en Europa, particularmente en el continente sobre la actual condición de los estados americanos".[60] La otra detallaba sus responsabilidades administrativas, que incluían "mantener arreglado el archivo, llevar la correspondencia, poner en cifra y descifrar las comunicaciones, etc., como sobre el sigilo y exactitud en todas las materias de su encargo".[61] Este debe haber sido uno de los mejores momentos para Bello, como se puede observar en la efusiva carta de contestación a Gual fechada 10 de febrero de 1825. Luego de pedir al ministro que transmitiera sus agradecimientos a Santander, Bello prometió que "en el desempeño de las funciones anejas a este importante encargo no perderé nunca de vista mis deberes con una patria, de cuyo servicio me apartaron circunstancias imperiosas, y hasta ahora irresistibles; pero que nunca he dejado de mirar como mía".[62]

Mientras tanto, el dolido Mariano Egaña le escribía a su padre que Bello "en principios de febrero me dijo que ya no era más secretario de la legación chilena, porque acababa de recibir despachos de Colombia, que lo nombraban para esta legación; y de hecho se me retiró y *quid faciendum* ni a quién ocurrir".[63] Efectivamente, Bello dejó ese empleo, y probablemente con gran alivio. El frustrado Egaña desahogó su ira por un tiempo en contra del venezolano, aunque siempre en el contexto de referencias a Irisarri, como por ejemplo cuando aquel sirvió de testigo en la querella del guatemalteco en contra del *Morning Chronicle* el 19 de diciembre de 1825.[64] Egaña encontró nuevas oportunidades para criticar a Bello

[59]   "Nombramiento de Bello como secretario de la legación de Colombia en Londres", *CMO*, Caja 2, N° 69. El hijo de Bello, Juan, nació el mismo día. Quizás como gesto de reconciliación, Bello pidió a Egaña que apadrinase al niño (a quien nombró Juan en honor al padre de Mariano), cosa que este aceptó y a cuyo bautismo asistió el 13 de febrero. Esto no terminó, sin embargo, con las tensiones entre ambos.

[60]   Gual a Bello, en OC, XXV, 140.

[61]   Gual a Bello, 9 de noviembre de 1824, en *CMO*, Caja 2, N° 71.

[62]   Bello a Gual, 10 de febrero de 1825, en OC, XXV, 149. Original en AGN, MRE, DT2, t. 308, f. 18.

[63]   Mariano Egaña a Juan Egaña, 25 de mayo de 1825, en *Cartas*, p. 77. La expresión latina es equivalente a ¿qué vamos a hacer?

[64]   Mariano Egaña a Juan Egaña, 21 de diciembre de 1825, en *Ibídem*, 128-129. Irisarri se querelló contra el diario por injuria, y ganó, por la desfavorable cobertura de este medio a propósito de su papel en el empréstito. La transcripción del juicio, en el que Bello sirvió de testigo, se publicó en forma de panfleto: *Chilian Loan: A Report of the Trial of Yrisarri v. Clement, in the Court of Common Pleas, 19th December, 1825* (Londres, 1826). Las intervenciones de Bello son pocas y breves, del

durante el año siguiente, hasta que encontró otra víctima, en este caso el representante de México en Londres de origen guayaquileño, Vicente Rocafuerte, quien había tenido la osadía de criticar un escrito de su padre Juan.[65] Mariano Egaña eventualmente se tranquilizó, en la medida en que se aproximaba su regreso a Chile, y tal vez también ante la perspectiva de decorar la casa de su familia en Peñalolén, a los pies de la cordillera en Santiago, con los abundantes objetos adquiridos en Europa. Pero hasta ese momento, ni Londres ni París, en donde pasó la mayor parte de sus últimos años en Europa, le reconciliaban con una misión diplomática que simplemente detestaba.

Gran Colombia

Ya libre del odioso temperamento de Egaña, Andrés Bello pudo disfrutar de un breve periodo de calma y hasta de contentamiento cuando se trasladó a la legación de Colombia en 1825. En ese momento aquel país se encontraba negociando el Tratado de Amistad, Navegación y Comercio con Gran Bretaña. El tratado venía discutiéndose desde 1824, y para comienzos de 1825 Canning había despachado agentes a Colombia para especificar los términos. Los comisionados regresaron a Londres con un documento firmado el 18 de abril de 1825.[66] Luego de una reunión entre George Canning y Manuel José Hurtado el día 2 de julio de 1825, cuando Bello ya se encontraba en funciones, el Foreign Secretary anunció la disposición de Gran Bretaña, el día 5 de julio, de reconocer a Colombia. Luego de un trabajo administrativo intenso, en el que cupo un papel central a Bello, el Tratado se ratificó el 7 de noviembre de 1825. Unos días más tarde, el 11 de noviembre, el Rey Jorge IV recibió formalmente a Hurtado, quien iba acompañado de Canning,

---

estilo de "no sé" o "en verdad, no sé", pero no deja de ser importante la constatación de su experiencia directa con el funcionamiento de los tribunales británicos.

[65] Mariano Egaña a Juan Egaña, 20 de noviembre de 1826, en *Cartas*, p. 175. En el libro *Cartas de un americano sobre las ventajas de los gobiernos republicanos federativos* (Londres, 1826), Rocafuerte y su co-autor José Canga Argüelles criticaban el escrito de Juan Egaña *Memorias políticas sobre las federaciones y lejislaturas en jeneral i con relación a Chile* (Santiago: Imprenta de la Independencia, 1825). Ante la insistencia de Mariano, Juan Egaña redactó una airada contestación a la que Rocafuerte y Canga Argüelles no respondieron. Sobre las ideas políticas de Rocafuerte véase José Antonio Aguilar Rivera, *Ausentes del universo: Reflexiones sobre el pensamiento político hispanoamericano en la era de la construcción nacional, 1821-1850* (México: Fondo de Cultura Económica, 2012), pp. 67-101.

[66] Los delegados británicos eran los coroneles John Potter Hamilton y Pat Campbell. Véase Gutiérrez, *El reconocimiento*, pp. 61, 201 y 247.

como el primer representante diplomático hispanoamericano acreditado en Gran Bretaña. Bello mismo fue presentado formalmente a George Canning el 12 de noviembre de 1825.[67] El largamente anhelado reconocimiento de la independencia hispanoamericana, aunque limitado por el momento a Colombia, México y Río de la Plata, parecía augurar un prometedor ingreso a la comunidad de las naciones soberanas.

Este optimismo probó ser de muy corta duración. Los síntomas de graves problemas financieros ya se habían manifestado a raíz de la deuda colombiana con aquellos comerciantes británicos que habían proporcionado el capital para financiar las campañas de Bolívar. El comisionado neogranadino Francisco Antonio Zea había agravado el problema en 1820 mediante renegociaciones y nuevos gravámenes al ingreso nacional para cubrir el pago de los intereses de la deuda. Después, el 13 de marzo de 1822, contrató un empréstito de £ 2 millones con el establecimiento de Herring, Graham y Powles, gran parte del cual utilizó para cubrir las obligaciones de 1820, y pagar dividendos y comisiones.[68] Zea tomó estas decisiones sobre la base de los amplios poderes que había recibido para llevar a cabo su misión en Londres, pero la lentitud de las comunicaciones y la dinámica del nuevo sistema político, que daba un papel relevante al congreso, desautorizó sus actos. Como resultado, Zea se encontró en el fuego cruzado de inversionistas que lo consideraban un representante con capacidad de tomar decisiones, y un gobierno que ejercía su autoridad para ratificar acuerdos hechos en el exterior, que en este caso decidió en contra de su propio agente diplomático. La confianza de los inversionistas se desplomó cuando estos descubrieron que Zea ya no tenía autoridad, y sobre todo cuando este murió repentinamente poco después, en noviembre de 1822. Su reemplazo, José Rafael Revenga, llegó a Londres en enero de 1823 para intentar hacerse cargo de una situación ya descontrolada. Precisamente en el momento en que el gobierno británico discutía el reconocimiento de Colombia, los círculos financieros habían perdido total confianza en la solvencia de ese país. Ante la pregunta de si los compromisos de Zea serían respetados por el gobierno de Colombia, el vicepresidente Santander no tuvo más opción que responder afirmativamente, lo que significó nuevos empréstitos en 1824.[69]

El penoso resultado de las actividades de Zea, y de la adquisición de nuevas obligaciones por parte de Santander, fue el completo colapso del crédito de Co-

---

[67]   José M. de Mier, "Andrés Bello en la Legación de Colombia en Londres", *Bello y Londres*, I, pp. 513-577.

[68]   Dawson, *Debt Crisis*, pp. 22-31.

[69]   *Ibídem*, 74-75; Bushnell, *Colombia*, pp. 59-60, y Antonio Vittorino, *Relaciones Colombo-Británicas de 1823 a 1825 según los documentos del Foreign Office* (Barranquilla: Ediciones Uninorte, 1990).

lombia. Poco después del reconocimiento formal, la crisis del mercado bursátil de Londres en 1826 terminó por destruir cualquier ilusión sobre el potencial económico de las naciones recientemente liberadas. De aquí, entonces, que Bello se viese en la contradictoria situación de representar a un gobierno que había logrado una gran victoria diplomática con el Tratado de 1825 al mismo tiempo que perdía toda credibilidad económica. Como resultado, la legación de Colombia se vio asediada por inversionistas furiosos que demandaban compensación, mientras intentaba actuar como nación soberana recientemente reconocida por el país más poderoso del mundo.

Aunque ya libre de los asedios y rabietas de Egaña, Bello encontró que la legación de Colombia no era precisamente un oasis. Aparte de los deberes administrativos, Bello se encontró pronto inmerso en asuntos financieros, tratando de controlar algo del daño causado por el empréstito. También trató de convencer al gobierno de Colombia de no adquirir nuevos préstamos: en una carta bastante directa, firmada también por el Cónsul Santos Michelena, Bello declaró que "el estado del crédito de nuestra República es tal, que aun con sacrificios inmensos es probable que no se hallaría capitalista que quisiese adelantar fondos". Agregó además que "es tal la irritación que existe ahora, que confesamos a V.S. no sabemos cómo emprender una negociación de esta especie".[70] En una carta privada al ahora ministro José Rafael Revenga, Bello ya había señalado con nerviosismo que: "Yo quer[r]ía hallarme a mil leguas de Londres el día que se dejase de pagar el primer dividendo, y me avergonzaría de mirar a quien me conociese como colombiano", y agregó el siguiente párrafo en inglés, probablemente para evitar la difusión de su lectura en Colombia:

The outcry would be dreadful, and depend upon it, the effects of the shock received at this center for the commercial world would be felt everywhere, and not the least in Colombia. I hope, my dear friend, for our country's sake, that this terrible calamity has been viewed in all its frightful bearings, and that our statesmen have exerted, & will continue to exert themselves to avert it, for there is hardly a sacrifice worth regretting, when the object is to prevent this injury and moral stain of a national bankruptcy.[71]

[La protesta sería espantosa y, puede usted estar seguro de ello, los efectos del golpe en este centro del mundo comercial se sentirían en todas partes, y

---

[70]   Bello y Santos Michelena al Secretario del Despacho de Hacienda, 15 de noviembre de 1826, en OC, XI [*Derecho internacional*-2], 112-115.
[71]   Bello a Revenga, 8 de febrero de 1826, en OC, XXV, 167.

sobre todo en Colombia. Yo confío, mi querido amigo, por el bien de nuestro país, que esta calamidad terrible haya sido considerada en todas sus alarmantes dimensiones, y que nuestros estadistas hagan lo posible, y continúen haciéndolo, para que no ocurra. No hay ningún sacrificio que sea de lamentar cuando su objeto es el de impedir el daño físico y moral de una bancarrota nacional].

No era mucho lo que Bello, o nadie, podía hacer para impedir el deterioro del crédito de Colombia, ya que la situación era generalizada: país tras país en Hispanoamérica terminó suspendiendo los pagos de la deuda durante el curso de 1826. En otra carta a Revenga, un Bello angustiado exclamaba: "¡Qué súbita y dolorosa caída del punto en que nos hallábamos pocos meses ha! Y lo peor es que la tempestad comienza ahora... ¡Gran Dios! ¿Tantos sacrificios, tanta sangre, tanta gloria, pararán en deshonor y ruina? Ruina digo, porque sin crédito y sin honor no puede haber salud para ningún Estado, y mucho menos para una república naciente".[72]

La situación se hizo aun más complicada cuando Bello descubrió que sus relaciones con Manuel José Hurtado se habían vuelto distantes debido, como era su sospecha, a la decisión del gobierno colombiano en julio de 1826 de traspasar las responsabilidades financieras a Bello y a Santos Michelena.[73] Bello descubrió que estaba siendo excluido de algunas funciones diplomáticas, y que Hurtado lo trataba con suma frialdad. Las tensiones aumentaron en diciembre de ese año, al punto que Bello escribió cartas a Santander, al ministro de Hacienda y a Bolívar mismo, para pedir su traslado a otro destino a la brevedad posible. La carta a Bolívar fechada 21 de diciembre es particularmente reveladora: allí describía la imposibilidad de mantener a su familia, y pedía la ayuda del Libertador con palabras que demuestran la magnitud del conflicto con Hurtado:

Mi destino presente no me proporciona, sino lo muy preciso para mi subsistencia y la de mi familia, que es algo ya crecida. Carezco de los medios necesarios, aun para dar una educación decente a mis hijos; mi constitución, por otra parte, se debilita; me lleno de arrugas y canas; y veo delante de mí, no digo la pobreza, que ni a mí, ni a mi familia espantaría, pues ya estamos hechos a tolerarla, sino la mendicidad. Dígnese Vuestra Excelencia interpo-

---

[72]   Bello a Revenga, 12 de abril de 1826, OC, XXV, 182.

[73]   José María del Castillo y Rada a Andrés Bello y Santos Michelena, 20 de julio de 1826, OC, XXV, 190-195. Óscar Sambrano Urdaneta describe esta situación en su introducción al tomo XXV de OC, lv-lxxi.

ner su poderoso influjo a favor de un honrado y fiel servidor de la causa de América, para que se me conceda algo de más importancia en mi carrera actual. Soy el decano de todos los secretarios de legación en Londres, y aunque no el más inútil, el que de todos ellos es tratado con menos consideración por su propio jefe.[74]

A principios de enero de 1827 Bello informó al ministerio de Relaciones Exteriores que Hurtado se negaba a pagar los sueldos del personal, y que ante esa situación le había representado los costos individuales y políticos de tal decisión. Hurtado, según Bello, no quiso cambiar su decisión alegando que ya no tenía ninguna responsabilidad en los asuntos financieros.[75] Así, se vio obligado a adquirir un préstamo a título personal para cubrir su sueldo y el del resto de la legación. A continuación, preguntó directamente a Hurtado, el 10 de enero de 1827, si existía alguna razón para merecer sus desaires y, de haberla, que la estampara por escrito para que él pudiese responder formalmente ante el gobierno.[76] Obviamente, quería terminar con una situación intolerable, pero tampoco recibió respuesta. Bello no sabía que el gobierno de Colombia ya había relevado a Hurtado de su puesto mediante un decreto firmado el 19 de octubre de 1826, en donde se nombraba a Bello *Chargé d'Affaires*. Tal acto le reivindicó, pero no tuvo conocimiento de este hasta finales de enero o principios de febrero de 1827. De cualquier manera, Bello debe haber sentido un gran alivio cuando asumió este cargo el 7 de febrero, el que mantuvo hasta el 4 de mayo de ese año, cuando José Fernández Madrid, que estaba entonces en París, tomó posesión formal del puesto de Hurtado.

No obstante, los problemas de Bello no terminaron, unidos como estaban al destino financiero y político de Colombia. Si bien es cierto que su situación empeoró bajo Hurtado, ya previamente su sueldo era insuficiente para cubrir las necesidades familiares. Además, sus solicitudes de traslado no recibían respuesta. Bolívar había escrito una carta a Fernández Madrid el 21 de febrero de 1827, en la que recordaba a Bello: "Ruego a Vd. haga conocer el contenido de esta carta a mi amigo Bello, a quien saludo con la amistad y el cariño que siempre le he profesado", pero sin hacer ninguna mención de la situación o solicitudes de

---

[74]   Bello a Bolívar, 21 de diciembre de 1826, OC, XXV, 224-225. Bolívar mismo no tenía la mejor opinion de Hurtado, como consta en su carta a Revenga fechada en Cusco el 10 de Julio de 1825, en *Cartas del Libertador*, IV, p. 371. Pero los rigores de la campaña en el Perú le impedían ocuparse directamente de los problemas de la legación en Londres.

[75]   Bello al ministro secretario de estado y relaciones exteriores de Colombia, 4 de enero de 1827, OC, XXV, 231-235. AGN, MRE, DT2, t. 314, ff. 197-198.

[76]   Bello a Manuel José Hurtado, 10 de enero de 1827, OC, XXV, 236-237.

su compatriota.[77] En la misma carta Bolívar nombraba a Bello, junto a Fernández Madrid y a Santos Michelena, para que se encargaran de la venta de sus minas de cobre en Aroa (Venezuela), comisión que fue extremadamente frustrante para todos los involucrados en ella.[78] Pero probablemente el golpe más duro para Bello fue cuando se enteró que, al concretarse el reemplazo de Hurtado por Fernández Madrid volvería a su puesto de secretario (cosa que esperaba) y con el mismo sueldo anterior (cosa que definitivamente no esperaba). En una carta a Bolívar, Bello hizo presente la injusticia de esta medida, puesto que el sueldo del secretario se encontraba en una relación de uno a tres respecto del ministro plenipotenciario, y ahora él quedaba a una distancia mayor respecto de Fernández Madrid: $ 3.333 pesos colombianos en lugar de los $4.000 que le correspondían de acuerdo con el reglamento. Bello pidió a Bolívar que corrigiera este error y agregó que "me es sensible la disposición citada, no por el perjuicio pecuniario que me irroga (aunque, en mis circunstancias, grave) sino por la especie de desaire que lo acompaña". Usualmente reservado, Bello esta vez planteó abiertamente que "estoy ya a las puertas de la vejez, y no veo otra perspectiva que la de legar a mis hijos por herencia la mendicidad".[79]

El diplomático caraqueño sintió algún alivio con la llegada de Fernández Madrid a Londres el 30 de abril de 1827. Ambos compartían intereses literarios y se apreciaban mutuamente aun antes de conocerse gracias a los buenos oficios del poeta José Joaquín Olmedo. La colaboración de ambos en la legación durante los dos años siguientes fue armoniosa, y sus intercambios revelan fuertes lazos de amistad. Pero la situación económica de Bello era realmente desesperada y además estaba convencido de que Bolívar, por alguna razón, le guardaba algún resentimiento. Desde su puesto como Ministro de Relaciones Exteriores, José Rafael Revenga hizo lo posible por convencerle de que Bolívar le tenía en una alta consideración y que la ayuda ya llegaría.[80] Pero Bello no podía vivir en esa incertidumbre: hizo nuevos intentos a través de José Manuel Restrepo, otro amigo miembro del gabinete, insistiendo que no podía seguir en Londres. Pedía específicamente un traslado a otro lugar, como Francia u Holanda, en donde pudiera vivir un poco mejor con el mismo sueldo.

Bolívar también enfrentaba problemas serios: regresó a Colombia desde Perú a fines de 1826 para enfrentar la grave crisis provocada por la actitud desafiante de José Antonio Páez frente a las autoridades del gobierno central en Bogotá. Bo-

[77]   Bolívar a Fernández Madrid, 21 de febrero de 1827, en *Cartas del Libertador*, V, pp. 387-388.
[78]   Paul Verna, "Bello y las minas del Libertador. Andrés Bello corredor de minas y bienes raíces en Londres", *Bello y Londres*, I, 460-486.
[79]   Bello a Bolívar, 21 de abril de 1827, OC, XXV, 296-297.
[80]   Revenga a Bello, 30 de abril de 1827, OC, XXV, 307-308.

lívar estaba convencido de que esta crisis había sido provocada por el legalismo dogmático de Santander y su incapacidad por comprender las raíces del regionalismo venezolano. Sea esto cierto o no, Bolívar decidió romper relaciones con Santander el 16 de marzo de 1827. En una carta del 26 de mayo de 1827 dirigida a Fernández Madrid, Bolívar reconoció la magnitud de sus problemas, señalando que Perú "se perdió", y que el sur de Colombia (muy pronto Ecuador) estaba "muy comprometido" por la traición de un grupo de militares adeptos, pensaba, a Santander. Hizo también un resumen de los conflictos que agitaban el territorio y reconoció sentirse sobrepasado; envió saludos a Bello pero indicó que no tenía tiempo para responder a sus preocupaciones, y aprovechó de preguntar si había habido algún progreso en la venta de sus minas.[81] Cuando finalmente respondió directamente a Bello el 16 de junio de 1827 lo hizo para declarar que no tenía ninguna influencia sobre Santander, quien estaba encargado del gobierno y por lo tanto de las relaciones exteriores. En una frase que debe haber sido particularmente hiriente para Bello, Bolívar agregó con impaciencia que "siento mucho que Vd. no haya concluido ningún negocio con los directores de las minas de Aroa".[82] Bello explicó a Bolívar que el problema con las minas era que los compradores potenciales, constituidos en la "Bolívar Mining Association" de Londres, no se ponían de acuerdo sobre los términos del contrato, y además, era su sospecha, no tenían realmente los fondos para concretar la adquisición. Al parecer Bolívar no comprendía, o estaba tan seriamente afectado por sus propios problemas que no podía comprender la gravedad de los de Bello. Aparte del asunto de las minas, estaba en ese momento al borde de asumir poderes dictatoriales en un intento desesperado por mantener la unidad, ya prácticamente destruida, de Colombia.[83]

El traslado a Chile

Poco después de las desilusionantes noticias que le envió Bolívar, a fines de 1827, Bello se contactó con Mariano Egaña. El ministro chileno se había transformado en un verdadero admirador y amigo de Bello, quien a su vez sentía suficiente

---

[81]   Bolívar a Fernández Madrid, 26 de mayo de 1827, en *Cartas del Libertador*, V, pp. 473-475.

[82]   Bolívar a Bello, 16 de junio de 1827, en *Ibídem*, 491.

[83]   Bello a Bolívar, 3 de enero de 1828, OC, XXV, 367-368. Las minas fueron finalmente vendidas, pero no en vida del Libertador. Con respecto al impacto familiar de esta gestión, véase Inés Quintero, *La criolla principal: María Antonia Bolívar, hermana del Libertador*, 2ª edición (Caracas: Fundación Bigott, 2004).

confianza con él como para manifestarle el deseo de dejar el servicio diplomático de Colombia. Egaña entendió y no perdió el tiempo en recomendar al gobierno chileno, en carta del 10 de noviembre de ese año, que contratara a Bello para algún puesto administrativo en Santiago.[84] Entre tanto, los amigos de Bello en Bogotá hacían lo posible por conseguirle una mejor situación, pero todo lo que lograron fue un nombramiento como ministro plenipotenciario ante Portugal, lo que en términos de rango diplomático era un descenso y no una promoción. Podía, mientras se aprobaba su nombramiento, asumir el puesto de Cónsul General de Colombia en Francia, pero desde Londres y sin ninguna mención de sueldo o gastos.[85] El 15 de septiembre de 1828, después de un año sin ingresos, Bello finalmente se enteró de que el gobierno de Chile autorizaba su contrato como Oficial Mayor en un ministerio por determinarse en Santiago. El gobierno ofrecía pagar los costos de transporte y, en el caso de decidir no quedarse en Chile, financiar también su traslado a otro país hispanoamericano.[86] Bello no dejó pasar mucho tiempo antes de tomar la decisión: el día 19 de septiembre respondió al secretario de la legación chilena, José Miguel de la Barra, que "aceptando desde luego sus ofrecimientos me dispongo a verificar mi partida sin más dilación que la absolutamente necesaria para arreglar mis negocios".[87] Un paso de tal magnitud, es decir, el traslado a un país desconocido, estaba claramente motivado por su desesperada situación económica, sus dudas de que Colombia le ofrecería un puesto mejor (y que lo financiase), y también su percepción de que este país no solo no tenía ya credibilidad financiera sino que además se desintegraba políticamente. Pero también hay otro factor, tal vez más personal: la sensación de que Bolívar tenía algún grave resentimiento en su contra. El día 2 de diciembre de 1828 Bello comunicó cortésmente, pero con un dejo de amargura, que declinaba el honor de un consulado en París, y solicitaba que sus sueldos atrasados fuesen remitidos a su familia en Caracas y a sus acreedores en Londres. Allí también anunciaba que se trasladaría a

---

[84]   Egaña al Ministro de Relaciones Exteriores [José Miguel Solar], 10 de noviembre de 1827, en *Documentos de la misión*, pp. 447-448. Resulta difícil determinar cómo y cuándo se produjo un giro en la relación de Egaña y Bello, pero una buena indicación es el patrocinio de Bello a Egaña como lector de la biblioteca del Museo Británico el 29 de marzo de 1827. Véase *Admissions to the Reading Room, 1827-1835*, p. 7. Central Archives, British Museum, Londres.

[85]   El nombramiento de Bello como Cónsul General en Francia (14 de agosto de 1828) se encuentra en AGN, MRE, DT2, t. 250, f. 39.

[86]   José Miguel de la Barra a Andrés Bello, 15 de septiembre de 1828, en *Documentos de la misión*, pp. 609-610. De la Barra señalaba que el gobierno de Chile había aprobado la recomendación de Mariano Egaña (del 10 de noviembre de 1827) el 6 de mayo de 1828.

[87]   Bello a José Miguel de la Barra, 19 de septiembre de 1828, OC, XXV, 401.

Chile, y que desde aquel país haría todo lo posible por ser de algún servicio para Colombia.[88]

A Fernández Madrid, sin embargo, reveló el verdadero estado de agitación en que se encontraba a punto de zarpar rumbo a Chile: "Escribo ésta a las cuatro y media de la mañana, en que al fin tengo todo arreglado, y aguardo con impaciencia que amanezca para dejar esta ciudad, por tantos títulos odiosa para mí, y por tantos otros digna de mi amor, particularmente ahora que la habita el primero de los hijos de Colombia y el mejor de los hombres". Sus lazos de amistad con Fernández Madrid, los casi veinte años de dichas y desgracias en Londres, y la decisión final de partir a Chile se resumen en su emocionado "¡Adiós! ¡Adiós!" con que cierra esta carta.[89]

Fernández Madrid, que estaba muy enterado de los planes de Bello, tenía sentimientos encontrados por el afecto que sentía por el caraqueño y su interés por mantenerlo en el cuerpo diplomático de Colombia. En una carta a Bolívar fechada 6 de noviembre de 1828, Fernández Madrid hizo presente el costo de perder a Bello:

En mi concepto la pérdida del señor Bello debe ser muy sensible a Colombia, porque tenemos muy pocos hombres que reúnan la integridad, talento e instrucción que distinguen a Bello. Yo siento mucho verlo separarse de mi lado, porque en cualquier asunto grave que pueda ofrecerse, sus consejos y sus luces me serían muy útiles. Es por demás decir a usted que mis recursos y mi casa han estado siempre a su disposición; pero usted conoce su genio demasiado reservado; así, nunca ha hecho uso de mis sinceras y reiteradas ofertas.[90]

Bolívar reaccionó alarmado:

Últimamente se le han mandado tres mil pesos a Bello para que pase a Francia; y yo ruego a Vd. encarecidamente que no deje perder a ese ilustrado amigo en el país de la anarquía [Chile]. Persuada Vd. a Bello que lo menos malo que tiene la América es Colombia, y que si quiere ser empleado en este

---

88   Bello a José Manuel Restrepo, 2 de diciembre de 1828, OC, XXV, 407-408.

89   Bello a Fernández Madrid, 13 de febrero de 1829, OC, XXV, 408-409.

90   Fernández Madrid a Bolívar, 6 de noviembre de 1828. Citado por Rodríguez Monegal, *El otro Andrés Bello*, p. 130. En relación al carácter "reservado" de Bello, Fernández Madrid ya había llegado a esta conclusión anteriormente, en una carta a su esposa del 19 de diciembre de 1827: "A Bello lo quiero porque es muy buen sujeto, pero tan reservado y puntilloso que es imposible tener confianza en él", citado por Berruezo León, *La lucha*, p. 421.

país, que lo diga y se le dará un buen destino. Su patria debe ser preferida a todo: y él digno de ocupar un puesto muy importante en ella. Yo conozco la superioridad de este caraqueño contemporáneo mío: fue mi maestro cuando teníamos la misma edad; y yo le amaba con respeto. Su esquivez nos ha tenido separados en cierto modo, y, por lo mismo, deseo reconciliarme: es decir, ganarlo para Colombia.[91]

Poco y tarde era lo que llegaba para Bello en Londres. Cuando Bolívar escribió esta carta Bello y su familia se encontraban atravesando el Océano Atlántico. Había salido del puerto londinense de Gravesend el 14 de febrero de 1829 a bordo de la nave mercante *Grecian*. Así lo informó el descorazonado José Fernández Madrid al Ministro de Relaciones Exteriores una semana después: "Mi amor a la justicia y el deseo de que no se atribuya su separación del servicio de la República a otro principio que el verdadero me obligan a repetir a V.S. que su resolución fue hija únicamente de la imposibilidad en que se hallaba de continuar con su numerosa familia subsistiendo en Europa".[92]

Bello recibiría y conservaría un extracto de la carta de Bolívar, que le fue enviada por Fernández Madrid a Chile, pero no cambiaría ni lamentaría su decisión. Para fines de 1830 el libertador enfrentaba su hora final y Bello comenzaba no el ocaso que temía, sino la etapa más productiva de su vida.

---

[91] Bolívar a Fernández Madrid, Quito, 27 de abril de 1829, en *Cartas del Libertador*, VII, pp. 127-128.

[92] Fernández Madrid al Ministro (Estanislao Vergara), 23 de febrero de 1829, AGN, MRE, DT2, t. 323, f. 25.

Capítulo IV

En el país de la anarquía, 1829-1840

Apenas desembarcó en el puerto de Río de Janeiro rumbo a Chile, Bello escribió una nota a José Fernández Madrid que revelaba su estado de agitación: "Concluyo rogando a usted, se interese por mi buen nombre en Colombia, dando a conocer la urgencia absoluta que me obligó a tomar la casi desesperada determinación de embarcarme para Valparaíso".[1] Bello se sentía comprensiblemente preocupado respecto de lo que le esperaba en Chile, pero esta carta demuestra cuánto le pesaba además el que, por desconocimiento de su angustiosa situación en Londres, se interpretara negativamente su renuncia al servicio de Colombia. Al final de cuentas, su decisión terminó siendo más feliz de lo que imaginaba en ese momento: aunque los dos primeros años después de su llegada parecían confirmar la descripción de Bolívar de Chile como "el país de la anarquía", en el lapso de una década este había logrado la consolidación del Estado nacional. Además, Bello encontró rápidamente un lugar influyente en la política y en la vida intelectual de Chile.

Los primeros diez años de la estadía de Bello en Chile representan un puente entre sus actividades intelectuales en Londres y las grandes obras publicadas en las décadas de los años 1840 y 1850. En efecto, con la excepción de sus tratados *Principios de derecho de gentes* (1832) y *Principios de ortología y métrica* (1835), la mayor parte de sus escritos en ese periodo aparecieron en la prensa o en monografías cortas que, aunque representan claros antecedentes de su obra posterior, deben ser entendidos en el contexto frecuentemente polémico en que fueron escritos.

Bello llegó a Chile en un momento crítico del desarrollo político del país, y pudo contribuir a la formación de sus instituciones estatales. Como redactor de prensa, hombre de confianza de los líderes de gobierno, funcionario de la administración pública y uno de los arquitectos de la Constitución de 1833, la biografía de Bello y la historia de Chile se encuentran indisolublemente ligadas.

---

[1]   Bello a Fernández Madrid, 4 de mayo de 1829, OC, XXV [*Epistolario*-1], 412.

La crisis política chilena

Cualquier recuento de la historia de Chile durante el periodo inmediatamente posterior a la independencia quedaría incompleto sin una mención al papel de Diego Portales (1793-1837), figura central de la política chilena que además tuvo una gran influencia en las primeras actividades de Bello en Chile. Portales era un hombre de negocios conocido por su hostilidad hacia la política, quien sin embargo no titubeó en involucrarse en ella durante la década de los años 1820 e influir en el destino de Chile por un largo trecho del siglo XIX. Portales no había tenido participación en el proceso de independencia, en parte por su juventud y en parte porque sus intereses radicaban más bien en el comercio. Su perfil político se definió a partir de 1824, cuando el gobierno transfirió la administración del estanco del tabaco, licores y naipes a la empresa formada por Portales y José Manuel Cea. La obligación de estos empresarios consistía en pagar el servicio de la deuda exterior, cosa que muy pronto dejó de hacer debido, según decían, al caos de la política chilena. El Congreso decidió rescindir el contrato en 1826, lo que lanzó a Portales a la política con el apoyo del movimiento de los "estanqueros", formado por los conservadores (y algunos liberales desilusionados) que exigían orden y un gobierno central fuerte.[2]

No es necesario relatar en detalle los sucesos de este periodo, puesto que esta etapa de la historia chilena y la figura de Portales mismo poseen una historiografía considerable.[3] En líneas gruesas, se puede ilustrar este momento como

---

[2]   Una importante fuente sobre el desarrollo político del periodo, que incluye abundante documentación, es la de Melchor Concha y Toro, *Chile durante los años de 1824 á 1828* (Santiago: Imprenta Nacional, 1862). Véase también Simon Collier, *Ideas and Politics of Chilean Independence, 1808-1833* (Cambridge: Cambridge University Press, 1967), de la cual hay una traducción reciente, *Ideas y política de la independencia chilena, 1808-1833* (Santiago: Fondo de Cultura Económica, 2012). Véase además Julio Heise, *Años de formación y aprendizaje políticos, 1810-1833* (Santiago: Editorial Universitaria, 1978). Una perspectiva revisionista es la de Gabriel Salazar, *Construcción de Estado en Chile (1800-1837). Democracia de los "pueblos". Militarismo ciudadano. Golpismo oligárquico* (Santiago: Editorial Sudamericana, 2005).

[3]   La literatura sobre Portales es extensa, pero quizás la fuente más importante sea Portales mismo, quien mantuvo una lúcida y fluida correspondencia. Véase la compilación de Ernesto de la Cruz y Guillermo Feliú Cruz, *Epistolario de don Diego Portales, 1821-1837*, 3 tomos (Santiago: Ministerio de Justicia, 1936-1937). Esta edición incluye ensayos introductorios de Ramón Sotomayor Valdés, Francisco Encina, Benjamín Vicuña Mackenna, Alberto Edwards, y varios más. Hay una edición reciente, ampliada y corregida, aunque con otros ensayos introductorios, de la cual cito: *Epistolario Diego Portales*, edición a cargo de Carmen Fariña Vicuña, 2 tomos (Santiago: Ediciones Universidad Diego Portales, 2007). Simon Collier amplía la cobertura de la historiografía en su "The Historiography of the 'Portalian Period' (1830-1891) in Chile", *Hispanic American Historical Review*, 57, N° 4 (Noviembre 1977), 660-690. Estudios más recientes incluyen Bernardino Bravo Lira, comp., *Portales, el hombre y su obra. La consolidación del gobierno civil* (Santiago: Editorial Ju-

la pugna entre los esfuerzos por organizar la institucionalidad política republicana de acuerdo con la ideología liberal y la tendencia a continuar y profundizar la tradición borbónica de administración centralista. La experimentación política, el desorden fiscal y la sucesión de gobiernos inestables llevaron a la revolución conservadora de 1829-1830 que culminó en la victoria sobre los liberales en Lircay el 17 de abril de 1830, y que dio a Portales la oportunidad para crear una institucionalidad política de larga vida en el siglo XIX.

Portales no tenía más ideología que el establecimiento del orden y la ley. Tenía eso sí un odio visceral a los políticos, especialmente liberales y prodemócratas. En una carta particularmente reveladora, Portales definió así sus ideas políticas:

> La *Democracia*, que tanto pregonan los ilusos, es un absurdo en los países como los americanos, llenos de vicios y donde los ciudadanos carecen de toda virtud, como es necesario para establecer una verdadera *República*. La *Monarquía* no es tampoco el ideal americano: salimos de una terrible para volver a otra y ¿qué ganamos? La *República* es el sistema que hay que adoptar; ¿pero sabe cómo yo la entiendo para estos países? Un Gobierno fuerte, centralizador, cuyos hombres sean verdaderos modelos de virtud y patriotismo, y así enderezar a los ciudadanos por el camino del orden y de las virtudes. Cuando se hayan moralizado, venga el Gobierno completamente liberal, libre y lleno de ideales, donde tengan parte todos los ciudadanos.[4]

La sinceridad de Portales respecto de la promoción de la virtud ciudadana puede ser cuestionable. Portales era un hombre obstinado, de opiniones rígidas, inclinado a reprimir antes que a persuadir, e impaciente con cualquier tipo de demandas populares. Al mismo tiempo, era un vividor que se sentía más cómodo con la gente de pueblo que con los aristócratas. Se le reputa haber dicho que no cambiaría una buena zamacueca por la Presidencia del país, y de hecho se le podía ver gozando de ese baile y cantando y tocando la vihuela hasta altas horas de la noche. Es decir, se trata de un personaje lleno de colorido que ha cautivado a generaciones de estudiosos y que sigue siendo fuente de debate. En términos políticos, sus objetivos eran tan claros como los

---

rídica de Chile-Editorial Andrés Bello, 1989), Sergio Villalobos, *Portales: Una falsificación histórica* (Santiago: Editorial Universitaria, 1989) y Alfredo Jocelyn-Holt Letelier, *El peso de la noche: Nuestra frágil fortaleza histórica* (Buenos Aires: Ariel, 1997). El libro de Enrique Brahm García, *Mariano Egaña. Derecho y política en la fundación de la República conservadora* (Santiago: Ediciones Centro de Estudios Bicentenario, 2007) ayuda a contextualizar tanto la figura de Portales como la historiografía en torno al periodo.

[4]   Portales a Cea, Marzo (día no indicado) de 1822, *Epistolario*, I, p. 8.

métodos autoritarios para conseguirlos y se referían principalmente a la imposición del orden luego de la experimentación política de la década de los años 1820. En este sentido el éxito de Portales fue enorme, puesto que el sistema que impuso sobrevivió a su asesinato en 1837 y el régimen fue liberalizándose gradualmente.

Resulta instructivo observar la trayectoria de Portales desde la perspectiva de Gran Bretaña, potencia que veía con poca simpatía las vicisitudes políticas de Chile en la década de los años 1820. Como se mencionó en el capítulo anterior, los esfuerzos de Mariano Egaña por investigar las actividades de Antonio José de Irisarri eran un reflejo del estado de incertidumbre y confusión que siguió a la caída de Bernardo O'Higgins en 1823. En Londres, Egaña trató de rescatar al país del daño causado por el empréstito de 1822. Además Chile necesitaba esos fondos, especialmente luego de la costosa campaña contra Perú. También necesitaba convencer a Gran Bretaña que era un Estado responsable y merecedor del reconocimiento internacional. El gobierno británico, por su parte, se manifestó muy escéptico respecto de la capacidad de Chile de pagar la deuda y consolidar su sistema político, y por lo tanto rehusó extender el reconocimiento que había hecho de Colombia, Río de la Plata y México en 1825. Chile fue paulatinamente abandonando las esperanzas de conseguir ese reconocimiento (que no llegaría hasta 1831, bajo el gobierno de Lord Palmerston), pero sí hizo un intento por cumplir con sus obligaciones financieras.

El desacuerdo a propósito de la institucionalidad política y administrativa fue una de las razones principales de la inestabilidad en la década de los años 1820. El sucesor de O'Higgins, Ramón Freire, gobernó sin éxito por la falta de consenso a este respecto. Como se mencionó en el Capítulo III, esta tarea fue aun más difícil con la Constitución de 1823, que fue adoptada y rechazada en el transcurso de un año. Los documentos constitucionales, a esta altura, ya eran parte aceptada, aunque debatible, de la vida republicana. Sin embargo, hasta 1828, cuando Chile adoptó la Constitución liberal propuesta por el gaditano José Joaquín de Mora, el país fue gobernado sin tal documento. Esta era la situación que desesperaba a Egaña en Londres, quien preguntaba con impaciencia, "¿No podría el Congreso dictar inmediatamente una ley orgánica que estableciese la forma de la administración pública?". Según él, "mis pasos, mi permanencia misma en Londres, será inútil si yo no puedo presentar al gobierno inglés una prueba de que Chile está constituido, está tranquilo, y está dando pasos hacia la consolidación de su gobierno y de sus instituciones".[5] No era necesario con-

---

[5] Mariano Egaña al Ministro de Relaciones Exteriores, 21 de junio de 1825, en *Documentos de la misión de don Mariano Egaña en Londres (1824-1829)*, compilación de Javier González Echenique (Santiago: Ministerio de Relaciones Exteriores de Chile, 1984), p. 199.

vencer a nadie en Santiago al respecto de la importancia de tal definición, pero para el momento en que llegó la carta de Egaña a la capital de Chile, Ramón Freire había disuelto el Congreso y el país se encontraba embarcado en un experimento federalista que exacerbó aún más la crisis política. En 1827 Freire entregó el poder al vicepresidente –de tendencias liberales– Francisco Antonio Pinto, quien intentó aminorar la intensidad de la experimentación política. El escenario, sin embargo, ya estaba preparado para un enfrentamiento entre los elementos liberalizantes de la comunidad política chilena (aunque restringidos a los círculos de gobierno) y una corriente conservadora más interesada en el orden que en la innovación política e ideológica. El resultado de este drama fue la corta pero intensa guerra civil de 1829-1830, que colocó a Portales en una importante posición de poder. Portales nunca ocupó la Presidencia, pero tampoco le resultó necesario, puesto que asumió personalmente los cargos ministeriales más importantes del gabinete del Presidente titular Joaquín Prieto. Portales era Ministro del Interior y Relaciones Exteriores, y de Guerra y Marina. Incluso cuando renunció para asumir el cargo de gobernador de Valparaíso siguió ejerciendo una enorme influencia en el gobierno nacional.

Las primeras actividades de Bello en Chile

El ambiente político de Chile no era particularmente propicio para un inmigrante en búsqueda de paz y seguridad, como lo era Bello cuando llegó al puerto de Valparaíso el 25 de junio de 1829. Como consecuencia de la polarización que experimentaba el país, el anuncio de la llegada de Bello suscitó rápidamente expresiones de nacionalismo y faccionalismo. El periódico *La Clave* anunció la llegada de Bello, como también su empleo en el gobierno, en su ejemplar del 17 de julio de 1829. En respuesta, el periódico *El Valdiviano Federal* declaró en su número del 30 de julio, que

> *La Clave* N° 4 nos anuncia que ha llegado de Inglaterra el distinguido literato don Andrés Bells [sic] y que empleado por el gobierno como corresponde a sus talentos, principiará muy pronto a prestar los servicios que aquel le había prometido, llamándole cerca de sí. Bien. Nosotros nada habíamos oído acerca de este individuo; será ciertamente como se nos dice, un gran literato. Pero cuando se recomienda ante el público a un extranjero, lo más necesario es, presentarle pruebas inequívocas de sus virtudes, y si no las hay, esperar que las dé antes de llamarle a los destinos: sin virtudes las luces son más bien

perjudiciales que útiles; y dígase lo que se quiera, en Chile hay ya una masa de ilustración que solo necesita ser impulsada por la probidad...[6]

La crítica estaba dirigida al gobierno, pero caracterizó negativamente a Bello como extranjero. Esta fue solamente la primera expresión de antagonismo, ya que la condición de extranjero sería aludida en múltiples otras ocasiones. José Miguel Infante, quien publicaba *El Valdiviano Federal*, era un ferviente "federalista", y por razones ideológicas, aunque también es posible que por otras menos políticas, pasó buena parte de los próximos quince años atacando cada vez más directamente a Bello.[7]

Infante había tenido una importante figuración intelectual y política durante el primer periodo de la independencia. Ocupó varios cargos de gobierno durante la Patria Vieja (1810-1814), y con posterioridad fue ministro del gobierno de O'Higgins, senador, presidente del Congreso y, brevemente, en 1825, Presidente del Consejo Directorial. Infante fundó *El Valdiviano Federal* en 1827 para promover un federalismo cada vez menos popular, y lo dirigió hasta su muerte en 1844. Con el triunfo de la revolución conservadora quedó muy aislado y su postura política fue haciéndose cada vez más irrelevante. Pero en el momento de la llegada de Bello al país Infante era todavía una figura influyente.

Lo paradójico del ataque inicial es que Bello había sido contratado por el gobierno liberal de Francisco Antonio Pinto, y por tanto podía esperarse un ataque desde el lado conservador. Sin embargo Bello se encontró rápidamente dialogando con miembros de ese círculo político. Bello había conocido a Francisco Antonio Pinto en Londres entre 1813 y 1815. Una vez en Chile, y a pesar de la polarización política del país, ambos reanudaron una amistad que duraría por el resto de sus vidas.[8] Bello fue cercano a la familia e incluso tutor de Aníbal, hijo

---

[6] Este artículo apareció en *El Valdiviano Federal*, N° 28, 30 de julio de 1829, en respuesta al breve anuncio de *La Clave*, tomo 3, N° 4, 17 de julio de 1829. Estos periódicos se encuentran en la Sala Domingo Edwards Matte del Archivo Central Andrés Bello [ACAB]. El principal redactor de *La Clave* era Melchor José Ramos, liberal cercano al gobierno de Pinto.

[7] Sobre José Miguel Infante (1778-1844), véase Simon Collier, *Ideas y política* y su resumen de esta figura en Jay Kinsbruner y Erick D. Langer, eds., *Encyclopedia of Latin American History and Culture*, 2ª edición, 6 tomos (Nueva York: Charles Scribner's Sons, 2008), III, p. 835. También, Bárbara Achondo Larraín, "Un hombre de Estado. Vida política del federalista José Miguel Infante (1810-1844)", Tesis de Licenciatura, Instituto de Historia, Pontificia Universidad Católica de Chile, 2006.

[8] Juan Luis Ossa Santa Cruz, "Francisco Antonio Pinto en los albores de la República, 1785-1828", Tesis de Licenciatura, Instituto de Historia, Pontificia Universidad Católica de Chile, 2006. También su "La actividad política de Francisco Antonio Pinto: 1823-1828. Notas para una revisión biográfica", *Revista Historia*, 40, N° 1 (Enero-Junio 2007), 91-128.

de Francisco Antonio, quien llegaría a ser Presidente de la República en 1876. Al mismo tiempo, Bello cultivó estrechas relaciones con Mariano Egaña y su padre Juan, quienes eran firmes aliados del gobierno conservador que reemplazó a Pinto. Es decir, tenía amigos en ambos lados del espectro político, pero sus propias preferencias lo inclinaban hacia las fuerzas conservadoras.

Esta preferencia era el producto de una convicción personal. Como se ha descrito anteriormente, Bello tenía esperanzas de que el imperio español no se desintegrara como ocurrió con la crisis precipitada por Napoleón. También, atribuía el colapso de Venezuela al radicalismo de la primera república, y en Londres había asimilado las perspectivas antijacobinas y burkeanas de los reformistas de Holland House. Una vez en Chile se encontró con lo que parecía ser una nueva versión del mismo dilema entre cambio radical y necesidad de orden que caracterizaba la historia reciente de Hispanoamérica. En Chile, el episodio federalista de la década de los años 1820, y la oposición cada vez más tenaz de los tradicionalistas, inclinaron a Bello a tomar posición a favor de quienes defendían el orden antes que el cambio. Probablemente tenía también razones personales, tanto por su edad (cumplió 48 años en 1829) como por el tamaño de su familia (su esposa y seis hijos), anhelaba la seguridad y estabilidad que los conservadores, parecía, estaban en mejores condiciones de garantizar.

La esperanza de Bello al iniciar su carrera en la administración pública se vio de pronto alterada por un suceso inesperado. Al llegar a Chile, Bello se enteró de que su amigo y compañero de exilio en Londres, el gaditano José Joaquín de Mora, se había instalado en Santiago luego de una breve y agitada estadía en Buenos Aires. Mora había sido un intelectual de relevancia durante el trienio liberal (1820-1823) en España, y como tal una de las víctimas de la represión de Fernando VII. Una vez en Chile, Mora se lanzó de lleno a la política. Su llegada en 1828 coincidió con el periodo de experimentación federal, y tuvo por tanto la oportunidad de redactar la Constitución liberal (con elementos federalistas como la inclusión de asambleas provinciales, pero también con algunos rasgos más centralistas) adoptada en ese año. El expatriado español fue favorecido por el gobierno de Pinto con la dirección del Liceo de Chile, institución inaugurada para contrarrestar la influencia del Instituto Nacional, creado en 1813 con afanes patrióticos, pero ahora en manos de elementos conservadores.[9]

---

[9] La obra más completa sobre Mora es la de Luis Monguió, *Don José Joaquín de Mora y el Perú del Ochocientos* (Berkeley y Los Angeles: University of California Press, 1967). Fuentes más antiguas, pero todavía útiles, son las de Miguel Luis Amunátegui, *Don José Joaquín de Mora. Apuntes biográficos* (Santiago: Imprenta Nacional, 1888) y Domingo Amunátegui Solar, *Mora en Bolivia* (Santiago: Imprenta Cervantes, 1897). Referencias al exilio de Mora en Londres se encuentran en Vicente Llorens, *Liberales y románticos: Una emigración española en Inglaterra (1823-1834)*, 2ª edición

Bello y Mora habían colaborado en algunas publicaciones en Londres, y compartían intereses intelectuales muy similares, pero cuando se encontraron en Santiago fue en campos políticos opuestos. Bello estaba menos interesado que Mora en la política, pero resultó inevitable que en un contexto tan polarizado como aquel las actividades del primero fuesen consideradas como manifestaciones sectarias. Esto ocurrió cuando un grupo de familias conservadoras, con el apoyo de Diego Portales, fundó el Colegio de Santiago en 1829 para contrarrestar la influencia del Liceo de Chile y dar una alternativa académica a los conservadores más allá del sitiado Instituto Nacional. El primer director del Colegio fue el sacerdote conservador Juan Francisco Meneses, quien renunció para asumir, en diciembre de 1829, un cargo en el gobierno. A raíz de este traslado, Bello fue contratado para reemplazarlo a principios de 1830, y fue en ese cargo que se encontró en competencia directa, e incluso enfrentamiento, con José Joaquín de Mora.

Este último poseía un gran sentido del humor y un estilo literario mordaz. Incluso en una ocasión tan inofensiva como la inauguración de la cátedra de oratoria en el Liceo en abril de 1830, Mora encontró manera de ofender a sus rivales del Colegio de Santiago con referencias despectivas respecto del origen francés de varios de los profesores. ¿Cómo podían estos profesores enseñar a los jóvenes chilenos si apenas hablaban el castellano? Como director del Colegio, Bello salió en defensa del profesorado. En su respuesta a Mora señaló varios neologismos y galicismos en el discurso inaugural: ¿cómo podía Mora, criticar en otros lo que hacía él mismo? Este fue tan solo el comienzo, puesto que le sucedió una serie de artículos entre abril y agosto de 1830 en los que el tono fue haciéndose cada vez más destemplado. La polémica empezó con una discusión sobre puntos bastante densos de gramática, con detalles tediosos aun para quienes entendían que había algo político en juego. Sin embargo, a poco andar la polémica degeneró en epítetos cada vez más ofensivos y Bello se sintió obligado a aclarar que él no tenía parte en ella salvo en los aspectos lingüísticos del debate.[10]

(Madrid: Editorial Castalia, 1968) y María Teresa Berruezo León, *La lucha de Hispanoamérica por su independencia en Inglaterra, 1800-1830* (Madrid: Ediciones de Cultura Hispánica, 1989). Sobre el Liceo de Chile véase Carlos Stuardo Ortiz, *El Liceo de Chile, 1828-1831. Antecedentes para su estudio* (Santiago: Imprenta Universitaria, 1950).

[10] Bello hizo esta aclaración en el periódico *El Popular*, 10 de julio de 1830. Véase Alamiro de Ávila Martel, *Mora y Bello en Chile, 1829-1831* (Santiago: Ediciones de la Universidad de Chile, 1982), p. 193. Aparte de un ensayo introductorio, este libro incluye panfletos y artículos de prensa relacionados con la polémica. Véase también Raúl Silva Castro, *Don Andrés Bello, 1781-1865* (Santiago: Editorial Andrés Bello, 1965), especialmente el capítulo titulado "Bello y el Colegio de Santiago"; Eugenio Orrego Vicuña, *Don Andrés Bello*, 3ª edición (Santiago: Imprenta y Litografía Leblanc, 1940), especialmente el capítulo VIII, "Bello y Mora (Una querella pedagógica en 1830)"

Esta polémica tenía elementos académicos, pero su trasfondo era político, y Portales aprovechó la oportunidad para retirar el apoyo económico del gobierno al Liceo en mayo de 1830, lo que forzó a la escuela a cerrar sus puertas al cabo de poco tiempo. Mora no era de los que recibían tales golpes sin reaccionar, y pronto empezó a atacar a Portales y al nuevo gobierno (en ese momento a cargo de José Tomás Ovalle) a través de los periódicos liberales, *El Defensor de los Militares Denominados Constitucionales* y *El Trompeta*, provocando su clausura por parte del ministro.[11] Probablemente el escrito más ofensivo para el gobierno fue el cómico verso: "El uno subió al poder/ por la intriga y la maldad;/ y al otro, sin saber cómo, lo sentaron donde está./ El uno cubiletea,/ y el otro firma no más;/ el uno se llama Diego,/ y el otro José Tomás". El 14 de febrero de 1831 Portales ordenó el arresto de Mora y su expulsión del país.[12]

Mora tenía algún apoyo en Chile y era particularmente popular entre los jóvenes. Dos de ellos, José Joaquín Vallejo (conocido después como "Jotabeche") y José Victorino Lastarria, llegarían a ser figuras intelectuales y políticas de importancia en el Chile del siglo XIX. Lastarria, en particular, tenía gran admiración por Mora y cultivó un fuerte resentimiento contra Bello por el papel que jugó en la polémica y sus consecuencias. De hecho, se transformaría en el arquitecto de la imagen de Bello como un conservador recalcitrante cuyo propósito era impedir la liberalización política y cultural del país.[13]

---

y Emir Rodríguez Monegal, *El otro Andrés Bello* (Caracas: Monte Ávila Editores, 1969), especialmente el Capítulo IV, "La ardua aclimatación: Santiago (1829-1831)".

[11]   A través del primero de estos periódicos Mora se refirió a Bello sin nombrarlo: "Somos enemigos de personalidades; pero ya que nos provocan, es forzoso entrar en la lid. El Popular ha propalado los méritos de un americano ilustre que está haciendo grandes servicios al actual gobierno. Sea mui en enorabuena; mas no olvidemos, que este extranjero es hechura de D. Francisco Antonio Pinto, y de los hombres que le rodeaban en tiempo de su gobierno", *El defensor de los militares llamados constitucionales*, Nº 7, 10 de agosto de 1830. Agradezco a Juan Luis Ossa esta referencia.

[12]   Rodríguez Monegal, *Andrés Bello*, pp. 176-177; Monguió, *Mora*, p. 45.

[13]   En su *Recuerdos literarios: Datos para la historia literaria de la América española i del progreso intelectual de Chile*, segunda edición (Santiago: Librería de M. Servat, 1885), Lastarria dio sello final a esta imagen de Bello, y a la propia como el verdadero padre de la independencia cultural de Chile. Véase también su "Recuerdos del maestro", en Guillermo Feliú Cruz, compilador, *Estudios sobre Andrés Bello*, tomo I (Santiago: Fondo Andrés Bello, 1966), pp. 1-11, ensayo originalmente publicado en 1874.

Bello y Diego Portales

Un resultado importante de la polémica entre Bello y Mora fue la admiración y respeto que Portales adquirió por el venezolano, cuya ayuda en una variedad de tareas solicitó con frecuencia. La correspondencia de Portales demuestra cómo el ministro contaba con Bello para la asesoría jurídica en torno a temas nacionales e internacionales, y también cuánto recurría al formidable talento de Bello como escritor. La primera carta de Portales en que se refiere a Bello, de hecho, tiene que ver con el papel de este en la redacción del mensaje presentado por el vicepresidente Fernando Errázuriz al Congreso en junio de 1831.[14] Resulta pertinente mencionar aquí que los talentos de Bello como redactor de mensajes presidenciales fueron empleados por tres presidentes sucesivos (Joaquín Prieto, Manuel Bulnes y Manuel Montt) durante tres décadas. Portales quería dar a Bello una recompensa por el primer mensaje, pero anticipó que este la rehusaría y dio instrucciones al respecto. El Ministro se consideraba un buen juez del carácter de las personas, y sus declaraciones revelan cuán rápidamente detectó la timidez de Bello, su disciplina de trabajo y su sentido de la responsabilidad. No siempre estaban ambos de acuerdo, pero esto aumentó aún más la estima de Portales. En una carta a su corresponsal Antonio Garfias, el ministro explicó que no estaba particularmente contento con el discurso redactado por Bello para la conmemoración de la muerte de José Tomás Ovalle (quien había fallecido el 21 de marzo de 1831): "Recibí también la cosa de don Andrés y (confidencialmente) solo el cariño que profeso a este hombre, y el conocimiento que tengo de él, me hace disculparle".[15] También estuvieron en desacuerdo en otros asuntos, principalmente internacionales, en donde Bello generalmente tomaba posiciones de paz y negociación. Probablemente el desacuerdo más importante fue sobre la guerra contra la Confederación Perú-Boliviana entre 1836 y 1839.

La creación de esta confederación representaba, tanto en términos de territorio como de población, una amenaza estratégica para Chile. El líder de la confederación, Andrés de Santa Cruz, intentó establecer Callao como el puerto más importante del Pacífico, lo que, combinado con otras medidas económicas, provocó las acciones de Chile en 1836. El almirante Manuel Blanco Encalada fue despachado para iniciar la guerra a fines de ese año, pero este decidió consultar con Andrés Bello, quien ocupaba el cargo de Oficial Mayor en la cartera de Relaciones Exteriores, sobre las posibilidades de una solución pacífica. Bello

---

[14]   Diego Portales a Antonio Garfias, 15 de noviembre de 1831, en Portales, *Epistolario*, I, pp. 120-121.

[15]   Portales a Garfias, 22 de marzo de 1832, en *Ibídem*, I, p. 226.

ya se había manifestado en contra de un bloqueo, lo que frustraba enormemente a Portales, quien comunicó a Blanco Encalada que "he argüido mil veces a don Andrés, contra sus opiniones acerca del bloqueo, etc., pero me pone por delante los textos y no tengo más que callar".[16] Al final, sin embargo, Portales hizo caso omiso de las opiniones de ambos e inició la guerra.

A pesar de los desacuerdos con Bello, Portales dejó claras y elocuentes muestras de su estima por el caraqueño. Cuando Bello le pidió apadrinar a su hija María Ascensión en junio de 1832, lo hizo con su habitual temor de que se interpretaran mal sus intenciones, dada la influyente posición del ministro. Ante esto, Portales pidió a Garfias que respondiera:

> A mi señor compadre don Andrés Bello que reconozco la distinción que me hace eligiéndome para su compadre; que siento no estar en ésa para asistir personalmente al acto del renacimiento de mi ahijad[a], en que muy gustoso habría suplido toda mi fe, y que lo que me ha hecho gracia en su solicitud es la advertencia de que en ella no se propone mira alguna de interés; dígale que tal prevención no está bien en su boca, y me humilla con ella, pues que me juzga incapaz de conocer y distinguir a los hombres.[17]

A partir de este momento Portales se refirió casi invariablemente a Bello como "el compadre". En esta ocasión cubrió los gastos de la ceremonia de bautismo, y posteriormente envió a Bello los cigarros habanos que este disfrutaba, además de otros regalos. A solo unos días de su asesinato, perpetrado el 6 de junio de 1837 por soldados amotinados, Portales mencionó a Bello en una carta al ministro Joaquín Tocornal, acerca de una tarea pendiente.[18] El constante contacto entre ambos revela lazos de confianza y admiración; la amistad que se brindaron fue reconocida públicamente cuando Bello, ya Senador de la república, fue nombrado, junto a Mariano Egaña y Diego Antonio Barros (el padre del historiador Diego Barros Arana), para recibir los restos del ministro en el Senado. A continuación, Bello y Egaña presentaron el proyecto de ley sobre los honores que debían rendirse a la memoria de Portales.[19]

---

[16]   Portales a Blanco Encalada, 17 de octubre de 1836, en *Ibídem*, II, p. 650. Blanco Encalada, por su parte, comunicó a Bello los intentos de Santa Cruz por evitar una guerra en una carta de enero de 1837, incluida en OC, XXVI, 43-45. Blanco Encalada también era partidario de una solución pacífica.

[17]   Portales a Garfias, 9 de junio de 1832, en *Ibídem*, I, pp. 281-282.

[18]   Portales a Tocornal, 1° de junio de 1837, en *Ibídem*, II, p. 698.

[19]   "Homenaje a Portales. Proyecto de acuerdo, 10 de julio de 1837", en Bello, OC, XX [*Labor en el senado*], 19-22. Este proyecto fue aprobado por el Congreso sin modificaciones el 8 de agosto del mismo año.

Bello mismo fue uno de los constructores del denominado orden portaliano (aunque el nombre no es particularmente afortunado) debido a su papel en la redacción de la Constitución de 1833. El ministro tenía poco interés en teoría constitucional, y menos aún para redactar un documento de tal naturaleza. Empero, estaba persuadido de la necesidad de un régimen constitucional que definiera claramente las instituciones y procedimientos del gobierno y del Estado. La evidencia de la participación de Bello proviene de Portales mismo, quien señaló en una carta a Garfias que "mucho me agrada la noticia de que el compadre se haya encargado de la redacción del proyecto de reforma de la Constitución".[20] El ministro probablemente se refería a que Bello estaba revisando y puliendo un borrador del documento, puesto que la asamblea constituyente había sido convocada en 1831 y ya había borradores en discusión en 1832.[21] El más importante de estos fue el de Mariano Egaña, quien confiaba en el criterio legal y político de Bello a pesar de que este no compartiera sus ideas más conservadoras. De cualquier modo, no hay duda sobre la participación de Bello en este importante documento.[22] También publicó una defensa de la nueva Constitución, y con seguridad preparó el mensaje presidencial respectivo, dadas las coincidencias estilísticas y de fondo.[23]

La defensa apareció en *El Araucano* en el artículo titulado "Reformas a la Constitución", que merece especial atención como una clara expresión de las ideas políticas de Bello. El propósito era bosquejar los principales cambios introducidos por la convención constituyente (referida como la Gran Convención) a la Constitución de 1828. Cabe recordar que la Constitución de 1833 se planteó desde un principio como una reforma de la precedente más que como un documento totalmente nuevo. De aquí que tanto Portales como Bello se refirieran a "reformas". En su artículo, este identificó como las principales la eliminación tanto de las asambleas provinciales cuasifederales como del cargo de Vicepresidente. También la expansión de los poderes del Ejecutivo. Algunas

---

[20] Portales a Garfias, 3 de agosto de 1832, en Portales, *Epistolario*, II, pp. 239-240.

[21] Las actas de las sesiones fueron compiladas por Valentín Letelier, *La Gran Convención de 1831-1833* (Santiago: Imprenta Cervantes, 1901). Sobre los debates, tanto en el Congreso como en la prensa, véase Marcelo Leiras, "Ladrando a la luna: Periodismo, política y legislación en la elaboración de la Constitución de Chile, 1831-1833", en Paula Alonso, comp., *Construcciones impresas. Panfletos, diarios y revistas en la formación de los estados nacionales en América Latina, 1820-1920* (Buenos Aires: Fondo de Cultura Económica, 2003), 79-106.

[22] Véase Ricardo Donoso, "Prólogo", en Bello, OC, XX, liv. También Pedro Lira Urquieta, *Andrés Bello* (México y Buenos Aires: Fondo de Cultura Económica, 1948), pp. 151-152.

[23] El artículo "Reformas a la Constitución" apareció en tres partes en *El Araucano*, N° 140 (17 de mayo de 1833), N° 141 (25 de mayo) y N° 142 (1° de junio). La última parte va seguida del mensaje del presidente Joaquín Prieto jurando la Constitución el día 25 de mayo.

declaraciones reflejan un credo político de larga data desarrollado ya en Caracas y en Inglaterra, y que en Chile coincidía plenamente con el conservadurismo triunfante. Con respecto al documento reformado, afirmó que "no se encuentran en él aquellos principios de frenesí que la licencia acataba con ofensa de la justicia, y con mengua de la verdadera libertad" (XVIII, 86). Esta es una referencia indirecta al papel que jugó el federalismo de la década anterior al fomentar la politización de las provincias. Pero luego aclaró este punto al hacer referencia a los poderes respectivos del Presidente y del Consejo de Estado (un cuerpo consultivo establecido para la defensa de los derechos individuales). Allí Bello declaró que "la Gran Convención ha tratado sabiamente de enfrenar [sic] los esfuerzos del despotismo, y apagar el ardor de una inmoderada libertad de cuyo choque debiera resultar precisamente una espantosa anarquía" (XVIII, 89). Bello había hecho suya esta dicotomía entre despotismo y anarquía desde que entró en contacto con el pensamiento reformista de los *Whigs* en Inglaterra y encontró en Chile una gran recepción entre los que apoyaban el régimen de Portales. Estas ideas reflejaban sus convicciones políticas más arraigadas y en diversas oportunidades las implementó más allá de la política.

Bello y el derecho internacional

Bello desempeñó su primer cargo público en Chile en el Ministerio de Hacienda, pero para abril de 1830 ya estaba cumpliendo funciones de Oficial Mayor en el Ministerio de Relaciones Exteriores.[24] Como tal, le correspondió negociar el Tratado de Amistad, Comercio y Navegación firmado por Chile y Estados Unidos en 1832 y el tratado con Gran Bretaña e Irlanda para la abolición del tráfico de esclavos en 1839.[25] Cuando se regularizó este nombramiento el 30 de

---

[24]   El documento de nombramiento para el Ministerio de Hacienda, firmado por Francisco Ruiz Tagle y fechado 13 de julio de 1829, se encuentra en *CMO*, Caja 2, N° 38.

[25]   Los textos de los tratados se encuentran, respectivamente, en OC, XI [*Derecho Internacional-2*], 325-343 y OC, XIII [*Derecho Internacional-4*], 1-30. Un interesante detalle se encuentra en el documento identificado por el investigador John Mayo en Londres (Public Records Office, Kew Gardens, Londres, F/O 132/2), en donde el Cónsul General Británico en Chile, John White, se refiere a su entrevista con Bello en el Ministerio el 20 de agosto de 1834, lo que indica el nivel de sus actividades diplomáticas. En cuanto a las relaciones con Estados Unidos, véase Carlos Mery Squella, *Relaciones diplomáticas entre Chile y los Estados Unidos de América, 1829-1841* (Santiago: Editorial Andrés Bello, 1965), pp. 23-46 y, con referencias a Bello, véase T. Ray Shurbutt, "Personnel Diplomacy: The United States and Chile, 1812-1850", en su compilación, *United States-Latin*

junio de 1834, Bello ya era una figura clave de la política internacional, posición que mantuvo hasta su jubilación en octubre de 1852. Anteriormente, en 1832, Bello publicó el texto tal vez más influyente de derecho internacional en la Hispanoamérica del siglo XIX, el *Principios de derecho de gentes*. También jugó un papel crucial en el establecimiento de relaciones diplomáticas con España, política que generó una férrea oposición debido a que planteaba inquietantes preguntas no solamente sobre la sangrienta lucha por la independencia, sino también sobre el modo en que Chile debía considerar su pasado colonial. En el marco de la década de los años 1830, este era un asunto de relevancia directa para la definición del país como nación independiente, y para entender el papel de España en el nuevo contexto internacional.

En relación con los *Principios*, quizás lo más obvio resulta ser lo más sorprendente: que haya sido publicado. Y aún más sorprendente es que el gobierno decidiera financiar un tratado sobre temas internacionales cuando su mayor preocupación radicaba en asuntos domésticos, como la construcción de una nueva institucionalidad política.[26] Pero es importante tener en cuenta el propósito menos visible de Bello: el conocimiento de los principios básicos de derecho internacional era necesario para las instituciones e individuos encargados de la política internacional, especialmente en un país costeño como Chile, cuyo futuro económico dependía en gran medida del comercio exterior. También era necesario responder a temas prácticos como las demandas internacionales sobre la propiedad extranjera, y los límites de la responsabilidad del Estado en asuntos tales como la deuda externa y los actos criminales de extranjeros en territorio nacional. Una nación en ciernes podía tener otras prioridades, pero necesitaba una guía para su política exterior y para las negociaciones internacionales.[27]

American Relations, 1800-1850: The Formative Generations (Tuscaloosa: The University of Alabama Press, 1991), pp. 228-260. Un interesante episodio relacionado con Estados Unidos protagonizado por Bello (aunque bajo la firma de Portales) se encuentra en Iván Jaksić, "Dos cartas inéditas de Andrés Bello", *Anales de Literatura Chilena*, año 13, N° 20 (Diciembre 2013), 177-186.

[26] Bello pidió apoyo financiero del gobierno para esta publicación, dado que no existía ningún tratado de esta naturaleza, en castellano, para la enseñanza del ramo, "suscribiéndose por el número de ejemplares que tenga por conveniente". El gobierno respondió inmediatamente con una subscripción de 500 ejemplares. El documento, "Oficio a el Presidente de la República para financiar el Derecho de gentes", fechado 22 de diciembre de 1831 y firmado por el Presidente Prieto, se encuentra en el Archivo Central Andrés Bello [ACAB], Universidad de Chile, Bandeja 3, Caja 26, N° 819.

[27] Sobre la política exterior de Chile véase Ricardo Montaner Bello (un descendiente de Andrés Bello), *Historia diplomática de la independencia de Chile* (Santiago: Editorial Andrés Bello, 1961). Sobre el papel específico de Bello, Guillermo Feliú Cruz, *Andrés Bello y la redacción de los documentos oficiales administrativos, internacionales y legislativos de Chile* (Caracas: Fundación Rojas Astudillo, 1957) y Ernesto Barros Jarpa, "Bello: Mentor y anticipacionista", en *Estudios sobre la vida y la obra de Andrés Bello* (Santiago: Ediciones de la Universidad de Chile, 1973), pp. 119-144.

La obra tenía además un objetivo más ambicioso: el fundar la legitimidad internacional de las naciones que surgían del proceso de independencia. Esto explica, en gran medida, su éxito en otros países de Hispanoamérica, en donde el texto de Bello era utilizado tanto en los ministerios del ramo como en los establecimientos educacionales. Una edición venezolana apareció en 1837 y una colombiana en 1839. En 1844 el libro apareció en Bolivia y Perú. Una segunda edición se publicó en Santiago en 1844 y la tercera y última revisada por Bello vio la luz en Santiago en 1864. El texto pasó a ser parte del curriculum de la carrera de derecho en Argentina y Uruguay.[28]

Los estudios sobre derecho internacional que circulaban en América Latina en las décadas de los años 1820 y 1830 eran primordialmente europeos y no tomaban en cuenta el surgimiento de las nuevas naciones y sus implicaciones para el pensamiento jurídico internacional.[29] De aquí que un objetivo central de Bello fuese el incorporar el nuevo fenómeno de la independencia a las doctrinas y tratados existentes. Una de sus metas era establecer el principio de igualdad de las naciones. Cualquiera fuese su sistema político, o la manera en que hubieran surgido, las naciones debían considerarse en un plano de igualdad desde el punto de vista jurídico internacional. En la formulación de Bello, "siendo los hombres naturalmente iguales, lo son también los agregados de hombres que componen la sociedad universal. La república más débil goza de los mismos derechos y está sujeta a las mismas obligaciones que el imperio más poderoso" (X, 31). Con esta afirmación de igualdad Bello rechazaba la tradicional concepción jerárquica de los Estados como parte del orden natural. En un nuevo orden mundial que incluía a los países de Hispanoamérica, el estatus de nación requería solo de la posesión de orden interno y la capacidad de nombrar agentes que representasen a sus países en la conducción de las relaciones internacionales.

En los *Principios* Bello proporcionó una escueta pero significativa definición de independencia y soberanía: "La *independencia* de la nación consiste en no reci-

---

[28] Héctor Gros Espiell, "La influencia del derecho internacional de Bello durante la vida de su autor", en *Bello y Chile*, 2 tomos (Caracas: La Casa de Bello, 1981), II, pp. 139-160. Véase también, en el mismo tomo, Fernando Murillo Rubiera, "Variantes en las sucesivas ediciones del *Derecho Internacional* de Andrés Bello", pp. 161-168. La compilación *Andrés Bello y el derecho latinoamericano* (Caracas: La Casa de Bello, 1987) contiene varios artículos de análisis sobre el derecho internacional de Bello.

[29] Véase Frank Griffith Dawson, "The Influence of Andrés Bello on Latin American Perceptions of Non-Intervention and State Responsibility", publicado en *The British Yearbook of International Law, 1986* (Oxford: The Clarendon Press, 1987), pp. 253-315; Liliana Obregón, "Completing Civilization: Nineteenth-Century *Criollo* Interventions in International Law", Tesis Doctoral, Harvard University, 2002, y Louise Fawcett, "Between West and non-West: Latin American Contributions to International Thought", *The International History Review*, vol. 34, N° 4 (Diciembre 2012), 679-704.

bir leyes de otra, y su *soberanía* en la existencia de una autoridad suprema que la dirige y representa" (X, 32). Dado que las naciones podían surgir de situaciones históricas concretas que no necesariamente se ceñían a una teoría preestablecida, Bello agregó una serie de otras connotaciones al concepto de independencia en el derecho internacional:

> La independencia y soberanía de una nación es, a los ojos de las otras, un hecho; y de este hecho nace naturalmente el derecho de comunicar con ellas sobre el pie de igualdad y de buena correspondencia. Si se presenta, pues, un estado nuevo por la colonización de un país recién descubierto, o por la desmembración de un estado antiguo, a los demás estados solo toca averiguar si la nueva asociación es independiente de hecho y ha establecido una autoridad que dirija a sus miembros, los represente, y se haga en cierto modo responsable de su conducta al universo. Y si es así, no pueden justamente dejar de reconocerla, como un miembro de la sociedad de las naciones (X, 36).

La perspectiva de España, hasta la muerte de Fernando VII en 1833, era que los nuevos Estados hispanoamericanos no eran naciones sino simplemente colonias insurgentes. La argumentación de Bello, en este sentido, llamaba al reconocimiento de la independencia sobre la base de que tales Estados tenían la capacidad y las instituciones para proporcionarse sus propias leyes, tenían control efectivo de los territorios anteriormente españoles y estaban dispuestos a cumplir los dictámenes del derecho internacional. Bello proporcionó de esta manera una racionalización de la independencia, pero la comunidad internacional era libre de adoptar la posición de España, como de hecho ocurrió con varios países europeos que rehusaron otorgar el reconocimiento en las décadas de los años 1820 y 1830. Es en este contexto que el intelectual venezolano llegó a la conclusión de que la mejor manera de establecer relaciones diplomáticas, y por lo tanto reducir la vulnerabilidad internacional y asegurar la estabilidad nacional, era cultivar nuevos lazos con España. La muerte del recalcitrante Fernando VII en 1833 finalmente abrió la posibilidad de negociaciones al respecto, y Chile dio claras muestras de su interés por iniciarlas. Este era, sin embargo, un problema bastante delicado para la política interna de Chile.[30]

A comienzos de abril de 1834 el periódico *El Araucano* anunció varios cambios en la política exterior de España que tenían implicaciones importantes para Hispanoamérica. Dado que Bello estaba a cargo de las columnas sobre política

---

[30]   Diego Barros Arana, *Un decenio de la historia de Chile, 1841-1851*, 2 tomos (Santiago: Imprenta y Encuadernación Universitaria, 1905 y 1913), I, pp. 38-41.

exterior (como también de cultura) desde 1830, José Miguel Infante le atacaba sistemáticamente desde las páginas de *El Valdiviano Federal*. Sus posturas federalistas y libertarias lo hacían un enemigo acérrimo del régimen portaliano y ya que consideraba a Bello como su principal portavoz, no perdía ocasión de criticarlo. Poco después de la aparición de los primeros artículos sobre España en *El Araucano*, el *Valdiviano* calificó la cobertura como un plan encubierto para restaurar la monarquía española. Por ejemplo, el 21 de abril de 1834 el *Valdiviano* se refirió así a los artículos de *El Araucano*:

> Continúa la inserción de las piezas justificativas de las negras tramas de algunos americanos con el gabinete español para monarquizar en favor de la familia de nuestros antiguos opresores, y a voluntad de la Europa, el suelo a que deben su monstruosa existencia y que el amor a la libertad hizo regar con la sangre ilustre de sus verdaderos hijos.[31]

Como se ha mencionado anteriormente, el papel de Infante en el surgimiento de la nación hacía imposible ignorar sus críticas. Al mismo tiempo, este sostenía ideas políticas que habían sido derrotadas durante la revolución de 1829-1830 y además su insistencia en las virtudes del federalismo durante la década de los años 1830 era cada vez más repetitiva e irrelevante. El exiliado argentino (y más tarde Presidente) Domingo Faustino Sarmiento, quien redactaría la noticia necrológica de Infante en 1844, tuvo que luchar para encontrar algo positivo que decir respecto del antiguo patriota. Pero al final concluyó que Infante "no supo comprender su época, los nuevos intereses e ideas que habían surjido de la revolución misma", dando a entender que estos no iban en la dirección del federalismo en Chile.[32] Durante la década de los años 1830, sin embargo, las declaraciones de Infante exigían una respuesta, aunque solo fuese para reafirmar que el gobierno tenía una clara agenda ideológica y política. Fue Bello quien contestó:

> *El Valdiviano* ha tomado tiempo hace el deslucido trabajo de glosar nuestros artículos, pero de un modo sumamente lisonjero para los editores, pues sus cargos son tan futiles, sus interpretaciones tan violentas, sus argumentos tan aéreos y alambicados…El reconocimiento de nuestra independencia no será un *favor* de la España pero será siempre un *bien* para la América, porque la

---

[31]   *El Valdiviano Federal*, N° 9, 21 de abril de 1834.

[32]   Domingo Faustino Sarmiento, "D. José Miguel Infante, Redactor del Valdiviano Federal", en *Obras Completas*, tomo 3 (Santiago: Imprenta Gutenberg, 1885), pp. 246-247. Este artículo fue originalmente publicado en *El Progreso*, 26 de abril de 1844.

paz es un bien, y porque ella extenderá nuestro comercio, poniéndonos en relación, sea con la España misma, sea con otras naciones que se abstienen de tratar con nosotros mientras carecemos de un título que, según ellas, es necesario para legitimar nuestra existencia política (XI, 303-305).

El debate siguió por varios años más, hasta que Chile finalmente estableció relaciones diplomáticas con España en 1844.[33] Esta fue una gran victoria para el gobierno, pero a un costo personal muy alto para Bello. Desde comienzos del debate sobre el reconocimiento, Infante no tuvo remilgos en atacar al venezolano en términos a veces bastante ofensivos. Debido a que las leyes de imprenta de 1828, en ese momento vigentes, penalizaban la injuria, Infante evitaba nombrar a Bello directamente.[34] Sin embargo, tanto Infante como otros escritores experimentaban con los límites de la ley y utilizaban varios giros lingüísticos ingeniosos para identificar a quienes eran los blancos de sus ataques. Infante, en particular, usaba dos estrategias para referirse a Bello sin nombrarlo. Dado que Bello era el redactor principal de *El Araucano* y se le acusaba de ser monarquista, Infante simplemente usaba la frase "el araucano monarquista". Dado que 'Bello' es, además de apellido, un adjetivo, Infante podía usar términos como "bella frase", "bella lección" o "bello plan" para referirse sardónicamente a su contrincante. El hecho de que Bello fuese además extranjero (a pesar de que se le otorgó ciudadanía chilena por decisión del Congreso el 17 de octubre de 1832),[35]

---

[33] Por un periodo en 1835, el periódico *El Philopolita* se sumó a *El Valdiviano Federal* en una campaña en contra del establecimiento de las relaciones con España. El primero publicó solo 15 números entre agosto y noviembre de 1835. Cinco de estos números (1, 2, 3, 6 y 7) contenían artículos del mismo tono y contenido que *El Valdiviano*. Los principales redactores de este periódico eran Manuel José Gandarillas y Diego José Benavente. Una discusión sobre el tema, con la documentación diplomática correspondiente, se encuentra en Selim Carrasco Domínguez, *El reconocimiento de la independencia de Chile por España: La misión Borgoño* (Santiago: Editorial Andrés Bello, 1961). Véase también María José Henríquez Uzal, "Chile", en Carlos Malamud (Coord.), *Ruptura y reconciliación: España y el reconocimiento de las independencias latinoamericanas* (Madrid: Fundación MAPFRE y Taurus, 2012), pp. 75-92.

[34] He comentado la ley de imprenta de 1828 en "Sarmiento y la prensa chilena, 1841-1851", *Revista Historia*, N° 26 (1991-1992), 117-144. Véase también Raúl Silva Castro, *Prensa y periodismo en Chile, 1812-1956* (Santiago: Ediciones de la Universidad de Chile, 1958), Gonzalo Piwonka Figueroa, *Orígenes de la libertad de prensa en Chile: 1821-1830* (Santiago: RIL Editores y Centro de Investigaciones Diego Barros Arana, 2000) y Eduardo Santa Cruz A., *La prensa chilena en el siglo XIX. Patricios, letrados, burgueses y plebeyos* (Santiago: Editorial Universitaria, 2010).

[35] Por iniciativa de los senadores Manuel José Gandarillas y Diego Antonio Barros se presentó el 12 de octubre de 1832 una moción ante el Senado para declarar a Bello ciudadano chileno legal. Esta fue aprobada por el Senado y luego por la Cámara de Diputados concretándose la otorgación el 17 de octubre. El acuerdo N° 617 declara que "el espresado don Andrés Bello es chileno legal,

y fuese ampliamente considerado como una persona de grandes conocimientos, daba a Infante múltiples oportunidades de referirse al caraqueño. Tal vez un buen ejemplo se encuentre en el siguiente párrafo:

> ...sí dirá al editor actual del *Araucano*, que si el silencio del *Valdiviano* en otras ocasiones que en periódicos ministeriales se le ha zaherido por la prensa le ha alentado hacer lo mismo, él se ha equivocado; podrá disimularse a un paisano, no a un miserable aventurero, que si no pudiendo o no queriendo existir en su país (no nos metemos a averiguar por qué) ha hallado patria en Chile la debe orijinariamente entre otros ese mismo a quien tiene la audacia de insultar. La estrechez del papel no permite mas estensión... en otro número analizaremos más detenidamente el bello rasgo del sabio patriota editor actual del *Araucano*.[36]

La declaración de Infante acerca de su propia injerencia en la llegada de Bello al país es sorprendente, puesto que no tuvo otra participación que la de atacar el nombramiento por la prensa. Es más probable que se haya referido a su papel en la creación de la república, lo que a su vez había permitido a Bello encontrar un país en donde vivir. La referencia de Infante a los "verdaderos republicanos" publicada el 15 de mayo de 1835 ayuda a clarificar su significado: "es necesario velar sobre los enemigos encubiertos: es necesario no darles la menor intervención ni influencia en los negocios públicos. Y para no equivocarse es necesario confiarlos a verdaderos republicanos", es decir, a aquellos chilenos de probadas

---

i debe gozar de todos los derechos que por ese título le corresponden". La ruta legislativa de este proceso puede observarse en *Sesiones de los Cuerpos Legislativos de la República de Chile*, 1811 a 1845, tomo XIX (Santiago: Imprenta Cervantes, 1898), pp. 477, 478, 505, 508 y 509. También Diego Barros Arana, *Historia General de Chile*, 16 tomos (Santiago: Editorial Universitaria, 2003), XVI, 188. Se ha cuestionado si hubo una ley específica al respecto, lo que aclara Alejandro Guzmán Brito en *Vida y obra de Andrés Bello* (Santiago: Globo Editores, 2009), p. 43. Años más tarde, a raíz de un debate en torno a la nacionalidad de sus hijos Carlos y Juan, ambos nacidos en Londres, Bello comentó que "no creo tener carta de naturaleza, la he buscado y no la encuentro; pero no hay duda, a lo que recuerdo y de haberse hecho la concesión o declaración competente por el cuerpo legislativo o por el senado. Lo que es cierto es que yo no creí hallarme en el caso de tener que solicitarla para ser chileno". Bello a José Victorino Lastarria, 7 de junio de 1849, en OC, XXVI [*Epistolario-2*], pp. 193-194.

[36] *El Valdiviano Federal*, N° 93, 15 de marzo de 1835. *El Philopolita* adoptó la misma estrategia usando el término "extranjero" como una connotación negativa para referirse a Bello. Los números 7 (16 de septiembre), 12 (21 de octubre), 13 (28 de octubre) y 15 (11 de noviembre) contienen referencias inequívocas a Bello. Un giro ingenioso de *El Philopolita* fue el uso de "el caballero Virgilio" puesto que Bello sentía un particular aprecio por este autor clásico.

credenciales antimonárquicas.[37] Estas declaraciones, hechas durante el debate sobre el reconocimiento de España, se referían obviamente a Bello, quien era extranjero y se le acusaba de monarquista. Este no se intimidó con tales ataques, y en una declaración que recuerda el pensamiento político de Benjamin Constant respondió: "No creemos que la forma monárquica, considerada en sí misma y haciendo abstracción de las circunstancias locales, es incompatible con la existencia de garantías sociales, que protejan a los individuos contra los atentados del poder" (XVIII, 93).[38]

Bello trató de no dar muestra alguna de indignación personal, lo que inducía a Infante a mayores provocaciones. Cuando Bello fue nombrado para formar parte de la comisión encargada de la redacción del Código Civil, Infante recordó a sus lectores que Bello era un extranjero.[39] Bello no respondió ni en ese momento ni cuando Infante lanzó el más demoledor y personal de sus ataques. En un artículo titulado "Torrente", el redactor de *El Valdiviano Federal* afirmó que el libro de Mariano Torrente, *Historia de la revolución hispanoamericana* (1830), demostraba que Andrés Bello (junto a Mauricio Ayala) había delatado a Simón Bolívar en un momento crítico de la conspiración contra el gobierno colonial en Caracas.[40] Infante agregó que Bolívar pudo haber sido condenado a muerte como resultado de la delación, y especuló acerca de cuál hubiera sido el destino de la independencia hispanoamericana en tal caso. Luego hizo su acusación central:

¡Quién lo creería! Pero lo estamos viendo. Uno de esos dos delatores existe colocado en nuestro gabinete desde doce años a la fecha, y lo que es más, con poderosa influencia en todos los negocios políticos de la república, sin

---

[37]   *El Valdiviano Federal*, N° 95, 15 de mayo de 1835.

[38]   Véase la declaración de Benjamin Constant: "Existen derechos individuales que son sagrados e indispensables y que deben ser hechos respetar tanto en una república como en una monarquía; sin ellos la monarquía y la república son igualmente intolerables, y con ellos igualmente buenos", en *Mémoires sur les Cent-Jours*, 2 tomos (París: Chez Béchet Ainé, Libraire Éditeur, 1820), I, p. 61.

[39]   *El Valdiviano Federal*, N° 151, 4 de enero de 1840.

[40]   El libro de Torrente se publicó en tres tomos en Madrid: Imprenta de Moreno, 1830. La mención a Bello aparece en el tomo I, pp. 56-57. La referencia de Infante contiene más certeza de lo que permite el ambiguo texto de Torrente, que sugiere que los caraqueños conjurados se habían aprovechado del deseo de popularidad de Emparan para promover sus designios. A continuación explica que "No faltaron sujetos que trataron de descorrer el velo fatal con que los finjidos confidentes de Emparan habían sabido encubrir sus artificiosos designios. El teniente del batallón veterano D. Mauricio Ayala, i el oficial mayor de la secretaría general D. Andrés Bello, se habían delatado como cómplices de la conjuración...". Es decir que Infante quiso ver delación *de* la conjuración allí donde Torrente parece sugerir una confesión de participación *en* la conjuración.

conocimiento probablemente por nuestros gobernantes de su disdensia [sic]. No es ahora que somos sabedores de tan negra delación, con que se intentó cruzar los primeros pasos de Bolívar. Por seis u ocho años, a que leímos con asombro: desde entonces la conciencia nos ha estado estimulando a darles publicidad, pero enemigos constantes de ocuparnos aun de las cosas públicas, si en algun modo afectan a personas, hemos guardado, debemos confesarlo, un silencio indebido...[41]

La escrupulosidad de Infante carecía de sinceridad, puesto que no había perdido oportunidad de lanzar ataques apenas encubiertos en contra de Bello desde su llegada. Esta vez, sin embargo, no pudo encontrar una acusación más hiriente en contra del venezolano, quien se sintió profundamente afectado al verse acusado de traición. Resistió el impulso de dar una respuesta pública, pero confesó privadamente a Miguel Luis Amunátegui cuán herido se sintió en su momento, por la imposibilidad de responder a un cargo hecho sin pruebas ni testigos.[42]

Infante era claramente capaz de recurrir a tácticas *ad hominem* y nutrir un intenso odio personal contra Bello. Pero el debate en torno al reconocimiento de España demuestra que había algo más que animosidades personales. Infante estaba convencido de que las promesas republicanas de la independencia habían sido frustradas en la década de los años 1830, y que Bello representaba una postura contrarrevolucionaria en torno a la construcción del Estado. Infante distorsionaba el problema al señalar que el objetivo de Bello era restaurar la monarquía, mientras que Bello rehusaba entrar en un terreno defensivo proclamando credenciales republicanas. Prefirió, en cambio, concentrarse en tareas institucionales y educativas que en último término eran menos conservadoras de lo que Infante creía: cómo educar a la ciudadanía en el objetivo más importante de la república –el establecimiento y consolidación del imperio de la ley.

---

[41] *El Valdiviano Federal*, N° 194, 19 de marzo de 1843.

[42] Miguel Luis Amunátegui, *Vida de don Andrés Bello* (Santiago: Imprenta de Pedro G. Ramírez, 1882), pp. 321-323. Amunátegui era obviamente parcial a Bello y proporcionó una serie de documentos para refutar la acusación de Infante. Bello también lo hizo, privadamente, en una carta al argentino Juan María Gutiérrez (1809-1878) fechada 9 de enero de 1846, en OC, XXVI [*Epistolario-2*], 113-116. Me he ocupado de este episodio, y de las relaciones entre Bello y Bolívar en "La república del orden: Simón Bolívar, Andrés Bello y las transformaciones del pensamiento político de la independencia", *Revista Historia*, 36 (2003), 191-218. Véase también Óscar Sambrano Urdaneta, *Verdades y mentiras sobre Andrés Bello*, 2ª edición aumentada y corregida (Caracas: Ediciones Anauco, 2005), pp. 35-45 y 113-137.

La reestructuración de los estudios jurídicos

El curriculum de leyes del Colegio de Santiago, en el que Bello fue tanto profesor como director, proporciona una de las primeras indicaciones de su interés por difundir el estudio de la institucionalidad jurídica de los diversos tipos de gobierno. Este curriculum incluía un examen de las obras de Bentham, Locke y Rousseau, aunque en gran medida para refutarlos. También incluía temas como el derecho civil y penal, que eran cubiertos con más detalle de lo común hasta ese momento en Chile.[43] Dado que el Colegio funcionó solo hasta 1831, Bello continuó enseñando el ramo en su residencia. Ese año dictó un curso sobre derecho natural e internacional y, en 1832, otro sobre derecho romano e internacional.[44] José Victorino Lastarria, quien estudió derecho romano y español bajo la tutela de Bello en 1834, anotó las siguientes observaciones:

> El señor Bello era sumamente serio, impasible y terco. Nunca explicaba, solo conversaba, principiando siempre por exponer una cuestión, para hacer discurrir sobre ella a sus discípulos. En estas conversaciones discurría y discutía él mismo, casi siempre fumando un enorme habano, hablando parcamente, con pausa y sin mover un músculo de sus facciones sino cuando las genialidades de [Domingo] Tagle le hacían olvidar su seriedad. Entonces se humanizaba y reía con gusto.[45]

Lastarria escribió estas líneas en 1873, cuando se encontraba construyendo una deliberada imagen de Bello como un conservador sin remedio, y la suya propia como la del padre del verdadero liberalismo chileno. La descripción de su maestro como un tradicionalista inflexible carece de objetividad, pero sus comentarios sobre las fuentes y naturaleza de la enseñanza de leyes en la década de los años 1830 resultan instructivos. En relación con el derecho romano, Lastarria explicó que Bello enseñaba sus lecciones en castellano, lo que era una innovación, pero que "a pesar de nuestras reclamaciones", insistía en "hacernos estudiar de memoria la *Instituta* de Justiniano, y de comprensión los comentarios de Vinnio".[46] En sus *Recuerdos literarios*, Lastarria acudió a la descripción de Mora sobre Arnoldo Vinnius

---

[43]   "Programa para los exámenes de los alumnos de la Clase de Principios Generales de Legislación. Colegio de Santiago. Año de 1831", en OC, XXI [*Temas educacionales*-1], 205-224.

[44]   Ávila Martel, *Mora y Bello*, p. 39.

[45]   Lastarria, "Recuerdos", en Feliú Cruz, *Estudios*, I, p. 5.

[46]   *Ibídem*, I, p. 6. Lastarria se refería probablemente a la obra de Arnoldo Vinnius, *Jurisprudentiae Contractae, sive Partitionum Juris Civilis Libri Quatuor*, cuya edición de 1736 Bello tenía en su biblioteca privada.

como "un disputador eterno, un compilador de mal gusto", y explicó que Bello enseñaba el derecho romano "no históricamente como lo espone Heinecio, sino en las fórmulas escolásticas de Vinnio, i amoldando nuestra edad moderna a la civilización de la era latina".[47]

Al contrario de lo que declaraba Lastarria, Bello estaba muy familiarizado con Heineccius y publicó más adelante su obra *Instituciones de derecho romano* (1843), que estaba basada en ese autor.[48] Su interés por el tema se alejaba bastante de las distinciones maniqueas de Lastarria, puesto que sabía que su enseñanza privada del derecho solo representaba una solución temporal para la necesidad más urgente de formar a una nueva generación de funcionarios públicos requerida por el sistema republicano de gobierno de Chile. Para él y para el gobierno de Joaquín Prieto la enseñanza del derecho debía establecerse sobre bases más firmes. Con el desmantelamiento del Liceo de Chile y el cierre del Colegio de Santiago solo quedaba el Instituto Nacional, que debía ser reformado para asumir el papel de importancia que el gobierno le asignaba en el país. En 1832 los educadores Manuel Montt (más tarde Presidente de Chile), Ventura Marín y Juan Godoy fueron nombrados para estudiar las reformas al currículum del Instituto. La reorganización que propusieron representaba una clara mejora, en relación con los estudios jurídicos en la década anterior, pero las expectativas nacionales eran ahora mayores, y Bello fue a su vez nombrado para evaluar el nuevo currículum. En un artículo fechado 21 de enero de 1832, Bello discutió el nuevo plan en su totalidad, pero se concentró particularmente en la enseñanza del derecho. Observó que de acuerdo con el proyecto de reforma el derecho romano sería enseñado solo a partir del tercer año de estudios, lo que a su parecer era demasiado tarde para estudiar un cuerpo de leyes que "es el origen y fuente de todos los derechos". Bello agregó que "el curso principal de esta profesión es el del Derecho Romano, y por mucho tiempo que se le consagre nunca será demasiado porque en él se encuentran cuantas ideas pueden apetecerse para adquirir un conocimiento radical de las demás que son sus ramos subalternos". Defendía, por tanto, al menos dos años de estudio de este ramo y señalaba también que "la enseñanza de la lengua nativa y de la latina, es la piedra fundamental de toda ciencia".[49]

---

[47] Lastarria, *Recuerdos literarios*, pp. 18 y 31.

[48] Hugo Hanisch Espíndola, "Fuentes de *Instituciones de derecho romano* compuestas por Andrés Bello y publicadas sin nombre de autor", en *Bello y Chile*, 2 tomos (Caracas: La Casa de Bello, 1981), II, pp. 75-138.

[49] "Observaciones sobre el plan de estudios de la enseñanza superior, elaborado por Montt, Marín y Godoy. Año de 1832", en OC, XXII, 619-634. El artículo de Bello apareció originalmente en *El Araucano*, N° 71, 21 de enero de 1832. Una fuente importante sobre el Instituto Nacional

Esta no era una recomendación cualquiera de revisiones y reformas. El eje de la discusión era la naturaleza misma de la educación en un sistema republicano. Y el Instituto Nacional era el principal establecimiento educacional del país para los planes del gobierno. Con el nuevo curriculum preparado por la comisión, más las revisiones propuestas por Bello, el Instituto Nacional comenzó una nueva etapa de su historia, esta vez con fuerte apoyo del Estado y una firme base intelectual. La enseñanza del derecho romano, en particular, quedó establecida.[50] Bello no obtuvo todo lo que propuso al respecto, especialmente la duración de los estudios, pero se sintió suficientemente satisfecho como para alabar, desde las páginas de *El Araucano*, los progresos del Instituto cuando los estudiantes rindieron públicamente sus exámenes finales en diciembre de 1833.[51]

Infante tenía muy buenos reflejos, y lo demostró con su agilidad característica cuando respondió "¿Qué mejoras ha recibido la enseñanza pública? *El Valdiviano* cree, que si se digiese [sic] empeoramiento, atraso, vicios, preocupaciones [i.e., prejuicios], se diría la verdad". Declaró además que si había algo que celebrar era la tradición del Instituto, que por supuesto él había ayudado a fundar en 1813, y el talento de los estudiantes. Pero el nuevo plan restauraba "el que obraba en tiempos de la Inquisición y la barbarie española". En cuanto a la enseñanza del derecho, se concentró en el romano. Haciendo uso de su típico sistema de referencias a Bello, exclamó

> ¡*Bello* plan para una república! Se oye nuevamente en las escuelas de derecho, repetir como en el tiempo de la servidumbre, que tienen fuerza de ley las Respuestas de los Prudentes, los Edictos de los Pretores, la voluntad del Príncipe, *sed et quod Principi placuit* y otra multitud de disposiciones de que abunda cada una de las páginas de ese rancio código, y que hoy como antes se obliga a los alumnos a aprender de memoria. ¿Se pretende acaso que revivan? Si no es así, ¿para qué imbuir a la juventud en lecciones de despotismo?[52]

---

durante este periodo es Domingo Amunátegui Solar, *Los primeros años del Instituto Nacional, 1813-1835* (Santiago: Imprenta Cervantes, 1889).

[50] Ávila Martel, "Bello y el derecho romano", en *Estudios sobre la vida y obra de Andrés Bello* (Santiago: Ediciones de la Universidad de Chile, 1973), pp. 79-97.

[51] *El Araucano*, N° 171, 20 de diciembre de 1833.

[52] *El Valdiviano Federal*, N° 75, 20 de enero de 1834. Infante agregó más comentarios en el número 77 del 15 de marzo de 1834. Véase sobre esta polémica Sergio Martínez Baeza, "Bello, Infante y la enseñanza del derecho romano: Una polémica histórica, 1834", en *Revista Chilena de Historia y Geografía*, N° 132 (1964), 196-229. La frase latina citada por Infante, de Ulpiano, está trunca: *Quod principi placuit, legis habet vigorem* ("la voluntad del príncipe tiene fuerza de ley").

La respuesta de Bello a esta imputación es particularmente significativa puesto que utilizó la oportunidad para hablar de los antecedentes romanos del derecho civil. El énfasis parece no haber sido notado por Infante y quizás por la mayoría de los lectores, pero dado el trabajo posterior de Bello en el Código Civil, que se discutirá en el Capítulo VI, su comentario representa un antecedente importante para comprobar que ya estaba impulsando la reorganización del derecho civil en Chile. El asunto era delicado, puesto que involucraba el mantenimiento de gran parte del derecho español dadas sus obvias conexiones con el derecho romano. Como señaló el 24 de marzo de 1834:

> Ahora bien, el derecho romano, fuente de la legislación española que nos rige, es su mejor comentario; en él han bebido todos nuestros comentadores y glosadores; a él recurren para elucidar lo oscuro, y restringir esta disposición, ampliar aquella, y establecer entre todas la debida armonía. Los que la miran como una legislación extranjera, son extranjeros ellos mismos en la nuestra (VIII, 492-493).

Pocas declaraciones tienen el peso de esta en el periodo posterior a la independencia: la "legislación española que nos rige" era una realidad contundente y seguiría siéndolo por otras dos décadas. Para el caso que hubiera alguna duda, el gobierno de Prieto decretó, el 1° de marzo de 1837, que la legislación española colonial tenía fuerza de ley.[53] De acuerdo con Bello, el país debía reconocer esta realidad, al menos hasta que hubiese un nuevo cuerpo de leyes. Como señaló en la polémica historiográfica de la década siguiente, que será discutida en el Capítulo V, "¿No vivimos nosotros bajo las leyes civiles de la España, como cuando éramos colonia española? ¿Dónde está el código civil que ha emanado de nuestro movimiento social?"[54] De cualquier manera, el derecho vigente en Chile no era necesariamente español, o despótico, sino simplemente romano, y como tal requería de estudio. Las leyes romanas, explicó, "han pasado por la prueba del tiempo", y trajo a colación el ejemplo de Francia, que había adoptado un nuevo Código Civil en 1804, pero que sin embargo se encontraba en la vanguardia de las naciones que cultivaban el estudio del derecho romano, incluso mucho después de la promulgación del Código. Bello agregó que "el derecho privado de los romanos es bueno, es el nuestro, y apenas hay en él una u otra cosa que necesite simplificarse o mejorarse" (VIII, 493-494).

---

[53] Alejandro Guzmán Brito, *Andrés Bello Codificador. Historia de la fijación y codificación del derecho civil en Chile*, 2 tomos (Santiago: Ediciones de la Universidad de Chile, 1982), I, pp. 79-80.
[54] Bello, "Constituciones", *El Araucano*, 11 de febrero de 1848, en OC, XXIII, 255-261.

Como se discutirá más adelante, Bello quería establecer con firmeza lo altamente problemático que sería introducir un sistema de leyes completamente nuevo. El mantenimiento de la legislación precedente era ciertamente un impulso conservador, pero Bello concluyó, a partir de ejemplos históricos, que ley y costumbre coexistían en dependencia mutua. Especialmente en asuntos de propiedad (un interés central del liberalismo emergente en Hispanoamérica), Bello quería evitar la creación de una nueva legislación que contradijera frontalmente las prácticas largamente establecidas, puesto que tal acto derivaría en conflictos. Desde su perspectiva, tal vez no muy ajena a la de nuestro propio tiempo, nada creaba mayor conflicto que el cambiar súbitamente las reglas del juego, cualquiera fuese el origen de esas reglas. Si la enorme compilación de un milenio de leyes romanas por parte del emperador Justiniano en el siglo VI enseñaba algo importante, era que las naciones hispanoamericanas debían reconocer las bases romanas de la legislación española que habían organizado la vida colonial por siglos. La nueva república debía construir sobre la base del precedente jurídico español antes que rechazarlo por completo.

Tales reflexiones no pusieron fin al debate, y allí estaba Infante para continuarlo, pero sus argumentos se hicieron repetitivos. Publicó un artículo memorable en donde refutó el argumento de Bello señalando que "los que miran al derecho romano como legislación propia son los verdaderos extranjeros en la nuestra", pero este era más bien un giro polémico que una alternativa o plan para enfrentar los dilemas de la historia y el futuro jurídico del país.[55] Como resultado, la enseñanza del derecho romano siguió impartiéndose, y Bello mismo preparó el texto más importante de este ramo, *Instituciones de derecho romano*, en 1843.

El estudio del idioma castellano

Bello había defendido la enseñanza del latín en su polémica con Infante, quien a su vez quería demostrar que aquel daba poca importancia a la enseñanza del castellano. Su propósito era agregar ribetes colonialistas y monarquistas a la postura de Bello, dado que el latín y el derecho romano eran rasgos integrales de la cultura colonial. Sin embargo Bello había publicado varios artículos sobre el castellano en la década de los años 1830, incluyendo la monografía *Principios de ortología y métrica* (1835). En este sentido, Infante revelaba su falta de imparcialidad

---

[55] *El Valdiviano Federal*, N° 82, 1° de junio de 1834. El incansable Infante continuó debatiendo en los artículos del N° 83 (1° de julio), N° 84 (1° de agosto), N° 85 (15 de agosto), y N° 86 (1° de septiembre), todos del mismo año, pero estos agregaban poco de nuevo.

y sus prejuicios respecto de Bello, pero igual logró influir en otras personas, tal vez por las mismas razones políticas, debido al lugar que Bello ocupaba en el gobierno de Prieto. Así, no había tema que Bello tocase sin que Infante y otros vieran propósitos ocultos de promover un retorno al colonialismo. Los objetivos de Bello en materias gramaticales tenían, sin embargo, pocas conexiones con el ámbito político inmediato, aunque sí los tenía con la construcción de una nacionalidad independiente. Durante la década de los años 1830 Bello se encontraba reflexionando sobre las relaciones entre el latín y el castellano, y aunque defendía la enseñanza del primero, consideraba problemático el aplicar las estructuras gramaticales del latín al español. En su conjunto, los escritos de esta década representan un puente entre las publicaciones sobre ortografía y filología en Londres, y su gran obra *Gramática de la lengua castellana* publicada en 1847.

La primera publicación de Bello sobre temas gramaticales en Chile fue un artículo titulado "Gramática castellana" impreso en *El Araucano* en 1832, que Infante parece haber pasado por alto.[56] En este artículo Bello defendía el estudio de la lengua patria "que es al mismo tiempo uno de los más necesarios, y de los más abandonados" y refutó el argumento de que el estudio de la gramática latina fuese suficiente para comprender la española. Aceptó que el latín proporcionaba algunas ideas generales sobre la estructura del lenguaje, pero el estudiante "no sabrá por eso la gramática del castellano porque cada lengua tiene sus reglas peculiares, su índole propia [y] sus genialidades" (V, 176). A continuación, Bello proporcionó una explicación bastante especializada de las deficiencias de varias gramáticas, y en especial aquella de la Real Academia Española. Tal como había demostrado en el artículo sobre ortografía discutido en el Capítulo III, Bello intentó ahora señalar las dificultades que generaba el modelo latino empleado por la Academia para estructurar la gramática castellana. Como ejemplo consideró los nombres castellanos, que la Academia hacía declinables por casos siguiendo el modelo de la lengua latina,[57] lo que hizo a Bello exclamar: "¿Puede haber cosa más contraria a toda filosofía, que hacer tipo universal de las lenguas lo que no es más que un carácter propio y peculiar del idioma latino?" (V, 179). La crítica de Bello no era, importa enfatizar, en contra de la enseñanza de la gramática latina, sino más bien en defensa de un estudio del castellano que utilizara categorías apropiadas para el idioma: "El objeto esencial y primario de una gramática nacional… es dar a conocer la lengua materna, presentándola con sus caracteres y facciones naturales, y no bajo formas ajenas" (V, 183).

---

56   El artículo apareció en *El Araucano*, N° 73, 4 de febrero de 1832. Está incluido en OC, V [*Estudios gramaticales*], 175-184.

57   Una útil discusión sobre los modelos gramaticales se encuentra en Barry L. Velleman, "Latinist and Universalist Models in Spanish Grammar", en Margarita Suñer, comp., *Contemporary Studies in Romance Linguistics* (Washington, D.C.: Georgetown University Press, 1978), pp. 330-339.

Resulta pertinente señalar aquí que aunque el concepto de "gramática nacional" podría sugerir una idea de nación como una entidad distintiva y peculiar, Bello buscaba, por el contrario, unificar la lengua de modo de establecer un medio compartido de comunicación con otros países hispano-parlantes, como también mantener la continuidad con la evolución histórica del castellano. Las naciones, en este sentido, podrían compartir rasgos comunes, especialmente en el área del idioma, sin que esto afectara su identidad nacional. Además, el llamado de Bello al estudio de la gramática nacional estaba muy lejos de defender el habla de Chile –o de cualquier otro país– como la forma más acabada o final de la lengua. En efecto, su postura respecto de las lenguas era que estas evolucionaban a partir de una matriz bastante estable, y que sería un error sacrificar el reconocimiento de esta evolución en aras de una gramática fija e inalterable. Bello ilustró este punto haciendo referencia a las deficiencias del castellano en Chile en su "Advertencias sobre el uso de la lengua castellana", artículo que se publicó en varios números de *El Araucano* entre 1833 y 1834.[58] Este ensayo, que Bello dirigió a los profesores y apoderados, incluía un catálogo bastante crítico del uso de construcciones gramaticales viciosas, pronunciaciones deficientes y la omisión de sonidos y palabras que caracterizan el habla de Chile hasta hoy. El propósito de Bello era llamar la atención sobre "las impropiedades y defectos", que consistían en "dar a sus vocablos una significación diferente a la que deben tener, o en formarlos o pronunciarlos viciosamente, o construirlos de un modo irregular" (V, 147). Para suavizar el impacto que tales críticas pudieran causar al orgullo chileno, Bello insistió que el país no era el único en caer en tales prácticas, e incluyó a España misma entre ellos. Sugirió además que, afortunadamente, todos ellos se podían corregir mediante la enseñanza, especialmente en los primeros niveles. En escritos posteriores, Bello explicó más detalladamente las razones de su preocupación, pero por el momento le importaba identificar y señalar la naturaleza y magnitud del problema.

A continuación Bello publicó, en 1835, el mencionado *Principios de ortología y métrica de la lengua castellana*.[59] Hacía una importante distinción entre ortología y métrica, incluyendo bajo el primero de estos términos el estudio de los sonidos elementales de las palabras, sus acentos y cantidades o tiempos. La métrica, por su parte, incluía el amplio espectro de la versificación, y la estructura del libro reflejaba esta división. En el prólogo de este estudio, Bello aclaró que el

---

[58]   El título completo es "Advertencias sobre el uso de la lengua castellana dirigidas a los padres de familia, profesores de los colegios y maestros de las escuelas". Está incluido en OC, V, 147-171.
[59]   La *Ortología* se incluye en el tomo VI [*Estudios filológicos*-1], 3-225, de las *Obras completas*. Un comentario sobre este libro se encuentra en la introducción de Samuel Gili Gaya (pp. xi-ciii), y en Carlos Valderrama Andrade, "Notas a la ortología y métrica de don Andrés Bello", en *Bello y Chile*, I, pp. 559-564.

conocimento de una lengua no podía restringirse al uso gramatical, enfatizando la importancia del estudio de la pronunciación. Es precisamente en este ámbito que Bello encontraba las mayores deficiencias del castellano hablado en Chile. Defendió, por tanto, el estudio de este ramo en los siguientes términos:

> Estudio es éste sumamente necesario para atajar la rápida degeneración que de otro modo experimentarían las lenguas, y que multiplicándolas haría crecer los embarazos de la comunicación y comercio humano, medios tan poderosos de civilización y prosperidad; estudio indispensable a aquellas personas que por el lugar que ocupan en la sociedad, no podrían, sin degradarse, descubrir en su lenguaje resabios de vulgaridad o ignorancia; estudio, cuya omisión desluce al orador y puede hasta hacerle ridículo y concitarle el desprecio de sus oyentes; estudio, en fin, por el cual debe comenzar todo el que aspira a cultivar la poesía, o a gozar por lo menos en la lectura de las obras poéticas aquellos delicados placeres mentales que produce la representación de la naturaleza física y moral, y que tanto contribuyen a mejorar y pulir las costumbres (VI, 5).

En este párrafo se encuentran varios temas que ocuparían a Bello en el futuro, pero dos de ellos merecen especial mención: en primer lugar, su preocupación y hasta temor de que el castellano se fragmentara al punto de crear nuevas lenguas y, en segundo lugar, su fe en el poder del idioma para promover la virtud y la moralidad a través del estudio de las grandes obras universales, y en particular las poéticas.

La perspectiva de Bello acerca de la importancia del lenguaje más allá de las funciones básicas de comunicación le hizo insistir en las reglas necesarias para su uso correcto. En el prólogo a la *Ortología y métrica* el autor respondió a la potencial crítica sobre la imposibilidad de alcanzar una uniformidad lingüística sin caer en medios autoritarios. Bello se oponía a una imposición de esta naturaleza dado que representaría una "autoridad inconciliable con los fueros de la república literaria, y que, si pudiese jamás existir, haría más daño que provecho; porque en las letras, como en las artes y la política, la verdadera fuente de todos los adelantamientos y mejoras es la libertad" (VI, 6-7). Pero por muy elocuentemente que expresara este sentimiento, los trabajos gramaticales de Bello se caracterizan por una tensión constante entre el temor a la corrupción de la lengua y la confianza en el poder del idioma culto para proporcionar una fuente de estabilidad, como también de innovación, apoyada en la razón.[60]

---

[60] Véase el interesante estudio de Julio Ramos, "*Saber decir*: Lengua y política en Andrés Bello" en su *Desencuentros de la modernidad en América Latina: Literatura y política en el siglo XIX* (México: Fondo de Cultura Económica, 1989), pp. 35-49. Sobre los aspectos gramaticales y lingüísticos

El estudio de Bello sobre versificación contenía otro elemento que importa destacar: el que proporcionaba una abundante selección de poesía española desde el *Cantar de Mío Cid* hasta el presente. Aunque incluía el examen de algunos poetas hispanoamericanos, en especial José Joaquín Olmedo y el cubano José María de Heredia, la gran mayoría de los poetas citados provenía de España. De esta manera, Bello parecía enfatizar que la independencia no significaba romper los lazos culturales con la península ibérica. Muy al contrario, los poetas de ambos lados del Atlántico podían proporcionar modelos para el desarrollo continuo del idioma, incluso en el contexto de la nacionalidad independiente.

La situación personal y familiar de Bello

La primera década de la vida de Bello en Chile fue bastante productiva y sin duda representó una gran mejora comparada con las dificultades que enfrentó en Londres. Fue bien recibido por gente que ya conocía, como Francisco Antonio Pinto, y otros que no, como Diego Portales. Muy pronto pasó a ocupar puestos importantes en dos gobiernos de sello político completamente diferente, e hizo importantes aportes a la formación del Estado nacional durante la década de los años 1830. Su situación personal es algo más difícil de calificar, pero la evidencia existente sugiere que se sentía cómodo en el nuevo ambiente y, con la excepción de un incidente que será comentado a continuación, Bello estaba dispuesto a permanecer en Chile por el resto de sus días.

Bello comunicó sus primeras impresiones sobre el país en una carta a su amigo José Fernández Madrid fechada 20 de agosto de 1829. Bello estaba todavía preocupado por la reacción de Bolívar ante su decisión de dejar el servicio de Colombia, pero no tenía ninguna duda al respecto, dado que "por lo que toca a mi situación doméstica, aunque llena de dificultades, es mejor que en Londres", y agregó la siguiente descripción de Chile:

El país hasta ahora me gusta, aunque lo encuentro algo inferior a su reputación, sobre todo, en cuanto a bellezas naturales. Echo de menos nuestra rica y pintoresca vegetación, nuestros variados cultivos, y aun algo de la civiliza-

---

véase Alfredo Torrejón, *Andrés Bello y la lengua culta. La estandarización del castellano en América en el siglo XIX* (Boulder: Society of Spanish and Spanish American Studies, 1993). Una perspectiva más amplia sobre la importancia del lenguaje en Bello se encuentra en Joaquín Trujillo Silva, *Andrés Bello: Libertad, Imperio, Estilo* (Santiago: Editorial Roneo, 2019).

ción intelectual de Caracas en la época dichosa que precedió a la revolución; y quisiera echar menos nuestros malos caminos y la falta de comodidades domésticas, mucho más necesarias aquí que en nuestros pueblos, porque el clima en el invierno es verdaderamente rigoroso. En recompensa se disfruta aquí por ahora de verdadera libertad; el país prospera; el pueblo, aunque inmoral, es dócil; la juventud de las primeras clases manifiesta muchos deseos de instruirse; las gentes son agradables; el trato fácil; se ven pocos sacerdotes; los frailes disminuyen rápidamente, y se goza, de hecho, de toda la tolerancia que puede apetecerse (XXVI, 7).

Bello nunca abandonó sus recuerdos nostálgicos de la Caracas prerrevolucionaria. Cuando le escribió a Pedro Gual en 1835, le pidió que recordase a "un antiguo condiscípulo, compatriota y amigo, que arrojado por los vaivenes de la revolución al hemisferio austral, recuerda todavía con el más vivo placer las escenas, sucesos y conexiones de la mejor parte de su vida" (XXVI, 30). Aunque ciudadano chileno a partir de 1832, Bello siempre se sintió, y se lo recordaban Infante y otros, un extranjero. En una carta al estadista peruano Felipe Pardo Aliaga en 1839, Bello manifestó que "aquí me tiene Ud., ciudadano chileno por la ley, y padre de chilenos, y empleado hace más de diez años por el gobierno, y… y sin embargo de todo eso tan extranjero como si hubiera acabado de saltar en tierra, en la opinión de casi todos los chilenos" (XXVI, 55). Bello dio también expresión poética a estos sentimientos en 1844:

> Naturaleza da una madre sola
> y da una sola patria… En vano, en vano
> se adopta nueva tierra; no se enrola
> el corazón mas que una vez; la mano
> ajenos estandartes enarbola;
> te llama extraña gente ciudadano…
> ¿Qué importa? ¡No prescriben los derechos
> del patrio nido en los humanos pechos! (I, 604).

Bello y su familia se instalaron en Santiago en la calle Santo Domingo entre las hoy llamadas Miraflores y Mac Iver. Esta era una ubicación conveniente para sus actividades, puesto que las oficinas del gobierno estaban a pocas cuadras en la Plaza de Armas. Más adelante la familia se trasladó a una espaciosa casa en la calle Catedral (N° 100) entre las actuales Teatinos y Amunátegui. Bello estableció pronto una rutina que mantuvo por el resto de su vida: se levantaba de madrugada, bebía una taza de chocolate caliente y trabajaba en su casa hasta el "almuerzo", que se servía entre las 9 y las 10 de la mañana. A continuación dividía su tiempo entre el Ministerio de Relaciones Exteriores y el Senado (cuando se encontraba en ejercicio). La cena se servía temprano, entre las 4:30 y las 5:00 de la tarde, y era seguida de caminatas ocasionales por La Cañada, como se llamaba entonces la Avenida Libertador Bernardo O'Higgins. Bello impartía lecciones privadas en su casa, en donde también preparaba sus artículos para *El Araucano*. La familia pasaba sus vacaciones en Valparaíso y algunas veces en la parcela de Manuel Blanco Encalada ("El Conventillo") o la casa de los Egaña en Peñalolén.[61]

Esta rutina permitió a Bello un amplio espacio de tiempo creativo, como lo demuestran los numerosos escritos que preparó durante la década. Pero su vida parecía tranquila solo en la superficie, ya que la familia debió sufrir nuevas tragedias. El hijo menor del matrimonio, José Miguel, murió en 1830 a la edad de dos años y el segundo hijo de Bello, Francisco, que era su favorito, comenzó a mostrar síntomas de la tuberculosis, que eventualmente terminaría con su vida, luego de una prolongada agonía, en 1845. Varios hijos nacieron en Chile durante esta década: Luisa Isabel (1831), María Ascensión del Rosario (1832), Dolores Isabel (1834), Manuel José Anselmo (1835), Josefina Victoria (1836), y Eduardo Benjamín (1838), pero el matrimonio tuvo que padecer la muerte de casi todos sus hijos.[62] Cuando Isabel Dunn murió en 1873, ocho años después que Bello, solo sobrevivían cuatro de sus quince hijos.

Como fue mencionado anteriormente, en un momento Bello consideró que su situación en Chile era lo suficientemente grave como para abandonar el país. Esto ocurrió durante 1836, cuando Bello y Portales tuvieron un desacuerdo acerca del conflicto entre Chile y la Confederación Perú-Boliviana.[63] Un documento

---

[61] Silva Castro dedicó un capítulo de su *Don Andrés Bello* (pp. 75-85) a las jornadas de Peñalolén. Véase también Lira Urquieta, *Andrés Bello*, pp. 155-56, y Carlos J. Larraín, "Peñalolén", en *Boletín de la Academia Chilena de la Historia*, N° 59 (1958), 56-97. Bello escribió en 1848 un poema titulado "A Peñalolén" honrando la memoria de Mariano Egaña (quien falleció en 1846) y refiriéndose al lugar. Se incluye en OC, I [*Poesías*], 290-291.

[62] Las partidas de bautismo en el Archivo del Arzopispado de Santiago (Parroquia del Sagrario) muestran que los padrinos de Luisa fueron Francisco Antonio Pinto y su esposa Luisa Garmendia. En la Parroquia de Santa Ana los registros de bautismo incluyen los nombres de los padrinos de Dolores (Bernardino Codecido y Eulalia Nieto), Manuel (Manuel Blanco Encalada y Mariana del Carmen Gana), Josefina (Carlos y Ana Bello) y Eduardo (Francisco y Luisa Bello). Si se toma en cuenta que el padrino de María Ascensión era Diego Portales, resulta obvio que la familia estaba muy bien conectada en los círculos sociales de Santiago.

[63] Luis Bocaz menciona una desavenencia previa, en relación al caso del capitán norteamericano Enrique Paddock (quien mató a varias personas en el puerto de Valparaíso) en 1832. Aunque la tensión no fue grave, resulta ilustrativa de las relaciones de Bello con el poder en general, y Portales en particular. Véase su *Andrés Bello*, p. 210, basado a su vez en un ensayo de Benjamín Vicuña Mackenna sobre el tema.

valioso que ilustra la diferencia de opinión lo proporciona Mariano Egaña, quien anotó en su diario privado, correspondiente al día 29 de febrero de 1836, que

> Pasé al consejo de estado, no hubo, pero Portales me detuvo para que concurriese a la sala de su ministerio de guerra, a una conferencia para determinar qué pasos debía dar el gobierno en los negocios del Perú, cuáles debían ser sus solicitudes, y bajo qué términos podrían ajustarse tratados. Los concurrentes fueron Blanco Encalada, Maqueira, Garrido, Lavalle, Bello, yo, don Antonio Garfias y los dos ministros. Yo opiné que la solicitud del gobierno de Chile debía ser se destruyese la confederación peruana, separándose absolutamente Bolivia del Perú. Bello y Garrido que solo se exijiese satisfacción por la prisión del enviado Lavalle y cooperación en la empresa de Freire; indemnización de 300.000 pesos por los gastos ocasionados a Chile por dicha empresa; el pago del millón y medio prestado al Perú del empréstito de Londres y sus respectivos intereses; y que el Perú, esto es, la confederación no pudiese mantener más de seis buques de guerra de pequeño porte. El ministro Portales que oídos los pareceres de los concurrentes, el gobierno tomaría la resolución que creyese más acertada.[64]

Portales asumió la postura más belicosa y, como se mencionó a comienzos de este capítulo, manifestó su impaciencia por las recomendaciones contrarias de Bello. Es importante recordar que Bello había tenido diferencias con sus superiores en el pasado, incluyendo Mariano Egaña, Manuel José Hurtado, y Simón Bolívar mientras se encontraba en Londres. En todos estos casos, su reacción fue la de abandonar el cargo antes que prolongar la agonía de las desavenencias. En Chile había podido establecer relaciones amistosas con Portales, pero como subordinado en desacuerdo con la política de su jefe, quien era el hombre más poderoso del país y además muy impetuoso en sus decisiones, Bello tenía buenas razones para considerarse en serios problemas. Así, escribió a su amigo Juan García del Rio para comunicarle sus inquietudes en carta fechada 13 de octubre de 1836. García era en ese momento uno de los principales asesores de Andrés de Santa Cruz, el mandatario de la Confederación. Aunque la carta de Bello no se ha conservado, la glosa detallada de García nos revela cuán preparado estaba para tomar una decisión

---

[64] Citado por Miguel Luis y Gregorio Víctor Amunátegui, *Don Andrés Bello* (Santiago: Imprenta Nacional, 1854), pp. 174-175. El escueto diario de Mariano Egaña fue dado a la luz por Jaime Eyzaguirre, "Diario de Don Mariano Egaña (1833-1836)", *Boletín de la Academia Chilena de la Historia*, Nº 1 (Primer semestre 1933), 57-79. Sin embargo no figura allí la cita de los Amunátegui que aquí se reproduce.

drástica en el caso de que sus desacuerdos con Portales se tornaran insuperables. García contestó de la siguiente manera:

> En justa correspondencia (y entendiéndose que mi indicación no procede de las circunstancias políticas del día, y que no puede ser mi ánimo ofender en lo más mínimo la delicadeza de V.), le manifestaré que he hablado largamente con el General Santa Cruz sobre V. y que él celebrará contribuir *a la mejora de su suerte*, si acaso encuentra V. que le conviene ahora, o más adelante, *cambiar de domicilio*. Estoy autorizado para asegurar a V. que sería muy bien acogido y considerado; repitiendo que esto no tiene que ver con las desavenencias del día, ni debe reputarse como injurioso a V. Su origen es más noble, como que se halla en el distinguido mérito de V. y en la amistad que le profeso.[65]

La carta de Bello fue redactada en un momento bastante delicado, puesto que Chile bajo Portales estaba en pie de guerra. Bello estaba convencido de que era posible evitar una conflagración, pero advertía que esta opinión no era la que Portales quería escuchar. Hasta cierto punto, Bello estaba en lo correcto puesto que unos días después (el 17 de octubre) Portales expresó a Manuel Blanco Encalada su frustración por la postura del caraqueño.[66] Además, Bello no necesitaba más que recordar lo ocurrido con José Joaquín de Mora para adivinar la actitud que Portales asumiría ante un opositor insistente. Pero Bello se equivocaba al pensar que Portales transformaría este episodio en un quiebre con su talentoso colaborador. De hecho, Portales le pidió, el 26 de diciembre de 1836, que se hiciera cargo de un delicado asunto que involucraba a Estados Unidos (sobre daños a la propiedad durante la guerra de independencia) y agregó una nota amistosa al pedido oficial. Un mes más tarde Portales le pidió otro servicio de confianza, esta vez relacionado con una disputa con Francia.[67] Con tales manifestaciones de amistad y respeto profesional, Bello dejó de lado sus preocupaciones iniciales. Hizo lo que pudo para evitar la guerra, pero una vez que esta comenzó apoyó plenamente al gobierno y nunca hizo objeción de su política.

La primera década de la vida de Bello en Chile estuvo caracterizada por su firme compromiso con la llamada "república conservadora". Durante el gobierno del presidente Joaquín Prieto fue Oficial Mayor de Relaciones Exteriores; editó y escribió artículos para el periódico *El Araucano*; participó en la redacción de

---

[65] García del Río a Bello, 29 de noviembre de 1836, en OC, XXVI, 39-41. Las cursivas son mías.
[66] Portales a Manuel Blanco Encalada, 17 de octubre de 1836, *Epistolario*, II, p. 650: "Hoy he vuelto a reconvenirlo con la carta de usted".
[67] Ambas comunicaciones se encuentran en OC, XXVI, 41-42 y 48.

la Constitución de 1833; llevó a cabo una serie de comisiones educacionales y fue elegido Senador (por Santiago) en 1837 gracias a una lista confeccionada por Diego Portales. Recibió el pleno apoyo del gobierno y él, a su vez, le dio toda su lealtad. Esta cercana relación con el régimen le causó los ataques de José Miguel Infante e hizo que su imagen, acuñada especialmente por José Victorino Lastarria, fuese la de un conservador tradicionalista sin ninguna simpatía por las aspiraciones libertarias que, tanto en lo político como en lo cultural, adoptaría la generación que surgió en la década de los años 1840.

Bello era en verdad conservador respecto al liberalismo radical de mediados de siglo, y liberal respecto del integrismo monárquico y absolutista. Lo que resulta claro es que no tenía posiciones fuertemente ideológicas y que además no se interesaba mayormente por la política cotidiana.[68] Si apoyó al Estado de la república conservadora fue porque lo concebía como una respuesta al problema central de la independencia: cómo establecer el orden mediante instituciones republicanas legítimas en el convulsionado contexto que siguió a la victoria militar contra el imperio español. Bello se esforzó por construir el orden político y cultural a partir de sus puestos de gobierno, pero en especial a partir de sus afanes intelectuales. No había ninguna razón específica por la cual el gobierno debía pedir a Bello escribir sobre filología y gramática, debatir sobre la importancia del latín y del derecho romano, o clasificar las diferentes formas de la versificación castellana. Todos estos temas eran propios del intelectual venezolano, quien los cultivó como parte de una agenda de construcción de la nacionalidad que era compatible con los propósitos políticos de Portales. Para Bello, como para este último, la república no significaba democracia o radicalismo revolucionario, sino más bien un edificio que debía construirse sobre bases sólidas, lo que desde la perspectiva del venezolano no involucraba un quiebre con el pasado sino, más bien, la asimilación de lo antiguo en el contexto de lo nuevo.

Lo nuevo, en este caso, era la transición de una monarquía absoluta a un sistema, la república, basado en la soberanía popular y la igualdad ante la ley. Desde la perspectiva de Bello, la nacionalidad independiente no significaba una

---

[68] Tal vez un buen ejemplo se encuentre en una carta de Bello a su hijo Juan fechada 28 de marzo de 1859, cuando Chile se encontraba en medio de una guerra civil: "No te hablo de política, porque no acostumbro hacerlo de palabra ni por escrito, cuando en esta materia no hai buenas noticias". Esta carta inédita se encuentra en *ACAB*, Caja 37B, N° 1.317. Se incluye como Anexo en este libro. He tratado el tema del apoliticismo de Bello y de otros personajes del periodo en mi "Ideological Pragmatism and Nonpartisan Expertise in Nineteenth-Century Chile: Andrés Bello's Contributions to State and Nation Building", en Miguel A. Centeno y Agustín Ferraro, eds., *State and Nation Making in Latin America and Spain* (Cambridge y Nueva York: Cambridge University Press, 2013), pp. 183-202.

ruptura con las fuentes de la cultura hispánica, sino más bien su renovación y difusión. Lo que esperaba de esta cultura era que proporcionara los valores cívicos y morales, antes inaccesibles dada la restringida educación, que sirvieran de sustento para la república. Aún más, estaba convencido de que el alfabetismo y la educación, en el contexto de la independencia, darían a los ciudadanos los instrumentos para comprender la ley que los debía regir y para ejercer sus derechos de una manera responsable. Se trataba de un plan ambicioso, pero que probaría ser enormemente exitoso en las décadas siguientes.

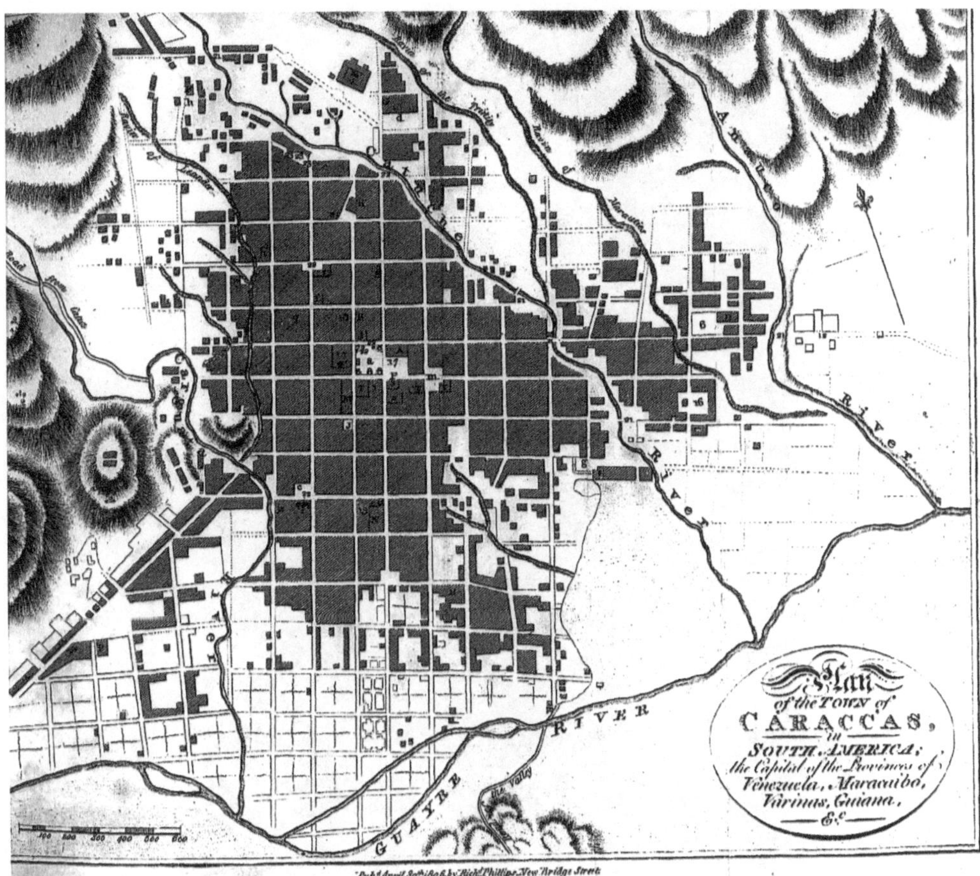

Mapa de Caracas, 1806. Tomado del libro de François Depons, *Travels in parts of South America, during the years 1801, 1802, 1803 & 1804* (Londres: J.G. Barnard, 1806). Varios mapas posteriores de Caracas se basan en este, incluyendo el de Rafael María Baralt en el *Resumen de la historia de Venezuela* (1841), libro que el hermano de Bello, Carlos, le envió desde su país natal, y al que se refiere en su carta de contestación (30 de abril de 1842): "Abro el Atlas, y recorro el mapa; qué de recuerdos, qué de imágenes se agolpan a mi imaginación. La vista de Caracas estará colgada en frente de mi cama, y será quizás el último objeto que contemplen mis ojos cuando diga adiós a la tierra...". El mapa muestra claramente los ríos Catuche, Guaire y Anauco, a los que Bello se refería con frecuencia y nostalgia durante su larga vida. La casa de Bello se encontraba en el Callejón de la Merced, en frente del convento mercedario.

Simón Bolívar en Londres, 1810, por Charles Gill (Unidad de Fotografía, Archivo Central Andrés Bello, de la Universidad de Chile). Bello enseñó a Bolívar literatura y geografía antes de viajar juntos a Inglaterra como miembros de la primera misión diplomática venezolana a ese país. A pesar de esta cercanía, su relación posterior estuvo plagada de tensiones y malos entendidos. En una carta a José Fernández Madrid (27 de abril de 1829), Bolívar se refirió a Bello de la siguiente manera: "Yo conozco la superioridad de este caraqueño contemporáneo mío: fué mi maestro cuando teníamos la misma edad; y yo le amaba con respeto". Bello declaró su propia admiración por Bolívar en varias ocasiones, pero nunca superó la tristeza que le causó la distancia entre ambos.

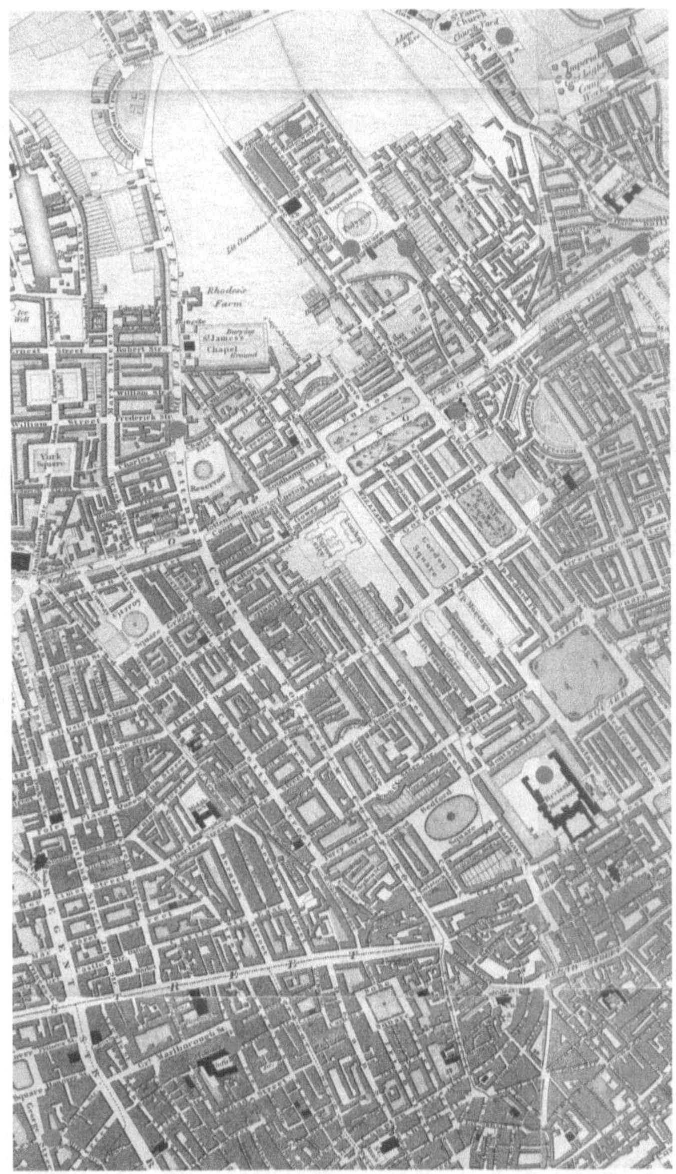

Este es el circuito de Londres en el que Bello se desplazó durante los 19 años de su estadía en Gran Bretaña. Muestra, en particular, el barrio de Somers Town en donde vivió, como asimismo la casa de Francisco de Miranda, el Museo Británico, la Iglesia de St. Pancras, y el cementerio donde enterró a su primera esposa y a su hijo Juan Pablo Antonio. Cuando se despidió de su amigo José Fernández Madrid el 13 de febrero de 1829, Bello resumió así su vida en Londres: "...aguardo con impaciencia que amanezca para dejar esta ciudad, por tantos títulos odiosa para mí, y por tantos otros digna de mi amor...". Llegaría a Valparaíso el 25 de junio de 1829. El mapa "Greenwood" de Londres es de 1827. Fue consultado en la Guildhall Library de Londres.

La sala de lectura original del Museo Británico se encontraba en el edificio "Montague House" hasta que fue demolido en 1834. Bello comenzó a frecuentar la biblioteca en 1814 y pasaría allí la mayor parte de su tiempo por el resto de la década. El ajetreo propio de la sala fue narrado con humor incomparable por el escritor norteamericano Washington Irving (*The Art of Book-Making*, 1819), quien asistía a la sala al mismo tiempo que Bello. El dibujo es obra de Thomas H. Shepherd (1792-1864) y fue trasladado a un grabado por Henry Melville en 1841.

Diego Portales (1793-1837), por Eduardo Armstrong (Unidad de Fotografía, Archivo Central Andrés Bello, de la Universidad de Chile). Una figura controvertida, Portales fue uno de los pilares del Estado conservador chileno. Aunque nunca ocupó la Presidencia, era en los hechos el estadista más poderoso del periodo, e influyente más allá de su muerte. Fue Portales quien reclutó a Bello y a otros talentosos pensadores y políticos, para transformar las instituciones políticas y jurídicas del país. Portales admiraba a Bello y fue padrino de su hija María Ascensión. Murió asesinado en 1837 por soldados amotinados, cuando Chile ya estaba en guerra con la Confederación Perú-Boliviana (1836-1839).

Andrés Bello, pintura de Raymond Monvoisin, 1844 (Unidad de Fotografía, Archivo Central Andrés Bello, de la Universidad de Chile). Este retrato muestra a Bello en la cúspide de su influencia en Chile, cuando asumió como Rector de la Universidad de Chile (1843). Bello, quien aparece aquí con la medalla distintiva de su rango, tenía en ese momento sesenta y un años de edad. Era también senador, autor renombrado de los *Principios de derecho internacional*, y el principal redactor del Código Civil. Este era también un momento bastante triste, puesto que había perdido a su adorada hija Dolores (Enero de 1843), a quien dedicó el mejor de sus poemas, "La oración por todos".

Manuel Montt (1809-1880), por Alexandro Capalti, 1865 (Unidad de Fotografía, Archivo Central Andrés Bello, de la Universidad de Chile). Montt fue un educador y jurista destacado, Ministro de Estado, y Presidente de Chile (1851-1861). A pesar de sus tendencias conservadoras y su apoyo incondicional al Estado portaliano, Montt era al mismo tiempo un gran promotor de reformas administrativas y sociales. En la década de los años 1840 Montt trabajó cercanamente con Bello en el establecimiento de un sistema educacional y también en la redacción del Código Civil, que presentó al Congreso en 1855. Durante su Presidencia logró impulsar la modernización y prosperidad económica del país, pero también contribuyó a polarizar la situación política, debiendo enfrentar dos revoluciones, en 1851 y 1859.

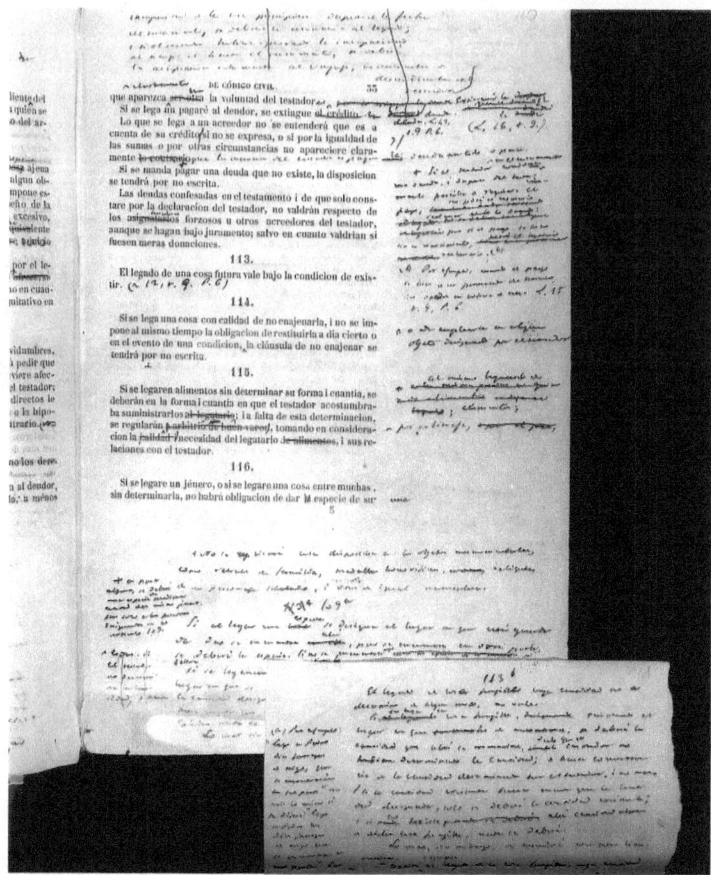

Revisiones manuscritas de Bello a páginas impresas del Código Civil, 1853 (Unidad de Fotografía, Archivo Central Andrés Bello, de la Universidad de Chile). Bello trabajó en el Código Civil por más de dos décadas, revisando e incorporando numerosos cambios a lo largo de los años. En esta imagen se pueden observar las revisiones de Bello al libro sobre sucesión. Este tipo de revisiones es típica del trabajo de Bello, como se puede observar también en las varias ediciones de su *Gramática* y en los *Principios de derecho internacional*. La colección más completa de los manuscritos de Bello se encuentra en Santiago, pero la Fundación La Casa de Bello en Caracas también posee una selección importante de documentos.

Isabel [Elizabeth] Dunn (1804-1873), Museo Histórico Nacional (Unidad de Fotografía, Archivo Central Andrés Bello, de la Universidad de Chile). Bello e Isabel se conocieron en Londres y se casaron en 1824. Tuvieron doce hijos, pero la mayoría murió antes que sus padres. Isabel nunca volvió a Inglaterra, a pesar de sobrevivir a Bello por ocho años. Se mantenía sin embargo informada de su país gracias a algunos periódicos, y mantenía lazos con la comunidad angloparlante de Chile. Este retrato no tiene fecha, pero probablemente data de mediados de la década de los años 1860.

Miguel Luis Amunátegui (1828-1888), por Giovanni Mocci (Unidad de Fotografía, Archivo Central Andrés Bello, de la Universidad de Chile). Amunátegui fue un conocido historiador y político. Con su hermano menor Gregorio Víctor fue autor de la primera biografía de Bello en 1854. La aumentó más tarde en la clásica *Vida de don Andrés Bello* (1882). Fue también editor de las *Obras completas* de su maestro (1881-1893), aunque falleció antes de ver los quince volúmenes impresos. Amunátegui era un gran admirador de Bello, y dedicó gran parte de su vida a organizar y descifrar sus manuscritos.

OBRAS COMPLETAS

DE

DON ANDRES BELLO

EDICION HECHA BAJO LA DIRECCION DEL CONSEJO DE INSTRUCCION PUBLICA

EN CUMPLIMIENTO

DE LA LEI DE 5 DE SETIEMBRE DE 1872

VOLUMEN I

FILOSOFÍA DEL ENTENDIMIENTO

SANTIAGO DE CHILE

IMPRESO POR PEDRO G. RAMIREZ

1881

Portada del primer tomo de las *Obras completas*, que consistió en 15 tomos publicados por la Imprenta de Pedro G. Ramírez y por la Imprenta Cervantes (dos finales) entre 1881 y 1893. Miguel Luis Amunátegui Aldunate alcanzó a redactar los prólogos de 11 tomos antes de fallecer. Los restantes fueron redactados por su sobrino Miguel Luis Amunátegui Reyes. El decreto original autorizando la publicación fue firmado por el presidente Federico Errázuriz en 1872, y lleva también la firma del ministro Abdón Cifuentes.

Litografía de Andrés Bello, de Pedro Cadot, dibujada por Luis Fernando Rojas en 1881, con motivo del centenario del nacimiento de Bello y publicada en el diario *La Época*. Se conserva en la colección de estampas y retratos de la Biblioteca Americana José Toribio Medina, de la Nacional de Santiago de Chile.

ANDRES BELLO

TEXTOS Y MENSAJES DE GOBIERNO

PRÓLOGO SOBRE

Andrés Bello y la Administración Pública de Chile.

POR

GUILLERMO FELIÚ CRUZ
Conservador de la
Biblioteca José Toribio Medina
de la Nacional de Chile

LA CASA DE BELLO
AÑO BICENTENARIO DE ANDRES BELLO
CARACAS, 1981

La edición más reciente de las *Obras completas* de Andrés Bello, en 26 tomos, fue publicada en Caracas por la Fundación La Casa de Bello entre 1981 y 1984, en el marco de las celebraciones del bicentenario del natalicio de Bello. Se trata de un esfuerzo de décadas, producto del trabajo incansable de Pedro Grases. Sin embargo no es definitiva, puesto que existen aún materiales inéditos.

Esta imagen de Andrés Bello corresponde a un daguerrotipo realizado por William George Helsby a principios de la década de los años 1850, cuando Bello tenía 70 o 72 años. La evidencia al respecto se encuentra en la correspondencia entre el Neo-Granadino Manuel Ancízar y Bello entre 1853 y 1854 en donde el primero le ruega encarecidamente el envío de un retrato, que Bello envió en el primer semestre de 1854. Se encuentra actualmente en el Museo Nacional de Colombia. Fue localizado por el historiador colombiano Daniel Gutiérrez Ardila, y se publica con la autorización del Museo Nacional de Colombia, que además suministró datos importantes. La restauración de la imagen pertenece a Carolina González Bravo.

Capítulo V

La década triunfal, 1840-1850

La década de los años 1840 comenzó muy auspiciosamente para Chile: el país había superado el difícil trance del asesinato de Diego Portales en 1837 y había triunfado en la guerra contra la Confederación Perú-Boliviana (1836-1839). El nuevo presidente, Manuel Bulnes, era el principal héroe de esa campaña y, en virtud de lazos familiares, estaba en una posición muy ventajosa para inaugurar un proceso de reconciliación con los opositores del régimen conservador. Bulnes era sobrino del presidente Joaquín Prieto, y estaba casado con la hija de su principal contendiente en las elecciones de 1841, el liberal Francisco Antonio Pinto. Todas las indicaciones apuntan a que Bulnes no tenía una agenda política muy ideológica ni tampoco afanes de liderazgo personalista. Además se rodeó en general de asesores bien calificados. Durante sus dos períodos presidenciales, entre 1841 y 1851 (fue reelegido en 1846), Bulnes encabezó una era de liberalización política, crecimiento económico y desarrollo institucional. Esta fue una época de estabilidad, aunque Bulnes enfrentó desórdenes electorales entre 1845 y 1846, y una grave crisis en torno a la designación de su sucesor, Manuel Montt, en 1851. La presidencia de Montt (1851-1861), por su parte, enfrentó dos serias rebeliones armadas, pero el gobierno se sostuvo y logró superar ambas crisis. En general, estas dos décadas estuvieron caracterizadas por un difícil equilibrio entre una tradición de gobiernos centralistas y autoritarios, y los intentos de expandir los derechos políticos contemplados en la estructura republicana de gobierno adoptada por Chile.

A pesar de las tensiones políticas, la liberalización de la sociedad chilena siguió su curso gracias a un clima más libre para el debate político, la expansión gradual del alfabetismo y el surgimiento de una nueva generación de intelectuales y estadistas. También, gracias a la influencia de un grupo importante de exiliados sudamericanos, especialmente argentinos perseguidos por la dictadura de Juan Manuel de Rosas. La liberalización fue además favorecida por el reconocimiento internacional de la preeminencia de Chile en el Pacífico después de la guerra contra la Confederación y por un vigoroso crecimiento del comercio exterior. Pero en último término, fue la convicción del gobierno respecto de que las bases del Estado nacional estaban lo suficientemente firmes la que hizo posible una mayor tolerancia política. Resulta muy indicativo de la influencia de Bello el que esta liberalización se llevara a cabo mediante mecanismos institucionales, y que fuese dirigida por los representantes del gobierno a través del Congreso, las escuelas y la prensa. Bello contribuyó a este proceso con la creación y liderazgo de la Universidad de Chile, y a través de su ejemplo en materias de debate político y académico. Bello difundió su filosofía de cambio gradual dentro del orden en una serie de escritos, incluyendo su magistral *Gramática de la lengua castellana destinada al uso de los americanos* en 1847.

La Universidad de Chile

La fundación de la Universidad de Chile en 1842 fue uno de los eventos más importantes de esta década y, en verdad, de la historia del Chile republicano. Resulta difícil explicar el éxito de esta institución sin una referencia a Bello. Como era ya común en su caso, había poco de lo cual guiarse para suponer que tenía las habilidades y conocimientos para crear y dirigir una institución de educación superior hasta que simplemente empezó a hacerlo en 1843. Bello había asumido un papel de liderazgo educacional en la década de los años 1830 mediante su enseñanza en el Colegio de Santiago, sus clases particulares, y también su aporte al currículum del Instituto Nacional. Para comprender el nuevo papel que tuvo en la Universidad de Chile se hace necesario, por un lado, examinar su filosofía educacional y, por otro, las circunstancias nacionales e institucionales que le permitieron construir una compleja organización que se transformó en una pieza central del desarrollo y crecimiento del Estado chileno en el siglo XIX.[1]

Bello dio a conocer su pensamiento educacional en 1836, en un artículo titulado "Sobre los fines de la educación y los medios para difundirla". Allí hizo una defensa del papel del Estado en el desarrollo de la educación nacional. Esta defensa se basaba en argumentos prácticos, como la necesidad de educar al pueblo para así contribuir al desarrollo económico del país. Proponía, además, la creación de escuelas normales y sugería una serie de ramos de estudio para el

---

[1]   Sobre las ideas educacionales de Bello, véase Julio César Jobet, *Doctrina y praxis de los educadores representativos chilenos* (Santiago: Editorial Andrés Bello, 1970). Sobre el papel de Bello en la Universidad de Chile véase Sol Serrano, *Universidad y nación: Chile en el siglo XIX* (Santiago: Editorial Universitaria, 1994); Rolando Mellafe, Antonia Rebolledo y Mario Cárdenas, *Historia de la Universidad de Chile* (Santiago: Ediciones de la Universidad de Chile, 1992); Rafael Fernández Heres, *El proyecto universitario de Andrés Bello (1843)* (Caracas: Biblioteca de la Academia Nacional de la Historia, 1982), y Pedro Grases, compilador, *Andrés Bello y la Universidad de Chile* (Caracas: La Casa de Bello, 1993).

currículum de las escuelas primarias. Lo más significativo del ensayo, sin embargo, era la conexión que establecía entre educación y república:

> Si bajo todo gobierno hay igual necesidad de educarse, porque cualquiera que sea el sistema político de una nación, sus individuos tienen deberes que cumplir respecto de ella, respecto de sus familias y respecto de ellos mismos, en ningunos pesa más la obligación de proteger este ramo importante de la prosperidad nacional que en los gobiernos republicanos, pues según nos lo enseña la razón, y según lo han observado varios autores, y entre ellos particularmente Montesquieu, en ninguna asociación es más interesante que en las repúblicas. El objeto que los hombres se proponen en toda sociedad es la consecución de la felicidad general. Los gobiernos republicanos no son sino los representantes a la vez y los agentes de la voluntad nacional; y estando obligados como tales a seguir los impulsos de esa voluntad, nunca podrán eximirse de dedicar sus esfuerzos a conseguir el grande objeto a que ella tiende, haciendo a los individuos útiles a sí mismos y útiles a sus semejantes por medio de la educación (XXII, 658-659).

La referencia a Montesquieu es particularmente significativa, puesto que el pensador francés identificó el concepto de "virtud" como central a la república.[2] Montesquieu no era el único en manifestar estas ideas, ya que el concepto de virtud era bastante generalizado en el pensamiento político europeo desde el Renacimiento hasta el siglo XVIII, y era también un término clave en la ideología de las revoluciones francesa y norteamericana. Solamente los ciudadanos virtuosos estaban capacitados para conducir a la república. El gran modelo era la república romana, lo que explica en gran medida el interés por la literatura clásica que caracteriza al periodo.[3]

Este énfasis se encontraba también presente en la creación de las repúblicas hispanoamericanas. Sin un monarca, los ciudadanos de estas repúblicas dependían de la cooperación colectiva para lograr y sostener la paz social. Y para ello

---

[2]   Las ideas de Montesquieu al respecto se encuentran en *Del espíritu de las leyes*, traducción y prólogo de Graciela Isnardi (Buenos Aires: Editorial Losada, 2007), particularmente en el libro IV, capítulo V, titulado "De la educación en el gobierno republicano", pp. 65-66.

[3]   Véase, por ejemplo, a Harold T. Parker, *The Cult of Antiquity and the French Revolutionaries: A Study in the Development of the Revolutionary Spirit* (Chicago: The University of Chicago Press, 1937) y, sobre la revolución norteamericana, Carl J. Richard, *The Founders and the Classics: Greece, Rome, and the American Enlightenment* (Cambridge: Harvard University Press, 1994). Una compilación muy útil sobre las fuentes del republicanismo es la de Biancamaria Fontana, *The Invention of the Modern Republic* (Cambridge: Cambridge University Press, 1994).

era necesaria la virtud como base del republicanismo, énfasis que caracteriza especialmente el pensamiento político de Bolívar, pero también de otros líderes de la independencia.[4] Bolívar intentó difundir la virtud mediante un "poder moral" similar al Areópago ateniense y al Senado romano. Bello, que pudo observar el fracaso de este experimento en la Constitución Boliviana de 1826, prefirió en cambio cultivar la virtud mediante la educación universal. En Estados Unidos, esta era precisamente la preferencia en la que Thomas Jefferson y sus contrincantes federalistas estaban de acuerdo.[5]

Resulta importante recalcar que el concepto hispanoamericano de virtud republicana incluía atributos morales (coherentes, probablemente, con la importancia atribuida a la religión), pero seguía más de cerca el concepto de Montesquieu de la virtud como compromiso cívico. Como lo expresó Bello, "el sistema representativo democrático habilita a todos los miembros para tener en los negocios una parte más o menos directa; y no podrían los pueblos dar un paso en la carrera política sin que la educación tuviese la generalidad suficiente para infundir en todos el verdadero conocimiento de sus deberes y sus derechos, sin el cual es imposible llenar los primeros y dar a los segundos el precio que nos mueve a interesarnos en su conservación" (XXII, 658-659). En suma, solo la educación podía transformar al individuo en ciudadano, y solo el ciudadano podía sostener a la república. Era por lo tanto un interés fundamental del Estado el promover la educación.

Bello sabía que, de acuerdo con el artículo 153 de la Constitución de 1833, la educación pública era una "atención preferente del Gobierno", y que el artículo 154 declaraba que "habrá una superintendencia de educación pública, a cuyo cargo estará la inspección de la enseñanza nacional, y su dirección bajo la autoridad del Gobierno".[6] Este último artículo le dio pie para proponer que la

---

[4]   Con Marcelo Leiras hemos abordado este tema en "Life Without the King: Centralists, Federalists and Constitutional Monarchists in the Making of the Spanish American Republics, 1808-1830", en *Working Papers* N° 255 (Mayo 1998), del Helen Kellogg Institute for International Studies, University of Notre Dame. Véase también mi "Simón Bolívar y Andrés Bello: The Republican Ideal", en David Bushnell y Lester D. Langley, comps., *Simón Bolívar: Essays on the Life and Legacy of the Liberator* (Lanham: Rowman and Littlefield, 2008), 75-98.

[5]   Sobre los aspectos retóricos del concepto de virtud en Jefferson véase James L. Golden y Alan L. Golden, *Thomas Jefferson and the Rhetoric of Virtue* (Lanham: Rowman and Littlefield Publishers, 2002). Véase también Linda K. Kerber, *Federalists in Dissent: Imagery and Ideology in Jeffersonian America* (Ithaca y Londres: Cornell University Press, 1970), especialmente el capítulo IV, "Salvaging the Classical Tradition", pp. 95-134.

[6]   Luis Valencia Avaria, *Anales de la República. textos constitucionales de Chile y registro de los ciudadanos que han integrado los poderes ejecutivo y legislativo desde 1810*, 2 tomos, segunda edición (Santiago: Editorial Andrés Bello, 1986), I, p. 194.

Universidad de Chile, como en Francia, asumiera el papel de superintendencia de educación pública contemplada en la Constitución. En la época en que Bello escribió su artículo (1836), sin embargo, los estadistas estaban más preocupados por las disputas con la Confederación Perú-Boliviana que culminarían en la guerra, y no sabían todavía cómo definir el estatus de la Universidad de San Felipe, institución colonial que mantenía aún el poder de otorgar los grados universitarios, especialmente en derecho.

Mariano Egaña, quien acababa de cumplir su misión como ministro plenipotenciario ante la Confederación (en la que negoció el fin de la guerra), firmó, a su regreso en Santiago, el decreto que abolió la Universidad de San Felipe el 17 de abril de 1839.[7] Desde su cargo de Ministro de Justicia, Culto e Instrucción Pública Egaña anunció también la preparación de nuevos estatutos universitarios. Manuel Montt, su sucesor en la cartera, procedió a nombrar a Bello, en 1841, como miembro de la comisión encargada de preparar un proyecto de ley para establecer la nueva universidad.[8] Los otros dos miembros eran Miguel de la Barra y José Gabriel Palma, pero fue Bello el autor del proyecto; Montt le agradeció individualmente por su trabajo, y le dio su pleno apoyo el 14 de septiembre de 1841. El proyecto de ley fue presentado formalmente por el presidente Bulnes al Congreso el 4 de julio de 1842, donde fue aprobado, con algunas revisiones menores, el 19 de noviembre del mismo año, fecha generalmente considerada como la de la fundación de la Universidad de Chile.[9] El año siguiente, Montt confirió a Bello tres nombramientos: miembro de la Facultad de Filosofía y Humanidades, miembro de la Facultad de Leyes y Ciencias Políticas, y Rector de la Universidad de Chile.[10] Lo hizo a pesar de fuertes presiones para nombrar al clérigo conservador Juan Francisco Meneses, Rector de la Universidad de San Felipe, quien ha sido mencionado en el capítulo anterior.[11] En general, se consideraba que los clérigos eran más idóneos para las tareas educacionales y además existía una gran reserva por parte de la Iglesia Católica respecto de la creación de un establecimiento educacional estatal laico. Montt, sin embargo, no tuvo dudas en nombrar a Bello para el cargo que pasaría a ser el más importante de la educación pública del país.

---

[7]   Sobre el papel de Mariano Egaña, y en particular su regalismo, véase Enrique Brahm García, *Mariano Egaña. Derecho y política en la fundación de la República conservadora* (Santiago: Ediciones Centro de Estudios Bicentenario, 2007).

[8]   La carta de nombramiento se encuentra en OC, XXI [*Temas educacionales-1*], 235.

[9]   *Ibídem*, 236 and 247.

[10]   *Ibídem*, 248-249.

[11]   Diego Barros Arana, *Un decenio de la historia de Chile, 1841-1851*, 2 tomos (Santiago: Imprenta y Encuadernación Universitaria, 1905 y 1913), I, p. 363.

La Universidad de Chile fue inaugurada formalmente, y con gran ceremonia, el 17 de septiembre de 1843. Asistieron los dignatarios del gobierno (incluyendo al Presidente de la República), de la Iglesia, de las Fuerzas Armadas y del cuerpo diplomático. Profesores y estudiantes de los diferentes establecimientos educacionales marcharon en procesión por el centro de Santiago. Los académicos recién nombrados desfilaron con togas e insignias especialmente diseñadas para la ocasión. Los eventos del día incluyeron un Te Deum en la Iglesia Catedral, una recepción en el palacio de gobierno, y una salva de veintiún cañonazos desde el cerro Santa Lucía.[12] Fue en este propicio contexto que Andrés Bello pronunció un discurso inaugural definiendo los propósitos de la universidad, el papel de las diversas facultades, y el servicio que la institución se comprometía a prestar al gobierno y a la nación. Niño aún, el gran historiador Diego Barros Arana, quien asistía al acto en su calidad de estudiante del Instituto Nacional, vio a Bello avanzar hasta la mesa presidencial, vestido con casaca verde, pantalón blanco y el espadín de los altos funcionarios del Estado en el cinto. Lo describió como "un anciano de talla regular, de facciones finas y correctas, de aire modesto y distinguido". Barros Arana observó que a continuación "aquel anciano dio lectura con voz suave e insinuante, y en medio de respetuoso silencio" a su disertación.[13]

El discurso de Bello representa un documento de suma importancia dado que contiene claves importantes para comprender su biografía personal, su filosofía política y su proyecto cultural.[14] Como ya lo había sugerido en su artículo de 1836, Bello entendía la educación, especialmente la educación primaria, "como la base de todo sólido progreso; como el cimiento indispensable de las instituciones republicanas" (XXI, 10). El objetivo de la universidad, declaró ahora, era difundir el conocimiento, pero sugiriendo que el eje principal de esta difusión

<hr>

[12]   *Ibídem*, I, pp. 362-366. José Miguel Infante no perdió la oportunidad para describir el mismo evento, pero ridiculizándolo, y aprovechó a criticar al gobierno por nombrar a un extranjero (Bello) como Rector de la Universidad. Véase *El Valdiviano Federal*, N° 200, 23 de septiembre de 1843.

[13]   Diego Barros Arana, "Discurso pronunciado en el quincuagésimo aniversario de la Universidad" (1893), en *La Universidad de Chile piensa a Chile* (Santiago: Universidad de Chile, 2010), p. 302.

[14]   El discurso se incluyó en los *Anales de la Universidad de Chile*, N° 1 (1843-1844), pp. 140-152, con el título de "Discurso pronunciado por el Sr. Rector de la Universidad, D. Andrés Bello, en la instalación de este cuerpo el día 17 de septiembre de 1843". Este discurso ha sido reimpreso y comentado numerosas veces. Para los propósitos de cita utilizo la versión incluida en OC, XXI, 3-21. He agregado algunos comentarios y anotaciones en *Todas las verdades se tocan* (Valparaíso: Universidad de Valparaíso Editorial, 2015). Sobre el pensamiento universitario de Bello véase Grínor Rojo, "La modernidad del proyecto universitario de Bello", *Anales de la Universidad de Chile*, 6ª Serie, N° 15 (Diciembre de 2003), 39-49. Sobre la centralidad de las letras en el discurso inaugural, véase Francisco Javier Pérez, "Bello y la pieza triunfal", en *Miranda, Bolívar y Bello. Tres tiempos del pensar latinoamericano*, VI Jornadas de Historia y Religión (Caracas: Universidad Católica Andrés Bello, 2007), pp. 285-292.

se encontraba en la concentración y cultivo del conocimiento a través de las funciones académicas de la institución: "La difusión de los conocimientos supone uno o más hogares, de donde salga y se reparta la luz, que, extendiéndose progresivamente sobre los espacios intermedios, penetre al fin las capas extremas" (XXI, 11). La universidad era por tanto concebida como una institución a cargo de promover la investigación y satisfacer importantes necesidades nacionales a través de la alfabetización universal, como también el conocimiento específico de varias ramas del conocimiento. De aquí la formación de cinco facultades, cada una de ellas cuidadosamente definida: 1) Teología, 2) Leyes y Ciencias Políticas, 3) Medicina, 4) Ciencias Matemáticas y Físicas y 5) Filosofía y Humanidades. La inclusión de una Facultad de Teología sugiere que Bello estaba dispuesto a realizar ajustes al modelo francés, que no contaba con tal cuerpo académico. Su familiaridad con la obra de Victor Cousin, que tenía en su biblioteca personal, sugiere que tomó en cuenta el famoso informe de este pensador sobre las universidades prusianas.

Habiendo enfatizado la relación entre educación y ciudadanía en un gobierno republicano, y explicado el papel de la Universidad como agencia estatal encargada de difundir el conocimiento en todos los niveles, Bello hizo otras declaraciones de mayor complejidad política y filosófica. Quizás la más importante, ya sugerida por la incorporación de una facultad de teología en una institución laica, era la fundamental compatibilidad entre religión, ciencias y letras: "La universidad, señores, no sería digna de ocupar un lugar en nuestras instituciones sociales, si (como murmuran algunos ecos oscuros de declamaciones antiguas) el cultivo de las ciencias y de las letras pudiese mirarse como peligroso bajo un punto de vista moral, o bajo un punto de vista político. La moral (que yo no separo de la religión) es la vida misma de la sociedad" (XXI, 4). Bello estaba claramente consciente de que, según el artículo 5º de la Constitución de 1833, la religión de la República era la católica, apostólica y romana, y que además el profesorado completo de la Facultad de Teología provenía de la Universidad de San Felipe, incluyendo su Rector. Es decir, se puede entender tal inclusión como una cautelosa maniobra política para evitar enfrentamientos con la Iglesia. Pero la unión de ciencia y religión era una parte fundamental de las convicciones de Bello, quien había estudiado detenidamente una ilustración escocesa que se caracterizaba precisamente por cultivar ambas esferas en sus universidades. Una clave reveladora se encuentra en su mención al filósofo Thomas Brown, un influyente miembro del pensamiento escocés, en el discurso de instalación.[15]

---

[15]   Esta referencia demuestra la relevancia que tenía la ilustración escocesa para Bello, aun cuando para 1843 Thomas Brown había dejado de ser relevante en Gran Bretaña. Bello tenía una

La religión, además (aunque en este caso católica), no se encontraría confinada a una facultad, sino que sería parte constitutiva de los propósitos de la universidad: "El fomento de la instrucción religiosa y moral del pueblo es un deber que cada miembro de la universidad se impone por el hecho de ser recibido en su seno" (XXI, 12). Bello, cabe recordar, es parte de una tradición de catolicismo ilustrado de fuerte raigambre en Hispanoamérica.

De gran importancia resulta también el énfasis de Bello en la compatibilidad de las instituciones republicanas modernas con el estudio de las tradiciones jurídicas, especialmente la larga trayectoria del derecho romano. Como si estuviera dirigiéndose directamente a José Miguel Infante, Bello declaró que "la universidad, me atrevo a decirlo, no acogerá la preocupación que condena como inútil o pernicioso el estudio de las leyes romanas; creo, por el contrario, que le dará un nuevo estímulo y lo asentará sobre bases más amplias" (XXI, 13). Como se comentará en el Capítulo VI, Bello llegó a la conclusión de que el estudio del derecho romano era indispensable para la reforma del derecho español vigente. Esta era una discusión todavía en curso, pero en la inauguración de la Universidad Bello adelantó que la codificación de las leyes nacionales no excluiría el estudio de las grandes tradiciones jurídicas de la humanidad. Por el contrario, la institución proporcionaría un centro de cultivo del conocimiento que se complementaría con la eventual codificación. Tal como en el caso de la religión, Bello aprovechó la ocasión para señalar que la educación en Chile, orientada desde la Universidad, fomentaría el cambio, pero a partir de las lecciones de tradiciones pasadas. La innovación republicana más importante, en este contexto, sería la difusión de la educación a toda la población.

El discurso de instalación contiene también algunas referencias autobiográficas. En una poco frecuente salida de su reserva habitual, Bello hizo en público lo que rara vez hacía incluso privadamente, esto es, revelar aspectos de su vida más personal. Lo hizo al mencionar los consuelos proporcionados por las letras (y las ciencias) en momentos críticos de la historia de la humanidad. Luego de referirse al exilio de Dante, y a la entereza de Sócrates, Lavoisier y André Chénier

---

edición de 1820 del *Lectures on the Philosophy of the Human Mind* de Brown en su biblioteca. He discutido la conexión entre las ideas universitarias de Bello y la ilustración escocesa en mi *Rebeldes académicos: La filosofía chilena desde la Independencia hasta 1989* (Santiago: Ediciones Universidad Diego Portales, 2013), pp. 64-74, y también, con Sol Serrano, en "In the Service of the Nation: The Establishment and Consolidation of the Universidad de Chile, 1842-1879", *Hispanic American Historical Review* 70, Nº 1 (Febrero de 1990), 139-171. Véase además Richard B. Sher, *Church and University in the Scottish Enlightenment: The Moderate Literati of Edinburgh* (Princeton: Princeton University Press, 1985).

mientras esperaban la ejecución de sus respectivas condenas (en el caso de los dos últimos, sugerentemente, durante el Terror de 1794), Bello declaró:

> Tales son las recompensas de las letras; tales son sus consuelos. Yo mismo, aun siguiendo de tan lejos a sus favorecidos adoradores, yo mismo he podido participar de sus beneficios, y saborearme con sus goces. Adornaron de celajes alegres la mañana de mi vida, y conservan todavía algunos matices al alma, como la flor que hermosea las ruinas.[16] Ellas han hecho aun más para mí; me alimentaron en mi larga peregrinación, y encaminaron mis pasos a este suelo de libertad y de paz, a esta patria adoptiva, que me ha dispensado una hospitalidad tan benévola (XXI, 9).

Con esta declaración Bello se refería a su experiencia en Londres, donde, en efecto, encontró algún paliativo al exilio, la incertidumbre y las tragedias familiares tanto en la lectura como en la composición de poemas. Al mismo tiempo, este pasaje revela una fe continua en el poder de las letras para proporcionar consuelo y apoyo en momentos de adversidad.

En esta ocasión solemne y formal Bello enfatizó también la importancia del estudio y del compromiso con el cultivo de las letras. A los miembros más jóvenes del público, que incluía a varios que ya tenían alguna figuración literaria y periodística, Bello advirtió sobre los peligros de una escritura apasionada y carente de disciplina:

> Creo que hay un arte que guía a la imaginación en sus más fogosos transportes; creo que sin ese arte la fantasía, en vez de encarnar en sus obras el tipo de lo bello, aborta esfinges, creaciones enigmáticas y monstruosas. Esta es mi fe literaria. Libertad en todo; pero yo no veo libertad, sino embriaguez licenciosa, en las orgías de la imaginación (XXI, 21).

La preocupación de Bello acerca de un concepto de libertad entendido –o más bien, mal entendido– como la capacidad de hacer lo que dicte la imaginación en materias de escritura (por ejemplo, el uso de neologismos o simplemente el no seguir regla alguna), era que podía conducir a una licencia incluso más peligrosa en el ámbito político. En el contexto de la liberalización del periodo portaliano luego de su fase más autoritaria, el discurso de Bello era el reflejo cultural de la filosofía

---

[16]   Una sugerente elaboración de esta metáfora en el pensamiento de Bello se encuentra en Joaquín Trujillo Silva, *Andrés Bello: Libertad, Imperio, Estilo* (Santiago: Editorial Roneo, 2019), pp. 671-672.

política del gobierno de Bulnes. El país debía liberalizarse, pero gradualmente; la libertad de prensa y de asamblea debían respetarse, pero dentro de ciertos límites; establecimientos educacionales debían ser creados para promover los ideales republicanos, pero ser también respetuosos del orden y del gobierno. Bello proporcionó una versión bastante elaborada de esta filosofía política en el discurso de instalación, que concluyó con una definición de libertad que resumía sus propias convicciones políticas. La libertad, declaró, "contrapuesta, por una parte, a la docilidad servil que lo recibe todo sin examen, y por otra a la desarreglada licencia que se rebela contra la autoridad de la razón y contra los más nobles y puros instintos del corazón humano, será sin duda el tema de la universidad en todas sus diferentes secciones" (XXI, 21). Estaba por verse, sin embargo, si la generación más joven compartiría estas convicciones.

El nuevo Rector tenía sesenta y un años cuando pronunció su famoso discurso. Si bien sus palabras tenían un tono severo, y su mensaje era uno de orden y disciplina, la apariencia de Bello sugería más bien un temperamento apacible e incluso tímido. El pintor francés Raimundo Monvoisin retrató magistralmente estas y otras características, primero en forma de bosquejo y a continuación en una pintura al óleo en 1844. El retrato, que pasó a ser el más conocido de todos, muestra a un Bello de hombros caídos, con una expresión de profunda pero serena tristeza. Sus rasgos son finos, con una nariz y labios delgados que se curvan como en una sonrisa melancólica. Su pelo canoso y pronunciada calvicie revelan una frente amplia y despejada que sugiere inteligencia y una vida dedicada a la reflexión. En el centro del cuadro están sus ojos, que parecen suaves pero también penetrantes e inquisitivos. Monvoisin los muestra calmos pero apenados y casi lagrimeantes. La impresión que ofrece este retrato es la de un hombre sensible que ha comprendido algunas verdades fundamentales acerca de sí mismo y de la vida. Un detalle algo misterioso es el aro que lleva en la oreja derecha, puesto que no hay evidencia alguna de que lo haya usado, ni tampoco era común entre los hombres, ya sea en Chile o en otras partes de Hispanoamérica.[17]

En la ceremonia de inauguración de la universidad se encontraban dos jóvenes miembros de la Facultad de Filosofía y Humanidades, José Victorino Lasta-

---

[17] Este retrato fue donado por la familia de Bello a la Universidad de Chile, en donde se encuentra hoy en las oficinas de la Rectoría. Agradezco a Darío Oses, entonces Director del Archivo Central Andrés Bello de la Universidad de Chile, por facilitar mi acceso a este cuadro en julio de 1999. Una reproducción y comentario se encuentran en Pedro Grases, *Los retratos de Bello*, segunda edición (Caracas: Publicaciones del Banco Central de Venezuela, 1980), pp. 13-16. En 2010 el Banco Central de Chile incluyó el retrato de Monvoisin en el billete de 20.000 pesos, lo que generó un revuelo periodístico en torno a si Bello usaba el aro o no. Véase *Las Últimas Noticias*, N° 35.936, Santiago, 19 de junio de 2010.

rria y Domingo Faustino Sarmiento. Ambos colaboraron con Bello, pero también se opusieron a este en varias ocasiones durante la década de los años 1840. Algunas de estas diferencias se dirimieron públicamente en la prensa, y el debate fue en alguna medida alentado por Bello mismo, quien buscaba de este modo promover la discusión pública sobre algunos temas de interés colectivo. Tanto Lastarria como Sarmiento aprovecharon estas oportunidades para establecer su propia autoridad y reputación, pero llevaron el debate más allá de los límites originalmente concebidos por Bello. A continuación se examina la relación entre el Rector y esta nueva generación, y en especial las conexiones entre los debates académicos de la década, y la agenda intelectual y política de Bello.[18]

Bello y José Victorino Lastarria

Lastarria, como se mencionó anteriormente, estudió con José Joaquín de Mora en el Liceo de Chile y continuó su formación bajo la tutela de Andrés Bello, cuando este impartía clases en su casa. Durante la década de los años 1840 se transformó en un crítico del gobierno de Bulnes, e identificó, quizás correctamente, a Bello como un pilar central del régimen. La relación de Lastarria con su maestro evolucionó en los años siguientes hacia un intenso rechazo del supuesto legado reaccionario del Rector. En *Recuerdos literarios*, publicado por primera vez en 1878, muerto ya Bello, Lastarria se propuso demostrar su liderazgo en la emancipación intelectual del país.[19] Para estos efectos retrató a Bello como política y personalmente conservador, y como un continuador del régimen colonial resuelto a frenar el desarrollo intelectual de la juventud que buscaba nuevos caminos políticos y literarios. Lastarria se retrató a sí mismo como el libertador

---

[18]   Para un examen de los debates del periodo véase Ana María Stuven V., *La seducción de un orden: Las elites y la construcción de Chile en las polémicas culturales y políticas del siglo XIX* (Santiago: Ediciones de la Universidad Católica de Chile, 2000).

[19]   José Victorino Lastarria, *Recuerdos literarios. Datos para la historia literaria de la América española i del progreso intelectual de Chile*, 2ª edición (Santiago: Librería de M. Servat, 1885). La biografía clásica de Lastarria es la de Alejandro Fuenzalida Grandón, *Lastarria i su tiempo* (Santiago: Imprenta Cervantes, 1893). Una segunda edición de esta obra se publicó en dos tomos en 1911. Estudios más recientes incluyen Alamiro de Ávila Martel, Antonia Rebolledo Hernández, Luz María Fuchslocker Arancibia, Javier Barrientos Grandón, Norman P. Sacks y Luis Oyarzún, *Estudios sobre José Victorino Lastarria* (Santiago: Ediciones de la Universidad de Chile, 1988) y Bernardo Subercaseaux, *Cultura y sociedad liberal en el siglo XIX (Lastarria, ideología y literatura)* (Santiago: Editorial Aconcagua, 1981). Este ultimo título se encuentra incluido en el primer tomo de *Historia de las ideas y de la cultura en Chile* (Santiago: Editorial Universitaria, 2011).

de esta nueva generación de chilenos, la que estaba destinada a conquistar la verdadera emancipación, esto es, la emancipación intelectual del país luego de la independencia.[20] Según Lastarria, la primera manifestación pública del surgimiento de esta nueva generación fue la Sociedad Literaria fundada el 5 de marzo de 1842, de la que fue su primer director. Este evento fue en verdad significativo, en el sentido de que era expresión tanto del interés de los jóvenes por las letras, como del clima político más relajado del gobierno de Bulnes. Pero mirándolo con más de treinta años de distancia, Lastarria presentó la creación de esta Sociedad, que desapareció al cabo de dieciocho meses (por falta de asistencia de los miembros a las reuniones), como un hito fundacional de la independencia intelectual de Chile y, por implicación, de su puesto destacado en la historia política y cultural del país.[21] El discurso que pronunció en la ocasión de su elección como director, el 3 de mayo de 1842, fue descrito, también por él mismo y mucho más tarde, como la contrapartida intelectual del discurso de Bello en la instalación de la Universidad de Chile. Lastarria tenía veintiséis años de edad cuando escuchó este último discurso, como uno de los miembros más jóvenes de la Universidad, y describió su decepción: cuando esperaba que el Rector diera pleno apoyo a la emancipación política y literaria que él había defendido en su propio discurso ante la Sociedad Literaria, Bello, al contrario, parecía acoger los intereses de todos, incluyendo los enemigos intelectuales de Lastarria. Como resultado,

---

[20]   Tres importantes estudios sobre la relación de Lastarria y Bello son los de Emir Rodríguez Monegal, *El otro Andrés Bello* (Caracas: Monte Ávila Editores, 1969), Norman P. Sacks, "Andrés Bello y José Victorino Lastarria: Conflicto de generaciones y tensiones intelectuales", *Cuadernos Americanos: Nueva Epoca*, 2, N° 62 (Marzo-Abril 1997), 183-213, y Luis Bocaz, *Andrés Bello: Una biografía cultural* (Santafé de Bogotá: Convenio Andrés Bello, 2000). Estos autores ven la actitud de Lastarria hacia Bello como ambivalente y combativa y sugieren que aquel luchaba por establecer su propio perfil, cosa que hizo negativamente, como una oposición a su maestro. Otros rasgos biográficos y políticos se encuentran magistralmente bosquejados por Tulio Halperín Donghi en *Letrados y pensadores: El perfilamiento del intelectual hispanoamericano en el siglo XIX* (Buenos Aires: Emecé, 2013), pp. 477-560.

[21]   Lastarria presentó este recuento como respuesta a los escritos de Benjamín Vicuña Mackenna y Miguel Luis Amunátegui, que describían la década de los años 1840 sin destacar suficientemente la importancia de sus propios aportes. Lastarria escribió para dejar en claro cuán importantes eran estos en varias publicaciones y especialmente en sus *Recuerdos literarios*. La vanidad de Lastarria era célebre en su propio tiempo, pero varios estudiosos contemporáneos han seguido su relato al pie de la letra y en general hablan de una "Generación de 1842" como producto del liderazgo de Lastarria. Véase por ejemplo a Jorge Huneeus Gana, *Cuadro histórico de la producción intelectual de Chile* (Santiago: Biblioteca de Escritores de Chile, 1910), p. 79; Fernando Alegría, *La poesía chilena. Orígenes y desarrollo del siglo XVI al XIX* (México: Fondo de Cultura Económica, 1954) y Norberto Pinilla, *La Generación Chilena de 1842* (Santiago: Editorial Manuel Barros Borgoño, 1943). Amunátegui presentó su propia crítica en *Ensayos biográficos*, 4 tomos (Santiago: Imprenta Nacional, 1893-1896), II, pp. 45-49.

El discurso inaugural de la Universidad de Chile nos abismó a todos los partidarios de la nueva escuela, a pesar de las insinuaciones lisonjeras con que su autor [Bello] parecía aprobar nuestros ensayos i tomar parte en nuestro movimiento de emancipación intelectual. El ilustre rector proclamaba, a nombre de la Universidad, doctrinas que venían a contrariar enérjicamente el efecto natural de esta evolución, el cual consistía en que la sociedad se emancipara de las preocupaciones que, como dogmas, dominaban en la vieja civilización colonial. El representante de la sabiduría entre nosotros ponía al frente de las nuevas esperanzas las tablas de la antigua lei. Su majisterio en aquellos momentos era una potencia que tomaba bajo su protección todas las tradiciones añejas que encadenaban el espíritu humano, cuya independencia queríamos nosotros conquistar.[22]

Lastarria se sentía lo suficientemente abismado como para llamar a Bello "el corifeo de la contrarrevolución intelectual".[23] Agregó además, para que no quedara duda, que Bello era "el servidor, el filósofo, el consueta" de la dictadura de Portales.[24] Consideró además su influencia como "casi una dominación", que transformó a la juventud de la época en "casuista en derecho i purista i retórica en letras".[25] El discurso inaugural de Bello fortaleció la "contrarrevolución" que consistía en "una enseñanza confesional, una ciencia, una literatura, una moral también confesionales".[26] El supuesto conservadurismo e influencia desmedida de Bello se manifestaban, para Lastarria, en una actitud anticuada y autoritaria hacia las nuevas generaciones. En su diario privado Lastarria sugirió además que "el Sr. Bello era débil y llevaba su respeto por los hombres colocados en elevada posición hasta la humildad. Manuel A. Tocornal había sido, como yo, su discípulo, y él le había tratado mil veces con llaneza; pero una vez que Tocornal fue ministro, D. Andrés le avergonzaba, según el mismo Tocornal, con los homenajes que acostumbraba rendir a los superiores en dignidad. Otra cualidad característica de D. Andrés era la seriedad. Era moralmente seco y no manifestaba jamás sus impresiones. Su risa parecía una contracción puramente facial".[27]

---

[22] Lastarria, *Recuerdos literarios*, p. 234.
[23] *Ibídem*, 16.
[24] *Ibídem*, 125.
[25] *Ibídem*, 69-70.
[26] *Ibídem*, 426.
[27] José Victorino Lastarria, *Mi diario privado*, 18 de septiembre de 1873, p. 57. Agradezco al Dr. Rafael Sagredo, Conservador de la Sala Medina de la Biblioteca Nacional de Chile, el facilitarme este documento inédito.

A pesar de estas críticas, todas posteriores, Lastarria reconoció que durante este periodo pedía con frecuencia el consejo de Bello, sobre todo en materias literarias. Según sus propias declaraciones, Lastarria recibió el apoyo, e incluso la colaboración de Bello en tres revistas que editó en la década de los años 1840: el *Semanario de Santiago* (1842), *El Crepúsculo* (1843) y la *Revista de Santiago* (1848). Es decir, Lastarria construyó su imagen de Bello mucho más tarde, y para realzar su propia posición en la historia política e intelectual de Chile. Existe suficiente evidencia para afirmar que Bello apoyó a su expupilo y colega, sobre todo cuando le encargó presentar el primer discurso sobre un tema histórico ante el claustro pleno de la Universidad de Chile.

La polémica historiográfica

La presentación de una memoria anual sobre un tema histórico estaba contemplada en los estatutos (art. 28) de la Universidad de Chile, y especificaba que "se pronunciará un discurso sobre alguno de los hechos más señalados de la historia de Chile, apoyando los pormenores históricos en documentos auténticos, y desenvolviendo su carácter y consecuencias con imparcialidad y verdad".[28] La intención de Bello era inaugurar una tradición de estudios históricos y pidió a Lastarria, quien había sido designado como uno de los diecinueve miembros fundadores de la Facultad de Filosofía y Humanidades, que presentara la primera memoria en 1844. Lastarria caracterizó el encargo de acuerdo con su narrativa de Bello como una figura autoritaria, y señaló en sus *Recuerdos* que fueron las varias conversaciones que sostuvieron sobre temas históricos las que "le movieron sin duda a *ordenarnos* que hiciéramos la primera Memoria histórica".[29] Lastarria aceptó, pero decidió presentar un provocador ensayo titulado "Investigaciones sobre la influencia social de la conquista y del sistema colonial de los españoles en Chile" ante los académicos de la universidad el día 22 de septiembre de 1844.[30]

---

[28] *Anales de la Universidad de Chile*, N° 1 (1843-1844), p. 9. Cabe señalar que la fecha de impresión es 1846. He modernizado la ortografía de este pasaje.

[29] Lastarria, *Recuerdos literarios*, p. 238. El énfasis en cursiva es mío.

[30] Este ensayo fue originalmente publicado en la Imprenta del Siglo a fines de 1844, y apareció luego en el primer número de los *Anales*, pp. 199-271. Está incluido en la *Miscelánea histórica i literaria*, 3 tomos (Valparaíso: Imprenta de la Patria, 1868), I, pp. 3-136, edición que utilizaré para los propósitos de cita. Este ensayo apareció también en el tomo VII de las *Obras completas* de este autor, 13 tomos (Santiago: Imprenta, Litografía i Encuadernación Barcelona, 1906-1914).

El ensayo de Lastarria tenía un doble propósito: por una parte, demostrar que aunque Chile se había emancipado de España en 1810, el país estaba todavía dominado por una mentalidad colonial, presente en las instituciones culturales y políticas, que impedían el desarrollo democrático. Por otra parte, el discurso buscaba promover una metodología histórica que consistía en extraer lecciones del pasado para guiar el cambio en el Chile del presente y encaminarlo hacia un futuro democrático.

Algunos elementos del rechazo de Lastarria al legado colonial no eran nuevos: ya estaban presentes en su discurso ante la Sociedad Literaria en 1842. En "Investigaciones", sin embargo, Lastarria lanzó un sesgado ataque en contra de la persistencia del colonialismo. Con impresionante velocidad, Lastarria hizo una reseña de tres siglos de historia para concluir que el balance del periodo era desastroso. La preocupación que manifestó a su público era que el país había avanzado muy poco desde 1810, ya que no era mucho lo que podía esperarse de un pueblo que, "bajo la influencia del sistema administrativo colonial, estaba profundamente envilecido, reducido a una completa anonadación i sin poseer una sola virtud social, a lo menos ostensiblemente, porque sus instituciones políticas estaban calculadas para formar esclavos".[31] La tarea por cumplir, afirmó, era conducir el proceso de independencia a su verdadera culminación, es decir, erradicar las trazas coloniales tanto en la legislación como en las costumbres. En sus propias palabras,

> Los héroes de nuestra independencia terminaron su espinosa tarea destruyendo el poder que nos esclavizaba, i dieron con esto principio a la reacción social que en el día se opera contra lo pasado: a la jeneración presente i más que todo a los hombres públicos que tienen en sus manos la suerte del Estado, corresponde apoderarse de esa reacción para encaminarla hasta destruir completamente las resistencias que opone el sistema español antiguo encarnado en la sociedad.[32]

El discurso estaba diseñado para impactar, y los académicos respondieron como Lastarria esperaba, aunque no con las mismas conclusiones. De acuerdo con su descripción, los universitarios escucharon el discurso "con una indiferencia glacial" y además "la Universidad calló i ni siquiera me dió las gracias".[33] Lastarria se sintió especialmente decepcionado porque un elemento importante de su presentación,

---

[31]   Lastarria, "Investigaciones", I, p. 67.

[32]   *Ibídem*, 133-134.

[33]   Lastarria, "Prólogo", en *Miscelánea*, I, p. x.

a saber, su "metodología", había sido completamente ignorado. En el discurso declaró que sería muy fácil para él concentrarse en la simple narración de los hechos históricos, pero se preguntaba acerca de la utilidad social que podría obtenerse y de si era incluso posible hablar con objetividad sobre temas cronológicamente muy recientes. "No os presento, pues", declaró, "la narración de los hechos, sino que me apodero de ellos para trazar la historia de su influencia en la sociedad a que pertenecen, cuidando de ser exacto e imparcial en la manera de juzgarlos". Es decir, la evaluación y el sentido de los hechos históricos eran más importantes que su identificación como tales.

El ensayo de Lastarria tenía suficientes elementos que preocupaban a Bello como para responder a través de *El Araucano* en dos artículos fechados 8 y 15 de noviembre de 1844. Bello no consideraba difícil que un historiador pudiera referirse a cualquier tema o periodo con imparcialidad, si es que en efecto se guiaba por los documentos y no por un interés ideológico o político. Además, los detalles de la historia no le parecían menos importantes que las generalizaciones que caracterizaban el discurso de Lastarria. En su contestación, Bello declaró que a la historia no solo convenían "las grandes y comprensivas lecciones de sus resultados sintéticos. Las especialidades, las épocas, los lugares, los individuos, tienen atractivos peculiares, y encierran también provechosas lecciones" (XXIII, 159). Sin embargo su mayor preocupación era que en el fervor por denunciar el pasado colonial español Lastarria distorsionaba la verdad: en relación con los abusos de la conquista y la colonia, Bello afirmó que España tenía la misma actitud que "los estados poderosos han manifestado siempre en sus relaciones con los débiles, y de que aún en nuestros días de moralidad y civilización hemos visto demasiados ejemplos" (XXIII, 162),

Pero debemos ser justos: no era aquella una tiranía *feroz*. Encadenaba las artes, cortaba los vuelos al pensamiento, cegaba hasta los veneros de la fertilidad agrícola; pero su política era de trabas y privaciones, no de suplicios ni sangre. Las leyes penales eran administradas flojamente. En el escarmiento de las sediciones no era extraordinariamente rigorosa; era lo que el despotismo ha sido siempre, y no más, a lo menos respecto a la raza española, y hasta la época del levantamiento general, que terminó en la emancipación de los dominios americanos. El despotismo de los emperadores de Roma fue el tipo de gobierno español en América. La misma benignidad ineficaz de la autoridad suprema, la misma arbitrariedad pretorial, la misma divinización de los derechos del trono, la misma indiferencia a la industria, la misma ignorancia de los grandes principios que vivifican y fecundan las asociaciones humanas, la misma organización judicial, los mismos privilegios fiscales; pero a vueltas de estas semejanzas odiosas hay otras de diverso carácter (XXIII, 165).

Bello no justificaba el pasado colonial o sus legados, pero se sentía obviamente incómodo con el tono de denuncia presente en el discurso de Lastarria. Además, rechazaba la idea de que, como resultado del colonialismo, los chilenos y los demás hispanoamericanos estuviesen irrevocablemente corrompidos: "Jamás un pueblo profundamente envilecido, completamente anonadado, desnudo de todo sentimiento virtuoso, ha sido capaz de ejecutar los grandes hechos que ilustraron las campañas de los patriotas, los actos heroicos de abnegación, los sacrificios de todo género con que Chile y otras secciones americanas conquistaron su emancipación política" (XXIII, 169).

A partir de esta evaluación comparativa del colonialismo español, Bello rehusó adoptar las mismas conclusiones de Lastarria respecto de la guerra contra sus presuntos legados. El propósito de su crítica era dirigir la atención hacia la forma en que se establecían los hechos históricos, puesto que solo se podrían obtener conclusiones erróneas a partir de premisas falsas. Sin embargo, el que Bello prestara tal atención a un ensayo escrito por un autor sin mayor experiencia como historiador demuestra que los temas involucrados eran muy serios. El asunto de cómo Chile debía evaluar su pasado colonial era en verdad bastante contencioso, como pudo observar Bello durante sus debates con José Miguel Infante en la década anterior.[34]

Poco antes del discurso de Lastarria, Santiago había presenciado, en junio de 1844, el juicio en contra de Francisco Bilbao (1823-1865), quien había publicado un ensayo incendiario titulado "Sociabilidad Chilena" en el periódico *El Crepúsculo*, cuyo propósito era condenar la influencia de la Iglesia Católica en la sociedad chilena. Mucho se ha dicho y concluido en la historiografía chilena y extranjera sobre los cargos contra Bilbao, pero estos consistían en violaciones específicas de la ley de imprenta de 1828, que contemplaba castigos penales por "blasfemia", "inmoralidad", "injuria" y "sedición". El tribunal declaró culpable a Bilbao de los dos primeros cargos, pero le absolvió del último, que era el más grave, y le multó con 600 pesos, los que fueron reunidos en el acto por el público presente y parcial a Bilbao. La celebración tumultuosa que siguió a continuación irritó enormemente al gobierno, que respondió con la confiscación y destrucción del ejemplar de *El Crepúsculo* en que aparecía el ensayo y, más adelante, en 1846, promulgó una nueva ley de imprenta bastante más restrictiva. La combinación

---

[34] Una importante discusión sobre las diversas perspectivas respecto del pasado hispánico, que incluyen a Francisco Bilbao y Domingo Faustino Sarmiento, además de Bello y Lastarria, es la de Tulio Halperín Donghi, "España e Hispanoamérica: Miradas a través del Atlántico", en *El espejo de la historia: problemas Argentinos y perspectivas latinoamericanas*, 2ª edición (Buenos Aires: Editorial Sudamericana, 1998), pp. 67-74.

de palabra impresa y juicio de imprenta era explosiva, y tanto el caso de Bilbao como otros anteriores demostraba que culminaban en desórdenes callejeros.[35]

La condena de Bilbao provocó un grave problema al interior de la Universidad de Chile, y a Bello como Rector, cuando el decano de la Facultad de Leyes, Mariano Egaña, convocó a una sesión extraordinaria del Consejo de la Universidad para exigir la expulsión de Bilbao y el castigo de los estudiantes que participaron en el tumulto callejero. Bello se opuso a esto último argumentando que tales medidas "siempre han producido el efecto contrario de aquel que se ha esperado de ellas". Pero en cuanto a la expulsión de Bilbao, según la transcripción de Salvador Sanfuentes, el Rector opinó que "nada tenía que oponer, porque el autor de un escrito que ha sido condenado en tercer grado por inmoral y blasfemo, no debe permanecer en una casa pública de educación".[36] Tanto la condena como el ensayo mismo planteaban problemas serios a una institución estatal como la universidad, y es en ese contexto que debe entenderse el discurso de Lastarria.

La crítica de Lastarria al pasado colonial era más cautelosa que la de Bilbao, pero seguía la misma lógica: los legados del "coloniaje" debían ser destruidos en nombre de la libertad. Una interpretación de este tipo invitaba al quiebre con las tradiciones hispánicas en materias de legislación, lenguaje y costumbres. En términos políticos, este llamado al enfrentamiento con los supuestos defensores de las tradiciones españolas chocaba con los intereses tanto de Bello como del gobierno de Bulnes por propiciar un cambio gradual y ordenado. Agitar las pasiones de la independencia solo lograría debilitar el esfuerzo del gobierno para orientar la política desde la ideología anticolonial a la construcción pragmática del Estado y la nación. Además, se planteaba la pregunta de si

[35]   Una descripción de este suceso se encuentra en Barros Arana, *Un decenio*, I, pp. 492-506. Véase también Alberto J. Varona, *Francisco Bilbao: Revolucionario de América* (Buenos Aires: Ediciones Excelsior, 1973), pp. 75-91; Solomon Lipp, *Three Chilean Thinkers* (Waterloo, Ontario: Wilfrid Laurier University Press, 1975), pp. 12-52; Stuven, *La seducción de un orden*, pp. 251-282, y Nicolás Ocaranza, "Francisco Bilbao. La conciencia crítica de un joven liberal chileno", en *XIX: Historias del siglo diecinueve chileno* (Santiago: Vergara, 2006), 99-130.

[36]   El acta de la Sesión Extraordinaria (24 de junio de 1844), en la que participaron Bello como Rector, y Mariano Egaña, Rafael Valentín Valdivieso, Lorenzo Sazié, Antonio de Gorbea y Miguel de la Barra como decanos, se encuentra en Domingo Amunátegui Solar, *El Instituto Nacional bajo los rectorados de don Manuel Montt, don Francisco Puente i don Antonio Varas* (Santiago: Imprenta Cervantes, 1891), 686-691. Diego Barros Arana, quien era condiscípulo de Bilbao y recordaba el incidente, comentó que Bello y Gorbea tomaron las posiciones más moderadas, en tanto que Egaña, "por un deplorable estravío de criterio" contribuyó a "la glorificación de Bilbao". Véase su *Decenio*, I, 503-504. Cabe señalar que Bilbao consideró el juicio en su contra como un triunfo y que mantuvo una correspondencia y amistad con Bello a pesar de estos sucesos.

la Universidad de Chile debía ser tribuna de llamados al cambio político, antes que un centro de investigación y difusión del conocimiento. En el discurso de instalación, y en un intento por despolitizar el campo de la historia, Bello hizo referencia a la obra de Herder, que no debió haber escapado a la atención de Lastarria, quien invocó la autoridad de este pensador en sus "Investigaciones" como apoyo para su metodología histórica. En el mencionado discurso Bello afirmó que

> Respetando como respeto las opiniones ajenas, y reservándome solo el derecho de discutirlas, confieso que tan poco propio me parecería para alimentar el entendimiento, para educarle y acostumbrarle a pensar por sí, el atenernos a las conclusiones morales y políticas de Herder, por ejemplo, sin el estudio de la historia antigua y moderna, como el adoptar los teoremas de Euclides sin el previo trabajo intelectual de la demostración. Yo miro, señores, a Herder como uno de los escritores que han servido más útilmente a la humanidad: él ha dado toda su dignidad a la historia, desenvolviendo en ella los designios de la Providencia y los destinos a que es llamada la especie humana sobre la Tierra. Pero el mismo Herder no se propuso suplantar el conocimiento de los hechos, sino ilustrarlos, explicarlos; ni se puede apreciar su doctrina, sino por medio de previos estudios históricos (XXI, 18).

La referencia a Herder es significativa y conviene examinarla, aunque sea brevemente. El libro del pensador alemán, *Ideen zur Philosophie der Geschichte der Menscheit* (1784-91) [Ideas para una filosofia de la historia de la humanidad], era conocido en Chile a través de la traducción de Edgar Quinet, *Idées sur la philosophie de l'histoire de l'humanité*, publicada en 1827. De hecho, esta fue la versión discutida en la sesión del 4 de abril de 1842 en la Sociedad Literaria. Bello mismo poseía una edición francesa (1834) de este libro.[37] Su lectura de tal obra ponía énfasis en los aspectos providenciales del pensamiento histórico de Herder, que Lastarria soslayaba para enfatizar más bien otro aspecto de la posición del pensador alemán: que la humanidad contaba con suficiente autonomía y estaba de hecho libre de la intervención divina, para avanzar hacia grados mayores de

---

[37] Barry Velleman, *Andrés Bello y sus libros* (Caracas: La Casa de Bello, 1995), p. 189. Véase también el análisis de Allan Woll sobre la presencia de Herder en las discusiones historiográficas chilenas en su *A Functional Past: The Uses of History in Nineteenth-Century Chile* (Baton Rouge y Londres: Louisiana State University Press, 1982), pp. 41-43, y Marcos Andrade Moreno, "La 'constitución nacionalista' de 1980", *Derecho y Humanidades*, N° 12 (2006), 231-249. A pesar del título, este último artículo versa en su parte central sobre la polémica historiográfica.

perfección y libertad. En esta última interpretación la narración de los meros hechos impedía un juicio orientador sobre el desenvolvimiento histórico conducente a la libertad. Bello, por su parte, insistía en que Herder mismo no aprobaría una historia que no estuviera basada en la investigación empírica.

Dado que el debate era sobre métodos históricos, ni Bello ni Lastarria mencionaron un aspecto fundamental del pensamiento de Herder, y que probablemente ayudaría a comprender el significado político de esta discusión. Herder defendía un concepto de nacionalidad que a su parecer surgía de comunidades orgánicas e integradas constituidas sobre la base de la lengua y la cultura. Rechazaba, al mismo tiempo, la autoridad estatal centralizada como el motor de la organización y desarrollo de las naciones. En sus *Ideen*, Herder afirmó que "no hay nada más manifiestamente contrario al propósito del gobierno político que el crecimiento antinatural del Estado", agregando que estas "maquinarias estatales" eran "monstruosidades inertes".[38] A Bello no se le escapaba que tal posición, distorsionada y politizada, podía obstaculizar la consolidación del Estado chileno en un momento en que el gobierno era la única institución con la capacidad, o al menos el potencial, para trascender intereses particularistas. Tampoco escapó a Lastarria la utilidad del argumento de Herder para atacar el legado político de Portales, encarnado en los esfuerzos centralizadores –aunque liberalizantes– del gobierno de Bulnes.

Con las líneas divisorias ya marcadas, Lastarria insistió en que los hechos eran históricamente significativos solo en la medida en que apuntaban al perfeccionamiento humano y social. Una nueva versión del mismo modo de ver la historia apareció con el título de "Bosquejo histórico de la Constitución del Gobierno de Chile" en 1847. En este ensayo Lastarria se refirió a la política de la Patria Vieja (1810-1814) para concluir, como ya lo había hecho en sus "Investigaciones", que la confusión y desorden de los años que culminaron en la Reconquista (1814-1817) eran la consecuencia directa del legado colonial. De acuerdo con Lastarria, no se podía esperar demasiado de patriotas bien intencionados pero imperfectos, ya que eran el producto de siglos de servidumbre y estaban malamente preparados para ser dueños de su propio destino. Es decir, los héroes de la independencia legarían un país libre de la dominación

---

[38] Johann Gottfried von Herder, *J.G. Herder on Social and Political Culture*, editado y traducido por F.M. Barnard (Cambridge: Cambridge University Press, 1969), p. 324. Véase también Georg G. Iggers, *The German Conception of History: The National Historical Tradition of Historical Thought from Herder to the Present* (Middletown: Wesleyan University Press, 1968), el estudio de Barnard, *Herder's Social and Political Thought: From Enlightenment to Nationalism* (Oxford: Clarendon Press, 1965), pp. 68 y 71, y la clásica obra de Isaiah Berlin, *Vico and Herder: Two Studies in the History of Ideas* (Nueva York: The Viking Press, 1976).

extranjera, pero todavía sujeto a "los defectos i las aberraciones" del pasado colonial.[39]

Lastarria presentó el "Bosquejo" para un concurso en la Universidad de Chile en 1847. El texto fue evaluado por un comité integrado por Antonio Varas y Antonio García Reyes, ambos miembros de la misma generación de Lastarria. La comisión otorgó el premio a este concursante (que era el único), pero planteó algunas dudas en un informe aparte. Tal como Bello había señalado en relación con las "Investigaciones", el comité encontró que el nuevo ensayo contenía varias afirmaciones sugerentes, pero carecía de evidencia documental para sostener las generalizaciones más importantes. Declaró, en consecuencia, que los estudios de este tipo "consignan el fruto de los estudios del autor i no suministran todos los antecedentes de que ellos se han valido para formar este juicio. La Comisión se siente inclinada a desear que se emprendan, antes de todo, trabajos destinados principalmente a poner en claro los hechos; la teoría que ilustra esos hechos vendrá en seguida andando con paso firme sobre un terreno conocido".[40]

Lastarria no contestó directamente, pero publicó su ensayo con un prólogo de Jacinto Chacón, profesor de historia del Instituto Nacional. Chacón presentó el "Bosquejo" como un ejemplo de las ventajas de estudiar la historia "filosóficamente" antes que como una fría colección de hechos, como lo exigía supuestamente la Comisión. "Agradezcamos pues al Sr. Lastarria", declaró, "el que se haya apartado de sus predecesores en la tarea de fijar los hechos, como quiere la comisión, i que se haya elevado a un trabajo más importante, dándonos la esplicación de estos mismos hechos i remitiéndonos la clave que debe facilitarnos la comprensión de la historia política del primer periodo revolucionario".[41]

Como era su costumbre cuando enfrentaba un desafío a sus ideas, y en este caso porque la definición sobre la naturaleza de la historiografía chilena estaba en juego, Bello respondió públicamente al "Bosquejo". Dado que el Rector ya se había referido a las ideas centrales de Lastarria en las "Investigaciones", y estas se repetían en el nuevo escrito, se concentró esta vez en el prólogo de Chacón, que contenía declaraciones perentorias sobre metodología histórica. Bello dio su apoyo al informe de la comisión y agregó que la distinción entre historia "filosófica" y "narrativa" era artificial:

---

[39]   El "Bosquejo" está incluido en *Miscelánea*, I, pp. 137-266. La cita se encuentra en la página 215. Este ensayo fue originalmente publicado por la Imprenta Chilena en 1847.

[40]   El "Informe" de Varas y García Reyes está incluido en *Ibídem*, I, pp. 155-160. La cita se encuentra en la página 160.

[41]   Jacinto Chacón, Prólogo al "Bosquejo", en *Ibídem*, I, pp. 138-154. La cita se encuentra en las páginas 146-147.

Poner en claro los hechos es escribir la historia; y no merece este nombre sino la que se escribe a la luz de la filosofía, esto es, con un conocimiento adecuado de los hombres y de los pueblos, y esta filosofía ha existido, ha centelleado en las composiciones históricas mucho antes del siglo XIX. No se pueden poner en claro los hechos como lo hicieron Tucídides y Tácito, sin un profundo conocimiento del corazón humano; y permítasenos decir (aunque sea a costa de parecer anticuados y rancios) que se aprende mejor a conocer el hombre y las evoluciones sociales en los buenos historiadores políticos de la antigüedad y de los tiempos modernos, que en las teorías abstractas y generales que se llaman filosofía de la historia, y que en realidad no son instructivas y provechosas, sino para aquellos que han contemplado el drama social viviente en los pormenores históricos. (XXIII, 223).

Bello mencionó algunas fuentes, la mayoría de la escuela romántica francesa, como ejemplos de la mejor investigación histórica. Más adelante se explayaría sobre varias de estas fuentes, pero aquí destacó la obra de François Guizot, *Histoire générale de la civilisation en Europe* (1828).[42] También tenía en mente obras de Augustin Thierry, Simonde de Sismondi y Amable Guillaume Prosper Brugière, barón de Barante, todos ellos autores que combinaban la documentación de archivos con una reflexión política y cultural.[43] Aun así, advirtió que no debía imitarse este modelo, o cualquier otro, sin un examen crítico. Chacón no se dio por aludido, e insistió en las ventajas de la "filosofía de la historia", que continuaba distinguiendo de la mera narración de hechos. ¿Por qué tendrían los chilenos que reinventar la rueda para justificar las ventajas de un ferrocarril? ¿Por qué no usar los mejores modelos historiográficos, a saber, la filosofía de la historia, en lugar de empezar con las formas primitivas de narración hasta llegar a las formas contemporáneas de investigación histórica? Y agregaba:

---

[42]   Los textos principales de Bello en torno a la metodología histórica son "Modo de escribir la historia" y "Modo de estudiar la historia", publicados en *El Araucano*, N° 912 (28 de enero de 1848) y N° 913 (4 de febrero de 1848). Ambos están incluidos en OC, XXIII, pp. 231-242 y 245-252, respectivamente.

[43]   La influencia de la escuela romántica francesa ha sido examinada por Cristián Gazmuri en "Algunas influencias europeas en el método historiográfico de Bello, en *Bello y Chile*, 2 tomos (Caracas: La Casa de Bello, 1981), II, pp. 325-338. Véase también Germán Colmenares, *Las convenciones contra la cultura: Ensayos sobre la historiografía hispanoamericana del siglo XIX* (Santiago: Centro de Investigaciones Diego Barros Arana, 2006), y Roger Picard, *El romanticismo social*, trad. por Blanca Chacel (México: Fondo de Cultura Económica, 1947), especialmente el capítulo "Los historiadores románticos", pp. 213-235.

> ¿Y se quiere que nosotros retrogrademos; se quiere que cerremos los ojos a la luz que viene de la Europa; que no nos aprovechemos de los progresos que en la ciencia histórica ha hecho la civilización europea, como lo hacemos en las demás artes y ciencias que esta nos transmite, sino que *debemos andar el mismo camino, de la crónica hasta la filosofía de la historia?*[44]

Durante el debate con Bello el inexperto Chacón incurrió en una serie de errores factuales y bibliográficos, como el ubicar personas y fuentes históricas en el siglo equivocado. Bello se los hizo notar, pero en su contestación aprovechó la oportunidad para resumir su postura con respecto a los temas de investigación histórica y la manera de estudiarla en un contexto de desarrollo nacional:

> Leamos, estudiemos las historias europeas; contemplemos de hito en hito el espectáculo particular que cada una de ellas desenvuelve y resume; aceptemos los ejemplos, las lecciones que contienen, que es tal vez en lo que menos se piensa: sírvannos también de modelo y de guía para nuestros trabajos históricos. ¿Podemos hallar en ellas a Chile, con sus accidentes, su fisonomía característica? Pues esos accidentes, esa fisonomía es lo que debe retratar el historiador de Chile, cualquiera de los dos métodos que adopte. Ábranse las obras célebres dictadas por la filosofía de la historia. ¿Nos dan ellas la filosofía de la historia de la humanidad? La nación chilena no es la humanidad en abstracto; es la humanidad bajo ciertas formas especiales; tan especiales como los montes, valles y ríos de Chile; como sus plantas y animales; como las razas de sus habitantes; como las circunstancias morales y políticas en que nuestra sociedad ha nacido y se desarrolla (XXIII, 249).

El debate entre Chacón y Bello terminó luego de este intercambio, pero las polémicas en torno a la historia continuarían por muchos años más. Parece claro que Lastarria y Chacón seguían una tradición historiográfica arraigada en los escritos de Voltaire, Mably y Raynal, que transmitían el propósito de la Ilustración de destruir la ignorancia y la superstición e instaurar la razón. La historia tenía una función, y en el contexto de Chile su objetivo consistía en la eliminación del legado colonial español. Bello, por su parte, conocía bien esta tradición, pero también estaba familiarizado con la escuela romántica francesa desde su estadía

---

[44] Estas declaraciones aparecieron en *El Progreso*, 25 de enero de 1848. Cursivas en el original. El artículo de Chacón continuó el 28 y el 29 de enero. Véase la discusión de Allan Woll en *A Functional Past*, p. 37, Mariano Picón Salas, "Bello y la historia", prólogo a OC, XXII [*Historia y Geografía*], liii-lxii, y Stuven, *La seducción de un orden*, pp. 242-250.

en Londres. Si bien esta escuela también tenía un propósito y se basaba en supuestos filosóficos, se preocupaba de la búsqueda de claves para el desarrollo de las tradiciones nacionales, y por lo tanto se interesaba más centralmente en la validez de las fuentes históricas.[45] Como ha señalado Ricardo Krebs, Bello pudo también estar al tanto de la polémica entre Leopoldo von Ranke y Heinrich Leo en torno a la historia filosófica y la documental. Lo cierto es que conocía a Ranke y que estaba muy familiarizado con el problema metodológico central de la historiografía europea decimonónica.[46]

Los historiadores chilenos posteriores demostraron que la disciplina podía recibir una fuerte influencia de escuelas filosóficas y aun de intereses políticos, pero más y más enfatizaron el uso de la evidencia documental, quizás en paralelo con la tradición legal escrita establecida a mediados de siglo. En este sentido, Bello logró establecer la fundamentación de los hechos como el objeto central de la historia. Dos de sus discípulos, Miguel Luis Amunátegui y Diego Barros Arana, continuaron sus ideas por el resto del siglo, y aun más allá, como también lo hicieron Crescente Errázuriz y José Toribio Medina.[47] Bello

---

[45] Véase Cristián Gazmuri, *La historiografía chilena, 1842-1970*. Tomo 1 (Santiago: Taurus, 2006). También Mariano Picón Salas, "Bello y los estudios históricos en la Universidad de Chile", en Pedro Grases, compilador, *Andrés Bello y la Universidad de Chile*, pp. 5-71, Joseph Dager Alva, "El debate en torno al método historiográfico en el Chile del siglo XIX", *Revista Complutense de Historia de América*, 28 (2002), 97-138 y Gertrude M. Yaeger, "Sobrellevar el pasado español. Liberalismo latinoamericano y la carga de la historia colonial en el siglo XIX: El caso chileno", en Gabriel Cid y Alejandro San Francisco, eds., 2 tomos, *Nación y nacionalismo en Chile. Siglo XIX* (Santiago: Centro de Estudios Bicentenario, 2009), I, 117-136. Una lectura del debate desde una perspectiva poscolonial es la de Fernando Unzueta, "Bello, la nueva conciencia histórica y los discursos poscoloniales", en Beatriz González Stephan y Juan Poblete, comps., *Andrés Bello y los estudios latinoamericanos*, Serie Críticas (Pittsburgh: Instituto Internacional de Literatura Iberoamericana, University of Pittsburgh, 2009), pp. 219-243.

[46] Ricardo Krebs, "Bello y la historia", en Instituto de Chile, *Homenaje a don Andrés Bello* (Santiago: Editorial Jurídica de Chile y Editorial Andrés Bello, 1982), pp. 251-265. También Iggers, *The German Conception of History*, pp. 66-69. Bello poseía un ejemplar de la *Historia de los Papas en la época moderna* en la versión francesa de 1838. Véase Velleman, *Bello y sus libros*, p. 242.

[47] Un trabajo sistemático sobre estos historiadores está aún por hacerse. Algunas excepciones incluyen Ricardo Donoso, *Diego Barros Arana* (México: Instituto Panamericano de Geografía e Historia, 1967); Gertrude M. Yeager, *Barros Arana's Historia Jeneral de Chile: Politics, History, and National Identity* (Fort Worth: Texas Christian University Press, 1981); Maury A. Bromsen, compilador, *José Toribio Medina: Humanista de América* (Santiago: Editorial Andrés Bello, 1969); Rafael Sagredo B., *J.T. Medina y su Biblioteca Americana en el siglo XXI* (Santiago: Ediciones Biblioteca Nacional, 2018); Raúl Silva Castro, "Don Crescente Errázuriz y don Diego Barros Arana, historiadores de Chile", *Revista Chilena de Historia y Geografía*, N° 109 (Enero-Julio 1947), pp. 50-65; y Carlos Morla Vicuña, compilador, *Don Miguel Luis Amunátegui, 1828-1888* (París: Imprenta de A. Lahure, s.f.). Sobre la influencia de Bello véase Ricardo Krebs, "Proyecciones del pensamiento histórico

también logró que la Universidad de Chile se transformara en el principal centro de investigación y difusión histórica. La institución había sido establecida para supervisar todos los ramos de la educación, formar profesionales en varios campos, y crear un sentido de identidad nacional a través del cultivo de una investigación histórica imparcial. Bello estaba convencido de que una institución estatal podía y debía trascender los intereses políticos sectarios.

En los debates con Jacinto Chacón y José Victorino Lastarria Bello defendió una historia políticamente neutral y fuertemente orientada a la investigación, y por eso reaccionó ante la idea de una disciplina que sirviera propósitos políticos, por muy ilustrados que estos fuesen. Bello se opuso en particular a la idea de que la historia se utilizara para justificar el quiebre con el pasado hispánico. Tal pasado podía analizarse e incluso condenarse, pero no sería historia sin el apoyo documental que los partidarios locales de la "filosofía de la historia" consideraban como de importancia secundaria. Su preocupación surgía del temor a que la falta de cuidado por la evidencia derivase en interpretaciones ideológicas, y sobre todo actitudes revolucionarias, que prolongaran el conflicto civil precipitado por la independencia. La separación de la investigación y la política, pero aun más importante, el esfuerzo por evitar la politización del pasado, fueron el propósito principal de Bello al inaugurar la tradición historiográfica chilena.

Bello y Domingo Faustino Sarmiento

La dictadura de Juan Manuel de Rosas en el Río de la Plata causó el exilio de varios intelectuales talentosos en las décadas de los años 1830 y 1840. Algunos de ellos se instalaron en Uruguay, pero un grupo importante se radicó en Chile (también en Bolivia) a esperar e incluso promover el derrocamiento de Rosas en el país transandino. Entre ellos se encontraban Bartolomé Mitre, Juan Bautista Alberdi, Vicente Fidel López y Domingo Faustino Sarmiento. Todos ellos se desempeñaron con distinción en carreras públicas cuando volvieron a su país y, dos de ellos, Mitre y Sarmiento, llegaron a ser presidentes de la nación. Pero

---

de Andrés Bello", en *Bello y la América Latina* (Caracas: La Casa de Bello, 1982), pp. 337-354. Un resumen del debate historiográfico y sus proyecciones para el futuro desarrollo de la disciplina se encuentra en mi "Imparcialidad y verdad: El surgimiento de la historiografía chilena", *Estudios Públicos*, N° 132 (Primavera 2013), 141-170.

Chile fue más que un asilo temporal, ya que participaron activamente en la vida política y cultural del país.[48]

Sarmiento partió de su provincia natal de San Juan en circunstancias desesperadas, llegando a Santiago a principios de 1841.[49] Allí logró llamar la atención de los principales círculos culturales y políticos gracias a la elocuencia de sus escritos periodísticos. Manuel Montt, para entonces miembro del gabinete del gobierno de Joaquín Prieto, le pidió a Sarmiento que promocionara la candidatura de Manuel Bulnes en la prensa. Sarmiento no solo aceptó sino que apoyó plenamente la filosofía política de ese gobierno, una vez que Bulnes asumió la Presidencia en 1841. Sarmiento fue muy leal a Montt, quien a su vez sería su principal apoyo en Chile.[50]

Montt se perfilaba ya como una figura central en la política del periodo, y Sarmiento captó rápidamente su potencial y su fuerza política. Formado en la tradición autoritaria de Portales, Montt fue Ministro de Instrucción Pública y del Interior durante los periodos presidenciales de Bulnes, y luego Presidente de Chile entre 1851 y 1861. Fue durante su gestión en el primer ministerio que Montt nombró a Bello como Rector de la Universidad de Chile y a Sarmiento como el primer director de la recientemente establecida Escuela Normal para la formación de profesores primarios en 1842. Figura muy hábil en política, Montt tenía no obstante muchos enemigos, y se le consideraba una persona inflexible y desprovista de sentimientos. Sarmiento mismo declaró que había quienes pensaban que Montt no había reído jamás en su vida.[51] Aunque era conocido como

---

[48] Sobre Sarmiento y otros exiliados argentinos en Chile, véase Sol Serrano, "Emigrados Argentinos en Chile (1840-1855)", en Esther Edwards, compiladora, *Nueva mirada a la historia* (Buenos Aires: Editorial Ver, 1996), pp. 107-126, y Stuven, *La seducción de un orden*, pp. 79-84.

[49] Las obras sobre Sarmiento que se concentran en su estadía en Chile incluyen Paul Verdevoye, *Sarmiento, Éducateur et Publiciste (entre 1839 et 1852)* (París: Centre de Recherches de l'Institute d'Etudes Hispaniques, 1964) y "Don Andrés Bello y Domingo Faustino Sarmiento: Una polémica y una colaboración", en *Bello y Chile*, I, pp. 103-124. También, William H. Katra, *Domingo Faustino Sarmiento: Public Writer (Between 1839 and 1852)* (Tempe: Center for Latin American Studies, Arizona State University, 1985). Para una cobertura más amplia de las actividades de Sarmiento, véase Allison William Bunkley, *The Life of Sarmiento* (Princeton: Princeton University Press, 1952); Joseph Criscenti, compilador, *Sarmiento and his Argentina* (Boulder: Lynne Rienner Publishers, 1993), y Tulio Halperín Donghi, Iván Jaksić, Gwen Kirkpatrick y Francine Masiello, compiladores, *Sarmiento: Author of a Nation* (Berkeley, Los Angeles y Londres: University of California Press, 1994).

[50] Estudios recientes sobre Montt incluyen Bernardino Bravo Lira y Felipe Vicencio, comps., *Manuel Montt. Educador, legislador, gobernante y magistrado en el bicentenario de su nacimiento (1809-2009)*, 2 vols. (Santiago: Fundación Manuel Montt, 2009) y Cristóbal García-Huidobro, *Yo, Montt* (Santiago: Vergara, 2009).

[51] Sarmiento consignó sentimientos de gratitud hacia Montt en su *Recuerdos de provincia* (1850) incluido en *Obras de D.F. Sarmiento*, tomo 3 (Santiago: Imprenta Gutenberg, 1885), pp. 189-193.

un conservador influyente, Montt fue perdiendo el apoyo de sus propios partidarios durante el curso de su carrera política. Durante la década de los años 1840, sin embargo, estaba en la cúspide de su influencia y pudo ganarse la lealtad de intelectuales muy talentosos.

En varios sentidos Sarmiento estaba en el lugar preciso en el momento apropiado, y era además la persona adecuada para los proyectos educacionales y políticos del gobierno de Bulnes. Pero Sarmiento era también una persona combativa y quisquillosa que se trenzaba en polémicas que terminaban exasperando a quienes lo apoyaban y que fueron minando su credibilidad. Se requería la enorme paciencia de hombres como Montt y Bello para cultivar los aspectos positivos antes que concentrarse en los puramente contestatarios de la personalidad del sanjuanino.

El primer aporte de Sarmiento a la prensa chilena en 1841 fue muy bien recibido. Se trataba de un conmovedor recuerdo de la heroica batalla de Chacabuco (1817) y del triste olvido en que habían caído sus veteranos, gran parte de ellos argentinos.[52] Bello y Mariano Egaña lo leyeron y lo encontraron admirable. Al poco tiempo Sarmiento era lo suficientemente conocido como para publicar con frecuencia en varios periódicos, incluyendo *El Mercurio* y *El Progreso*. En la medida en que adquiría confianza en sus habilidades periodísticas y alcanzaba mayor recepción pública, Sarmiento comenzó a hacer declaraciones más provocadoras diseñadas para promover el debate y, por lo menos así lo pensaba, la civilización.

La más célebre de estas polémicas fue acerca de la distinción literaria, pero también política, entre clasicismo y romanticismo. Como veremos, en último término esta era una polémica acerca del lenguaje, puesto que el punto principal era la profundidad y alcance de las reformas lingüísticas que se consideraban necesarias en un contexto posemancipación. Sarmiento, que tenía un notable talento para transformar la discusión más trivial en agria polémica, disparó la primera salva cuando preguntó, a mediados de 1841, por qué los chilenos eran tan apáticos para cultivar la literatura y en particular la poesía. "Creemos", de-

---

También en una serie de artículos (y una necrología) incluidos en el mismo tomo, pp. 299-329. Montt y Sarmiento mantuvieron una amistosa correspondencia largo tiempo después de la partida de este, de hecho hasta la muerte del primero en 1880. Véase el estudio de Sergio Vergara, "Una correspondencia olvidada: Manuel Montt y Domingo F. Sarmiento, 1841-1879", *Anales de la Universidad de Chile*, Sexta Serie, N° 5 (Octubre 1997), 175-205 y también su compilación *Manuel Montt y Domingo F. Sarmiento. Epistolario 1833-1888* (Santiago: Ediciones de la Dirección de Bibliotecas, Archivos y Museos y LOM Ediciones, 1999).

[52] Sarmiento, "12 de febrero de 1817", *El Mercurio*, 11 de febrero de 1841. En este artículo utilizó el seudónimo de "Un teniente de artillería de Chacabuco". Se incluye en *Obras de D.F. Sarmiento*, tomo 1 (Santiago: Imprenta Gutenberg, 1887), pp. 1-7.

claró, "que predomina en nuestra juventud una especie de encojimiento i cierta pereza de espíritu, que le hace malograr las bellas dotes de la naturaleza i la buena i sólida instrucción que ha recibido".[53] En artículos posteriores afirmó que esta situación se debía al respeto excesivo por el estilo literario neoclásico, lo que era una obvia referencia a la influencia de Bello. Si bien la invitación al debate por parte de Sarmiento logró su objetivo principal, no inspiró los sentimientos más nobles por parte de los chilenos, quienes sintieron su orgullo nacional agredido, y denostaron a Sarmiento por ser extranjero. La polémica siguió su propia lógica, involucrando a intelectuales jóvenes como Salvador Sanfuentes, José Joaquín Vallejo y al argentino Vicente Fidel López, pero pronto perdió su inspiración inicial. No es necesario recapitular todos los detalles de este debate, que ya ha sido descrito por varios estudiosos, pero sí es importante en este contexto discutir la posición de Bello respecto del romanticismo.[54] Aunque se le consideraba un neoclásico, Bello había analizado y explorado varios temas del romanticismo. Además había comentado, publicado o traducido varias obras representativas de esta escuela desde la época de Londres, incluyendo algunas de Madame de Staël, Victor Hugo, Walter Scott y Lord Byron. Es evidente que tenía una gran admiración por estos autores, pero también se preocupaba por los usos del romanticismo en el contexto hispanoamericano de la posindependencia, muy en línea con su rechazo a la "licencia" en materias políticas y literarias. En un artículo publicado en *El Araucano* en noviembre de 1841 Bello planteó el problema de la siguiente manera: "En literatura, los clásicos y románticos tienen cierta semejanza no lejana con lo que son en política los legitimistas y los liberales. Mientras que para los primeros es inapelable la autoridad de las doctrinas y prácticas que llevan el sello de la antigüedad, y el dar un paso fuera de aquellos trillados senderos es rebelarse contra los sanos principios, los segundos, en su conato a emancipar el ingenio de trabas inútiles, y por lo mismo perniciosas, confunden a veces la libertad con la más desenfrenada licencia" (IX, 375). En el

---

[53] Sarmiento, "Canto al incendio de la Compañía", en *Obras*, I, 84-87. Este mismo tomo contiene los artículos de Sarmiento sobre el romanticismo, pp. 283-323.

[54] Rodríguez Monegal, *El otro Andrés Bello*, pp. 239-319; Paul Verdevoye, "Don Andrés Bello y Domingo Faustino Sarmiento", *Bello y Chile*, I, pp. 103-124, y su *Sarmiento*, pp. 193-204. También Stuven, *La seducción de un orden*, pp. 195-219; Norberto Pinilla, *La polémica del romanticismo. V.F. López, D.F. Sarmiento, S. Sanfuentes* (Buenos Aires: Editorial Americalee, 1943) y *La generación chilena de 1842* (Santiago: Editorial Manuel Barros Borgoño, 1943), pp. 135-147. El romanticismo de Sarmiento estaba influido por Herder, y sobre esto hay un estudio de Raimundo Lida, "Sarmiento y Herder", en *Estudios Hispánicos*, compilado por Antonio Alatorre (México: El Colegio de México, 1988), pp. 125-139. Un estudio más general sobre estos conceptos se encuentra en T.E. Hulme, "Romanticism and Classicism", en *Selected Writings*, editado por Patrick McGuinness (Manchester: Fyfield Books, 1998), pp. 68-83.

contexto de Chile, en donde el cultivo de las letras era tan nuevo, el romanticismo podía significar la imitación acrítica, que daría paso a un diluvio (que ya creía percibir) de neologismos innecesarios. Pero Bello no rechazaba el romanticismo sino su posible distorsión en el país. Sarmiento, por su parte, había conminado a la juventud a ser menos clasicista y más audaz en sus escritos, pero durante la polémica se embarcó en una discusión que ilustra muy bien la cercana relación entre política y lenguaje durante el periodo, como también la importancia del idioma para la identidad de las nuevas repúblicas.

En un comentario sobre un ensayo de Pedro Fernández Garfias, titulado "Ejercicios populares de la lengua castellana", Sarmiento defendió a fines de abril de 1842 la libertad de los pueblos para crear su propio lenguaje aun si esto significaba un conflicto con la autoridad de los expertos:

> La soberanía del pueblo tiene todo su valor i su predominio en el idioma; los gramáticos son como el senado conservador, creados para resistir los embates populares, para conservar la rutina i las tradiciones. Son a nuestro juicio, si nos perdonan la mala palabra, el partido retrógrado, estacionario, de la sociedad habladora; pero como los de su clase en política, su derecho está reducido a gritar i desternillarse contra la corrupción, contra los abusos, contra las innovaciones.[55]

Esta declaración estaba diseñada para provocar a Bello, quien había defendido el buen uso de la lengua desde la década de los años 1830 y había recientemente, en 1841, publicado su *Análisis ideológica* sobre el verbo castellano. Bello no evitaba el debate cuando había elementos académicos en discusión y, como en este caso, se sumaban también algunos elementos políticos de importancia. Bello contestó públicamente el 12 de mayo de 1842:

> ¿Cómo podría permitirse al pueblo la formación a su antojo del lenguaje, resultando que cada cual vendría a tener el suyo, y concluiríamos por otra Babel? En las lenguas como en la política, es indispensable que haya un cuerpo de sabios, que así dicte las leyes convenientes a sus necesidades, como las

---

[55] El artículo de Sarmiento apareció en *El Mercurio*, 27 de abril de 1842. Se incluye en sus *Obras*, I, pp. 208-211. Análisis de las perspectivas de Sarmiento sobre el idioma se encuentran en Barry Velleman, "Domingo F. Sarmiento y la función social de la lengua", *Historiographia Linguistica*, 24, N° 1-2 (1997), 159-174, y Alfredo Torrejón, "Andrés Bello, Domingo Faustino Sarmiento y el castellano culto de Chile", *Thesaurus: Boletín del Instituto Caro y Cuervo*, 44, N° 3 (Septiembre-Diciembre 1989), 534-557. Véase también Efraín Kristal, "Dialogues and Polemics: Sarmiento, Lastarria, and Bello", en Criscenti, *Sarmiento*, pp. 61-70.

del habla en que ha de expresarlas; y no sería menos ridículo confiar al pueblo la decisión de sus leyes, que autorizarle en la formación del idioma. En vano claman por esa libertad romántico-licenciosa del lenguaje, los que por prurito de novedad, o por eximirse del trabajo de estudiar su lengua, quisieran hablar y escribir a su discreción (IX, 438-439).

Bello no acostumbraba a hacer refutaciones tan severas, pero en este caso lo hacía defendiendo ideas lingüísticas que venía desarrollando desde la década de los años 1820, como también posturas políticas que reflejaban las del regimen conservador de inspiración portaliana. Sarmiento, sin embargo, contestó con argumentos *ad hominem*, en las claves hiperbólicas ya acostumbradas en la prensa del periodo. Usando el sistema de referencias de Infante, Sarmiento exclamó, "¡Bella solución que no solo condena a la impotencia i a la esterilidad la jeneración presente, sino que insulta a las venideras!". Luego hizo una acusación más seria,

> Por lo que a nosotros respecta, si la lei del ostracismo estuviese en uso en nuestra democracia, habríamos pedido en tiempo el destierro de un gran literato que vive entre nosotros, sin otro motivo que serlo demasiado i haber profundizado más allá de lo que nuestra naciente civilización exije, los arcanos del idioma, i haber hecho gustar a nuestra juventud del estudio de las esterioridades del pensamiento i de las formas en que se desenvuelve nuestra lengua, con menoscabo de las ideas i la verdadera ilustración.[56]

Sarmiento hizo estas declaraciones con un cierto dejo de travesura, y es poco probable que hubiese realmente propuesto el ostracismo de Bello. El pensador venezolano, quien había sido objeto de varios y peores ataques, seguramente adivinó las intenciones de Sarmiento y no quiso responder a esta provocación. Pero otros sí se sintieron ofendidos por la ligereza del escritor argentino y, al contestar, le mantuvieron ocupado en réplicas y contrarréplicas por los próximos meses. Lo paradójico de esta polémica es que involucraba a dos intelectuales que trabajaban para el mismo gobierno, compartían metas políticas similares, y estaban de acuerdo incluso en materias lingüísticas. De cualquier modo, el desacuerdo público entre ambos no fue causa de enemistad. Sarmiento podía ser atolondrado y poco cuidadoso en sus artículos periodísticos, pero era también un pedagogo de gran dedicación que compartía los mismos intereses de Bello en cuanto a la alfabetización del pueblo. Montt le había nombrado director de

---

[56]   Esta respuesta de Sarmiento apareció en *El Mercurio*, 22 de mayo de 1842. Se incluye en sus *Obras*, I, pp. 218-224.

la Escuela Normal en enero de 1842, cargo desde el cual preparaba un texto de lectura elemental. También aceptó la invitación de Bello para formar parte de la Facultad de Filosofía y Humanidades, desde la que ambos colaboraron al proponer una reforma ortográfica que Bello había originalmente elaborado en Londres.[57]

En efecto, en la reunión de la Facultad el día 17 de octubre de 1843, Sarmiento presentó una propuesta de reforma de la ortografía castellana que seguía muy cercanamente las recomendaciones que Bello (junto a García del Río) había publicado en 1823. Estas incluían la eliminación de la "h" muda, el reemplazo de la "y" griega por la "i" latina y el uso de la "j" en vez de la "g" sorda (para mencionar solo los cambios que duraron más tiempo). Tales intentos de simplificación se remontan a la época de Antonio de Nebrija, cuya *Gramática de la lengua castellana* (1492) definía como primera regla de la ortografía castellana "que assí tenemos de escrivir como pronunciamos, i pronunciar como escrivimos".[58] En el contexto de la posindependencia, el punto principal de la propuesta de Sarmiento –y la de Bello– era que cada letra debía representar un sonido, tanto por necesidad de consistencia como para facilitar el aprendizaje de la lectura a nivel elemental, que era muy necesario para hacer posible la ciudadanía y, en último término, la nación.[59]

---

[57] El papel de Sarmiento en la Universidad de Chile es discutido por Alamiro de Ávila Martel, *Sarmiento en la Universidad de Chile* (Santiago: Ediciones de la Universidad de Chile, 1988).

[58] Antonio de Nebrija, *Gramática de la lengua castellana*, compilado por Antonio Quilis (Madrid: Editorial Centro de Estudios Ramón Areces, 1989), p. 143. Un análisis de la obra de Nebrija, incluyendo sus aportes a la ortografía, en Norman P. Sacks, "Antonio de Nebrija: Founder of Spanish Linguistics", *Hispanic Linguistics*, 1, Nº 2 (Primavera 1984), 149-176. También José J. Gómez Ascencio, *Nebrija vive* (Madrid: Fundación Antonio de Nebrija, 2006). En cuanto al proyecto de Nebrija comparado con el de Bello, véase Andrés Gallardo, "Don Andrés Bello y su Gramática de la lengua castellana: tres hitos para la historia de la lengua común", *Boletín de Filología*, 49, Nº 1 (2014), 149-160.

[59] Un análisis de las ideas ortográficas de Bello, y el papel de Sarmiento en las reformas de la década de los años 1840, se encuentra en Ángel Rosenblat "Las ideas ortográficas de Bello", en Andrés Bello, OC, V, ix-cxxxviii. Véase también Lidia Contreras F., *Historia de las ideas ortográficas en Chile* (Santiago: Centro de Investigaciones Barros Arana, Biblioteca Nacional, 1993); el capítulo sobre ortografía y lenguaje de Stuven, *La seducción de un orden*, pp. 169-219; Barry L. Velleman, "Antiacademicismo lingüístico y comunidad hispánica: Sarmiento y Unamuno", en José del Valle y Luis Gabriel-Stheeman (eds.), *La batalla del idioma: La intelectualidad hispánica ante la lengua* (Madrid: Iberoamericana-Vervuert, 2004), pp. 35-65 y Rodrigo Mayorga C., "Un nuevo camino de la A a la Z. Enseñanza y aprendizaje de la lectoescritura en la escuela primaria chilena (1840-1880)", Tesis de Magister, Instituto de Historia, Pontificia Universidad Católica de Chile, 2011. El ensayo de Sarmiento, *Memoria leida a la Facultad de Humanidades el 17 de octubre de 1843*, fue publicado originalmente en Santiago ese mismo año en la Imprenta de La Opinión, y fue incluido en los *Anales de la Universidad de Chile* 1 (1843-44), pp. 177-189. También está incluido en Ávila Martel, *Sarmiento en la Universidad de Chile*, pp. 56-120, y en Sarmiento, *Obras*, tomo 4, pp. 1-48.

El escritor José Joaquín Vallejo (también conocido como "Jotabeche"), quien era miembro de la Facultad de Filosofía y Humanidades, aunque raramente asistía a las sesiones, reaccionó con evidente alarma cuando se enteró de las reformas propuestas por Sarmiento. En una carta a su amigo Manuel Talavera le comunicó que "he tenido sufrimiento para leer de punta a cabo la reforma ortográfica de Sarmiento. No hay coraje, ni resolución, ni desvergüenza, como el coraje, la resolución y la desvergüenza de ese anticristo literario... Lo que pide Sarmiento, lo que intenta, es una revolución sangrienta; y no comprendo cómo el sin par y circunspecto don Andrés Bello no esté escandalizado con este cohete incendiario que Sarmiento acaba de arrojar, y que en concepto mío, basta su publicación en Chile para exponernos al ridículo de otros pueblos".[60]

Lo que Vallejo no sabía era que Bello apoyaba plenamente esta propuesta, y de hecho la Facultad la aprobó el 17 de abril de 1844 con cambios que la acercaron aún más a la propuesta original de Bello. La implementación de las reformas, sin embargo, era otra cosa. Los miembros de la Facultad quedaban libres para usar un sistema diferente, libertad que efectivamente ejercieron. Un periodo de confusión siguió a la adopción de las reformas, como se puede observar al revisar la documentación universitaria publicada en los *Anales de la Universidad de Chile*, escrita en una variedad de ortografías. Las imprentas fuera de la universidad rehusaron adoptar el nuevo sistema. Algunos periódicos lo usaron, pero la mayoría no. La talentosa escritora Carmen Arriagada, que había sido relegada de Santiago luego de la guerra civil de 1829-30, y que pasó el resto de sus días en Talca, consideró la reforma como un acto unilateral, mal encaminado y destinado al fracaso. ¿Cómo podía Chile tomar esta decisión sobre ortografía sin consultar con otros países hispanoparlantes? "Por lo que hace a mí", exclamó desafiante, "no las adoptaré nunca".[61] Para 1850 varias de las reformas aprobadas habían caído en desuso, aunque algunas sobrevivieron hasta principios del siglo XX –el uso de a "i" latina en lugar de la "y" griega y de la "j" en lugar de la "g" sorda. Bello mismo reconoció este hecho el 15 de abril de 1851, cuando informó al Ministro de Instrucción Pública que las escuelas no estaban obligadas a seguir la nueva ortografía "desde que la ha visto completamente abandonada en impresos y manuscritos", y para "obviar los inconvenientes de una enseñanza inútil y de la falta de uniformidad" (XXI, 403).

---

[60]   José Joaquín Vallejo a Manuel Talavera, 14 de diciembre de 1843, en Alberto Edwards, compilador, *Obras de don José Joaquín Vallejo* (Santiago: Biblioteca de Escritores de Chile, 1911), p. 496.
[61]   Carmen Arriagada a J.M. Rugendas, 12 de mayo de 1844, en Oscar Pinochet de la Barra, compilador, *Carmen Arriagada: Cartas de una mujer apasionada* (Santiago: Editorial Universitaria, 1989), pp. 445 y 447.

A pesar del destino de la reforma ortográfica, Bello continuó colaborando con Sarmiento en la Facultad de Filosofía y Humanidades, y reconoció con frecuencia los aportes pedagógicos de este. Pero estaba muy lejos de aprobar la combatividad de su colega, actitud que lo lanzaba con facilidad no solo a la polémica sino que también a las querellas judiciales y hasta riñas callejeras con aquellos que, pensaba, le ofendían por la prensa.[62] Bello debió sentirse bastante aliviado cuando, en 1845, Manuel Montt decidió enviar a Sarmiento a una larga gira de tres años para estudiar los sistemas educacionales de Europa y Estados Unidos, decisión más bien política que ilustrada, dado el impacto que tuvo en el régimen de Rosas la publicación del *Facundo*, y que amenazaba con precipitar un conflicto grave entre Chile y Argentina. Políticamente, Bello y Sarmiento estaban igualmente comprometidos con el orden "portaliano", y con las políticas de Montt, pero diferían en cuanto a los métodos para conseguir los fines deseados. En materias tanto políticas como gramaticales Bello era cauteloso y gradualista, mientras que Sarmiento creía en la acción inmediata y decisiva. Sarmiento reconoció eventualmente que Montt y Bello tenían una más clara percepción de cómo lograr sus objetivos de orden y de gobierno, pero durante los años en que tuvieron un contacto estrecho, había más distancia que acuerdo entre ambos.[63]

Las críticas y sospechas respecto de la adhesión de Bello al régimen conservador se manifestaban más allá de los debates intelectuales. Según José Victorino Lastarria,

> D. Andrés era bondadoso, como prudente, y tenía una vasta erudición que hacía interesante su trato, aunque no ameno ni conversador. Hombre de mundo, que había visto y observado mucho, de feliz memoria y de fina malicia, hablaba con facilidad y sin pretensiones sobre cualquier materia. Era liberal y eminentemente republicano, y no hay duda de que habría organizado la república democrática, durante su gobierno, si hubiera tenido un poco de valor. Su falta de energía era la causa de su debilidad y sobre todo de su hábito de contemporizar. Como no se atrevía a ningún peligro, y aspiraba a

---

[62] Una disputa particularmente destemplada llevó a Sarmiento a la cárcel, como se puede observar en el documento "Querella de Dn. Domingo Faustino Sarmiento contra D. Domingo Santiago Godoy", en el *Archivo Nacional de Chile, Fondo Varios*, tomo 318, pieza 3.

[63] Según Ambrosio Montt, Bello admiraba *Recuerdos de provincia* de Sarmiento. En carta fechada 26 de Febrero de 1885 Montt le dice a Sarmiento. "Le digo al oído (no sea que se ofenda su modestia) que el severo y doctísimo Bello, tan rígido en punto a lenguaje y a cánones literarios, que el mismo leía con amor y con deletie aquellas páginas de vida íntima, y a menudo me decía que las tenía por las mejores que Usted había escrito", en Sergio Vergarara, *Epistolario*, pp. 195-196.

que no se tuviera nada que reprocharle, ni que acusarle, cometió el error de querer gobernar con los enemigos de sus ideas, y confesando las faltas de su pasado, tal vez acusándolas, huyó de sus responsabilidades de partido, y fue causa del triunfo de los reaccionarios en 1830. Más de una vez hablé con él sobre estos hechos, y siempre le hallé firme en su idea de que la república debía ser la obra del patriotismo de todos, aun con sus propios enemigos. Cuánto no habría aplaudido a Thiers, si hubiese vivido hasta ahora [1873] para ver las maromas de aquel nuevo estadista, tan parecido a él.[64]

El político y editor liberal Pedro Félix Vicuña, padre del historiador Benjamín Vicuña Mackenna, calificó por su parte a Bello como "hombre verdaderamente fatal a la república" a raíz de una polémica en torno al reglamento de elecciones. Bello argüía que las disposiciones que exigían el alfabetismo para ejercer el derecho a sufragio a partir de 1841 no eran retroactivas, es decir, que quienes siendo analfabetos podían votar de acuerdo con la Constitución de 1828, no perdían su condición de ciudadanos activos al término de las disposiciones transitorias relativas al artículo octavo de la Constitución de 1833, que sí exigía el leer y escribir. Vicuña interpretó el principio de la no retroactividad defendido por Bello como un esfuerzo por mantener la vigencia de las leyes coloniales, y agregó que

> Los artículos que este señor publicaba en el *Araucano*, a fuerza de confusión y sutileza, vinieron a ser para muchos necios, como los oráculos de la anti-guedad: el Sr. Bello era la deidad, su pluma y talentos no podían producir sino verdades. La mayoría de un congreso corrompido halló la justicia en las exijencias del gobierno, y el derecho y la razón en los escritos de un hombre verdaderamente fatal a la república.[65]

Bello no respondió a este y otros ataques puesto que no involucraban acusaciones específicas sino más bien exaltaciones retóricas propias del periodismo de la época. Rehusó entrar en un debate y decidió concentrarse en los temas gramaticales que le absorbían en vísperas de la publicación de su *Gramática*.

---

[64]   Lastarria, *Mi diario privado*, p. 58.

[65]   Pedro Félix Vicuña, *Vindicación de los principios e ideas que han servido en Chile de apoyo a la opo-sición en las elecciones populares de 1846* (Lima: Imprenta del Comercio, 1846), pp. 17-18. El debate de Bello con Manuel Antonio Tocornal en torno al reglamento de elecciones está recogido en OC, XVIII, 128-179. La posición de Bello se encuentra resumida en Alejandro Guzmán Brito, *Vida y obra de Andrés Bello* (Santiago: Globo Editores, 2009), p. 108.

La *Gramática de la Lengua Castellana*

Bello cedió ante la oposición a gran parte de las reformas ortográficas, pero tuvo la satisfacción de comprobar que sus colegas académicos, incluyendo el "revolucionario" Sarmiento, compartían el principio fundamental de una ortografía basada en la fonética antes que en la etimología. Como ya había discutido en algunos escritos en Inglaterra y en Chile, su preocupación era que la principal gramática, la de la Real Academia Española, estaba basada en el latín no solo para la ortografía sino también para la conjugación de los verbos y la declinación de los sustantivos. Ya llevaba algún tiempo defendiendo la idea de una gramática que se ciñiera al desarrollo histórico de la lengua, y que incorporara el uso local sin dejar completamente de lado al español peninsular.[66] Cuando publicó su *Gramática de la lengua castellana* en 1847, ya llevaba un cuarto de siglo acumulando los materiales, y afinando los conceptos que hicieron de su obra un éxito nacional e internacional. Una parte importante de este éxito se debía no solo a su erudición, que era abundante, sino a la peculiar respuesta que daba a las preocupaciones políticas, propias de la independencia, acerca de la identidad nacional y supranacional en materias de lenguaje.

En el prefacio de la *Gramática* Bello explicó por qué pensaba que un nuevo texto sobre el tema era necesario en Hispanoamérica dado que aparte de la gramática de la Real Academia Española existía la del estudioso español Vicente Salvá (a quien había conocido en Londres y cuyo trabajo respetaba) en varias ediciones publicadas en 1830, 1835 y 1837,

Después de un trabajo tan importante como el de Salvá, lo único que me parecía echarse de menos era una teoría que exhibiese el sistema de la lengua en la generación y uso de sus inflexiones y de la estructura de sus oraciones, desembarazado de ciertas tradiciones latinas que de ninguna manera le cuadran. Pero cuando digo *teoría* no se crea que trato de especulaciones metafísicas… Yo huyo de ellas, no solo cuando contradicen el uso, sino cuando se remontan sobre la mera práctica del lenguaje… Los procedimientos intelectuales que real y verdaderamente guían [el uso], o en otros términos, el valor preciso de las inflexiones y las combinaciones de las palabras, es un objeto necesario de averiguación; y la gramática que lo pase por alto no desempeñará cumplidamente su oficio (IV, 9).

---

[66]   Véase al respecto José J. Gómez Asencio, "De 'gramática para americanos' a 'gramática para todos'", en González Stephan y Poblete, comps. *Andrés Bello y los estudios latinoamericanos*, 247-273.

Este punto no era muy diferente al ya formulado en su artículo "Gramática castellana" de 1832 y que se discutió en el Capítulo IV, pero en esta ocasión formuló con mayor fuerza su idea de que el idioma español debía ser estudiado "como si no hubiese en el mundo otra lengua que la castellana" (IV, 6). Lo que sí era diferente era el nivel de elocuencia y autoridad en el estilo de un hombre que había asimilado plenamente la realidad e implicaciones de la independencia. La distancia de Bello con respecto a la gramática de la Real Academia Española, sin ser un quiebre, significaba un alto grado de independencia cultural respecto de la península ibérica. En un párrafo destinado a ser uno de los más citados como una especie de manifiesto de la emancipación hispanoamericana, Bello declaró que

> No tengo la presunción de escribir para los castellanos. Mis lecciones se dirigen a mis hermanos, los habitantes de Hispano-América. Juzgo importante la conservación de la lengua de nuestros padres en su posible pureza, como un medio providencial de comunicación y un vínculo de fraternidad entre las varias naciones de origen español derramadas sobre los dos continentes. Pero no es un purismo superticioso lo que me atrevo a recomendarles. El adelantamiento prodigioso de todas las ciencias y las artes, la difusión de la cultura intelectual y las revoluciones políticas, piden cada día nuevos signos para expresar ideas nuevas... (IV, 11).

Bello reconocía de esta manera que nuevas realidades requerían de nuevos conceptos y términos. Sin embargo sostenía que estos no debían adoptarse inalterados de otras lenguas extranjeras, sin antes hacer el esfuerzo de expandir el vocabulario español. En su debate con Sarmiento, Bello ya había atribuido la introducción de neologismos a la imitación acrítica de los escritores franceses de moda. En el prefacio de la *Gramática*, sin embargo, volvió a un tema que ya había explorado en Inglaterra, a saber, que la fragmentación de Hispanoamérica después de la independencia podía derivar en el surgimiento de unidades lingüísticas autónomas incapaces de comunicarse entre sí:

> Pero el mayor mal de todos, y el que, si no se ataja, va a privarnos de las inapreciables ventajas de un lenguaje común, es la avenida de neologismos de construcción que inunda y enturbia mucha parte de lo que se escribe en América, y alterando la estructura del idioma, tiende a convertirlos en una multitud de dialectos irregulares, licenciosos, bárbaros; embriones de idiomas futuros, que durante una larga elaboración reproducirían en América lo que fue la Europa en el tenebroso periodo de la corrupción del latín. Chile, el Perú, Buenos Aires, Méjico, hablarían cada uno su lengua, o por mejor de-

cir, varias lenguas, como sucede en España, Italia y Francia, donde dominan ciertos idiomas provinciales, pero viven a su lado otros varios, oponiendo estorbos a la difusión de las luces, a la ejecución de las leyes, a la administración del Estado, a la unidad nacional (IV, 12).

Esta era, como se mencionó anteriormente, una preocupación de larga data y en verdad un temor recurrente en Bello mucho tiempo después de haberse logrado la independencia. Su gran resonancia se debía a que los pueblos hispanoamericanos más y más aceptaban la realidad de la emancipación, pero se encontraban aún en un estado de ambivalencia respecto del pasado hispánico. La solución de Bello era no abandonar el lenguaje que había unido a España y sus colonias, sino más bien retenerlo y construir sobre su base una identidad hispanoamericana que incorporara las nuevas realidades políticas y lingüísticas. Los temas en cuestión, en la obra de Bello, asumían una clara formulación: el lenguaje hablado por siglos no podía ser fácilmente reemplazado por una nueva lengua, como el francés o el inglés, pero tampoco había necesidad de depender de España para mantener y cultivar uno de los medios más básicos de interacción humana: la comunicación a través de un idioma común.

La *Gramática*, que el distinguido estudioso Amado Alonso, un siglo después de haber sido publicada, consideró "la mejor gramática que tenemos de la lengua española", respondía también a necesidades educacionales concretas.[67] Publicada por primera vez en 1847, la *Gramática* fue impresa en cuatro versiones posteriores revisadas personalmente por Bello: 1853, 1854, 1857 y 1860. Otras dos ediciones aparecieron en Chile en vida de su autor, en 1862 y 1864, pero este ya no hizo cambios. Cuando el filólogo colombiano Rufino José Cuervo publicó su versión revisada de la gramática de Bello en 1874, con las abundantes notas que se hicieron obligatorias en las ediciones posteriores, ella estaba basada en la novena edición chilena. Nuevas ediciones continuaron apareciendo durante los siglos XIX y XX –más de setenta publicadas en Hispanoamérica y Europa.[68]

---

[67] Amado Alonso, "Introducción a los estudios gramaticales de Andrés Bello", en OC, IV [*Gramática*], ix-lxxxvi. Véase también Gastón Carrillo Herrera, "Actualidad de la Gramática de Andrés Bello", en Eugenio González Rojas *et al.*, *Andrés Bello, 1865-1965: Homenaje de la Facultad de Filosofía y Educación de la Universidad de Chile* (Santiago: Facultad de Filosofía y Educación, Universidad de Chile, 1966), pp. 177-193.

[68] Un listado de las diferentes ediciones de la *Gramática* se encuentra en Horacio Jorge Becco, *Bibliografía de Andrés Bello*, 2 tomos (Caracas: La Casa de Bello, 1989), I, pp. 80-90. Malcolm Deas ha estudiado el impacto de los estudios gramaticales en Colombia en *Del poder y la gramática, y otros ensayos sobre historia, política y literatura colombianas* (Bogotá: Tercer Mundo Editores, 1993). Véase también mi "La gramática de la emancipación", en Germán Carrera Damas y John Lombardi, comps., *La crisis estructural de las sociedades implantadas*, Tomo 5 de *Historia General de América*

Gramática, filosofía y leyes

Parte del éxito y longevidad de la *Gramática* se debe al conocimiento filosófico de Bello. Aunque publicado póstumamente, *Filosofía del entendimiento*, su mayor tratado sobre esta disciplina, apareció en partes durante 1843 y 1844, es decir, la época en que Bello trabajaba asiduamente en la preparación de su texto gramatical.[69] En esta obra Bello se hacía eco de las grandes preocupaciones de la filosofía europea de los siglos XVIII y XIX, sobre todo acerca de la adquisición del conocimiento. Bello adhería, aunque no sin algunas objeciones, a la filosofía escocesa del sentido común y al eclecticismo de Víctor Cousin. Es decir, predomina en la filosofía de Bello un acento en el análisis sicológico. De allí su énfasis en la percepción, tanto intuitiva como representativa y su análisis de la relación de causalidad.[70]

A propósito del vínculo entre filosofía y gramática, el gran estudioso de la filosofía de Bello, Arturo Ardao, ha afirmado que "el desarrollo de su gramática recibe inspiraciones, cuando no fundamentaciones –explícitas o implícitas– de su formación o sus ideas de orden más especulativo".[71] Evidencia de esta cercana conexión entre preocupaciones lingüísticas y filosóficas se puede observar en pasajes en donde Bello establece una distinción entre procesos mentales y las

---

Latina (París: Ediciones UNESCO/Editorial Trotta, 2003), pp. 507-521. La recepción de las ideas lingüísticas de Bello fue más compleja, como ha señalado Barry L. Velleman en su "La recepción de las ideas lingüísticas de Bello en Chile", en *Actas del III Congreso Internacional de la Sociedad Española de Historia Lingüística* (Hamburg: Helmut Buske Verlag, 2002), 721-732.

[69] Walter Hanisch Espíndola, S.J., ha establecido que los artículos aparecidos en *El Crepúsculo* entre 1843 y 1844 corresponden a las primeras 137 páginas del primer tomo de la primera edición de las *Obras completas* de Bello. Véase su "Andrés Bello y su pensamiento filosófico en Chile, 1829-1865", en *Bello y Chile*, I, pp. 259-316. También mi "Orígenes de *Filosofía del entendimiento*: Los aportes de Andrés Bello al periódico *El Crepúsculo*", *Anales de Literatura Chilena*, 11, Nº 13 (Junio 2010), 53-68, y "Racionalismo y fe: La filosofía chilena en la época de Andrés Bello", *Revista Historia*, 29 (1995-1996), 89-123. Véase también el ensayo de Grinor Rojo, "Las raíces filosóficas del pensamiento de Bello", en González Stephan y Poblete, comps., *Andrés Bello y los estudios latinoamericanos*, pp. 173-187.

[70] Véase Carlos Ruiz Schneider, "Filosofía y política en Andrés Bello", en Carlos Ossandón Buljevic y Carlos Ruiz Schneider (Coords.), *Andrés Bello: Filosofía pública y política de la letra* (Santiago: Fondo de Cultura Económica, 2013), pp. 19-41.

[71] Arturo Ardao, *Andrés Bello, filósofo* (Caracas: Biblioteca de la Academia Nacional de la Historia, 1986), p. 135. José Luis Da Silva ha estudiado las diferentes interpretaciones sobre *Filosofía del entendimiento* a través de diversos prólogos, "Notas sobre las introducciones a la *Filosofía del entendimiento* de Andrés Bello", en *Andrés Bello y la gramática de un Nuevo Mundo*, Memorias V Jornadas de Historia y Religión (Caracas: Universidad Católica Andrés Bello, 2006), 295-331. Sobre los aportes filosóficos más específicos en la *Gramática*, véase Jesús F. Baceta V., "Del Bello don de la filosofía", en *El Desafío de la Historia* 3, Nº 20 (2010), 56-59.

palabras usadas para representarlos. Por ejemplo, en un análisis del verbo "sentir", Bello explicó que el uso común de este verbo se hacía extensivo a un área que iba mucho mas allá de la definición de "sentir" como "aquellas afecciones del alma que son la consecuencia inmediata de las percepciones orgánicas" (III, 67). Bello enfatizó que el uso común de "sentir" incluía las connotaciones del verbo "percibir", como cuando se dice que se *siente* simpatía u horror. Es claro, a partir de esta referencia, que Bello estaba examinando el comportamiento concreto del lenguaje, y subrayando la tensión entre tal comportamiento y las definiciones filosóficas establecidas. No aceptaba, sin embargo, que se impusiese la norma sobre la conducta: "Estoy muy distante de pretender que se destierren del lenguaje las acepciones vulgares que dejo señaladas. Desearía que solo se notase su inexactitud psicológica, y que nos limitásemos a mirarlas como meros tropos" (III, 68). En su estudio anterior, *Análisis ideológica*, Bello había enfatizado las ventajas de estudiar los procesos mentales (preocupación filosófica muy propia de los siglos XVIII y XIX) como medio para comprender el lenguaje:

Creo que muchos deslices se evitarían, y el lenguaje de los escritores sería más generalmente correcto y exacto, si se prestara más atención a lo que pasa en el entendimiento cuando hablamos; objeto, por otra parte, que aun prescindiendo de su utilidad práctica, es interesante a los ojos de la filosofía, porque descubre procederes mentales delicados, que nadie se figuraría en el uso vulgar de una lengua (V, 6).

Esta declaración y otras relativas a la importancia de la filosofía para entender el lenguaje ha generado un debate considerable.[72] No hay duda de que existe una preocupación filosófica subyacente en los estudios gramaticales de Bello, como lo demostró él mismo, a veces muy explícitamente, a través de sus escritos y citas directas de varios filósofos. Sin embargo ninguna escuela o sistema filosófico

---

[72]   Amado Alonso sugirió, en su introducción a los estudios gramaticales de Bello, que este se apartó de una "gramática filosófica" para entender el castellano en sus propios términos. Arturo Ardao, por su parte, ha hecho la argumentación más elocuente respecto de la cercana relación entre lenguaje y filosofía en la obra de Bello. Aunque ambos autores están en gran medida correctos, es solo con el trabajo de Barry Velleman y Ramón Trujillo que se puede observar con mayor precisión la manera limitada en que Bello adhirió a ciertos principios lógicos, y descartó teorías filosóficas o lingüísticas toda vez que estas eran incapaces de explicar las variaciones del lenguaje. Véase, de Velleman, su "The *Gramática* of Andrés Bello: Sources and Methods" (Tesis Doctoral, Universidad de Wisconsin-Madison, 1978), y su "Bello gramático: Modernidad del enfoque sintáctico", en *Bello y Chile*, I, pp. 525-557. Véase también la edición crítica de la *Gramática* de Bello por Ramón Trujillo (Tenerife: Cabildo Insular e Instituto Universitario Lingüístico Andrés Bello, 1981), y su "Variantes en las ediciones de la *Gramática* de Bello", en *Bello y Chile*, I, pp. 515-523.

determinó su aproximación a la gramática, área en la que prefería observar directamente la evolución de la lengua. El lingüista Barry Velleman ha sugerido que la perspectiva de Bello sobre la gramática es similar a la de los estructuralistas norteamericanos, para los cuales "la tarea del gramático es la de aislar, categorizar y documentar actos físicos. No se espera que interprete los datos filtrándolos por el cedazo de sus propios supuestos, ya sean lingüísticos o filosóficos".[73] Al mismo tiempo, Bello no observaba la lengua sin al menos algunos criterios normativos y selectivos, como es el caso de sus referencias al "buen uso" o "uso correcto" de la lengua. La gramática de una lengua, explicó muy al comienzo de su texto principal, "es el arte de hablarla correctamente, esto es, conforme al buen uso, que es el de la gente educada", procediendo a justificar esta definición como sigue:

> Se prefiere este uso porque es el más uniforme en las varias provincias y pueblos que hablan una misma lengua, y por lo tanto el que hace que más fácil y generalmente se entienda lo que se dice; al paso que las palabras y frases propias de la gente ignorante varían mucho de unos pueblos y provincias a otros, y no son fácilmente entendidas fuera de aquel estrecho recinto en que las usa el vulgo (IV, 15).[74]

Es decir, Bello mantenía un cierto eclecticismo en su análisis de la gramática castellana pero, como lo demostró en varios escritos, pensaba que era importante uniformar el lenguaje de manera de facilitar la comunicación entre naciones hispanoparlantes, y también hacer realidad la ciudadanía en el sistema republicano adoptado mayoritariamente en el continente después de la independencia.[75] Como afirmó, la gramática era necesaria para nada menos que "la acertada enunciación y la genuina interpretación de las leyes, de los contratos, de los testamentos, de

---

[73] Velleman, "The *Gramática* of Andrés Bello", p. 293. Véase también su "Structuralist Theory in the Bello *Gramática*", *Hispanic Review*, 46 (Invierno 1978), 55-64. Sobre los aportes de Velleman véase Francisco Javier Pérez, "Un bellista norteamericano: Barry L. Velleman", *Eidos* (Caracas), 4 de julio de 1989, pp. 30-33.

[74] Una sugerente discusión en torno al grado de selectividad y subjetividad en Bello como gramático es la de Belford Moré, "La construcción ideológica de una base empírica: Selección y elaboración en la gramática de Bello", en Del Valle y Gabriel-Stheeman (eds.), *La batalla del idioma*, pp. 67-92. Sobre la estandarización del castellano, véase Alfredo Torrejón, *Andrés Bello y la lengua culta. La estandarización del castellano en América en el siglo XIX* (Boulder: Society of Spanish and Spanish American Studies, 1993).

[75] Joaquín Trujillo Silva acuña el término "gramócrata(s)" para referirse a Bello y sus continuadores, precisamente en el sentido de organizar la república bajo un sello imperial, solo que no como imperio romano o español, o cualquiera otro, sino como imperio de la ley, de la escritura y de las letras. Véase su *Andrés Bello*, p. 683 y siguientes.

los libros, de la correspondencia escrita; objetos en que se interesa cuanto hay de más precioso y más importante en la vida social" (IV, 15). Es precisamente en este ámbito social y político que radica la explicación de la insistencia de Bello por adoptar reglas y procedimientos para mantener la unidad lingüística. Históricamente, las lenguas se rigen por dinámicas propias, y son merecedoras de estudios científicos. Pero en el contexto de la independencia hispanoamericana, el lenguaje era mucho más que un mero objeto de estudio erudito: era un pilar de la construcción de la nacionalidad. Abandonado a su suerte, el lenguaje podía conducir a la fragmentación y, en último término, a la incapacidad de los ciudadanos para comprender e incluso obedecer las leyes básicas de la vida en sociedad.

Quizás la evidencia más clara de la originalidad de Bello radique precisamente en su insistente conexión entre la fragmentación lingüística del Imperio Romano en Europa, y la situación de las naciones emergentes en la Hispanoamérica de la posindependencia. Esta preocupación de Bello sobre las implicaciones sociopolíticas de la lengua encuentra un equivalente en la obra de Noah Webster en Estados Unidos, pero este estaba mucho más interesado en reivindicar la peculiaridad de la nueva nación (construyendo una ortografía propia) para así legitimar su separación de Europa.[76] Bello, por su parte, quería mantener la unidad lingüística para evitar los peligros de la fragmentación, y también para que las nuevas naciones establecieran un sistema de leyes comprensible para todos los ciudadanos.

Bello consideraba que ley y gramática se encontraban estrechamente unidas,[77] y se refirió directamente a esta relación en su *Código Civil de la República de Chile*, el influyente Código Civil que se discutirá con mayor detalle en el Capítulo VI. Dado que el código estaba destinado a transformarse en ley de la república sobre los asuntos más importantes de la vida en sociedad, el lenguaje utilizado debía ceñirse a normas inequívocas. En el artículo 20 del *Código*, Bello enunció que "las palabras de la ley se entenderán en su sentido natural y obvio, según el uso general de las mismas palabras" (XIV, 42). El propósito era enfatizar que los ciudadanos entenderían la ley en la medida en que estuviese escrita en lenguaje

---

[76]   Barry Velleman reflexiona al respecto de los paralelos entre Webster y Bello en "Bello y las 'escrituras disciplinarias': diccionarios, gramáticas, ortografías", *Boletín de Filología*, 49, Nº 1 (2014), 179-192. Véase además, sobre Webster, Tim Cassedy, "'A Dictionary Which We Do Not Want': Defining America against Noah Webster, 1783-1810", *The William and Mary Quarterly*, 71, Nº 2 (Abril 2014), 229-254.

[77]   Véase el ensayo de Jaime Concha, "Gramáticas y códigos: Bello y su gestión superestructural en Chile," en *Revista de Humanidades y Ciencias Sociales*, 42, Nº 2 (1997), 17-36. También el sugerente ensayo de Tomás Straka, "Para una gramática de las costumbres: Tres hipótesis sobre Andrés Bello y su tiempo", en *Andrés Bello y la gramática de un Nuevo Mundo*, pp. 37-60.

preciso y gramaticalmente correcto. Solo entonces podrían leerla, entenderla y asimilarla, tal como comprendían las reglas básicas de la comunicación cotidiana. En último término, para que la ley fuese universalmente adoptada por la ciudadanía debía ser fácilmente accesible y pronunciable, quizás de manera no muy diferente a como es posible recitar un poema gracias a la rima.

Para la década de los años 1840 Bello ya no era un extranjero incómodamente buscando un lugar entre facciones políticas en pugna de manera de conseguir alguna seguridad para él y su familia. Era ahora miembro del Senado y respetado Rector de la Universidad de Chile. Durante los dos periodos de Manuel Bulnes Bello tuvo la oportunidad de implementar sus ideas sobre la construcción de las naciones a partir de un orden social y político firme. Como lo demostró durante esta década, Bello dio una gran importancia al lenguaje, la educación y la historia, puesto que los consideraba como fundamentales para definir la ciudadanía en un sistema republicano. En todas estas áreas Bello era cauteloso, gradualista e incluso hostil a los cambios radicales. El lenguaje era tal vez el pilar más importante de su concepto de república, puesto que proporcionaba la clave para el desarrollo de una cultura poscolonial. Esta cultura, como la lengua, tenía raíces hispánicas muy antiguas; ambas requerían de constante cuidado de manera de incorporar ideas nuevas como también nuevas realidades sin perder por ello su conexión con la fuente histórica originaria. El lenguaje, por su parte, podía ofrecer lecciones importantes sobre cómo los países desarrollaban sus identidades nacionales sin negar el pasado.

La agenda de Bello fue exitosa, aunque no sin algunos desafíos importantes, sobre todo en lo que respecta al cultivo e implementación de sus ideas sobre idioma, educación e historia. Naturalmente, no podría haber logrado todas sus metas intelectuales e institucionales sin el firme apoyo del gobierno y sin el impresionante respeto que le guardaban incluso los opositores al régimen. Pero a pesar de estos triunfos, todavía le faltaba aportar su legado más importante y duradero para Chile e Hispanoamérica: la codificación del derecho civil a través del famoso *Código Civil de la República de Chile*.

Capítulo VI

El imperio de la ley

El 23 de julio de 1822 el Director Supremo Bernardo O'Higgins instó al Congreso chileno a considerar la adopción del Código Civil francés, también conocido como *Code Napoléon*, en el Estado de Chile: "Sabéis cuán necesaria es la reformación de las leyes. ¡Ojalá se adoptaren los cinco códigos célebres, tan dignos de la sabiduría de estos últimos tiempos, y que ponen en claro la barbarie de los anteriores! Bórrense para siempre instituciones montadas bajo el plan colonial; destiérrese la ignorancia, procédase con actividad, y se allanarán todos los obstáculos".[1] Los miembros del Congreso no se sintieron precisamente motivados, pensando quizás en la inestabilidad del gobierno de O'Higgins, que en efecto culminó con su abdicación seis meses después. Su llamado, sin embargo, inauguró una larga serie de intentos por dar al país una nueva legislación civil. Este proceso demostró que no era fácil ni adoptar el mejor de los sistemas jurídicos, ni tampoco deshacerse del peor. Así, los legisladores chilenos descubrieron que la construcción del Chile independiente, en lo que se refería a la ley, involucraba una serie de acomodamientos y ajustes con el pasado colonial. Voces enormemente frustradas denunciaron la inefectividad de la legislación colonial, pero en un proceso que duró décadas, los líderes chilenos comprendieron las dificultades para eliminar completamente un sistema que, a pesar de la independencia, continuaba vigente. También debieron reconsiderar sus propias opiniones acerca de los fundamentos mismos de las leyes que gobernaban el imperio español y sus posesiones, y llegaron incluso a considerar al envidiable código francés bajo una perspectiva más escéptica.

---

[1]   Convención Preparatoria, "Sesión de instalación en 23 de julio de 1822. Presidencia de don Francisco Ruiz Tagle", en Alejandro Guzmán Brito, *Andrés Bello codificador. Historia de la fijación y codificación del derecho civil en Chile*, 2 tomos (Santiago: Ediciones de la Universidad de Chile, 1982), II, p. 14. El tomo segundo de esta obra contiene una exhaustiva documentación sobre la historia de la codificación del derecho civil en Chile. De aquí en adelante será citada como *AGB*, seguida de números romanos y arábigos para designar tomo y páginas, respectivamente. El mismo estudioso ha demostrado que el primer impulso codificador en Hispanoamerica fue precisamente el adoptar el código civil francés. Véase su "La influencia del código civil francés en las codificaciones americanas", en *El futuro de la codificación en Francia y en América Latina* (París: Sénat y Association Andrés Bello des Juristes Franco-Latino-Américains, 2004), pp. 47-74.

No resulta sorprendente que haya sido Bello quien ya había debatido la enseñanza del derecho romano y la historiografía del régimen colonial, y que había hecho hincapié en la relación entre gramática y ley, quien orientase a la nación por el camino de la continuidad antes que del cambio radical en materias jurídicas mediante su preparación del Código Civil. En efecto, fue Bello quien logró romper el *impasse* en torno a la codificación en la década de los años 1830, y quien entregó, en 1855, quizás la más grande de sus obras, el influyente *Código Civil de la República de Chile*. Este es el código que aún existe en el país, y que fue adoptado por varias otras repúblicas del continente. Hoy goza de un lugar indiscutido como el código civil hispanoamericano más importante, y uno de los más antiguos del mundo.

Los primeros intentos chilenos de codificación

Después del soliloquio de O'Higgins acerca de las ventajas del código francés, los legisladores chilenos se plantearon con frecuencia la pregunta de cómo reformar las leyes de modo de reflejar las realidades de la independencia.[2] Lo hicieron, sin embargo, con altos y bajos de interés, confirmando el *dictum* de Sir Henry Sumner Maine: "en la juventud e infancia de una nación es una rareza encontrar que la legislatura actúe para reformar el derecho privado".[3] En noviembre de 1823 el diputado José Alejo Eyzaguirre presentó un proyecto de ley para compilar y organizar la legislación existente, proyecto que fue unánimemente aprobado por el Congreso, sin que llegara a concretarse nada.[4] El sucesor de O'Higgins como

---

[2] La talentosa viajera inglesa María Graham detectó claramente la frustración existente en el país respecto de los poderes judiciales bajo la Constitución de 1822: "todos estos asuntos son tan complicados y agotadores, tan inadecuados para el país por ser una mezcla de leyes españolas, moriscas, godas, latinas y costumbres locales que suman setenta y dos mil disposiciones, para un país en el que el doble de ese número no sabe leer, de manera que renuncio a seguir ocupándome de ellas". *Diario de mi residencia en Chile en el año 1822* (Santiago: Penguin Clásicos, 2019), p. 264.

[3] *Ancient Law: Its Connection with the Early History of Society and its Relation to Modern Ideas* (Dorset Press, 1986 [publicado originalmente en 1861]), p. 35. Sobre la polaridad del impulso codificador, en el que se enmarca la legislación civil, véase el ensayo de Mauricio Tapia Rodríguez, "Codificación: Entre pasión y desencanto por las leyes", en *Sesquicentenario del Código Civil de Andrés Bello. Pasado, presente y futuro de la codificación*, 2 tomos, comp. por María Dora Martinić y Mauricio Tapia R. (Santiago: Editorial LexisNexis, 2005), II, 967-985. Abreviaré el título como *Sesquicentenario* en las próximas notas.

[4] Congreso Constituyente, "Sesión 56, Ordinaria, en 17 de noviembre de 1823. Presidencia de don Juan Egaña", y "Sesión 66, Ordinaria, en 2 de diciembre de 1823. Presidencia de don

Director Supremo, Ramón Freire, insistió en julio de 1825 en que se compilasen todas las leyes decretadas desde la independencia, pero su propio decreto fue desatendido.[5] Un nuevo intento provino del diputado Santiago Muñoz Bezanilla, en julio de 1826, cuando sugirió reducir la multiplicidad de leyes a un compendio más manejable. Como en ocasiones anteriores, el Congreso no hizo nada.[6] Muñoz Bezanilla volvió al tema al año siguiente, esta vez para proponer que se codificaran las leyes de acuerdo con el modelo del código francés, pero nuevamente sin éxito. Existía un fuerte consenso acerca de la necesidad de reemplazar, o al menos modificar, las leyes, pero el acuerdo sobre esta materia no lograba plasmar en proyectos viables y suficientemente detallados. El Congreso siguió ritualmente considerando otros proyectos similares durante la década de los años 1820, como el de Francisco Ramón Vicuña en marzo de 1828, pero su llamado a la codificación sufrió el mismo destino de los anteriores.[7]

Fue solamente bajo el régimen de Portales que hubo un esfuerzo más sistemático de codificar las leyes. Para ese entonces los liberales se encontraban marginados del poder, pero aun sin su oposición era difícil llegar a un acuerdo sobre el modo de implementar los cambios. En junio de 1831 la Cámara de Diputados señaló al gobierno que la administración del Estado sería deficiente sin una reforma de las leyes, y citó la asombrosa estadística de "treinta y seis mil leyes compiladas y millones de dispersas" que seguían vigentes "sin principios, sin unidad ni relación a las luces, a las costumbres y naturaleza de nuestro Gobierno".[8] Bajo la influencia de Juan y Mariano Egaña, el Ejecutivo reaccionó con un memorándum al Senado, de fecha 8 de julio de 1831, en que declaraba con impaciencia:

Probablemente no se hará verosímil en la posteridad, que habiendo pasado de un régimen monárquico, despótico y semifeudal a constituirnos en Repúblicas representativas con división de poderes y casi democráticas, hayamos

---

Juan Egaña", en *AGB*, II, pp. 21 y 23. Véase también *AGB*, I, pp. 151-156. El término codificación tiene connotaciones complejas, no siempre aplicables al primer periodo de la independencia. Al respecto, véase Italo Merello Arecco, "Codificación. Sobre los orígenes y alcances de un término. Sus primeros usos y significados en la historia del derecho nacional (1822-1833)", *Anales de la Universidad de Chile*, 5ª serie, N° 20 (1989), 777-802.

[5]   "Recopilación de leyes nacionales", en *AGB*, II, p. 24, y el comentario en *AGB*, I, pp. 156-157.

[6]   Congreso Nacional, "Sesión 26, en 29 de julio de 1826. Presidencia de Don José Ignacio Cienfuegos", en *AGB*, II, pp. 25-26, y el comentario en *AGB*, I, pp. 160-164.

[7]   Congreso Constituyente, "Sesión 20 en 28 de marzo de 1828. Presidencia de don José María Novoa", en *AGB*, II, pp. 30-31. Véase también el comentario en *AGB*, I, pp. 165-167.

[8]   Cámara de Diputados, "Sesión 5ª, en 9 de junio de 1831. Presidencia de don Joaquín Tocornal", en *AGB*, II, p. 53.

conservado por 21 años no solamente las leyes que rigen en Castilla sino también las coloniales, dirigiendo nuestras administraciones políticas, fiscales y civiles por unos códigos que reconcentran en el monarca toda la omnipotencia humana, y que su gobierno y principales magistraturas existían a tres mil leguas de nuestro suelo.[9]

Este memorándum, firmado por el vicepresidente Fernando Errázuriz, llamaba a una reorganización completa del sistema jurídico y pedía al Congreso la autorización para nombrar a una persona que se encargara de la preparación de este proyecto. Luego de algunas deliberaciones, pedidos de clarificación y modificaciones, el Senado pasó la petición del Ejecutivo a la Cámara de Diputados. Un año después el Senado tuvo que recordar a los diputados que esperaba un dictamen. Aun así, pasó otro año más sin que la Cámara resolviera. En ese momento, el primero de junio de 1833, el presidente Joaquín Prieto pidió al Congreso que avanzara en el proyecto de reforma de las leyes, pero en esta ocasión tuvo el tino político de reconocer la resistencia de los diputados a lo que algunos consideraban como una transformación completa del sistema jurídico. El diputado Gabriel José Tocornal había manifestado desde el comienzo su oposición al reemplazo de las leyes vigentes sin una previa consideración sobre cuáles de ellas eran todavía apropiadas.[10] El presidente Joaquín Prieto, en un discurso preparado por Andrés Bello, reconoció como válida esta posición al declarar que, "reducida a una mera compilación de las leyes existentes, purgadas de todo lo superfluo y contradictorio, y enunciadas en un lenguaje claro y preciso, sin la pretensión peligrosa de amoldarlas a nuevos principios, estoy persuadido que produciría beneficios incalculables en la administración de justicia".[11]

Esta afirmación tenía el propósito de obtener el apoyo de los diputados conservadores que identificaban el cambio, especialmente el cambio jurídico, con los principios revolucionarios. Fue un cálculo inteligente, puesto que el Congreso respondió favorablemente a la petición del Ejecutivo, aprobándola con modificaciones presentadas por Manuel Camilo Vial, quien proponía que fuese una comisión, y no un individuo, la que se encargase de la codificación. Vial tam-

---

[9]   Este "Oficio del Presidente de la República al presidente del Senado" está incluido en Cámara de Senadores, "Sesión 19, en 11 de julio de 1831. Presidencia de Don José Ignacio Cienfuegos", en *AGB*, II, pp. 54-55.

[10]   El desacuerdo de Tocornal quedó registrado en la sesión del 10 de septiembre de 1832, pero este ya había publicado un artículo al respecto en *El Araucano*, Nº 58, 22 de octubre de 1831. Véase *AGB*, II, pp. 87-91.

[11]   "Discurso del Presidente de la República a las Cámaras legislativas en la apertura del Congreso Nacional [el primero de junio] de 1833", en *AGB*, II, pp. 99-100.

bién agregó, en el Artículo 4 de su proyecto, que "los encargados de este trabajo se limitarán a compilar las leyes existentes en los códigos que rigen".[12] Tal era precisamente el eje de la cuestión, y el Congreso estuvo dispuesto a proceder una vez que se aclaró este punto.

Es en este marco que Bello hizo su primera aparición pública sobre el tema de la codificación, probablemente con el propósito de reafirmar el más reciente pronunciamiento del gobierno, y mantener la discusión en el terreno acordado. Bello no tenía planes de involucrarse mayormente en la tarea de codificación, y de hecho existe evidencia de que consideraba la reforma judicial como una prioridad más urgente que la reforma de la legislación civil.[13] Pero también tenía un gran interés en estas materias, que datan de su contacto con Jeremy Bentham en Londres.[14] Así, el artículo titulado "Codificación del derecho civil", que apareció en *El Araucano* el 28 de junio de 1833, proporciona evidencia importante de las primeras ideas de Bello sobre legislación civil en Chile, y, como tal, importa examinarlo con algún detalle.

Bello apoyó la propuesta de Vial, especialmente en lo que se refería al procedimiento y a las ventajas de una comisión, en lugar de un individuo, para la preparación del proyecto de codificación. También aprovechó la oportunidad para introducir una serie de conceptos centrales que tenían el propósito de conciliar las posturas en pugna, que en este caso incluían a quienes querían ver una transformación del sistema legal desde sus raíces, y a quienes preferían una revisión y adaptación de las leyes existentes. Ambos podían verse representados en el párrafo inicial de este artículo:

---

[12]   Cámara de Diputados, "Sesión 3, en 14 de junio de 1833. Presidencia de don Juan de Dios Vial del Río", en *AGB*, II, pp. 100-102.

[13]   Los artículos de Bello "Publicidad de los juicios" (1830), y "Proyecto de reglamento de administración de justicia presentado por la Corte de Apelaciones el 1º de marzo de 1831" (1831-1832), son ejemplos de su interés por la reforma judicial. Ambos están incluidos en OC, XVIII [*Temas jurídicos y sociales*], 439-459.

[14]   Bentham había enviado un manuscrito con sus ideas sobre legislación civil a los miembros de la misión diplomática venezolana compuesta por Simón Bolívar, Luis López Méndez y Andrés Bello en 1810. Bello hizo una transcripción de gran parte del documento, escrito en letra casi ininteligible, y llevó estos materiales consigo a Chile. Eventualmente, se los dio al historiador Diego Barros Arana, quien los clasificó bajo el nombre "Autógrafos de Bentham". Se encuentran en la Sala Medina, Biblioteca Nacional de Chile, Piso 2, Estante 25, Tabla 2, tomo 17, Nº 53. En cuanto al impulso codificador y reformista de Bentham, su discípulo James Mill, y de los utilitaristas, véase Elie Halévy, *The Growth of Philosophical Radicalism* (Nueva York: Augustus M. Kelley, 1949). Sobre el utilitarismo de Bello, véase Íñigo Álvarez Gálvez, "Acerca de algunas ideas utilitaristas de Andrés Bello", en Carlos Ossandón Buljevic y Carlos Ruiz Schneider (Coord.), *Andrés Bello: Filosofía pública y política de la letra* (Santiago: Fondo de Cultura Económica, 2013), pp. 65-95.

Pocos necesitarán que se les demuestre la necesidad de codificar nuestras leyes. Este es un asunto que no admite duda alguna, por poco que se medite sobre la naturaleza y objeto de las leyes, y por poca versación que se tenga en las nuestras, y en el modo ordinario de aplicarlas. Sin aquel paso preliminar, ni es posible que las leyes sean tan generalmente conocidas como deben serlo, para que dirijan eficazmente la conducta de los hombres, ni pueden dejar de convertirse frecuentemente en medios de opresión, que los poderosos saben emplear contra los débiles, y en lazos y trampas que la codicia y el fraude arman a los incautos. Sin aquel paso previo, el laberinto de una legislación como la nuestra hará siempre ilusorias e insignificantes las garantías constitucionales; habrá siempre incertidumbre y vacilación en los jueces, arbitrariedad e inconsecuencia en los juicios. Pero no es menester que repitamos lo que tantas veces se ha dicho sobre esta materia. El mal es conocido; la urgencia del remedio, universalmente sentida. Si prescindimos de un corto número de individuos que tienen un interés personal en que se perpetúen la oscuridad de las leyes y la irregularidad de los juicios, no puede haber variedad de opiniones, sino en cuanto a la manera de curar un mal tan arraigado y funesto (XVIII, 211).

Al concentrar la atención en la magnitud y gravedad del problema, Bello se hacía eco de los reclamos de quienes defendían una solución drástica. La palabra "codificación" también evocaba imágenes del código civil francés y otras propuestas legislativas modernas como la de Jeremy Bentham, quien había planteado por años sus ideas y proyectos a varios líderes hispanoamericanos.[15] Pero la connotación que daba Bello a esta palabra, "codificación", era la de "compilación", cosa que satisfacía a los miembros más renuentes del Congreso. En efecto, comentando las virtudes de la propuesta de Vial, Bello señaló que "el plan de codificación debe separarse cuidadosamente del plan de reforma", significando por "reforma" la transformación radical del sistema legal. Tal connotación de reforma acarrearía los siguientes problemas:

Supongamos por un momento que se concibiese la idea de formar un nuevo sistema de leyes, corrigiendo todas aquellas partes del sistema actual que no

---

[15]   Pedro Schwartz ha compilado la correspondencia de Bentham con Simón Bolívar, Francisco de Paula Santander, José de San Martín, Bernardino Rivadavia, José Cecilio del Valle, y muchos otros, en su "La correspondencia ibérica de Jeremy Bentham", en *Bello y Londres*, 2 tomos (Caracas: La Casa de Bello, 1981), I, pp. 237-264. Véase también Miriam Williford, *Jeremy Bentham on Spanish America: An Account of his Letters and Proposals to the New World* (Baton Rouge y Londres: Louisiana State University Press, 1980).

estuviesen de acuerdo con los principios teóricos de la persona a quien se encomendase esta grande obra. No es menester ponderar la inmensidad de la empresa, y el tiempo que demandaría su ejecución. Pero, terminada esta grande obra en el gabinete de un legislador filósofo, habría que someterla a la sanción de la legislatura nacional, artículo por artículo. ¿Y cuántos años no sería necesario que la legislatura, recargada ya de atenciones, emplease en el examen de un cuerpo entero de leyes, que a cada paso le presentaría cuestiones intrincadas y espinosas, cada una de las cuales pudiera dar materia a largos y reñidos debates? Se reemplazarían unas legislaturas a otras en esta ingrata y fastidiosa tarea; el plan trazado al principio perdería la unidad y el concierto de partes que le hubiese dado su autor; y lo menos malo que podría sucedernos sería que abandonásemos la empresa como inasequible o aventurada, y que nos resignásemos a vivir para siempre en el caos de la legislación existente, antes que exponer la suerte de la sociedad a los efectos dudosos de una legislación ideal, quizá no menos viciosa que la antigua (XVIII, 212-213).

La referencia a debates reñidos e interminables provocados por la consideración de un sistema de leyes nuevo era políticamente muy astuta. No había congresista que no estuviera de acuerdo en que tal posibilidad era poco deseable. Además, al caracterizar como impracticable y quizás políticamente riesgosa tal legislación "ideal" (es decir, la de reforma), Bello tomaba una posición muy clara junto a los que defendían la poda y limpieza de las leyes antes que su reemplazo, por muy colonial que se considerase el sistema vigente. Es posible que Bello haya estado influido por su experiencia como funcionario de la Capitanía General en Caracas, pero no debe habérsele escapado el que todos los abogados del país se habían formado y ejercían su profesión bajo un sistema jurídico que, bueno o malo, estaba aún por reemplazarse. La solución de Bello, que presentó en la forma de un apoyo a la propuesta de Vial, era tomar la antigua legislación como la base para los cambios, presentando la empresa de codificación como de revisiones y ajustes antes que de desmantelamiento del sistema anterior. Como sugirió en ese artículo clave, incluso si

la legislatura se limitase a la mera codificación de nuestro derecho escrito o no escrito, ella sola será un paso importantísimo en nuestra regeneración social. Para el logro de este objeto, se necesitan solo la laboriosidad y una mediana versación en nuestros cuerpos legales y en las obras de sus principales intérpretes. En los puntos en que éstos se hallan divididos, la elección de los compiladores, aunque no fuese la más acertada, sería siempre un gran bien, pues serviría para desterrar de los tribunales la vacilación y la incertidumbre y para uniformar sus decisiones. Reducidas las leyes civiles a un cuerpo bien ordenado, sin la hojarasca de preámbulos y de frases redundantes, sin la multitud de vocablos y locuciones desusadas, que ahora las embrollan y oscurecen; descartadas las materias que no han tenido nunca, o que ya han dejado de tener aplicación al orden de cosas en que vivimos [i.e., la república], ¿cuánto no se facilitará su estudio a la juventud? El libro de las leyes podrá andar entonces en manos de todos, podrá ser consultado por cada ciudadano en los casos dudosos y servirle de guía en el desempeño de sus obligaciones y en la administración de sus intereses (XVIII, 213).

Esta argumentación desde las páginas del periódico *El Araucano* tuvo el efecto deseado, puesto que la comisión de legislación de la Cámara decidió apoyar la propuesta de Vial el 6 de agosto de 1833, a sabiendas de que encontraría una favorable recepción en el Ejecutivo. Es significativo que esta comisión utilizase los mismos argumentos del artículo de Bello para hacer hincapié en lo práctico de una empresa limitada a la compilación, y lo deseable de evitar discusiones prolongadas y probablemente muy técnicas acerca del detalle de cada ley en el Congreso.[16] Esta solución parecía ser enteramente satisfactoria, pero aún quedaba por determinar quiénes y cuántos formarían parte de la comisión de codificación.

Diego Portales, voraz lector de *El Araucano* y gran admirador de Bello, tenía pocas dudas respecto de quién debía tener un papel preponderante en esta tarea. Portales ya había utilizado su influencia para persuadir al Congreso de legislar sobre la codificación de las leyes a principios de 1832.[17] Durante los dos años siguientes el ministro observó con impaciencia las maniobras parlamentarias, y decidió buscar una manera más expedita de lograr su objetivo. Cuando la Cámara de Diputados despachó el proyecto aprobado al Senado en 1834, en donde quedó rápidamente olvidado, Portales decidió pedirle a Bello que iniciara la redacción del Código Civil. Como se puede observar en las actas de la reunión del Consejo de Estado el día 21 de abril de 1836, Belló entregó varios artículos sobre testamentos y sucesiones, preparados "por encargo del señor Ministro de Interior [Portales]".[18] El Consejo de Estado, libre de la obstrucción o inactividad parlamentaria, aprobó con celeridad varios otros artículos en las sesiones del 22 y el 25 de abril de 1836. Portales mismo informó al Congreso, el 23 de agosto de ese año, que el Ejecutivo no había olvidado "la codificación de nuestras leyes,

---

[16]   Cámara de Diputados, "Sesión 16, en 9 de agosto de 1833. Presidencia de Don Juan de Dios Vial del Río", en *AGB*, II, pp. 105-106.

[17]   Diego Portales a Antonio Garfias, 6 de enero de 1832, en *Epistolario Diego Portales*, edición a cargo de Carmen Fariña Vicuña, 2 tomos (Santiago: Ediciones Universidad Diego Portales, 2007), I, p. 155.

[18]   Consejo de Estado, "Sesión del 21 de abril de 1836", en *AGB*, II, pp. 129-130.

sobre cuya necesidad, demasiado patente, no es menester repetir lo que el Jefe de Estado ha expuesto en varias ocasiones a las Cámaras".[19] El ministro no mencionó que Bello ya estaba trabajando asiduamente en la tarea de codificación, pero no pasó mucho tiempo antes de que esto se supiera.

Había razones por las cuales Portales no quería hablar públicamente del papel de Bello. Entre las principales objeciones al intelectual venezolano y su participación en el gobierno estaba su condición de extranjero, a pesar de ser ciudadano chileno desde 1832. También estaba el asunto de su competencia, puesto que no poseía un título en leyes.[20] Para solucionar al menos el segundo problema Bello postuló al grado de Bachiller en Sagrados Cánones y Leyes en la Universidad de San Felipe. Esta universidad no era una institución docente, de modo que su autoridad para otorgar grados universitarios se ejercía mediante exámenes ante los miembros académicos, lo que Bello rindió y aprobó sin dificultad. El día 15 de diciembre de 1836 Bello recibió su título con un *nemine discrepante*, es decir, sin oposición, de manos del Rector Juan Francisco Meneses.[21] Cumplidas estas formalidades Bello quedó más libre tanto para trabajar en la codificación como para defender públicamente sus ideas al respecto. Y fue durante su trabajo sobre temas de sucesión que llegó a la conclusión de que era necesario ir más allá de una mera compilación y considerar la posibilidad de una reforma sustancial del derecho civil. En 1836 sus artículos sobre asuntos jurídicos en *El Araucano* empezaron a hacer mención de varios códigos europeos como posibles modelos útiles para Chile.[22] Debe enfatizarse que Bello estaba aún muy lejos de proponer un cambio global de la legislación, pero esta referencia a los códigos

[19] Diego Portales, "Memoria que el Ministro de Estado en el Departamento de Interior presenta al Congreso [el 23 de agosto del] año de 1836", en *AGB*, II, pp. 132-133. Importa señalar que la actitud del Congreso no era meramente negligente: había un principio fundamental en juego, que era la separación de los poderes del Estado. El Congreso se resistía a aprobar sin más las propuestas del Ejecutivo. Las relaciones entre ambos marcarían la evolución política de Chile en el siglo XIX, e incluso más allá.

[20] Diego Barros Arana, *Historia Jeneral de Chile*, tomo 16 (Santiago: Imprenta Cervantes, 1902), pp. 69-70.

[21] José Toribio Medina, *Historia de la Real Universidad de San Felipe de Santiago de Chile*, 2 tomos (Santiago: Sociedad, Imprenta y Litografía Universo, 1928), I, pp. 377 y 556. Véase también Sergio Martínez Baeza, "El título de Bachiller en Leyes de Don Andrés Bello", en Instituto de Chile, *Homenaje a Don Andrés Bello* (Santiago: Editorial Jurídica de Chile y Editorial Andrés Bello, 1982), pp. 697-701.

[22] "Reforma judicial", *El Araucano*, N° 324, 18 de noviembre de 1836, y, en 1837, la serie de artículos publicados bajo el nombre de "Administración de justicia", *El Araucano*, N° 374 (27 de octubre), 375 (3 de noviembre); 376 (10 de noviembre); 377 (17 de noviembre); 378 (24 de noviembre), y 381 (17 de diciembre). Están incluidos en OC, XVIII, 620-625 y 633-658, respectivamente.

europeos indica que estaba dispuesto a buscar alguna orientación metodológica en algunos de esos textos.

Bello codificador

El asesinato de Portales en junio de 1837 y la guerra contra la Confederación Perú-Boliviana (que terminó en 1839), retrasaron las actividades de codificación en el seno del Consejo de Estado. Pero cuando se normalizó la situación nacional, Bello, como Senador y como autor de partes importantes de la nueva legislación civil, estaba en una posición bastante más ventajosa para retomar la tarea de codificación.[23] De hecho, fue Bello quien, el 10 de agosto de 1840, propuso la formación de una comisión bicameral compuesta de dos senadores y tres diputados para reanudar las actividades de codificación.[24] Luego de algunas discusiones, el texto del Artículo 12 del proyecto de Bello declaraba que "el objeto de los trabajos de la comisión es la codificación de las leyes civiles, reduciéndolas a un cuerpo ordenado y completo, descartando lo superfluo y lo que pugne con las instituciones republicanas del Estado, y dirimiendo los puntos controvertidos entre los intérpretes del Derecho".[25] Esto es, el Senado establecía que el punto de partida de la codificación era la legislación vigente, pero dejaba suficiente espacio para introducir las modificaciones necesarias. Esta vez el Congreso actuó rápidamente: ambas cámaras aprobaron el proyecto de ley en un breve espacio de días, y fue a continuación firmado por el presidente Prieto el 10 de septiembre de 1840. La comisión bicameral estaría compuesta por los senadores Andrés Bello y Mariano Egaña, y por los diputados Manuel Montt, Ramón Luis Irarrázaval y Juan Manuel Cobo.

El trabajo de la comisión empezó inmediatamente; de hecho, al día siguiente de promulgada la ley. En sus primeras sesiones la comisión discutió el plan de trabajo, pero fue obvio desde un comienzo que Bello era quien tenía la mayor autoridad en estas materias y en efecto sus recomendaciones fueron sistemáti-

---

[23] Bello fue elegido senador en 1837 con 129 de los 139 votos electorales distribuidos en las nueve provincias de Chile; en esa época el periodo duraba nueve años. Véase Germán Urzúa Valenzuela, *Historia política de Chile y su evolución electoral, 1810-1992* (Santiago: Editorial Jurídica de Chile, 1992), p. 107.

[24] Cámara de Senadores, "Sesión 23, en 10 de agosto de 1840. Presidencia de don Gabriel José Tocornal", en *AGB*, II, pp. 160-161.

[25] Cámara de Senadores, "Sesión 27, en 24 de agosto de 1840. Presidencia de Don Diego Antonio Barros", en *AGB*, II, p. 163.

camente adoptadas.[26] Ya había redactado partes importantes del código, especialmente las secciones sobre sucesión y contratos, de modo que el papel de la comisión fue más que nada trabajar sobre la base de un documento ya bastante elaborado. El trabajo era de todas maneras muy lento, y los diferentes miembros de la comisión empezaron a asistir con menor asiduidad a las reuniones en el curso de los próximos cinco años. Sin embargo lograron una exhaustiva revisión de los libros sobre sucesiones y contratos. Entre 1846 y 1847 Bello incorporó y armonizó los comentarios y revisiones hechos a ambos textos. Con dos libros del código civil terminados (junto a un "Título Preliminar"), Bello se concentró en los dos libros restantes del código, a saber, sobre las personas y sobre los bienes.[27] El trabajo sobre estos aspectos del código fue particularmente difícil, en parte por las otras ocupaciones de Bello, y en parte por las tragedias familiares que serán mencionadas en el Capítulo VII. A pesar de estas dificultades, y de laborar prácticamente solo, Bello entregó su primer borrador completo del Código Civil al gobierno en octubre de 1852. Esta labor titánica representa tal vez la actividad más importante de Bello, y sin duda la de mayor impacto jurídico, político y social.

La presentación de esta primera versión completa del código fue seguida de un intenso periodo de revisiones. El 26 de octubre de 1852 Manuel Montt, quien había sido miembro de la comisión original, y ahora Presidente de la República, nombró una nueva comisión revisora encargada de estudiar el código y hacer sugerencias. Este panel estaba formado por el presidente y otro juez de la Corte Suprema, un juez de la Corte de Apelaciones de Santiago, y tres miembros de la Facultad de Leyes y Ciencias Políticas de la Universidad de Chile.[28] Como autor del proyecto, Bello fue también nombrado miembro de la comisión. En el mismo decreto, Montt encargaba la distribución de 300 copias del código a los jueces de las cortes a lo largo del país, como también a todos los miembros de

---

[26]   Como ha señalado Enrique Brahm García, Mariano Egaña hizo también importantes aportes, aunque su muerte en 1846 truncó una mayor impronta de este jurista en la codificación nacional. Véase *Mariano Egaña. Derecho y política en la fundación de la República conservadora* (Santiago: Ediciones Centro de Estudios Bicentenario, 2007), especialmente pp. 200-236.

[27]   Alejandro Guzmán Brito ha documentado las diferentes versiones de los libros del Código durante estos años en su *Historia literaria del Código Civil de la República de Chile* (Santiago, 2005), obra que sirve de introducción a la edición facsimilar de la edición príncipe (1856) del Código, y que se cita en la nota 38 de este capítulo.

[28]   Los miembros de esta comisión revisora eran Ramón Luis Irarrázaval, Manuel José Cerda, Alejo Valenzuela, y Diego Arriarán, Antonio García Reyes y Manuel Antonio Tocornal, respectivamente. Gabriel Ocampo y el juez de la Corte de Apelaciones de Concepción José Miguel Barriga se sumaron más tarde. Véase *AGB*, I, pp. 369-370.

la Facultad de Leyes y Ciencias Políticas, para su conocimiento y comentario.[29] La comisión inició su trabajo el 24 de junio de 1853 y concluyó en octubre de 1855. Durante los veintisiete meses en que la comisión permaneció activa se realizaron más de trescientas reuniones, con un promedio de tres por semana. Esta enorme inversión de tiempo y trabajo se debió en gran parte al presidente Manuel Montt, quien presidió, como Napoleón con el código civil francés, cada una de las sesiones.[30] En la medida en que deliberaban los miembros de la comisión, y consideraban los comentarios de las diferentes cortes, Bello iba haciendo los cambios que, en su conjunto, resultaron en el proyecto de código civil presentado al Congreso el 22 de noviembre de 1855.[31] Setenta copias fueron distribuidas a los miembros de las Cámaras, las que iban acompañadas de un mensaje presidencial escrito por Bello mismo. Este mensaje es particularmente importante, puesto que expone los principios que guiaron la redacción del documento, sus fuentes y sus procedimientos. Conviene aquí considerar sus puntos centrales:

Muchos de los pueblos modernos más civilizados han sentido la necesidad de codificar sus leyes. Se puede decir que ésta es una necesidad periódica de las sociedades. Por completo y perfecto que se suponga un cuerpo de legislación, la mudanza de las costumbres, el progreso mismo de la civilización, las vicisitudes políticas, la inmigración de ideas nuevas, precursora de nuevas instituciones, los descubrimientos científicos, y sus aplicaciones a las artes y a la vida práctica, los abusos que introduce la mala fe, fecunda en arbitrios para eludir las precauciones legales, provocan sin cesar providencias que se acumulan a

---

[29]   Manuel Montt, "Decreto nombrando la Comisión Revisora del Código Civil [26 de octubre de 1852]," en *AGB*, II, p. 328. El *Proyecto de código civil* fue impreso en Santiago por la Imprenta Chilena en cuatro secciones separadas entre enero y marzo de 1853, que consisten en: 1) Título preliminar y libro I, "De las personas", 200 páginas, enero de 1853; 2) Libro II, "De los bienes, y de su dominio, posesión, uso y goce", pp. 201-328, febrero de 1853; 3) Libro III, "De la sucesión por causa de muerte, y de las donaciones entre vivos", pp. 329-492, marzo de 1853, y 4) Libro IV, "De los contratos y obligaciones convencionales", pp. 493-831, marzo de 1853. Esta versión es particularmente importante puesto que contiene el trabajo de Bello anterior a los aportes de la comisión revisora, más sus propios cambios, a la versión final. Esta fuente se encuentra en *Archivo Central Andrés Bello* [*ACAB*], Bandeja 2, Caja 15, N° 178. Fue reimpresa en el tomo 12 de la primera edición de las *Obras completas* (1888), con una introducción de Miguel Luis Amunátegui Reyes, sobrino del biógrafo.

[30]   Alberto Edwards, *El gobierno de Don Manuel Montt, 1851-1861* (Santiago: Editorial Nascimento, 1932), pp. 139-140. Véase también Alejandro Guzmán Brito, "Manuel Montt y el derecho de su tiempo", en Bernardino Bravo Lira y Felipe Vicencio, eds., *Manuel Montt. Educador, legislador, gobernante y magistrado en el bicentenario de su nacimiento (1809-2009)*, 2 tomos (Santiago: Fundación Manuel Montt, 2009), II, 205-239.

[31]   *Proyecto de código civil* (Santiago: Imprenta Nacional, Octubre de 1855), 669 pp.

las anteriores, interpretándolas, adicionándolas, modificándolas, derogándolas, hasta que por fin se hace necesario refundir esta masa confusa de elementos diversos, incoherentes y contradictorios, dándoles consistencia y armonía y poniéndoles en relación con las formas vivientes del orden social (XIV, 3).

Esta declaración introductoria ofrece una interpretación de la evolución paralela de ley y sociedad, en la que los cambios en esta última deben reflejarse eventualmente en la primera. La noción de que esta es una "necesidad periódica" sugiere que el código propuesto organizaba y actualizaba las leyes vigentes, al mismo tiempo que reflejaba nuevas realidades que eran consecuencia directa del desarrollo histórico. Bello había hecho una argumentación similar para el caso de la gramática, al señalar que las lenguas, como la sociedad, evolucionaban al punto de requerir un nuevo registro de los fenómenos lingüísticos observables, como también una revisión de las reglas gramaticales, de manera de formar un todo coherente.[32] Los cambios, sin embargo, no se debían tomar con ligereza, y debían hacerse sobre la base de modelos probados y de un extenso conocimiento. Así, el mensaje de Montt-Bello explicó cómo se había procedido con la codificación de las leyes nacionales.

> Los ensayos de esta especie que se han hecho de un siglo a esta parte, y sus resultados generalmente felices, nos animaban a emprender una obra semejante, con la ventaja de podernos aprovechar de los trabajos de otras naciones ilustradas por la ciencia y por una larga experiencia. Hace años que, como sabéis, se puso la mano a ella. Presentado, por fin, el proyecto, lo sometí al examen de una comisión de sabios magistrados y jurisconsultos que se ha dedicado al desempeño de este encargo con un celo y asiduidad de que no sé, se haya visto ejemplo entre nosotros en casos análogos (XIV, 3-4).

Esta parte del discurso intentaba asegurar a los miembros del Congreso que el Código Civil era producto de un trabajo y deliberación de largo aliento. Además planteaba el tema de los modelos extranjeros y de la innovación jurídica que en el pasado había sido, y tenía todavía el potencial de serlo, objeto de fuerte

---

[32]   El lingüista contemporáneo Rod Mengham establece una relación adicional entre lenguaje y propiedad que resulta relevante mencionar en este contexto. Los códigos civiles son mecanismos para la organización y utilización de la propiedad privada, y la propiedad "es impensable sin la acción de la memoria, una forma de control a lo largo del tiempo que conduce en último término a los sistemas de patrimonio y el establecimiento de leyes de sucesión". Véase su *On Language: Descent from the Tower of Babel* (Boston: Little, Brown and Company, 1993), p. 151. El énfasis de Bello en la legislación civil está, en efecto, relacionado con el propósito de otorgar seguridad a la propiedad, y parte de esta seguridad radica en la claridad del lenguaje de la ley.

debate. Anticipándose a una posible crítica, el mensaje señalaba que "desde luego concebiréis que no nos hallábamos en el caso de copiar a la letra ninguno de los códigos modernos. Era menester servirse de ellos sin perder de vista las circunstancias peculiares de nuestro país" (XIV, 4). A continuación el mensaje procedía a mencionar metódicamente qué innovaciones se habían adoptado y qué modelos se habían seguido en cada una de la partes del proyecto. La principal innovación, indicada al comienzo, era que "siguiendo el ejemplo de casi todos los códigos modernos, se ha quitado a la costumbre la fuerza de ley" (XIV, 4). Es decir, prácticas y tradiciones derivadas de la costumbre no tenían ningún valor si no estaban contempladas en la ley escrita. Estas incluían asuntos tales como el traspaso de la propiedad, los créditos, los contratos y una multitud de actividades cotidianas en el ámbito civil.

La nueva ley escrita mantenía una buena parte de la legislación colonial española, pero adoptaba una serie de elementos de otros códigos. Por ejemplo, el libro sobre las personas incluía una combinación de derecho romano, derecho canónico, y partes del código civil francés para clasificar a los hijos como legítimos, naturales e ilegítimos. El derecho canónico prevalecía en el matrimonio, pero el Código Civil seguía al francés y al derecho romano en la protección de los hijos nacidos fuera de esta unión. La presencia de otros códigos modernos se encontraba en la sección sobre los bienes, aunque nuevamente de manera limitada y para casos específicos. Por ejemplo, seguía al código civil francés y al de Cerdeña en el tema de las servidumbres (relacionado con ciertas limitaciones al derecho de propiedad), ya que se les consideraba como los más adecuados para el cultivo de la tierra (XIV, 13-14). La parte dedicada a la sucesión seguía de cerca al derecho romano y las *Siete Partidas*, el gran código de la España medieval (siglo XIII), pero hacía menos drásticas las asignaciones forzosas, y proporcionaba una serie de fórmulas para la distribución de los bienes entre los deudos (XIV, 14-15).[33]

En materia de contratos y obligaciones, el Código Civil adoptaba algunos aspectos, como la nulidad y rescisión de los contratos, del código francés. También seguía los códigos de Cerdeña, de las dos Sicilias, y nuevamente el francés, en

---

[33] Como ha señalado Matthew Mirow, esto no excluye una fuerte influencia del código civil francés, particularmente en materias de sucesión. Véase su "Borrowing Private Law in Latin America: Andrés Bello's Use of the *Code Napoléon* in Drafting the Chilean Civil Code", en *Louisiana Law Review*, 61, N° 2 (2000), 291-311, y su libro *Latin American Law: A History of Private Law and Institutions in Spanish America* (Austin: University of Texas Press, 2004). Agradezco al autor sus comentarios personales al respecto. Pedro Lira Urquieta ha señalado que la idea de combinar diferentes códigos se encuentra presente en *Concordancias, motivos y comentarios del Código Civil Español* (1852), de Florencio García Goyena (1783-1855). Asimismo, identifica varias citas de este autor y señala las concordancias. Véase su *El Código Civil Chileno y su época* (Santiago: Editorial Jurídica de Chile, 1956), 75-98.

cuanto a contratos y obligaciones que involucraban a menores de edad y a hijos naturales. Con respecto a la manera de elegir códigos modelos en esta sección, el mensaje señalaba que, "por punto general, el código de las *Partidas* y el *Código Civil* francés han sido las dos lumbreras que se han tenido más constantemente a la vista. Donde ellos difieren, se ha elegido lo que más adaptable y conveniente parecía [a nuestras circunstancias]" (XIV, 19). Es aquí donde el papel de la comisión revisora, y la participación de las cortes, influyó más decisivamente en la redacción de la versión final del código civil chileno. Pero por muy exhaustivo que fuese el mecanismo de consultas, aún estaba el tema político de su aprobación por parte del Congreso. Hacia el final del mensaje los autores enfrentaron el delicado problema de cómo había de considerarse el proyecto, si en partes o como un todo:

> El proyecto, tal cual es, se presenta a vosotros examinado prolijamente, discutido, modificado por una comisión escogida, celosa del acierto, merecedora de vuestra confianza. La discusión de una obra de esta especie en las cámaras legislativas retardaría por siglos su promulgación, que es ya una necesidad imperiosa y no podría, después de todo, dar a ella la unidad, el concierto, la armonía, que son sus indispensables caracteres. Yo no presumo ofreceros bajo estos respectos una obra perfecta; ninguna tal ha salido de las manos del hombre. Pero no temo aventurar mi juicio anunciando que por la adopción del presente proyecto se desvanecerá mucha parte de las dificultades que ahora embarazan la administración de justicia en materia civil; se cortarán en su raíz gran número de pleitos, y se granjeará tanta mayor confianza y veneración la judicatura, cuanto más patente se halle la conformidad de sus decisiones a los preceptos legales (XIV, 21).

El proyecto del Código Civil encontró una recepción favorable en el Senado. En la sesión del 28 de noviembre de 1855 el presidente de esa cámara, Diego José Benavente, planteó desde un comienzo el difícil problema de la aprobación del proyecto: una discusión detallada del Código Civil tomaría años y cualquier cambio destruiría la armonía de su estructura original. Pidió por lo tanto la aprobación del proyecto en su integridad, citando como base de su apoyo el hecho de que "es la obra de un sabio que hace honor a Chile [Bello]; en que está revisado por una comisión compuesta de los más aventajados jurisconsultos de nuestro suelo, y está presidida por el Presidente de la República". El Senado estuvo de acuerdo, y votó unánimemente a favor de la aprobación.[34] La Cámara

---

[34]   Cámara de Senadores, "Sesión 3, Extraordinaria en 28 de noviembre de 1855. Presidencia del Señor Benavente", en *AGB*, II, pp. 367-368.

de Diputados, sin embargo, no compartió ese consenso. En su sesión del 29 de noviembre uno de los congresistas, Ignacio Valdés Larrea, declaró que no votaría puesto que ignoraba completamente el tema de codificación, declaración no exactamente de humildad, sino de total indiferencia. La Cámara solo logró un acuerdo en postergar la discusión por 32 votos contra 8, arriesgando una vez más el naufragio del nuevo intento de codificación.[35] Al día siguiente, un artículo de *El Mercurio* reafirmaba los argumentos de Benavente y apelaba al patriotismo de los diputados para que tomaran una decisión sobre el proyecto.[36] La Cámara debe haber sentido alguna presión, puesto que se reunió el primero de diciembre para reanudar las discusiones y aprobar finalmente el proyecto, pero con una serie de cambios en torno a la distribución de los ejemplares y la fecha en la que habría de aplicarse el Código. Estas tácticas parlamentarias habían tenido el efecto en el pasado de postergar indefinidamente las decisiones, pero en esta ocasión el Senado resistió las maniobras y rechazó, en su sesión del 3 de diciembre, las modificaciones propuestas, insistiendo en que el proyecto debía ser aprobado en su totalidad.[37] En esta ocasión la Cámara decidió cesar los cuestionamientos, y aprobó el proyecto tres días más tarde.[38] El Presidente Montt promulgó la ley casi inmediatamente después.

El *Código Civil de la República de Chile* entró en vigencia el 1° de enero de 1857. Bello hizo algunos cambios finales durante la primera mitad de 1856, y entregó la primera edición oficial del Código en mayo de ese año. Los ejemplares fueron distribuidos a los miembros del Congreso, de los tribunales, y a las oficinas de la administración pública. Consistía en cuatro libros e incluía 2.525 artículos organizados bajo 104 títulos.[39] Al cabo de veintidós años de labor, Bello

---

[35] Cámara de Diputados, "Sesión 4, Extraordinaria en 29 de noviembre de 1855. Presidencia del señor Ochagavía", en *AGB*, II, p. 369.

[36] *El Mercurio*, N° 8.502, 30 de noviembre de 1855, en *AGB*, II, pp. 369-371.

[37] Cámara de Senadores, "Sesión 5, Extraordinaria en 3 de diciembre de 1855. Presidencia del Señor Benavente", en *AGB*, II, pp. 373-375.

[38] Cámara de Diputados, "Sesión 6 Extraordinaria, en 6 de diciembre de 1855. Presidencia del Señor Ochagavía", en *AGB*, II, pp. 380-381.

[39] En rigor, 102 títulos numerados (con números romanos) más un "Título preliminar" y un "Título final". Asimismo, el artículo final del Código no está numerado. Existe una espléndida edición facsimilar de esta primera edición oficial, encomendada por el Consejo de Decanos de las Facultades de Derecho Tradicionales de Chile y la Comisión Organizadora del centésimo quincuagésimo aniversario de la promulgación del Código Civil de la República de Chile (Santiago, 2005). Una edición del Código Civil que contiene un detallado examen de sus fuentes es la de Carlos Amunátegui Perelló, *Código Civil de Chile: Edición anotada, concordada y con fuentes* (Valencia, Tirant lo Blanch, 2019). Para un examen de la estructura del Código Civil véase Máximo Pacheco, "Don Andrés Bello y el Código Civil de Chile", en *Bello y Chile*, 2 tomos (Caracas: La Casa de Bello, 1981), II, pp. 215-232.

podía considerar que su trabajo había concluido, pero siguió respondiendo a las consultas de los jueces y otros interesados sobre el significado y aplicación de algunos artículos. También hizo algunas reflexiones acerca de lo que no se había podido lograr en el Código. Como explicó a su amigo, el político e intelectual colombiano Manuel Ancízar, en carta fechada 11 de octubre de 1856:

> Creo que el nuevo *Código* contiene pocas cosas que parezcan aceptables a los patriotas de Bogotá. En materia de matrimonios y divorcios no hemos dado un paso adelante; ni era posible. Se ha preferido hacerlo algo reglamentario para que se entiendan mejor el espíritu y aplicaciones de sus reglas. Lo que tal vez será juzgado con más indulgencia por allá es la abolición de las restituciones *in integrum*, y la constitución de la propiedad territorial y de la hipoteca y demás derechos reales (XXVI, 338-339).

La referencia de Bello al matrimonio y al divorcio reflejaba la decisión, tanto de su parte como del gobierno de Montt, de mantener el derecho canónico como fuente principal en estas materias. Esto a pesar de la subordinación de la mujer y el impacto social e individual negativo sobre las personas que no se ajustaban al prototipo de familia católica.[40] Había algo de cautela política en este sentido, dado que la tensión entre Iglesia y Estado, relativamente subterránea hasta ese momento, terminaría precipitando una grave crisis en la segunda mitad de 1856. Este fue el famoso caso del Sacristán, que planteaba el serio problema de la jurisdicción de las cortes civiles en materias eclesiásticas.[41] El Estado chileno no estaba aún dispuesto a enfrentar a la Iglesia en asuntos tales como el matrimonio, el registro civil, y los cementerios laicos, cosa que solo ocurriría décadas más tarde. Por el momento, el arzobispo Rafael Valentín Valdivieso reaccionó ante la promulgación del Código Civil comentándole al obispo de Concepción, José

---

[40] Como ha demostrado la historiadora Francisca Rengifo, en la práctica el derecho canónico aplicado en Chile permitía el divorcio y otras medidas de protección a la integridad física y patrimonial de las mujeres, sobre todo en casos de sevicia y adulterio. Véase su *Vida conyugal, maltrato y abandono. El divorcio eclesiástico en Chile, 1850-1890* (Santiago: Editorial Universitaria, DIBAM y Centro de Investigaciones Diego Barros Arana, 2011).

[41] Véase, al respecto, Alberto Edwards, *El gobierno de don Manuel Montt*, pp. 180-190 y, de Simon Collier, "Religious Freedom, Clericalism, and Anticlericalism in Chile, 1820-1920", en Richard Helmstadter, compilador, *Freedom and Religion in the Nineteenth Century* (Stanford: Stanford University Press, 1997), pp. 302-338, y su libro *La construcción de una república, 1830-1865. Política e ideas*, traducido por Fernando Purcell Torretti (Santiago: Ediciones de la Universidad Católica de Chile, 2005). Véase también Sol Serrano, *¿Qué hacer con Dios en la República? Política y secularización en Chile, 1845-1885* (Santiago: Fondo de Cultura Económica, 2008) sobre las pugnas laicas y religiosas durante buena parte del siglo.

Hipólito Salas, que "en lo relativo a la religión y a la Iglesia [el Código] descansa en sólidos principios".[42]

Bello tampoco estaba completamente satisfecho con lo logrado en materia de sucesión, puesto que defendía la libertad de testar. En cambio, el Código chileno contemplaba asignaciones forzosas, aunque establecía un límite en los grados de consanguinidad de los deudos.[43] A pesar de estas limitaciones, en muchos sentidos producto de un ajuste a las realidades culturales y sociales del país, Bello logró importantes avances en cuanto a los derechos civiles de los hijos nacidos fuera del matrimonio, la remoción de obstáculos para la circulación de los bienes, y la abolición de los mayorazgos. Este último logro es particularmente notable, puesto que los intentos anteriores en 1818 y en 1828 habían causado graves conmociones políticas. Al convertir los mayorazgos en censos de capital, cuya renta se entregaría a los sucesores de las propiedades vinculadas, Bello logró conciliar el respeto a la propiedad privada con la necesidad de abrir más tierras a la producción agrícola. Había también un elemento político importante, que era la eliminación de los privilegios en una república que proclamaba la igualdad ante la ley.[44] El principio de la igualdad civil (que, importa enfatizar, no es lo mismo que la igualdad en lo político) quedó firmemente establecido en el Código en materias tales como la capacidad de adquirir y disponer de la propiedad, y entrar libremente en contratos, sin distinciones de raza, clase o nacionalidad.[45] Además, el trabajo de Bello sobrevivió años de maniobras parlamentarias, y resistió el examen de los principales juristas del país. La adopción final de este documento no podría haber ocurrido sin el apoyo inicial de Diego Portales, y sin la tenaz dedicación de Manuel Montt, primero como miembro de la comisión bicameral, y luego como Presidente de la República supervisando las reuniones

[42]   Carlos Salinas Araneda, "El Derecho canónico en el Código Civil de la República de Chile", en *Sesquicentenario*, I, 203-238, y también su obra *El influjo del derecho canónico en el Código Civil de la República de Chile* (Valparaíso: Ediciones Universitarias de Valparaíso, Pontificia Universidad Católica de Valparaíso, 2006).

[43]   Lira Urquieta, *El Código Civil Chileno y su época*, p. 66. María Dora Martinić Galetović, "Las asignaciones forzosas y la libertad de testar en el Código de Bello", en *Sesquicentenario*, I, 479-486.

[44]   Las intervenciones de Bello en el Senado sobre los mayorazgos se incluyen en OC, XX [*Labor en el Senado*], 607-667. Véase también Norma Mobarec Asfura, "Bello y las leyes de exvinculación", en *Homenaje a don Andrés Bello*, pp. 651-656; Arnold J. Bauer, *Chilean Rural Society from the Spanish Conquest to 1930* (Cambridge: Cambridge University Press, 1975), pp. 21 y 25; Mirow, "Borrowing Private Law" y el capítulo de Ricardo Donoso, "La lucha contra la aristocracia", en *Las ideas políticas en Chile* (México: Fondo de Cultura Económica, 1946), pp. 115-173

[45]   Lira Urquieta, "Bello y el Código Civil", en *Estudios sobre la vida y obra de Andrés Bello* (Santiago: Ediciones de la Universidad de Chile), p. 108. Lira hizo un estudio más amplio sobre el código de Bello, "Introducción al Código Civil de Andrés Bello", incluido en OC, XIV [*Código Civil-1*], xiii-lxii.

de la comisión revisora. Pero el Código tuvo éxito por el extraordinario conocimiento de Bello y por la claridad de sus principios centrales, especialmente en comparación con la legislación anterior.[46] Resulta pertinente, entonces, examinar las fuentes de Bello, puesto que ellas apuntan a la importancia del derecho romano en la preparación de este Código.

Las fuentes romanas del Código Civil

En el mensaje presidencial que presentaba el proyecto de ley, Bello señaló que las principales fuentes del código chileno eran las *Siete Partidas* y el código civil francés. Es importante, sin embargo, ir más allá de las similitudes entre artículos específicos y considerar las bases filosófico-jurídicas de estos códigos.[47] En efecto, sería difícil entender la obra jurídica de Bello, y los propósitos de su obra global, sin una referencia a la importancia que daba al derecho romano. Las *Siete Partidas* mismas representan un ejemplo de la reintroducción del derecho romano en España en el siglo XIII. En las palabras de Bello de 1839, las *Siete Partidas* "encierra lo mejor de la jurisprudencia romana".[48] El código francés también estaba inspirado en gran parte en el derecho romano, como sabía Bello por su examen de este documento y por la obra de expertos europeos como Jean

---

[46] Mauricio Tapia Rodríguez ha evaluado la durabilidad del Código Civil, sus transformaciones y tareas pendientes en *Código Civil, 1855-2005. Evolución y perspectivas* (Santiago: Editorial Jurídica de Chile, 2005).

[47] Miguel Elizalde hizo una comparación entre los códigos chileno y francés en su *Concordancias de los artículos del código civil chileno entre sí y con los artículos del código francés* (Santiago: Imprenta de la Libertad, 1871). Los juristas franceses Raoul de la Grassiere y Henri Prudhome compilaron, tradujeron y comentaron el Código Civil chileno en 1896 y 1904, respectivamente. El código francés tiene aún una gran vigencia, puesto que el 53 por ciento de sus artículos permanece intacto. Véase *The French Civil Code: A Revised Edition*, traducido y con una introducción de John H. Crabb (Littleton, CO: Fred B. Rothman & Co., 1995). En el caso del Código Civil chileno, dos de los cuatro libros (II y IV) permanecen prácticamente inalterados. El profesor de Derecho Civil de la Universidad de Chile y estudioso del Código de Bello, Mauricio Tapia Rodríguez, estima que entre un 60 y un 70 por ciento de los artículos permanecen vigentes. Comunicación personal, Santiago, 14 de julio de 2006.

[48] "Orden lógico de los códigos (sobre unos artículos de la crónica judicial de *El Mercurio*)", en OC, XVIII, 78. Se publicó originalmente en *El Araucano* el 6 de diciembre de 1839. Bello tenía un ejemplar de las *Siete Partidas*, compilada por Gregorio López de Tovar e impreso en 4 tomos en Madrid en 1829. Véase Barry L. Velleman, *Andrés Bello y sus libros* (Caracas: La Casa de Bello, 1995), p. 209. Véase también Aristóbulo Pardo, "Andrés Bello y las Siete Partidas", en *Homenaje a Don Andrés Bello*, pp. 531-541.

Etienne Marie Portalis y Friedrich Karl von Savigny. Como se mencionó en el Capítulo II, Bello tuvo un encuentro revelador con el derecho romano en el curso de sus investigaciones sobre el *Cantar de Mio Cid*, cuando residía en Londres. En Chile había defendido el estudio del derecho romano, e incluso había preparado un texto de estudio sobre el tema en 1843. Como ha señalado Alejandro Guzmán Brito, el derecho romano "apareció por todos los flancos y el resultado tuvo que ser un código total y absolutamente romanista".[49]

El derecho romano era de interés para Bello como fuente de la legislación española, y en particular de las *Siete Partidas*. La continuidad con el pasado le fue siempre importante, especialmente en materias jurídicas. Como resultado, innovaciones que de otro modo podrían verse como rupturas (con la legislación colonial), podían presentarse como un retorno a tradiciones jurídicas firmemente arraigadas e incluso anteriores al derecho español. La larga historia del derecho romano, y su reencarnación en varios códigos modernos, daba así una legitimidad adicional a la reforma de la legislación española. Esta última se había separado del derecho romano en la medida que había adquirido características más propias del imperio español, como el reconocimiento de grupos corporativos, prerrogativas locales, y mandatos imperiales que ya no tenían relevancia alguna en la Hispanoamérica independiente. Desde la perspectiva de Bello, era necesario volver a la pureza del derecho civil romano. Además, el derecho romano era reconocido por su racionalismo, sus claros procedimientos, y sus garantías para la libre circulación de los bienes. Era también altamente estimado por la manera práctica con la que resolvía asuntos de sucesión y de contratos.[50]

Durante el importante discurso de instalación de la Universidad de Chile, momento en que Bello ya era oficialmente miembro de la comisión encargada de redactar el Código Civil, el Rector hizo una elocuente declaración de apoyo a la enseñanza del derecho romano como "el mejor aprendizaje de la lógica jurídica y forense" (XXI, 13), e hizo referencia a la defensa de este estudio por parte de Jean Louis Eugène Lerminier, "un hombre a quien seguramente no se tachará de parcial a doctrinas antiguas", y por Gottfried Wilhelm Leibniz, para quien el derecho romano era tan preciso como una obra de geometría (XXI, 14). Y en su

---

[49]   *AGB*, I, p. 421. Véase también Martín Alonso Pinzón, *Andrés Bello: Jurisconsulto* (Santiago: Editorial Universitaria, 1983), 170-177. Sobre el derecho romano en particular, y el derecho civil en general, véase John Henry Merryman, *The Civil Law Tradition: An Introduction to the Legal Systems of Western Europe and Latin America*, 2ª edición (Stanford: Stanford University Press, 1985), Manlio Bellomo, *The Common Legal Past of Europe, 1000-1800*, 2ª edición, traducido por Lydia Cochrane (Washington: Catholic University of America Press, 1995), y Peter Stein, *Roman Law in European History* (Cambridge: Cambridge University Press, 1999).
[50]   *AGB*, I, p. 69.

informe quinquenal ante la Universidad de Chile (1848), Bello volvió al tema, vinculando aún más claramente el derecho romano con la tarea en curso de codificación:

> Yo desearía, señores, que el estudio de la Jurisprudencia Romana fuese algo más extenso y profundo. Lo miro como fundamental. Para alcanzar su fin, no basta que se aprenda la nomenclatura de la ciencia, y que se adquiera una tintura de reglas y prescripciones inaplicables muchas veces a nuestra práctica. El objeto de que se trata es la formación del jurisconsulto científico; el aprendizaje de aquella lógica especial, tan necesaria para la interpretación y aplicación de las leyes, y que forma el carácter que distingue eminentemente la jurisprudencia de los romanos. Para hacerlo es preciso poner al alumno en estado de consultar las fuentes; y el método histórico es el que nos las hace accesibles. Yo abusaría de vuestra paciencia, si tratase de recomendar este método con autoridades de los jurisconsultos más eminentes de nuestros días. Ni creo tampoco que sea menester refutar la preocupación de aquellos que desconocen la utilidad práctica del Derecho Romano, sobre todo en países cuya legislación es una emanación y casi una copia de la romana. Basta decir que en ninguna época ha sido más altamente apreciado, ni más generalmente recomendado su estudio, aun bajo el punto de vista de la práctica judicial y forense. Yo citaré, con Savigny, el ejemplo de los jurisconsultos franceses, que se sirven, dice, del Derecho Romano con mucha habilidad, para ilustrar y completar su Código civil, obrando así según el verdadero espíritu de ese mismo Código (XXI, 68).

Este discurso confirma que Bello consideraba al Código Civil, que preparaba en ese momento, como una obra directamente relacionada con el derecho romano. Para comprender el Código Civil y además defender sus argumentos jurídicos históricamente, los estudiantes debían recibir una formación en derecho romano. Como se ha mencionado anteriormente, Bello seguía de cerca al jurista alemán Friedrich Karl von Savigny mientras redactaba el código.[51] También a Johann Gottlieb Heineccius, cuyo *Elementa iuris civilis secundum ordinem institutionum*

---

[51]   Bello conocía a Savigny a través de traducciones francesas. Citaba, y tenía en su biblioteca, *Histoire du droit romaine au Moyen Âge*, 3 tomos (París: E.B. Delanchy, 1839); *Traité de droit romain*, 8 tomos (París: Firmin Didor Frères, 1840-1851), y *Traité de la possession en droit romain* (París: Fain et Thunot, 1845). Sobre Savigny, véase Joachim Rückert, *The Oxford International Encyclopedia of Legal History*, 6 vols. (Nueva York: Oxford University Press, 2009), V, 194-196. Sobre el "vuelco historicista" de Bello véase Alejandro Guzmán Brito, *Vida y obra de Andrés Bello* (Santiago: Globo Editores, 2009), 88-91.

(1727) y *Recitationes in elementa iuris civilis* (1765) citaba con frecuencia y tenía además en su biblioteca.[52] La obra misma de Bello, *Instituciones de derecho romano* (1843) se basaba en la obra de Heineccius. Pero quizás la fuente más recurrida por Bello era el *Corpus iuris civilis*, la compilación y reorganización de un milenio de leyes romanas realizada por mandato del emperador Justiniano (527-565), y que incluía las Instituciones, el Digesto, el Código y las Novelas.[53] Tal era el prestigio del derecho romano que el gran historiador británico Edward Gibbon, quien no se consideraba precisamente un amigo del imperio romano, comenzó su clásico estudio, en la parte relativa al derecho, declarando que "las leyes de una nación forman la parte más instructiva de su historia, y aunque yo me he dedicado a escribir los anales de la decadencia de la monarquía, haré uso de esta ocasión para respirar el aire puro y reconfortante de la república".[54] Bello demostró estar de acuerdo, puesto que el derecho romano, y en especial los códigos Justinianos, junto a los comentarios posteriores de los juristas europeos, constituyen la base fundamental de su pensamiento jurídico. El orden mismo del Código Civil, como lo demuestra Alejandro Guzmán Brito, sigue el de las Instituciones de Justiniano.[55]

En el contexto de la independencia, la propuesta jurídica de Bello era que el orden republicano no necesitaba seguir el modelo de la experiencia revolucionaria francesa, sino más bien aquel de la tradición republicana clásica. Uno de los más grandes logros de la historia de Roma era su sistema jurídico, que permitía a los ciudadanos propietarios participar en los asuntos públicos e impedir las acciones arbitrarias del Estado. En Hispanoamérica, donde las guerras de independencia y la inestabilidad política ulterior amenazaban constantemente la seguridad y la propiedad, el derecho romano servía como una garantía de su respeto y también como instrumento eficaz de ciudadanía. El derecho romano se transformaba, así, en un poderoso medio para crear instituciones políticas y

---

[52]   Un examen de los manuscritos de Bello sobre derecho romano revela una constante referencia a las obras de Heineccius y Savigny. Véase *ACAB*, Bandeja 2, Caja 20, Nº 746. Un listado de los libros que poseía Bello sobre el tema se encuentra en Velleman, *Andrés Bello y sus libros*, p. 188. Un examen de las fuentes de Bello para el estudio del derecho romano, y especialmente la importancia de Heineccius, es el de Hugo Hanisch Espíndola, "Fuente de *Instituciones de derecho romano* compuestas por Andrés Bello y publicadas sin nombre de autor", en *Bello y Chile*, II, pp. 75-138.

[53]   El corazón del derecho civil romano se encuentra en el Digesto. Véase la edición de Alan Watson, *The Digest of Justinian*, 2 tomos (Filadelfia: University of Pennsylvania Press, 1998). Existe también una edición de las Instituciones, *Justinian's Institutes*, trad. por Peter Birks y Grant McLeod (Ithaca: Cornell University Press, 1987).

[54]   Edward Gibbon, *The History of the Decline and Fall of the Roman Empire*, editado por David Womersley, 3 tomos (Londres: Allen Lane, The Penguin Press, 1994), II, p. 779.

[55]   Guzmán Brito, *Historia literaria*, p. 52.

sociales con firme arraigo en la tradición, y además orientadas a satisfacer las demandas de una emergente economía liberal.[56]

Como señaló Alamiro de Ávila Martel, un importante estudioso de la influencia del derecho romano en Bello, "el éxito del Código Civil, redactado por Bello, está íntimamente ligado a su formación romanista y muy particularmente a su adhesión a la Escuela Histórica".[57] Esta combinación permitió a Bello depurar las leyes existentes en Chile, manteniendo los principios jurídicos romanos, y de esta manera logró que la obra de codificación resultara familiar, y por lo tanto aceptable, para la gran mayoría de los juristas. Era políticamente conveniente proceder de esta forma, pero Bello consideraba además que la jurisprudencia romana estaba mejor dotada para la enseñanza del derecho y la formación de los abogados; era ideal para la codificación, y se acercaba mucho a sus propios intereses intelectuales. Este énfasis tendría gran influencia en la tradición jurídica chilena, dado que los autores posteriores debieron recurrir al Derecho romano para explicar el Código Civil. La riqueza de la investigación sobre el tema durante el siglo XIX está ejemplificada por las obras de Jacinto Chacón, *Exposición razonada y estudio comparativo del Código Civil chileno* (1868), Paulino Alfonso, *Explicaciones de Código Civil destinadas a los estudiantes del ramo en la Universidad de Chile* (1882), Enrique Cood, *Antecedentes legislativos y trabajos preparatorios del Código Civil de Chile* (1883) y Robustiano Vera, *Código Civil de la República de Chile comentado y explicado* (1892-1897). El propio tratado de derecho romano de Bello permaneció como texto oficial de enseñanza del ramo hasta 1902.[58]

La difusión del código en América Latina

Es precisamente por la matriz romanista, que subyace en la legislación española vigente en Hispanoamérica después de la independencia, que el Código Civil

---

[56]   Un ejemplo de investigación sobre tradiciones jurídicas y propiedad en un país hispanoamericano es el de Jeremy Adelman, *Republic of Capital: Buenos Aires and the Legal Transformation of the Atlantic World* (Stanford: Stanford University Press, 1999).

[57]   Alamiro de Ávila Martel, "Bello y el derecho romano", en *Estudios sobre la vida y obra de Andrés Bello*, p. 96. Véase también Sandro Schipani, "Andrés Bello Romanista-Institucionalista", en *Bello y el derecho latinoamericano* (Caracas: La Casa de Bello, 1987), pp. 205-258.

[58]   Alejandro Guzmán Brito, "El Código Civil de Chile y sus primeros intérpretes", *Revista Chilena de Derecho*, 19, N° 1 (1992), 81-88, y Hanisch, "Los ochenta años de influencia de Andrés Bello en la enseñanza del derecho romano en Chile", en *Homenaje a Don Andrés Bello*, p. 469.

de Bello probó ser adaptable a otros países del continente.[59] Con la excepción de algunos experimentos breves de adopción del código civil francés en Oaxaca (1827), Bolivia (1831) y Costa Rica (1841), la mayoría de los países hispanoamericanos continuó funcionando, bien o mal, con la legislación española colonial. Era un verdadero dilema el mantener la antigua legislación en un contexto político republicano, y además era difícil partir de la nada, o copiando códigos como el francés. La solución de Bello, de un equilibrio entre la tradición jurídica histórica y el cambio codificador, combinado con un fuerte arraigo en el derecho romano, llamó inmediatamente la atención de los juristas y políticos de otros países. Desde Colombia, Manuel Ancízar escribió a Bello el 10 de julio de 1856, cuando este había recién terminado sus revisiones finales al Código,

> De varias partes me han manifestado el deseo de poseer el *Código Civil* que Ud. elaboró para Chile, y me han hecho el encargo de solicitarlo. Es seguro que Ud. con su bondad genial, se prestará a satisfacer aquel deseo recomendable, pues se trata de aprovecharnos del saber de otros países, y de preferir a cualesquiera otras las doctrinas legales profesadas en nuestra Sur América, lo cual puede ser un primer paso dado hacia la apetecida *unidad social* de nuestro continente (XXVI, 334).

Bello respondió el 11 de octubre de 1856 que ya había hecho enviar cuatro ejemplares del Código.[60] Ancízar acusó recibo el 13 de marzo de 1857 y anunció haber conseguido que el congreso colombiano imprimiese copias para su distribución en los diferentes Estados.[61] El Código Civil de Chile fue adoptado

---

[59] Véase José María Castán Vázquez, "El Código Civil de Bello, factor de unidad", en *Bello y el derecho latinoamericano*, pp. 333-342, y Marcelo Urbano Salerno, "Consideraciones históricas sobre la unidad del derecho común en Latinoamérica", *Anales de la Universidad de Chile*, 5ª serie, N° 20 (1989), 835-845. Diversos aspectos de la codificación decimonónica en América Latina, y de la codificación en general, se encuentran cubiertos en *El futuro de la codificación en Francia y en América Latina*, publicado en París por la Association des Juristes Franco-Latino-Américains en 2004. Agradezco a Fernando Cepeda Ulloa, Embajador de Colombia en Francia, por llamar mi atención sobre esta valiosa fuente en enero de 2010.

[60] Bello a Manuel Ancízar, 11 de octubre de 1856, en OC, XXVI [*Epistolario-2*], 337-339. Bello pidió al entonces Ministerio de Relaciones Exteriores, Francisco Javier Ovalle, que enviara los ejemplares, y probablemente sugirió que se enviaran también a otros países. El Ministro envió copias a Perú, Bolivia, Argentina, Paraguay, Ecuador, Venezuela y México el 10 de octubre de 1856. Ovalle envió después, el 23 de marzo de 1857, ejemplares a Costa Rica, El Salvador, Guatemala, Honduras y Nicaragua. Véase *AGB*, II, pp. 392-393 y 398-399.

[61] Manuel Ancízar a Bello, 13 de marzo de 1857, en OC, XXVI, 350-352. Ancízar recibió cuatro copias desde Lima, lo que generó una confusión que le llevó a pedir a Bello que olvidase su encar-

por el Estado de Santander (18 de octubre de 1858) y pronto le siguieron los de Cundinamarca y Cauca (1859), Panamá (1860) y Antioquia (1865). En 1873 el Congreso nacional colombiano reconoció el uso generalizado del código de Bello y lo declaró válido para toda la república. Colombia era en esa época una república federal, y por tanto los Estados que la componían estaban en libertad de adoptar la legislación que considerasen apropiada. Aun así, cuando Colombia, bajo el régimen de Rafael Núñez, restauró el gobierno centralizado en 1886, no hizo más que confirmar la validez del Código, que fue promulgado como ley nacional en abril de 1887.[62]

El Salvador también adoptó el Código Civil de Chile en agosto de 1859, con solo algunas modificaciones menores. Del mismo modo, Nicaragua y Honduras promulgaron el código en 1871 y 1880, respectivamente. Venezuela adoptó el código de Bello en 1863, pero la caída del régimen de José Antonio Páez en ese año arrastró consigo al nuevo documento. En Panamá tuvo una existencia más prolongada, puesto que permaneció vigente incluso después que esta región se separó de Colombia para transformarse en país independiente en 1903. Pero quizás el mejor ejemplo de la aceptación del código de Bello lo proporcione Ecuador, en donde la Corte Suprema simplemente abandonó su propio proyecto de codificación cuando estudió el *Código Civil* chileno. Al explicar su decisión al Ejecutivo, la Corte Suprema declaró que,

Sabíase desde muy atrás que en esa República hermana nuestra [Chile] de idéntica progenie, de lenguaje, costumbre y legislación idénticas, sintiendo como nosotros la necesidad de reducir a un solo cuerpo los varios en que están esparcidas las leyes que arreglan el derecho privado, de mejorarlas con las luces modernas y de atemperarlas a las instituciones y usos dominantes en América, había encargado la formación de esta obra a una muy respetable comisión, poniendo a su frente al sabio colombiano [sic] señor Andrés Bello... La Corte, que no abriga sentimiento de orgullo y vanidad y que cree que no hay mengua alguna en *adoptar* lo bueno que ya se encuentra hecho, no ha

---

go anterior. Pero es posible que hayan sido los mismos ejemplares que hizo enviar Bello, salvo que llegaron al colombiano vía Lima.

[62] Enrique Balmes Arteaga, "Don Andrés Bello y el Código Civil", en *Bello y Chile*, II, p. 247. Balmes señala que se introdujeron algunas modificaciones en Colombia, dado que este país ya había promulgado el matrimonio civil, cosa que Chile no hizo hasta 1884. Véase su "El código de Bello en Colombia", en *Homenaje a Don Andrés Bello*, pp. 711-732. También el subcapítulo de Pinzón, "El Código de Bello en Colombia", en *Andrés Bello: Jurisconsulto*, pp. 306-310, y Bernardino Bravo Lira, "Difusión del Código Civil de Bello en los países de derecho castellano y portugués", en *Andrés Bello y el derecho latinoamericano*, pp. 363-364.

vacilado en volver sobre sus pasos, dando de mano a sus trabajos anteriores y se ha contraído a examinar dicho código. De este examen ha resultado la convicción de que su plan es preferible al que se había trazado la Corte y que sus doctrinas y aun su estilo podían ser adoptados por nosotros, haciendo solamente una que otra variación, que la diferencia de circunstancias y el bien de la claridad hicieren necesarias.[63]

Otros países del continente hicieron una adopción menos completa, pero sí usaron partes importantes, o al menos utilizaron el código de Bello como guía para sus propios documentos. Bernardino Bravo Lira y Alejandro Guzmán Brito han documentado la influencia de Bello en los códigos de Uruguay (1869), Argentina (1869), Paraguay (1876), y tanto en la *Consolidação das leis civis* (1858) como en el *Esboço de código civil* (1860-65) de Augusto Teixeira de Freitas en Brasil. El Código de Bello fue consultado en las codificaciones de México (1871 y 1884), Venezuela (1873 y 1916), Guatemala (1877) y Costa Rica (1888), lo que demuestra que casi toda América Latina recurría a su *Código civil*.[64] La amplitud de usos del código, desde la consulta hasta la promulgación prácticamente íntegra, sugiere que la perspectiva de Bello respecto del derecho civil como un equilibrio entre la tradición y el cambio, con una fuerte influencia del derecho romano, proporcionó un modelo jurídico fundamental para los países que luchaban por crear naciones independientes luego del colapso de los imperios ibéricos. Como ha señalado Enrique Barros Bourie, reflexionando sobre el sesquicentenario del Código y su notable versatilidad, "el código chileno es una pragmática mezcla de modernización y consolidación".[65]

Sería sin embargo exagerado afirmar que el Código Civil de Bello tuvo en otros países el mismo efecto que en Chile. El país austral proporcionaba un terreno bastante propicio para la adopción e implementación de un código de derecho civil dada la fortaleza comparativa de sus instituciones políticas, su población pequeña y su aislamiento respecto de factores de inestabilidad en el plano internacional. Otros países del hemisferio simplemente no tenían estas ventajas, pero es altamente significativo que aun en esas circunstancias utilizaran la obra de Bello como fuente para organizar sus propios sistemas de legislación civil. El que no pudieran hacerlo con el mismo nivel de éxito, o tan rápidamente, no debe opacar la importancia de sus aspiraciones por establecer un cuerpo de leyes que permi-

---

[63]   El informe, fechado 21 de febrero de 1857, está citado en Bravo Lira, "Difusión", pp. 365-366. Fue adoptado oficialmente en 1858.

[64]   Bravo Lira, "Difusión", pp. 368-373 y *AGB*, I, pp. 466-469.

[65]   Enrique Barros Bourie, "Postfacio", en *Sesquicentenario*, II, 1491-1499.

tiera enfrentar los complejos desafíos de la posindependencia, especialmente en materias de derechos de propiedad, o lograr introducir una reformada legislación civil en su propia estructura política.

Ley y ciudadanía

El Código Civil fue el aporte más importante de Bello a la historia jurídica de Chile y de América Latina. Pero el derecho civil era solo uno de sus intereses en materias legales. Durante los veintisiete años que permaneció en el Senado Bello fue el promotor de una cantidad asombrosa de leyes sobre comercio internacional, aduanas, explotación de recursos naturales, establecimiento de misiones diplomáticas, archivos y estadísticas, pesos y medidas, política monetaria y jubilaciones, entre una cantidad enorme de proyectos legislativos.[66] Todas estas eran políticas públicas que una nación emergente como Chile necesitaba adoptar, y en este sentido la inspiración práctica de las políticas legislativas requiere de poca demostración. Pero es importante preguntarse sobre la ley como un mecanismo organizador de la sociedad, noción que subyace a las actividades legislativas de Bello. Esta pregunta, a su vez, conduce a un examen más específico respecto de la manera en que Bello veía la construcción de las naciones en la Hispanoamérica poscolonial, en donde la ley ocupaba un lugar quizás más importante que el lenguaje, aunque estrechamente ligado a este. No hay duda que Bello tenía una fuerte convicción respecto del modelo romano como base para la elaboración de un derecho civil adecuado a las necesidades de las nuevas repúblicas, pero ¿cuál era su motivación para tantos otros proyectos legislativos y, en último término, el significado de su defensa del imperio de la ley?

La concisa definición de ley en el Código Civil proporciona un buen punto de partida para estudiar esta cuestión. "La ley", afirma el primer artículo del Código, "es una declaración de la voluntad soberana que, manifestada en la forma

---

[66] Estudios importantes de las actividades de Bello en estas materias incluyen Tomás Polanco Alcántara, "Bello, legislador", en *Bello y Chile*, II, pp. 251-262; Ricardo Donoso en su prólogo a OC, XX [*Labor en el Senado*], xi-cxxvii, y Rafael Caldera, "El pensamiento jurídico y social de Andrés Bello", en OC, XVIII, xiii-lxxvi. Véase además mi compilación *Textos Fundamentales de Andrés Bello. Construcción de Estado y nación en Chile* (Santiago: Biblioteca Fundamentos de la Construcción de Chile, 2010) y "Ideological Pragmatism and Nonpartisan Expertise in Nineteenth-Century Chile: Andrés Bello's Contributions to State and Nation Building", en Miguel A. Centeno y Agustín E. Ferraro, eds., *State and Nation Making in Latin America and Spain: Republics of the Possible* (Cambridge: Cambridge University Press, 2013), pp. 183-202.

prescrita por la Constitución, manda, prohíbe, o permite" (XIV, 27). La premisa clave de esta afirmación es la definición del gobierno como representativo, en donde el Congreso legisla de acuerdo con la voluntad de la mayoría de los ciudadanos votantes, pero dentro de los parámetros establecidos por la Constitución. En Chile, la Constitución de 1833 daba poderes importantes, quizás hasta avasalladores, al Ejecutivo, pero el Congreso tenía el deber y el derecho de aprobar las leyes. Durante las décadas de los años 1830 y 1840 el gobierno actuó rápida y decisivamente cuando consideró que la seguridad del Estado se encontraba amenazada, suspendiendo las garantías constitucionales y actuando con una arbitrariedad amargamente denunciada por sus víctimas. Pero cuando se trataba de la promulgación de las leyes civiles, o cualesquiera fuese la naturaleza de la legislación, el Ejecutivo tenía que esperar pacientemente la decisión del Congreso. Esto causaba una gran frustración en los círculos de gobierno, y en particular a Diego Portales, pero el Ejecutivo tenía que restringir su papel al de la persuasión.

Bello no solo reconoció esta realidad política, sino que probó ser capaz de maniobrar con habilidad dentro de estos parámetros institucionales para conseguir los objetivos deseados: redactó los mensajes presidenciales que llamaban a legislar sobre temas prioritarios, apoyó y defendió la adopción de las leyes a través de la prensa, y en algunos casos preparó él mismo los proyectos de ley como Senador de la república. Su propósito final era entronizar la ley como el pilar fundamental del sistema republicano, puesto que solo la ley, pensaba, daría sustancia y validez a la noción de ciudadanía.[67] Ciudadano era aquel que se concebía a sí mismo como rigiendo su conducta de acuerdo con la ley, tanto en materias públicas como privadas. Hay varios escritos de Bello en donde afirma que sin una asimilación personal del valor e importancia de la ley no puede construirse una sociedad civil digna de tal nombre. En su artículo "Observancia de las leyes" (1836), por ejemplo, Bello dio una muestra elocuente de sus convicciones más profundas cuando planteó la pregunta sobre qué constituía una patria:

No es ciertamente patria por sí solo el suelo en que nacimos, o el que hemos elegido para pasar nuestra vida, ni somos nosotros mismos porque no bastamos a todas nuestras necesidades, ni los hombres que viven con nosotros considerados sin ley, porque ellos serían nuestros mayores enemigos: es pues nuestra patria esa regla de conducta que señala los derechos, las obligacio-

---

[67]   Sobre este importante tema véase Hilda Sabato, coordinadora, *Ciudadanía política y formación de las naciones: Perspectivas históricas de América Latina* (México: El Colegio de México, Fideicomiso Historia de las Américas y Fondo de Cultura Económica, 1999).

nes, los oficios que tenemos y nos debemos mutuamente: es esa regla que establece el orden público y privado; que estrecha, afianza y da todo su vigor a las relaciones que nos unen, y forman ese cuerpo de asociación de seres racionales en que encontramos los únicos bienes, las únicas dulzuras de la patria: es pues esa regla la patria verdadera, y esta regla es la ley sin la cual todo desaparece (XVIII, 53).

Es decir, la necesidad de la ley no se concebía en terminos constitucionales formales, sino como la base misma del orden en la sociedad.[68] "La obra pues", afirmó Bello, "del arreglo de la sociedad y de los bienes todos que en ella buscamos debe hacerse con el concurso simultáneo de las leyes, de los magistrados y de los individuos todos de la sociedad misma" (XVIII, 51).

En el pensamiento jurídico de Bello la forma de gobierno estaba subordinada a los imperativos del orden, pero reconoció que el sistema político dominante en Hispanoamérica era el republicano. Consideró necesario, por lo mismo, insistir en que el sistema republicano consistía en el imperio de la ley, noción que utilizaba para distanciarse de la república surgida de la Revolución Francesa. En 1830 Bello hizo una referencia explícita en este sentido cuando señaló que "si hay algo completamente demostrado por la experiencia del género humano, y especialmente por la de los últimos cuarenta años [es decir, a partir de la Revolución Francesa], es que no debe esperarse subsistencia ni buenos efectos de ninguna Constitución modelada por principios teóricos" (XVIII, 440). Este argumento de corte burkeano revela al mismo tiempo su convicción de que el concepto de república tenía contenidos y potenciales no jacobinos. Hispanoamérica tenía buenas razones políticas para rechazar un sistema colonial que excluía sistemáticamente a los criollos de las posiciones de poder, pero esto no era una razón para adoptar una ideología abstracta de libertad.[69] Bello creía necesario cultivar un espíritu cívico republicano, pero consideraba que las prioridades estaban en otro ámbito. Como señaló en 1836,

---

[68] Sobre el ideario de Bello y sus implicaciones jurídicas, véase Agustín Squella, "Proyección jurídica de las ideas de Bello sobre el orden y la libertad", en *Homenaje a don Andrés Bello*, pp. 363-373.

[69] En este sentido, la postura de Bello se aproxima bastante a la de los liberales doctrinarios franceses como Guizot, Royer-Collard, Barante y Rémusat. Véase Aurelian Craiutu, *Liberalism under Siege: The Political Thought of the French Doctrinaires* (Lanham: Lexington Books, 2003). Sobre su influencia en Hispanoamérica véase José Antonio Aguilar Rivera, *Ausentes del universo: Reflexiones sobre el pensamiento político hispanoamericano en la era de la construcción nacional, 1821-1850* (México: Fondo de Cultura Económica, 2012).

...es preciso reconocer una realidad importante: los pueblos son menos celosos de la conservación de su libertad política, que la de sus derechos civiles. Los fueros que los habilitan para tomar parte en los negocios públicos, les son infinitamente menos importantes que los que aseguran su persona y sus propiedades. Ni puede ser de otra manera: los primeros son condiciones secundarias, de que nos curamos muy poco, cuando los negocios que deciden de nuestro bienestar, de la suerte de nuestras familias, de nuestro honor y de nuestra vida, ocupan nuestra atención. Raro es el hombre tan desnudo de egoísmo, que prefiera el ejercicio de cualquiera de los derechos políticos que le concede el código fundamental del Estado al cuidado y a la conservación de sus intereses y de su existencia, y que se sienta más herido cuando arbitrariamente se le priva, por ejemplo, del derecho del sufragio, que cuando se le despoja violentamente de sus bienes (XVIII, 615).

Es precisamente aquí donde radica su énfasis en la necesidad de un Código Civil que definiera las reglas para la adquisición, protección, uso y circulación de los bienes. La adhesión al sistema político dependería, en la concepción de Bello, de las garantías a la seguridad y la propiedad. Al mismo tiempo, es claro que Bello quería promover un sentido más altruista del significado de la ciudadanía, y es obvio que, como lo demuestra el pasaje arriba citado de su "Observancia de las leyes", la república podía y debía ser algo más que un conglomerado de individuos motivados por el mero interés. En este sentido, compartía la noción de Montesquieu de la virtud como central a la república, pero la concebía como un genuino aprecio por el valor individual y social de la ley. "No son las leyes solas las que forman la felicidad de los pueblos", afirmó, "sin el amor, sin el respeto, sin las consideraciones todas que deben profesarles los individuos de una nación". Agregó, además, que

No se observen las leyes, infrínjalas cada uno según su voluntad; sea la de cada individuo de la sociedad la única regla de las acciones, y en ese mismo punto la sociedad desaparece, un caos insondable de desorden se presenta, y la seguridad y la propiedad y el honor pierden todo su apoyo; y es destruido todo cuanto hay necesario y amable sobre la tierra (XVIII, 51).

Uno de los aspectos más significativos del concepto de ley en Bello es su relación con la noción de "libertad", como opuesta a la "licencia". La libertad, para Bello, residía en el ejercicio de los derechos individuales, pero solo hasta el punto de no interferir con los derechos del prójimo. La licencia, por su parte, representaba precisamente lo contrario, es decir, el actuar sin consideración a los derechos de otros miembros de la sociedad, pero exigiendo que se respetaran los propios. La verdadera libertad, en este sentido, era para Bello la sujeción disciplinada a la ley, puesto que "la observancia de las leyes hace a los hombres contenidos; les priva de toda distracción perjudicial, los conduce al conocimiento de sus verdaderos intereses, y los pone en posesión de una verdad que tiene tanto influjo en el orden considerado bajo cualquier aspecto, a saber, que el mejor medio de hacer respetar los derechos propios, es cuidar religiosamente del respeto de los ajenos" (XVIII, 54).

El interés propio, por un lado, y la noción de libertad como sujeción a las reglas adoptadas por la sociedad, por el otro, forman las bases del concepto de ley de Bello. Importa señalar que, como Rector, hizo la misma distinción entre libertad y licencia al referirse al cultivo de las letras en el discurso de instalación de la Universidad de Chile. Esto no es una coincidencia, puesto que Bello concebía la ley como algo más que un mecanismo formal para la imposición de reglas, y más bien como una conciencia personal del espacio disponible para ejercer derechos que no invadieran el espacio civil de otros conciudadanos. En el contexto de la evolución del pensamiento político hispanoamericano de la época, la concepción de Bello representa un vuelco respecto de las amargas reflexiones de Simón Bolívar sobre la incapacidad de los hispanoamericanos para adquirir virtud cívica, y el escepticismo de Diego Portales respecto de la capacidad de la ley para mantener el orden. Aunque los tres provenían de la misma generación, fue Bello quien contempló el imperio de la ley desde una perspectiva más optimista. "La libertad", afirmó en su artículo defendiendo la publicidad de los juicios en 1830, "no es otra cosa que el imperio de las leyes" (XVIII, 446), manifestando su convicción de que estas podían cumplir con las aspiraciones de los ciudadanos. Así, dedicó sus esfuerzos a podar, clarificar y reorganizar las leyes para adecuarlas a las realidades de la independencia, con la esperanza de que su necesidad sería eventualmente obvia para todos. De cualquier manera, allí estaba el sistema educacional para promover un sentido de ciudadanía entendida como el respeto a las leyes de la república.

Cuando se consideran a la luz de la evolución política poscolonial en Hispanoamérica, el pensamiento y la acción jurídica de Bello sugieren un deliberado esfuerzo por crear Estados modernos "que se gobiernan por las leyes positivas emanadas de [la sociedad] misma", como lo señaló por primera vez en su *Principios de derecho de gentes* en 1832 (X, 31). Tales leyes, insistía, no debían surgir de la nada: debían respetar las costumbres y legislación anteriores. En el marco políticamente sensible de la independencia, Bello propuso nada menos que la retención de la legislación española e incluso fue hasta sus bases mismas en el derecho romano. Lo hizo puesto que creía que las leyes eran en último término el reflejo de interacciones cotidianas que por siglos guiaban la conducta de los miembros de la sociedad. También, puesto que las leyes eran acatadas en la medida en que satisfacían los intereses de los individuos. Lo que agrega complejidad al pensamiento jurídico de Bello es la extraordinaria amplitud de las fuentes que utilizó, por una parte, para responder a las costumbres e historia de los pueblos hispanoamericanos y, por otra, para dar a los nuevos Estados los instrumentos de legitimidad y consolidación política.

Quizás las reflexiones de Perry Anderson sobre el surgimiento de los Estados absolutistas durante el Renacimiento, que coincide con la renovación del derecho romano, ayuden a comprender los propósitos de Bello. El autor inglés sostiene que "el sello más característico del derecho civil romano es su concepto de propiedad privada absoluta e incondicional", y agrega que "no hay duda de que, a una escala europea, el principal determinante de la adopción de la jurisprudencia romana fue la intención de los gobiernos monárquicos por aumentar el poder central". El resultado fue que "el afianzamiento de la propiedad privada desde abajo fue acompañado de un aumento de la autoridad pública desde arriba... el derecho romano fue uno de los instrumentos intelectuales más poderosos para el típico programa absolutista de integración territorial y centralismo administrativo".[70]

Hispanoamérica en el siglo XIX no era la Europa del Renacimiento, ni los nuevos Estados que surgían de la independencia eran monarquías absolutas. Pero el recurso a la jurisprudencia romana como instrumento de consolidación del Estado, y para la reestructuración de las leyes de modo de facilitar la adquisición y circulación de la propiedad, encuentra un claro reflejo en la obra de Bello y en el régimen conservador que apoyó su agenda. Bello no utilizó el derecho romano, sin embargo, como base única del derecho civil, puesto que mantuvo partes de la legislación española y buscó orientación y modelos en una variedad de códigos modernos. Tuvo éxito porque logró reformar las leyes sin alterar drásticamente la base social de la cual surgían. Al mismo tiempo, logró cambios fundamentales en la legislación civil, como la transición a las leyes escritas, la abolición de los mayorazgos, y la remoción de varios obstáculos para la circulación de los bienes. Aun más importante es que dio a Chile una nueva legislación que surgía de la colaboración, no siempre fácil, entre el Congreso y el Ejecutivo. La promulgación del Código Civil en 1855 se transformó en un pilar del Estado centralizador y sentó las bases a partir de las cuales cambios más profundos se podrían realizar en el futuro.

Bello no tenía intenciones de desempeñar el papel de jurista al llegar a Chile, pero sería erróneo suponer que dedicó tal esfuerzo legislativo por un sentido

---

[70] Perry Anderson, *Lineages of the Absolutist State* (Londres: NLB, 1974), pp. 25, 27 y 28. Sobre la codificación como instrumento de poder centralizador en el caso hispanoamericano véase Matthew C. Mirow, "The Power of Codification in Latin America: Simón Bolívar and the *Code Napoléon*", en *Tulane Journal of International and Comparative Law*, 8 (Primavera 2000), 83-116.

de responsabilidad burocrática. Es cierto que fue a instancias de Portales que se embarcó en el proyecto de reformar las leyes civiles, para luego formar parte de una comisión del Congreso, y en último término redactar su principal texto. Pero también es cierto que su intenso interés por los temas jurídicos había surgido durante sus investigaciones sobre la España medieval en el Museo Británico, y que luego extendió a materias internacionales como parte de su trabajo en las legaciones diplomáticas de Chile y Colombia en Londres. Además, su obra en gramática reforzaba su interés por el derecho, no solo en el sentido de que ambos se relacionan con el lenguaje escrito, sino también en el que ambos son mecanismos de orden. Y el orden era no solo una búsqueda personal sino que tal vez el objetivo más importante y urgente en la Hispanoamérica poscolonial. Vale la pena traer aquí a colación la anécdota contada por algunos biógrafos de Bello, según la cual este, luego de su cena por lo general bastante nutrida, se sentaba a leer las *Siete Partidas*. Cuando le preguntaron cómo era posible que hiciera tal cosa, respondió con naturalidad que era un excelente digestivo. Cualquiera haya sido la sabiduría que intentó comunicar con este comentario, es obvio que en los gruesos tomos de legislación española Bello contemplaba uno de los grandes entrecruces jurídicos en la historia de la humanidad, el de las tradiciones romanas e ibéricas. Bello leía este documento con pasión, puesto que le daba una clave del desarrollo histórico de las naciones. Quizás por eso es que, terminada su labor más importante en el servicio público con la redacción y adopción del Código Civil, volvió con renovada energía al mundo que había dado a luz a las *Siete Partidas*: la España medieval.

Capítulo VII

El retorno de *Mio Cid*

La redacción del Código Civil fue probablemente la tarea más absorbente de
la trayectoria de Andrés Bello. El pensador venezolano estaba acostumbrado
a trabajar en varios proyectos simultáneamente, pero el término de su labor
codificadora le dio la oportunidad de retomar algunos trabajos postergados que
mantenían su interés y que en varios sentidos complementaban su obra en
derecho. Tenía setenta y cinco años de edad cuando el Código Civil entró en
vigencia, y para entonces su salud estaba en franco declive: tenía problemas
oculares y a partir de 1857 ya no podía caminar sin ayuda. La decisión de empezar
o retomar un trabajo era altamente importante, puesto que bien podía ser el
último de su vida. Como veremos en este capítulo, la decisión de volver a los
estudios medievales, en especial de lengua y literatura castellana, es sorprendente
solo en la superficie: tenía pleno sentido, sobre todo después que los pilares
centrales de su proyecto político e intelectual estaban firmemente instalados. Es
importante tener en cuenta, sin embargo, que los planes y actividades de Bello
no estaban muy apartados de intereses intensamente personales. De hecho, tuvo
que luchar para mantener la concentración intelectual y política en circunstancias
personales particularmente difíciles, e incluso trágicas. Estas circunstancias,
a su vez, tuvieron una influencia enorme sobre su trabajo, especialmente en
poesía e historia literaria.

A partir de la década de los años 1830 Bello y su familia disfrutaban de alguna estabilidad económica, como también del reconocimiento del gobierno y de
los círculos sociales santiaguinos. Para comienzos de la década de los años 1840
Bello había consolidado su posición en el país, y se encontraba en medio de un
periodo enormemente creativo. Fue en ese momento que manifestó una renovada preocupación por su tierra natal y comenzó a retomar el contacto con su
familia caraqueña. Gracias a esto Bello dejó un valioso testimonio de sus sentimientos más íntimos, en especial relacionados con su madre y con sus hijos.
Es también a través de este diálogo epistolar que tenemos algún acceso a sus
recuerdos infantiles y juveniles.

Memorias de Venezuela

Bello reanudó el contacto con su familia luego de un largo periodo de silencio que va desde la década de 1820 hasta la de los años 1840. A principios de 1842 su hermano Carlos le envió un paquete de libros y materiales impresos que Bello agradeció en una carta fechada 30 de abril de 1842:

> Mi querido Carlos: Me has dado uno de los mayores placeres que he tenido durante mi largo destierro, con la remesa que me has hecho de la *Historia de Venezuela* [por Rafael María Baralt], Atlas y mapas; todo lo cual ha llegado en el mejor estado a mis manos. Sería por demás querer expresarte los sentimientos con que he leído tan interesante historia, las emociones con que me han hecho palpitar tantos nombres queridos. Abro el Atlas, y recorro el mapa; qué de recuerdos se agolpan a mi imaginación. De la vista de Caracas, sobre todo, no pueden saciarse mis ojos; y aunque busco en ellos vanamente lo que no era posible que me trasladase el grabado, paso a lo menos algunos momentos de agradable ilusión. Me has hecho el más apreciable, el más exquisito presente. La vista de Caracas estará colgada en frente de mi cama, y será quizás el último objeto que contemplen mis ojos cuando diga adiós a la tierra (XXVI, 75-76).

Bello sentía un particular cariño por su ciudad natal y también guardaba un especial recuerdo de la belleza del campo venezolano. Sus memorias de ambos estaban, cabe señalar, muy ligadas a un recuerdo feliz aunque idealizado de su infancia y juventud. Como le mencionó a su hermano Carlos el 17 de febrero de 1846: "En mi vejez, repaso con un placer indecible todas las memorias de mi Patria (recuerdo los ríos, las quebradas y hasta los árboles que solía ver en aquella época feliz de mi vida). Cuantas veces fijo la vista en el plano de Caracas, creo pasearme otra vez por sus calles, buscando en ellas los edificios conocidos y preguntándoles por los amigos, los compañeros que ya no existen… ¡Daría la mitad de lo que me resta de vida por abrazaros, por ver de nuevo el Catuche, el Guaire, por arrodillarme sobre las losas que cubren los restos de tantas personas queridas!" (XXVI, 116-117).

Bello tuvo una oportunidad, aunque vicariamente, de visitar Caracas y su familia cuando su hijo mayor, Carlos, entonces de treinta y un años de edad, pasó por allí con rumbo a Europa en 1846. Carlos fue primero a Ecuador, en donde visitó al poeta José Joaquín Olmedo, quien estaba ya "muy anciano", pero tan intensamente amigo de Bello como cuando se veían diariamente en Londres. Carlos llegó a Caracas el 31 de mayo de 1846 y envió sus impresiones unos días más tarde, el 6 de junio, con un detalle deslumbrante incluso para el lector de hoy. Allí hablaba de su encuentro con la familia, y especialmente con la madre de Bello, su abuela, quien "lleva maravillosamente bien sus muchos años. Es activa, hacendosa y hasta más alegre de lo que pudiera creerse". Relató que había mostrado a su abuela algunos retratos, y con seguridad agregó alguna información verbal puesto que, como manifestó, a ella "le cuesta conformarse con la idea de que V. tenga canas y que le faltan dientes". Carlos también conoció a sus tíos, los hermanos de Bello: Carlos ("misántropo y no muy liberal"), María de los Santos ("monja lozana y feliz") y Rosario.[1] Fue tan bien recibido por la familia que le dijo a su padre "¡Qué bien correspondido está el amor que V. les tiene! Las cartas de V. pasan de mano en mano hasta el último de sus sobrinos!".

Bello recibió la carta de Carlos el día 24 de julio de 1846 y se sintió sobrepasado por la emoción. Al día siguiente le contó a su amigo Bernardino Codecido que la carta de su hijo le había hecho llorar, y agregó: "¡Cuánto diera por una escena semejante en que yo hiciera el papel de Carlos!" (XXVI, 134). Estaba contento, sin embargo, de saber que su nombre estaba presente en Venezuela; Carlos le había dicho en una carta posterior (del 15 de agosto) que su llegada a Caracas había sido anunciada en los diarios, y que había recibido numerosas visitas, incluyendo la del ex Presidente de Venezuela, el Dr. José María Vargas, y algunos miembros de la familia Ustáriz, que habían sido amigos y mecenas de Bello en su juventud. Carlos visitó a varios amigos y conocidos de Bello, incluyendo a Rafael Escalona y a Francisco Ribas. El 13 de junio asistió a un banquete en su honor, en donde se recitaron partes de la "Silva a la agricultura de la zona tórrida", poema "que todos saben de memoria", y también algunos poemas preparados para la ocasión.[2] El hijo anglo-chileno de Bello hubo de resistir "cien brindis" (se puede suponer que fueron menos) y responder con un discurso improvisado. Su entusiasmo era evidente y así lo transmitió a su padre.

Bello estaba conmovido por la visita de Carlos y las descripciones sobre la familia y ambiente de Caracas, pero el mismo flujo de noticias le hizo querer saber más, lo que naturalmente no pudo satisfacer su hijo al seguir su camino a Europa. Una muestra del impacto emotivo de este silencio queda bien retratada

---

[1]   Los hermanos de Bello de quienes existe información sobre fechas de nacimiento incluyen a María Josefa de Jesús, 16 de marzo de 1783; Carlos, 7 de noviembre de 1784; José Eusebio, 5 de marzo de 1790; María de los Santos, 1° de noviembre de 1791, y María del Rosario, 1° de octubre de 1796.

[2]   Al menos algunos de estos poemas se han rescatado, incluyendo el de Abigail Lozano (1823-1866), "Poema a Bello: Al ilustre cantor de la zona tórrida, al primer poeta de las Américas, señor Don Andrés Bello", y el de Ramón Montes (1826-1889), "Al príncipe de los poetas del nuevo mundo". Ambos incluidos en Pedro Grases, compilador, *Antología del Bellismo en Venezuela*, 2ª edición (Caracas: Monte Ávila Editores, 1981), pp. 23-24 y 25, respectivamente.

en una carta a su hermano Carlos, fechada 16 de marzo de 1847, en la que le pide más noticias de la familia:

> Ruega en mi nombre a Miguel Rodríguez [su cuñado], que siga escribiéndome como lo hacía. Ve a ver a mi madre. Léele estos renglones que son para ella y para toda la familia. Dile que su memoria no se aparta jamás de mí. No puedo ponderarte hasta qué punto me aflige esta larga separación de lo que más amo sobre la tierra. Escríbeme tú también, querido hermano mío. Antes lo hacías con frecuencia; y ahora que las comunicaciones son más fáciles y seguras entre los dos países, pasan años y años sin que tenga el consuelo de ver tu letra (XXVI, 152).

La visita de Carlos a Venezuela había resucitado lazos familiares que ya creía perdidos, pero esta alegría fue rápidamente neutralizada por una gran tristeza y una amarga sensación de distancia, no solo física sino que también respecto de su propio pasado. Como le manifestó a su sobrina Concha Rodríguez Bello, hija de Miguel y de su hermana Rosario, en carta fechada 27 de mayo de 1847,

> Dile a mis hermanos que me amen siempre; que la seguridad de que así lo hacen es tan necesaria para mí como el aire que respiro. Yo me transporto con mi imaginación a Caracas; os hablo, os abrazo; vuelvo luego en mí, me encuentro a millares de leguas del Catuche, del Guaire y del Anauco, y de Sabana Grande y de Chacao y de Petare. Todas estas imágenes fantásticas se disipan como el humo, y mis ojos se llenan de lágrimas, ¡Qué triste es estar tan lejos de tantos objetos queridos y tener que consolarse con ilusiones que duran un instante y dejan clavada una espina en el alma! (XXVI, 153-154).

A pesar de ser este uno de los periodos más activos de su vida, entre la rectoría de la Universidad, las relaciones exteriores, el Senado y la preparación del Código Civil, Bello pensaba constantemente en su familia y en sus amigos venezolanos. No dejaba de sorprenderle el que fuese tan conocido en su patria, lo que le agradaba quizás en la misma proporción en que se lo permitía la distancia, puesto que Venezuela padecía de graves problemas políticos.[3] En una carta a Lucio Pulido, fechada 14 de junio de 1853, le pedía agradecer los recuerdos de sus compatriotas,

---

[3]   Véase el estudio de Agustín Moreno Molina, *Entre la pobreza y el desorden. El funcionamiento del gobierno en la presidencia de José Gregorio Monagas* (Caracas: Universidad Católica Andrés Bello, 2004). Los hermanos José Tadeo y José Gregorio Monagas dominaron la política de su país entre 1848 y 1855.

"que en tan larga ausencia de una patria que nunca he dejado de amar y a que no tengo ya la menor esperanza de volver, son para mí un consuelo precioso y casi una compensación". A continuación reveló lo profundo de la presencia de Venezuela en su memoria:

> Por ahora no puedo hacer otra cosa que rogarle se haga el órgano de mis sentimientos de gratitud, respeto y cariño a mis compatriotas todos, a sus hombres públicos, a sus distinguidos literatos y poetas. ¡Que no pueda yo verificárselos de viva voz! ¡Que no pueda pisar otra vez las riberas del Anauco y del Guaire, las faldas del Ávila, que se reproducen tantas veces en mi memoria con un colorido que no han podido debilitar los años, cuarenta y tres años! (XXVI, 277-278).

A medida que envejecía Bello volvía más y más a las escenas de su juventud. A su amigo Manuel Ancízar le escribió desde Valparaíso, el 13 de febrero de 1854, para felicitarle por los escritos que pasarían a formar parte de su libro *Peregrinación de Alpha* (1853). Estas narraciones, señaló, le ayudaron a sobrellevar una calurosa tarde en Curacaví, camino al puerto: "Es indecible el placer con que he recorrido en compañía de *Alpha* esos bosques perfumados que me recuerdan tan vivamente los que yo solía atravesar en mi juventud". El *Alpha*, agregó, "ha satisfecho el hambre que tenía de descripciones pintorescas de nuestras escenas tropicales, de nuestros valles y laderas tan variadamente decoradas, de nuestros ríos, de nuestros pueblecitos, de nuestros ranchos" (XXVI, 295). Una referencia en esta carta al poema de Oliver Goldsmith, *The Deserted Village*, no podía ser más apropiada, por su énfasis en lo ya ido que sin embargo se mantiene vivo en la memoria. Aquello que había empezado como una repentina mezcla de emociones y recuerdos de patria y familia, con sus momentos de felicidad y vívidas memorias, fue poco a poco transformándose en una triste pero resignada aceptación del carácter irreversible de los acontecimientos de su vida. En una carta a su hermano Carlos, fechada 30 de diciembre de 1856, en vísperas de otro año más en la distancia, Bello reveló que

> No puedes figurarte la melancolía que ahora más que nunca me atormenta por la distancia que me separa de vosotros. Caracas en mis pensamientos de todas horas; Caracas en mis ensueños. Anoche cabalmente soñaba hallarme en compañía de algunas personas queridas de aquella época dichosa de nuestra juventud. Si supieras con qué viveza me represento en mis ratos desocupados el Guaire, Catuche, Los Teques, el patio y corral y todos los pormenores de la casa en que tú y yo nacimos, y jugamos y nos dimos de puñetes algunas veces; ¡aquellos granados, aquellos naranjos! Y ahora ¿qué es de todo eso? (XXVI, 346).

La intensidad de los recuerdos de Venezuela estaba indisolublemente ligada a la nostalgia de Bello por los años más felices de su juventud. Echaba de menos su patria desde que la dejó para salir con rumbo a Inglaterra, pero en su ancianidad la nostalgia abrió otro aspecto emocional más perturbador: la irresuelta relación y dolorosa separación de su madre viuda.

La madre de Bello, Ana Antonia López

Bello y su madre no tuvieron una correspondencia directa, por lo menos que se haya conservado, desde la década de los años 1820. Aunque es posible que haya recibido alguna noticia sobre ella desde entonces, no fue sino hasta la década de los años 1840 que madre e hijo restablecieron una comunicación directa. En una carta al general colombiano Tomás Cipriano de Mosquera fechada 28 de mayo de 1844, Bello mencionó haber recibido carta de su madre, y le pidió a su amigo que le entregara su respuesta cuando llegara a Venezuela desde Lima (XXVI, 90). Dado que el correo a ese país era poco fiable, Bello utilizaba una red informal de viajeros, y aprovechaba cada oportunidad para enviar correspondencia y dinero. La visita de su hijo Carlos a Caracas en 1846 le proporcionó abundantes noticias sobre la familia, y sobre Ana Antonia, lo que dio curso a un torrente de emociones que le hacía desesperar por conseguir más noticias. En una carta a su sobrina Concha de fecha 27 de mayo de 1847, Bello reveló cuán sacudido se sentía por el contacto reciente con su madre:

> Lee estos renglones a mi adorada madre, dile que su memoria no se aparta jamás de mí, que no soy capaz de olvidarla y que no hay mañana ni noche que no la recuerde: que su nombre es una de las primeras palabras que pronuncio al despertarme y una de las últimas que salen de mis labios al acostarme, bendiciéndola tiernamente y rogando al cielo derrame sobre ella los consuelos que tanto necesita (XXVI, 153).

Ana Antonia había dado a luz a Bello a la edad de 17 años (ella nació en 1764) y aunque gozaba todavía de buena salud pasados los ochenta, Bello sabía que no viviría por mucho tiempo más, lo que le hacía expresar sus sentimientos como si su madre fuese a morir en cualquier momento. En una carta a su hermano Carlos del 25 de mayo de 1851, Bello le pidió que le escribiera sobre su madre, "cuya memoria no se aparta de mí jamás. Me figuro verla, oírla, oír sus justas quejas por lo poco que por mi parte he contribuido a aliviarla en tan avanzada edad". En esta misiva, quizás anticipando que su madre la leería, se dirigió directamente a ella, "¡Ah, madre mía! ¡Que no me sea dado verte un momento siquiera antes del último día de mi vida! ¡Quiera Dios conservar la tuya y derramar todas sus bendiciones sobre ti" (XXVI, 225).

El amor de Bello por su madre adquirió rasgos cada vez más intensos de culpabilidad, sobre todo al considerar que jamás haría el viaje a Venezuela para verla. Las noticias recibidas a través de su hermano probablemente exacerbaron estos sentimientos, como lo demuestra una carta fechada 30 de abril de 1853: "La pintura que en [tu carta] me ofreces del estado de salud de mi madre en tan avanzada edad me ha destrozado el alma. Mi conciencia me acusa de no haber hecho por ella todo lo que debiera y no puedo dejar de reconocer que sus sentimientos son demasiado justos" (XXVI, 273). Este último comentario sugiere que quizás Ana Antonia manifestó algún reproche, que Carlos comunicó en la carta a la que respondió Bello, pero que no se ha conservado. Bello adoraba a su madre, pero aparte de sus expresiones escritas, solo podía enviar dinero como manifestación de su preocupación y cariño. Resulta revelador de las dificultades de comunicación en la Hispanoamérica del siglo diecinueve el que Bello, como le dice a su hermano en esta carta, remitiera dinero a Caracas vía Londres.

Ana Antonia López murió a mediados del año 1856. Según Miguel Luis Amunátegui, Bello se despertó una noche con una súbita y clara conciencia de que su madre había fallecido.[4] Amunátegui no especificó la fecha, y la gran mayoría de los estudiosos no la menciona o piensan que ocurrió en 1858. Sin embargo, una carta de Bello a su cuñado Miguel Rodríguez demuestra que se enteró de la noticia durante la segunda semana de agosto de 1856. Bello confesó su terrible dolor, y una vez más expresó su sentimiento de culpa por no haber hecho más por ella.[5] La relación de Bello con su madre, por mucho que la amase, permaneció irresuelta. Es seguro, a partir de sus propias declaraciones, que hubiese querido estar al lado de Ana Antonia durante sus últimos días, y el hecho de no haber podido, o haber decidido de antemano que no podía hacerlo, le atormentaba. Ya no haría más referencias a su madre, silencio que demuestra que prefería no hablar de aquello que le dolía profundamente.

---

[4] Amunátegui, *Ensayos biográficos*, 4 tomos (Santiago: Imprenta Nacional, 1893-1894), II, p. 179. Véase también Paulino Alfonso, "Andrés Bello: Antecedentes de influencias y rasgos íntimos", en Guillermo Feliú Cruz, compilador, *Estudios sobre Andrés Bello*, 2 tomos (Santiago: Fondo Andrés Bello, 1966), I, p. 163.

[5] Carta de Andrés Bello a Miguel Rodríguez, 29 de agosto de 1856, en *Archivo Central Andrés Bello* [ACAB], Bandeja 3, Caja 26, Nº 835. Esta carta inédita fue adquirida en 1998 por el *Archivo*. Se incluye en los anexos de este libro.

La familia chilena de Bello

El fallecimiento de la madre de Bello fue un golpe muy duro, pero no el primero ni el último que recibiría en su larga vida. Incluso para los estándares del siglo XIX, Bello y sus dos esposas perdieron una cantidad abismante de hijos: nueve de los quince murieron antes que él, e incluían a los más cercanos y queridos: Carlos y Francisco Bello Boyland, y Juan Bello Dunn, el primogénito de su segundo matrimonio, todos ellos antes de llegar a la edad de 40 años. Otros seis murieron más jóvenes, y solo tres, Andrés Ricardo (1826-1869), Josefina (1836-1911) y el segundo Francisco (1846-1887) sobrevivieron más allá de los cuarenta años. Bello se vio privado, así, de la compañía de sus hijos mayores, cercanos tanto por edad como por intereses intelectuales. Todos ellos murieron al cabo de largas enfermedades, lo que agregó padecimientos mayores a una experiencia de por sí dolorosa.[6]

Carlos Bello Boyland, el primer hijo de su matrimonio con Mary Ann Boyland, nació en Londres en 1815.[7] En 1829, a la edad de catorce años, Carlos se trasladó a Chile con la familia Bello-Dunn. Una vez allí, y como muchos jóvenes de la época, se interesó por la minería y pasó largos periodos en la norteña ciudad de Copiapó. Como su padre, Carlos tenía también intereses literarios, y en un momento estrenó (1842) una obra de teatro titulada *Los amores del poeta*, que fue una verdadera sensación en el Santiago de la época.[8] Algunos años después, y con el apoyo entusiasta de Andrés Bello, realizó el viaje a Europa vía Ecuador y Venezuela, que se describió anteriormente. Carlos Bello permaneció en Europa hasta 1850, cuando regresó a Chile ya muy afectado por la tuberculosis. En

---

[6]   Sergio Martínez Baeza, "Los descendientes de Bello en Chile", en *Bello y Chile*, 2 tomos (Caracas: La Casa de Bello, 1981), I, pp. 75-88. Véase también Manuel Salvat Monguillot, "Vida de Bello", en *Estudios sobre la vida y obra de Andrés Bello* (Santiago: Ediciones de la Universidad de Chile, 1973), pp. 12-77, y Luis Bocaz, *Andrés Bello: Una biografía cultural* (Santafé de Bogotá: Convenio Andrés Bello, 2000), particularmente el capítulo "La familia chilena de Bello", pp. 153-163.

[7]   No existen biografías completas, pero sí algunas descripciones de la vida de Carlos Bello Boyland, la principal de las cuales es la de Amunátegui en *Ensayos biográficos*, II, pp. 243-325. Véase también José Victorino Lastarria, *Recuerdos literarios: Datos para la historia literaria de la América española i del progreso intelectual de Chile*, 2ª edición (Santiago: Librería de M. Servat, 1885), pp. 186-188; Eugenio Orrego Vicuña, *Don Andrés Bello*, 3ª edición (Santiago: Imprenta y Litografía Leblanc, 1940), pp. 359-360, y Bocaz, *Andrés Bello*, pp. 157-158.

[8]   Véase, *Los amores del poeta*, 2ª edición (Santiago: Imprenta de la Opinión, 1860). Un comentario sobre esta obra, con algunos rasgos biográficos, en Miguel Luis Amunátegui, *Las primeras representaciones dramáticas en Chile* (Santiago: Imprenta Nacional, 1888), pp. 301-313. Sobre el impacto de esta obra véase Benjamín Vicuña Subercaseaux, *Memoria sobre la producción intelectual en Chile* (Santiago: Sociedad Imp. y Lit. "Universo", 1909), p. 62. También Eugenio Pereira Salas, *Historia del teatro en Chile* (Santiago: Ediciones de la Universidad de Chile, 1974), pp. 249-251.

una carta fechada 25 de mayo de 1851, Andrés Bello todavía podía decirle a su hermano Carlos en Caracas que su hijo mayor se estaba recuperando y que sus negocios mineros marchaban bien. Pero para entonces era claro que la salud del primogénito había tomado un curso irreversible. A principios de 1854 Carlos no pudo soportar el calor seco y polvoriento de Santiago y partió con rumbo a Valparaíso, en donde, por el contrario, encontró el clima demasiado frío. Se trasladó entonces a Quillota, más alejado de la costa y con un clima más benigno. En marzo de ese año se encontraba de regreso en Valparaíso para consultar a un médico y de allí volvió a Santiago. Como era frecuente con los casos de tuberculosis, Carlos tenía altos y bajos, pero el invierno de 1854 le resultó muy difícil. Su padre, que ya parecía resignado a lo peor, le contó a su amigo Bernardino Codecido en junio de ese año que "Carlos sigue mal, y sin embargo hay días o partes de día en que su semblante, su buen humor y la ausencia de fiebre, reaniman nuestras esperanzas. La enfermedad hace progresos sin duda, pero su marcha es lenta" (XXVI, 302). Carlos logró sobrevivir el invierno, pero el día 26 de octubre de 1854 falleció a la edad de treinta y nueve años.

Para esa época Andrés Bello ya había sufrido pérdidas terribles, pero la muerte de Carlos le privó de su primogénito y también del único hijo que le quedaba de su matrimonio con Mary Ann Boyland. Hasta el exaltado Francisco Bilbao (en el exilio desde su última intervención en la política chilena en 1851), quien estaba intelectual y políticamente en las antípodas de Andrés Bello, se sintió conmovido por la noticia y escribió una hermosa carta expresando su pésame el 15 de noviembre de 1854 (XXVI, 309). También lo hizo Manuel Ancízar, con quien Bello sentía suficiente confianza como para revelar sus sentimientos más íntimos.

> Estos golpes tan repetidos producen en mí un efecto indefinible; no tanto de dolor, como de encallecimiento de fría desesperación. Creo que pesa sobre mí una maldición que me condena a una vejez solitaria. ¡Dichosos aquellos a quienes quedan todavía ilusiones en la vida! (XXVI, 311).

Bello tenía un gran afecto por su hijo mayor, pero se sentía incluso más próximo a Francisco, su segundo hijo, con quien compartía múltiples intereses intelectuales y quizás una misma sensibilidad. Francisco era un joven apuesto, reflexivo, y con grandes aptitudes académicas. José Victorino Lastarria, quien le conoció de cerca, describió sus rasgos hacia fines de la década de los años 1830, en sus *Recuerdos literarios*:

> Francisco era un joven linfático i casi tísico, de semblante pálido mate, hermoseado por una cabellera de azabache i por grandes ojos negros, cuya melancolía revelaba que soñaba en su temprano fin. Era modesto i frío, no

participaba de intereses ni de ideas políticas, hablaba siempre en voz baja, con un chiste melancólico que le era habitual, i que él realzaba con su fina percepción de toda deformidad, i con su feliz memoria de los donaires de escritores ingleses i latinos. Ya había escrito su gramática latina, como profesor del Instituto [Nacional]...[9]

Francisco se tituló en derecho en la Universidad de San Felipe en 1839. Su vocación, sin embargo, era la literatura latina, que dominaba al punto de obtener la cátedra de latín en el Instituto Nacional en 1835, cuando tenía apenas dieciocho años. Desde allí preparó su gramática para la enseñanza del ramo.[10] Andrés Bello era también un latinista eximio, y compartía con su hijo una gran pasión por la poesía latina. Tales intereses comunes hicieron que padre e hijo tuviesen la relación intelectual más estrecha entre los miembros de la familia. En una carta a Miguel Rodríguez fechada 11 de noviembre de 1844, Bello describió a Francisco como "el mejor y más querido de mis hijos":

Difícil es que puedas formar idea de sus virtudes, de su talento, de su amabilidad, de su juicio. Es uno de los primeros abogados de Santiago, y haría sin duda una fortuna rápida, si gozase de buena salud. Desgraciadamente su constitución es muy delicada, y tendrá que dejar el ejercicio de una profesión, que es aquí bastante lucrativa, cuando se ejerce con crédito (XXVI, 97).

Las primeras señales de la enfermedad de Francisco aparecieron en la década de los años 1830, como detectó correctamente Lastarria. Era, en efecto, tuberculosis. El 24 de febrero de 1841 Andrés Bello solicitó un permiso para que su hijo pudiera ausentarse del Instituto Nacional por razones de salud, lo que el gobierno otorgó el mismo día. El 26 de abril Bello tuvo que solicitar una extensión del permiso, puesto que la salud de Francisco estaba aún muy delicada, y permanecería así por los próximos cuatro años.[11] Bello solicitó otro permiso para Francisco en abril de 1845, pero para entonces ya no había remedio posible. El 13 de junio de 1845, a la edad de veintiocho años, Francisco Bello falleció en Santiago. Su muerte impactó profundamente a la pequeña y compacta sociedad chilena del periodo. Desde Copiapó José Joaquín Vallejo le escribió a su amigo Manuel Talavera, "te

---

[9]   Lastarria, *Recuerdos literarios*, p. 145. Véase también Amunátegui, *Ensayos*, II, pp. 327-359, Orrego Vicuña, *Andrés Bello*, pp. 360-361, y Bocaz, *Andrés Bello*, p. 158.

[10]   Francisco Bello, *Gramática de la lengua latina* (Santiago: Imprenta de la Opinión, 1838).

[11]   Andrés Bello al Presidente de la República [Manuel Bulnes], 24 de febrero y 26 de abril de 1841, ACAB, Bandeja 3, Caja 26, Nº 820 y 821.

juro, Manuel, que desde que supe su muerte, desde que supe que ya no tenía a este amigo, me siento vivir menos, tengo un vacío en mi ser, que hasta hoy no sé llenar".[12]

Como homenaje a la memoria de su hijo, Bello se encargó de la segunda edición de la *Gramática de la lengua latina*, en cuyo prefacio confesó que "ha sido para nosotros un legado bien triste… Nuestras lágrimas han humedecido más de una vez los esparcidos apuntes trazados por la mano de un hijo querido, debilitada ya por los largos padecimientos de una enfermedad dolorosa y fatal".[13] Bello rindió otro homenaje a Francisco en la memoria quinquenal presentada ante la Universidad de Chile en 1848, en donde mencionaba los nombres de los miembros académicos fallecidos desde la fundación del cuerpo:

> Otro nombre, señores, se asoma a mis labios, que no me es posible pronunciar. Ya concebís que aludo a un joven que, nacido en Inglaterra, se formó principalmente en Chile; que casi niño fue profesor del Instituto Nacional; que contribuyó allí bastante al restablecimiento del estudio de la lengua latina; que en una Gramática de este idioma introdujo por la primera vez las doctrinas de la Filología europea de los últimos años; que dejó acopiados materiales para una segunda edición de aquella obra en que desgraciadamente hubo de trabajar otra mano; que cultivó la Literatura con suceso; que se distinguió en el foro desde que entró en él; que fue precipitado al sepulcro en la flor de la vida, malogrando las más bellas esperanzas. El vecindario de Santiago le lloró, y conocía solamente la mitad de su alma (XXI, 80).

Muchos años después, en 1864, Bello reveló accidentalmente cuánto deploraba la pérdida de su hijo. Cuando Manuel Ancízar le preguntó sobre su familia en una carta, cometió un error entendible por alcance de nombres, ante lo que Bello respondió, "¿Ha querido V. indicar a mi hijo Francisco… hace años difunto? pérdida que todavía lloro" (XXVI, 456).

Después de la muerte de Francisco, Bello e Isabel Dunn tuvieron otros dos hijos, Emilio, nacido en 1845, y el segundo Francisco, nacido al año siguiente,

---

[12]   José Joaquín Vallejo a Manuel Talavera, 26 de junio de 1845, en Alberto Edwards, compilador, *Obras de don José Joaquín Vallejo* (Santiago: Imprenta Barcelona, 1911), pp. 498-499. Antonio García Reyes dio otro ejemplo de gran estima por Francisco Bello en el discurso que pronunció para reemplazarle en la Facultad de Leyes, *Discurso pronunciado por Don Antonio García Reyes al incorporarse a la Facultad de Leyes de la Universidad en elojio de su predecesor don Francisco Bello* (Santiago: Imprenta de Julio Belin, 1853).

[13]   Andrés Bello, "Advertencia", en Francisco Bello, *Gramática de la lengua latina*, 2ª edición, 2 tomos (Santiago: Imprenta Chilena, 1846-1847). Se incluye en OC, VIII [*Gramática latina*], 9-10.

quienes compensaron en parte la pérdida del hijo predilecto.[14] Pero Bello quedó emocionalmente destrozado por esta muerte y a raíz de ello exigía más afecto por parte de sus hijos mayores, Carlos y Juan, de treinta y de veinte años de edad, respectivamente.

Juan Bello era el primer hijo del matrimonio Bello-Dunn.[15] En su carta a Miguel Rodríguez, tan valiosa por la descripción detallada que hizo de sus hijos, Bello se refirió a Juan como sigue:

> Es un joven bastante aprovechado, tiene un empleo en la oficina de Relaciones Exteriores, enseña en un colegio, es de un carácter muy vivo y alegre, lleno de proyectos que abraza con entusiasmo y abandona con la mayor inconstancia, se pica de literato, hace versos, canta, baila, traduce varios idiomas, y en medio de sus alegrías y travesuras trabaja ocho o diez horas cada día (XXVI, 97).

Juan era en verdad un joven bastante inquieto que no parece haber heredado la prudencia política de su padre. Elegido diputado en 1849, se ubicó en las filas de la oposición al gobierno luego de la caída del gabinete de Manuel Camilo Vial.[16] Andrés Bello era funcionario de ese gobierno, lo que sin duda causó algunas tensiones familiares. Más adelante, cuando la rebelión del 20 de abril de 1851, Juan Bello pronunció un discurso en el entierro de su cabecilla, el coronel Pedro Urriola, que resultó ser bastante irritante para el gobierno. Ya sea por el discurso o por la reacción excesiva del gobierno ante el intento armado, Juan Bello fue apresado y enviado al destierro, primero a Copiapó y luego a Lima. Bello estaba furioso con su hijo por estas actividades y le instó a abandonar la política para dedicarse a su profesión de abogado (XXVI, 243). El padre se sentía comprensiblemente

---

[14]   Emilio fue otro hijo muy enfermizo, que falleció a los 30 años de edad. Véase Justo y Domingo Arteaga Alemparte, *Los constituyentes de 1870* (Santiago: Imprenta Barcelona, 1910), pp. 334-335.

[15]   Amunátegui, *Ensayos*, II, pp. 361-408; Orrego Vicuña, *Andrés Bello*, pp. 362-364, Domingo Arteaga Alemparte, "Juan Bello", en *Suscripción de la Academia de Bellas Letras a la estatua de Don Andrés Bello* (Santiago: Imprenta de la Librería del Mercurio, 1874), pp. 135-139, y Bocaz, *Andrés Bello*, p. 159. Una sinópsis de sus intervenciones en el Congreso se encuentra en José Antonio Torres, *Oradores chilenos. Retratos parlamentarios* (Santiago: Imprenta de la Opinión, 1860), pp. 107-117.

[16]   Sobre estos sucesos políticos véase Diego Barros Arana, *Un decenio de la historia de Chile, 1841-1851*, 2 tomos (Santiago: Imprenta y Encuadernación Universitaria, 1905 y 1913), II, pp. 313-315, y Simon Collier y William F. Sater, *A History of Chile, 1808-2002*, 2ª ed. (Cambridge: Cambridge University Press, 2004), pp. 107-108. También de Simon Collier, *La construcción de una república, 1830-1865. Política e ideas* (Santiago: Ediciones Universidad Católica de Chile, 2005), pp. 137-139.

afectado por la situación de su hijo, sus consecuencias familiares y por la rebelión que empañó la elección de Manuel Montt como Presidente.[17]

Juan volvió a Chile en 1852 y se dedicó a su bufete de abogado; también, pasó a formar parte del cuerpo académico de la Universidad en octubre de 1853. Como recomendaba su padre, Juan no participó entonces en política, al menos no tan abiertamente, pero su ligereza continuó siendo una fuente de frustración para Bello. En 1857 reconvino a su hijo el que no contestara al presidente Montt, quien le había ofrecido un cargo en la embajada chilena en París (XXVI, 356). Juan había resuelto viajar a Europa por razones de salud y el cargo en la embajada representaba una necesaria fuente de ingreso. Eventualmente lo aceptó, pero sin la efusividad que esperaba su padre.

Juan Bello padecía también de tuberculosis. En Europa no pudo encontrar mayor alivio y confesó a su padre, en una carta del 14 de agosto de 1859, que no se estaba recuperando. Ese mismo año la carrera diplomática lo llevó a Estados Unidos, en donde enfrentó la fase final de su enfermedad. Juan Bello murió en Nueva York el 16 de septiembre de 1860. En Chile Andrés Bello cayó en un profundo silencio al sufrir, por primera vez, la muerte de un hijo a tal distancia.[18]

Para esta época el matrimonio Bello-Dunn estaba tristemente familiarizado con la muerte de los hijos. La primera pérdida había sido la de Miguel, el cuarto de los hijos de esa unión, en 1830. Tuvieron un respiro hasta 1843, cuando su hija Dolores, nacida en 1834, falleció repentinamente a la edad de nueve años. Al contestar el pésame de Tomás Cipriano de Mosquera, Bello manifestó abiertamente su dolor: "Los consuelos de la amistad son los únicos que pueden templar la amargura de esta pérdida. Ojalá que no se halle V. nunca en el caso de sufrir una semejante" (XXVI, 78). A Mosquera le confesó que su esposa Isabel había quedado muy afectada por la enfermedad y muerte de su hija, pero que se

[17]   Bello era un funcionario leal de los gobiernos de Bulnes y de Montt, y apoyaba con convicción las bases fundamentales de la República conservadora. Cabe señalar, sin embargo, que tenía una gran aversión a la política cotidiana. Lastarria mismo comprendía esto y consignó un ejemplo en su *Diario político, 1849-1852*, introducción de Raúl Silva Castro (Santiago: Editorial Andrés Bello, 1968), pp. 58-59.

[18]   Bello recibió las condolencias de James Melville Gilliss y George Ticknor fechadas 29 de septiembre y 1º de octubre de 1860, respectivamente. La muerte de Juan conmovió al cuerpo diplomático en Estados Unidos, cuyos miembros asistieron masivamente al funeral. Bello también recibió el pésame de Francisco Bilbao en una carta fechada 6 de enero de 1861. La carta de Gilliss se encuentra en OC, XXII [*Temas educacionales*-2], 103 y las otras en XXVI [*Epistolario*-2], 394 y 395-396. Según *El Mercurio*, las cenizas de Juan Bello llegaron a Chile el 16 de febrero de 1861. Una larga noticia necrológica apareció cuatro años después en *El Ferrocarril*, Nº 3.061, 21 de octubre de 1865.

estaba recuperando.[19] La muerte de esta niña fue particularmente terrible para sus padres, y Bello manifestó sus sentimientos en un poema que es quizás el mejor y más personal de todos los que escribió en su vida, "La oración por todos", publicado en 1845.[20] En este poema el padre asume el papel de interlocutor y narrador,

> Ve a rezar, hija mía. Ya es la hora
> de la conciencia y del pensar profundo:
> cesó el trabajo afanador, y al mundo
> la sombra va a colgar su pabellón.

El poeta luego pide a su hija que rece por su madre:

> ...Sencilla, buena
> modesta como tú, sufre la pena
> y devora en silencio su dolor.

Bello también le pide a su hija que rece por sus hermanos y luego por la humanidad. Termina deseando que su propia muerte los una:

> Y yo también (no dista mucho el día)
> huésped seré de la morada oscura,
> y el ruego invocaré de un alma pura,
> que a mi largo penar consuelo de.
> Y dulce entonces me será que vengas
> y para mí la eterna paz implores,
> y en la desnuda losa esparzas flores,
> simple tributo de amorosa fe.

---

[19] Según José Joaquín Vallejo, Carlos también quedó muy afectado por la muerte de Dolores, quien era su hermana más querida. Véase Vallejo a Francisco Bello, 15 de marzo de 1843, en *Obras*, p. 495.

[20] Se publicó por primera vez en *El Crepúsculo*, N° 6, 1° de octubre de 1845. Está incluido en OC, I [*Poesías*], 238-245. Bello lo denominó "una imitación" de un poema de Victor Hugo, y en verdad está basado en *La prière pour tous*, pero los críticos coinciden en considerarlo como uno de los mejores, y tal vez el mejor poema de Bello, e incluso superior a su modelo. Véase Marcelino Menéndez y Pelayo, *Historia de la poesía Hispano-Americana*, 2 tomos (Madrid: Librería General de Victoriano Suárez, 1911), I, p. 392. Véase también Fernando Alegría, *La poesía chilena, orígenes y desarrollo del siglo XVI al XIX* (México: Fondo de Cultura Económica, 1954), pp. 207-208; Silva Castro, *Andrés Bello*, pp. 103-109; Emir Rodríguez Monegal, *El otro Andrés Bello* (Caracas: Monte Ávila Editores, 1969), pp. 334-335, y Juan Durán Luzio, "Victor Hugo en un traductor americano: Andrés Bello", en *Siete ensayos sobre Andrés Bello, el escritor* (Santiago: Editorial Andrés Bello, 1999), pp. 181-201.

Con los años Bello se sentía más y más afectado por los reveses en la salud de sus hijos, a lo que aludía frecuentemente en su correspondencia. En 1849 le comunicó a su hijo Carlos, entonces en Europa, que Andrés Ricardo, de veinte años, había sufrido una caída peligrosa. En 1850 reveló estar muy preocupado por su hija Anita, que había tenido un parto muy difícil el 9 de diciembre y que de hecho murió a raíz de las complicaciones el 9 de mayo de 1851, a la edad de veintitrés años. "¡Qué soledad para el corazón de un padre!", exclamó en una carta a Juan el día 20 de mayo de 1851. En respuesta a su hermano Carlos, Bello expresó una vez más sus sentimientos por la muerte de Anita, encontrándose "sumergido en una de las más profundas aflicciones que he experimentado en toda mi vida" (XXVI, 224). El fallecimiento de Anita ocurrió poco tiempo después de los disturbios de abril de 1851, que habían causado el exilio de Juan. Bello estaba obviamente abrumado cuando le escribió a este:

Hijo mío. En ninguna época de mi vida ha sido tan triste para mí la separación de cualquiera de mis hijos, como en la presente en que necesito de todos para llenar el vacío horrible que la muerte ha dejado en esta casa. ¡Qué soledad para el corazón de un padre! Carlos y Andrés en Copiapó; la Luisa imposibilitada por su parto de acompañarnos; la Asunción en Talca; la Rosario [esposa de Juan], también, a quien cada día me complazco más en contar en el número de mis hijos, en la misma situación que Luisa, ¡y tú! ¡preso, desterrado, sin haber visto a tu pequeño Héctor, sin haber derramado una lágrima sobre el lecho de muerte de tu amada hermana que te echó de menos en sus últimas horas! (XXVI, 222).

La familia no estaba aún recuperada de la muerte de Anita cuando su hermana menor, María Ascensión, la ahijada de Diego Portales, murió en 1852 dejando una hija pequeña, Isabel Opazo Bello, al cuidado de sus abuelos. El matrimonio podía encontrar algún consuelo en tener tres niños pequeños en la casa, pero Bello extrañaba la compañía de sus hijos mayores. Uno de los que quedaba, Andrés Ricardo, era muy enfermizo, aunque logró sobrevivir su propia tuberculosis hasta 1869, cuando murió a la edad de cuarenta y tres años.[21]

Isabel Dunn sufrió todas estas muertes con un estoicismo ejemplar; por lo que se sabe de ella, era un verdadero pilar para la familia. Ella se adaptó bien a la vida en un país extranjero, aunque tendía a sentirse más cómoda entre los

---

[21]   Una carta de Andrés Ricardo a su padre fechada 14 de septiembre de 1859 demuestra la gravedad de su enfermedad, en OC, XXVI, 383.

residentes y viajeros angloparlantes.[22] Dedicaba el poco tiempo que le quedaba a leer periódicos ingleses, especialmente *The Illustrated London News*, que recibía con regularidad. Isabel nunca logró aprender bien el castellano, a pesar de una residencia de cuarenta y cuatro años en Chile, lo que hacía que Bello le rogase, de acuerdo con una leyenda familiar, que declinara los artículos (como también los sustantivos y adjetivos) en femenino o masculino de una manera consistente, para así acertar al menos la mitad de las veces. El matrimonio era abierto y generoso con sus horas de visita, pero su tiempo libre estaba casi exclusivamente dedicado a los hijos y nietos. Esta fue quizás una de las razones por las que Isabel se quedó en Chile después de la muerte de Bello, hasta que falleció ocho años más tarde, el 5 de septiembre de 1873.[23]

A pesar de todas estas pérdidas, los descendientes del matrimonio mantuvieron el apellido Bello en Chile hasta entrado el siglo XX. Sus nietos incluían a Emilio Bello Codecido, un conocido diplomático y estadista, y Belisario Prats Bello, también del mundo político y diplomático. Los bisnietos incluían a Ricardo Montaner Bello, un importante diplomático, historiador y jurista; los escritores Inés Echeverría Bello (que usaba el seudónimo "Iris") y Joaquín Edwards Bello, uno de los más notables ensayistas chilenos; la artista Rebeca Matte Bello, y numerosos otros descendientes.[24] Pero fue solo a través de Eduardo Bello Dunn que el apellido se mantuvo, en Perú y no en Chile. Se ha sugerido que Bello tuvo un hijo natural, y al menos un historiador, Ricardo Donoso, ha sostenido que un juez de letras de Valparaíso, nacido en 1839, era hijo de Bello. También existe la tradición de que Bello habría tenido frecuentes relaciones extramaritales, y de hecho circulan hasta la fecha comentarios anecdóticos al respecto. Se sugiere que algunas de estas relaciones tenían lugar en Peñalolén, en la casa de

---

[22]   La norteamericana Mary Elizabeth Causten, casada con el diplomático chileno Manuel Carvallo, consignó algunas impresiones sobre Isabel durante el contacto que tuvieron en la década de los años 1830 en su diario, publicado bajo el título de "Chile hace cien años", en *Boletín de la Academia Chilena de la Historia*, tomo 8, N° 19 (1941), 5-45. Sobre el matrimonio Carvallo-Causten, véase Juan Eduardo Vargas Cariola, "Amor conyugal en el siglo XIX: El caso de Mary Causten y Manuel Carvallo, 1834-1851", en *Lo público y lo privado en la historia americana* (Santiago: Fundación Mario Góngora, 2000), pp. 271-302.

[23]   La noticia de su fallecimiento apareció en *El Mercurio* el 9 de septiembre de 1873.

[24]   Sergio Martínez Baeza, "Los descendientes", en *Bello y Chile*, I, pp. 75-88. Véase también Fernando Vargas Bello (quien es también un descendiente de la familia), *Andrés Bello, el hombre* (Santiago: Editorial Andrés Bello, 1982), pp. 78-80. Sobre la famosa artista Rebeca Matte Bello, nieta de Juan Bello Dunn y Rosario Reyes, véase Isabel Cruz de Amenábar, *Manos de mujer: Rebeca Matte y su época, 1875-1929* (Santiago: Origo Ediciones, 2008).

los Egaña. Nada de esto es imposible, pero hasta el momento no hay evidencia concreta al respecto.[25]

La salud de Bello

A partir de la década de los años 1840 la salud de Bello, hasta el momento generalmente buena, comenzó a declinar. Él mismo estaba plenamente consciente de los cambios en su estado, y es posible que sus problemas físicos hayan empeorado tanto por sus costumbres sedentarias y su trabajo intenso e ininterrumpido, como por las frecuentes enfermedades y muertes en la familia. Su vista era bastante deficiente desde hacía ya un tiempo, pero en 1844 le dijo a Miguel Rodríguez "yo también padezco bastante de los ojos", implicando con ello que no solo era corto de vista, sino que sufría de otros problemas oculares y dolores de cabeza relacionados con ellos. A Juan María Gutiérrez le contó el 7 de octubre de 1845 que estaba afectado por sus "dolencias habituales" y que había tenido que reducir su jornada de trabajo a la mitad (XXVI, 108). No especificó cuáles eran estas "dolencias", pero se puede suponer que estaban relacionadas con su creciente corpulencia y tal vez el endurecimiento de las arterias, que más tarde tendría graves consecuencias. Su alarmado hijo Juan le escribió el 13 de marzo de 1846, cuando supo por Andrés Ricardo que su padre estaba muy enfermo, para ofrecerle ayuda con *El Araucano* (XXVI, 119). Bello se recuperó, pero el 17 de noviembre de 1847 le contó a su hijo Carlos, en ese momento en París, que había sufrido "un grave ataque en mi salud" y que el día 26 de junio de ese año "estuve ya en las garras de la muerte". Aún no estaba completamente recuperado cinco meses después, por lo que debía dictar su correspondencia (XXVI, 160). Una carta de Carlos, fechada 11 de septiembre de 1848, sugiere que Bello había sufrido una sordera temporal durante ese año, de la que se recuperó pronto, pero luego cayó en una fuerte depresión. A Carlos le confesó, en una carta del 28 de agosto, que no se ha encontrado, pero de la que sabemos por la respuesta del hijo el 7 de diciembre:

[25]   Ricardo Donoso, un historiador confiable, publicó sus conclusiones acerca de la paternidad de un hijo natural en "Un hijo de Bello", *Zig-Zag*, 20 de agosto de 1949, pero sin pruebas convincentes. Guillermo Feliú Cruz, por su parte, afirma que "en el mayor recato, en el sigilo más profundo, Bello fue también gustador del bello sexo, y se recuerda un hijo suyo nacido de una aventura amorosa", aunque sin proporcionar evidencia alguna. Véase su "Recuerdos de Andrés Bello", en *Estudios sobre Andrés Bello*, compilado por él mismo, tomo I, p. xv. También Salvat Monguillot, "Vida de Bello", p. 62.

Por ella [la carta del 28 de agosto] veo que está usted triste, más que de costumbre, pues me habla usted de *amargos desengaños*. ¡Ay! ¿quién no los tiene? ¡Pero usted menos que otros!... Pero, mirando alrededor; la familia en Chile bien colocada; bien quista, lo que en esta época de trastorno aparece como un puerto, pequeño si se quiere, pero de buen abrigo, ¿no le consuela a usted? ¿Pudo hallarse en Europa o en Venezuela? (XXVI, 178).

Un mes más tarde Carlos insistió: "veo con sentimiento, padre mío, que está usted melancólico en extremo. Es menester que sacuda usted esta enfermedad" (XXVI, 181). El tono de las cartas de Carlos revela cuánta angustia sentía Bello, incluso en medio de sus éxitos: la *Gramática* se había publicado en 1847 y fue recibida con gran entusiasmo; en 1848 fue reelegido Rector de la Universidad de Chile, pero nada de esto mejoró su ánimo. En diciembre de 1848 Bello se enfermó seriamente, causando gran alarma en la familia, pero los médicos no pudieron determinar la causa de su dolencia. Una carta dirigida a su hijo Carlos a principios de 1849 puede proporcionar la clave de sus males, puesto que en ella pedía a su hijo que fuese más cariñoso en su correspondencia. Esto sugiere que, cualesquiera hayan sido sus quebrantos físicos, eran los espirituales los que más le atormentaban.[26]

Bello tenía una tendencia a la depresión, pero las molestias propias de la ancianidad eran también evidentes. Mientras más edad tenía, más se sorprendía de no estar seriamente incapacitado. A su hermano Carlos le dijo, el 25 de mayo de 1851, que su salud no estaba muy buena, "pero en mis años y después de un trabajo tan prolongado como el mío, particularmente en la última época de mi vida, tengo más bien motivo de dar gracias a Dios por el resto de fuerzas que todavía conservo" (XXVI, 225). Aunque se preocupaba de su salud, también contemplaba su estado con serenidad, como lo manifestó en una carta a su hijo Juan el 9 de diciembre de 1851: "yo solo sigo experimentando achaques, que aunque debilitan mi cabeza, no producen hasta ahora ningún quebranto en mi constitución", y agregó un comentario liviano al señalar: "por desgracia la enfermedad de que adolezco es incurable: setenta y un años cumplidos el 30 de noviembre último".[27] Y como para asegurar a su hijo que la longevidad era una característica familiar, le contó que su madre Ana Antonia le había escrito hace poco de puño y letra (XXVI, 230-231). Cuando su hermano Carlos le escribió

---

[26] La carta de Carlos está fechada 23 de junio de 1849, e incluida en OC, XXVI, 195.

[27] Bello se equivocaba frecuentemente con respecto a su edad: nació el 29 de noviembre, no el 30, y el año era 1781, no 1780. Tenía, pues, setenta años recién cumplidos en ese momento.

mencionándole que planeaba un viaje a Europa, Bello le respondió el día 30 de diciembre de 1856:

> Yo desgraciadamente me hallo inhabilitado para acometer semejantes empresas, pues aunque no estoy muy avejentado para los años que cuento, y gozo de tolerable salud, he perdido mucha parte de la movilidad que tenía. No me fatiga andar a pie, pero tengo dificultad para subir o bajar escaleras y hace ya años que no monto a caballo. Desde que vine a Chile uso anteojos (XXVI, 345).

Montar a caballo no era una de las actividades usuales de Bello, de modo que la referencia debe tomarse como una manera elegante de decirle a su hermano que su época de actividades físicas ya había pasado. Pero la mención de dificultades con las piernas es un claro anuncio de problemas más graves. Su vida sedentaria, más una dieta que al parecer era bastante pesada, sobre todo en grasas, debe haber afectado su movilidad.[28] Ya en 1852 Carlos le rogaba a su padre que hiciera más ejercicio, cosa que Bello probablemente no atendió (XXVI, 251). En 1854 sufrió un problema en un tobillo, lo que probablemente le hizo aun más reticente al ejercicio. Entre 1855 y 1856 se quejó de múltiples dolencias, pero las cargaba a la cuenta de los duros golpes recibidos en su vida personal, que afectaban su ánimo e incluso su capacidad para disfrutar de la literatura. Con certeza se recuperó de esto último, como se verá más adelante en este capítulo. Pero en 1857 perdió el uso de sus piernas, producto de una paraplejia, lo que le forzó a acogerse a una licencia del Ministerio de Instrucción Pública en 1858. Para esta época Bello cumplía con dificultad sus deberes oficiales en el Senado y en la Universidad de Chile. De hecho, salía rara vez de su casa, excepto para asistir a misa en la cercana parroquia de Santa Ana en la calle Catedral. Como afirmó Adolfo Murillo, su médico de cabecera, Bello "era un inválido. Para pasar de una pieza a otra necesitaba del apoyo de un bastón y de una persona que lo sostuviera. Veinte pasos eran la obra de cinco minutos".[29] El aislamiento consiguiente, combinado con tragedias como la muerte de Juan en 1860, le hacían muy vulnerable. "La pintura que V. nos hace de su poca o ninguna salud", le escribió su sobrina Concha Rodríguez desde Caracas el 4 de marzo de 1861, "nos entristece infinito" (XXVI, 398). Para ese año ya hablaba de sí mismo como "una existencia que dentro de poco habrá

---

[28]   Esta era la opinión del médico personal de Bello, Adolfo Murillo. Véase "La última enfermedad de Bello", en *Suscripción a la estatua*, p 35.

[29]   *Ibídem*, 35.

probablemente dejado de serlo".[30] De allí en adelante declinaría varios encargos, incluyendo la participación en comisiones internacionales, debido al estado de su salud, y trataría también de dejar la rectoría de la universidad.[31] Esto último no le fue otorgado, pero recibió autorización para presidir las reuniones del Consejo Universitario en su residencia. A pesar de todos sus problemas de salud, Bello mantuvo un asombroso ritmo de trabajo intelectual.

Actividades múltiples

Para el momento de la entrada en vigencia del Código Civil, Bello había jubilado del Ministerio del Interior y Relaciones Exteriores, y también había dejado su puesto como editor de *El Araucano*. Continuó, sin embargo, como miembro del Senado, al que fue reelegido por tercera vez en 1855 y como Rector de la Universidad de Chile. Este último cargo involucraba una nutrida correspondencia con el Ministerio de Instrucción Pública, la supervisión de las escuelas públicas a lo largo del país, la preparación de informes y las reuniones del Consejo Universitario, que presidió hasta mayo de 1864.

Desde su cargo de Rector Bello mantenía correspondencia y canjes con varias instituciones científicas y educacionales extranjeras. Una en particular merece atención: el Smithsonian Institution en la capital norteamericana de Washington, D.C. Bello había establecido una relación amistosa con el teniente de la armada norteamericana James Melville Gilliss, quien estuvo en Chile entre los años 1849 y 1853 realizando investigaciones astronómicas y también de la flora y fauna del país. El conjunto de sus pesquisas, además de algunas observaciones sociales, políticas y culturales, plasmó en una monumental obra, *The U.S. Naval Astronomical Expedition to the Southern Hemisphere during the Years 1849, 50, 51, 52*.[32] Bello promovía este tipo de actividades científicas, y él mismo tenía una

---

[30] Bello a Miguel Luis y Gregorio Víctor Amunátegui, 8 de octubre de 1861, en OC, XXVI, 405.

[31] Bello al Ministro de Instrucción Pública, 5 de junio de 1863, en OC, XXII, 177-178. Véase también *El Mercurio*, 18 de junio de 1863. Bello rechazó el pedido de arbitrar una disputa entre Estados Unidos y Ecuador en septiembre de 1864, y otro entre Colombia y Perú en 1865, precisamente por razones de salud.

[32] Esta obra apareció en tres tomos en Washington, publicada por A.O.P. Nichols en 1855. Existe una extensa documentación sobre esta misión científica, que incluye numerosas comunicaciones con diversas autoridades chilenas del periodo, en el National Archives of the United States (Washington, D.C.), Group 78, "Records of the United States Naval Expedition to the Southern Hemisphere, 1848-1861".

gran afición por la astronomía, campo sobre el cual publicó un manual, *Cosmografía*, en 1848.[33] Durante las décadas de los años 1850 y 1860 Bello y Gilliss (y luego el secretario del Smithsonian Joseph Henry) mantuvieron una abundante correspondencia después de la partida de este, y ambos lograron estrechar los lazos institucionales mediante el intercambio de publicaciones e información científica hasta que la Guerra Civil norteamericana interrumpió la fluidez de la comunicación.

En Chile Bello continuó preparando informes sobre temas educacionales. El último de ellos, de 1858, incluía información estadística sobre la expansión del sistema educacional público (y también información sobre la educación privada), junto a una detallada información sobre el currículum tanto primario como secundario. En este informe Bello enfatizó algunos temas que revelan una persistente preocupación por el estudio del castellano, la necesidad de incorporar cursos sobre derecho civil chileno (sobre todo ahora que existía un Código Civil de la República), y la expansión de la enseñanza del derecho romano.[34] Este último énfasis demuestra que Bello concebía la Universidad de Chile como directamente responsable del cultivo y la enseñanza de la legislación civil en el país.

En el Senado Bello se concentró en un tema que debe haber sorprendido a sus colegas: el efecto retroactivo de las leyes, asunto no del mayor interés político inmediato pero sí de gran importancia en el plano de la legislación civil. Bello planteó que las leyes no debían ser aplicadas retroactivamente, especialmente aquellas relativas a las personas, la sucesión, y los contratos. Este era un asunto bastante complejo, que debía considerar una multitud de casos, pero en último término se estableció el principio, fundamental para Bello, de que la nueva legislación no eliminaba automáticamente la anterior. El proyecto presentado por el presidente Manuel Montt el 27 de julio de 1859 era esencialmente el de Bello, y fue aprobado el 19 de julio de 1861.[35] Bello pudo ver con satisfacción cómo su

---

[33] El título completo es *Cosmografía, o descripción del universo conforme a los últimos descubrimientos* (Santiago: Imprenta de la Opinión, 1848). Se incluyó en el tomo 14 de la edición chilena de las *Obras completas*, y como el 24 [*Cosmografía y otros escritos*] de la edición venezolana. Un estudio sobre los intereses científicos de Bello es de Pedro Cunill Grau, "Bello y la divulgación científica en Chile, en especial de los estudios geográficos", en *Bello y Chile*, II, pp. 353-392. También Guillermo Latorre y Rodrigo Medel, eds., *Andrés Bello científico: Estudios publicados, 1823-1843* (Santiago: Editorial Universitaria, 2018).

[34] Bello, "Memoria correspondiente al curso de la instrucción pública durante el quinquenio 1854-1858", en OC, XXI [*Temas educacionales*-1], 152-192.

[35] Sobre el papel de Bello en el Senado, véase la introducción de Ricardo Donoso en OC, XX [*Labor en el Senado*], xi-cxxvii. La documentación sobre el proyecto de ley se encuentra en las páginas 945-957.

Código Civil, y también los procedimientos para aplicar las leyes, pasaron a ser parte de la estructura jurídica y política de la república.

Aparte de su labor en la Universidad y en el Senado, Bello trabajó asiduamente en la revisión de varias ediciones de sus obras. En particular, agregó revisiones y nuevo material a la segunda edición de su *Gramática de la lengua castellana* en 1853. Una tercera y cuarta ediciones fueron publicadas en 1854 y 1857, respectivamente. La última edición en la que Bello introdujo modificaciones fue la quinta, de 1860. Otras dos ediciones aparecieron en vida de Bello, en 1862 y 1864, pero el autor ya no hizo cambios.[36] La *Gramática* era un texto avanzado, para maestros, de modo que Bello decidió preparar una versión más corta y simple titulada *Compendio de gramática castellana para el uso de las escuelas primarias* en 1851, seguida de ediciones en 1854, 1861 y 1862. Una indicación del trabajo involucrado es que la primera edición constaba de 45 lecciones mientras que la última incluía 73. La expansión de la educación primaria en la década de los años 1850 le impulsó a preparar este compendio, el que aprovechó para hacer un comentario revelador: "Obra es esta para niños, pero que (permítaseme decirlo) no deben desdeñar los adultos. Son muchos, muchísimos, aun en las clases educadas, aun en las clases profesionales, aun en escritores distinguidos, los que, leyendo algunas páginas de esta gramática rudimental, evitarían graves errores en el uso de la lengua nativa" (V, 235).[37] A pesar de sus esfuerzos, la influencia de Bello en el castellano hablado en Chile no fue decisiva, como se puede verificar hasta hoy. Quizás por eso es que él insistía en al menos incentivar el buen uso del idioma entre aquellos que ya tenían nociones básicas. Así, preparó una segunda (1850) y una tercera (1859) ediciones del *Principios de la ortología y métrica de la lengua castellana*, que había publicado por primera vez en 1835.[38] Finalmente,

[36]   Un estudio detallado de las variaciones de las cinco ediciones de la *Gramática* revisadas personalmente por Bello es el de Ramón Trujillo, *Gramática: Edición crítica* (Tenerife: Instituto Universitario de Lingüística Andrés Bello, 1981). La edición que más modificó Bello es la segunda (1853). La copia sobre la que trabajó Bello, con sus típicas anotaciones en los márgenes y en pedazos de papel pegados a las diferentes páginas, se encuentra en la Sala Medina, Biblioteca Nacional de Chile, Vitrina Superior 1-2, tomo 16, obra N° 142. Clasificación AAE 4830 c 2.

[37]   El *Compendio* está incluido en OC, V [*Estudios gramaticales*], 233-309. Bello dejó una versión inédita del *Compendio*, que Miguel Luis Amunátegui Reyes encontró e hizo imprimir en 1937 con el título de *Gramática castellana. Obra inédita dada a la luz con un prólogo i anotaciones por Miguel Luis Amunátegui Reyes* (Santiago: Dirección General de Prisiones, 1937). Se incluye en OC, V, 311-397, junto a un cuestionario para utilizar en las aulas de enseñanza.

[38]   Un ejemplar de la primera edición, con abundantes notas y revisiones manuscritas de Bello, se encuentra en la Sala Medina, Biblioteca Nacional de Chile, Museo Bibliográfico, tomo 8, N° 135, clasificación AAF 2968. La segunda edición, de 164 páginas, fue publicada por la Imprenta del Progreso; la tercera, de 245 páginas, por la Imprenta de la Opinión, ambas en Santiago. La versión final está incluida en OC, VI [*Estudios filológicos*-1], con múltiples apéndices.

en colaboración con Louis Vendel-Heyl, su colega en la Universidad de Chile y notable experto en lenguas clásicas, Bello publicó una tercera edición de la *Gramática de la lengua latina* (1854), de su finado hijo Francisco.[39]

En el campo del derecho internacional Bello aumentó considerablemente la tercera edición de su *Principios de derecho internacional*, en 1864. El nuevo material incluía información bibliográfica reciente, como también una discusión sobre hechos políticos de gran impacto en el derecho internacional.[40] En la tercera edición Bello incorporó autores de libros recientes, como Henry Wheaton (1852), tal vez el más consultado, August Wilhelm Heffter (1857), Laurent Hautefeuille (1858) y Robert Phillimore (1861).[41] En cuanto a nuevas situaciones políticas internacionales, Bello estudió el conflicto entre Gran Bretaña y Grecia en 1850, que resultó de las demandas hechas por David ("Don") Pacífico, portugués que reclamaba derechos de ciudadano británico, por pérdidas que sufrió en Atenas durante los desórdenes de 1847.[42] En lugar de presentar sus reclamos ante las cortes de ese país, David Pacífico recurrió al gobierno británico, el que respondió con un bloqueo de los puertos de Grecia. Bello se detuvo en este caso para defender el uso de las cortes nacionales, lo que a su vez exigía la igualdad de nacionales y extranjeros ante la ley, y en contra del uso de la fuerza. No habría ley internacional digna de su nombre sin un respeto por parte de las naciones más poderosas a las más débiles, y sin las garantías de justicia que todas las naciones

---

[39]   Esta obra se publicó en dos tomos por la Imprenta Chilena. Aunque Bello admiraba a Vendel-Heyl, su radicalismo intelectual y político no dejó de crearle problemas, dada su condición de funcionario público en la Universidad de Chile. De hecho, el gobierno decidió unilateralmente expulsar a Vendel-Heyl de su puesto. Véase Andrés Estefane, "De naufragios e infortunios. Louis Antoine Vendel-Heyl en Chile", *XIX: Historias del siglo diecinueve chileno* (Santiago: Vergara, 2006), pp. 71-98. La influencia de la tercera edición se vio prolongada gracias al texto de Justo Florián Lobeck, *Progymnasta latina* (Santiago: Imprenta Chilena, 1862), "arreglada conforme a la Gramática de don Francisco Bello" y dedicada al rector de la Universidad. Sandalio Letelier, por su parte, preparó un *Compendio de la Gramática Latina de Bello* (Santiago: Imprenta i Litografía de B. Morán, 1876).

[40]   Un ejemplar de la segunda edición con las anotaciones manuscritas de Bello se encuentra en la Sala Medina, Biblioteca Nacional, Vitrina Superior 1-2, tomo 5, obra N° 132, clasificación AAC 3956 c. 5. Para un estudio de las variantes véase Fernando Murillo Rubiera, "Variantes de las sucesivas ediciones del derecho internacional de Andrés Bello", en *Bello y Chile*, II, pp. 161-168.

[41]   Para un comentario sobre las fuentes y otros cambios realizados en la tercera edición, véase Liliana Obregón, "Completing Civilization: Nineteenth-Century Criollo Interventions in International Law" (Tesis Doctoral, Universidad de Harvard, 2002).

[42]   Sobre este conflicto, de gran impacto en su época, véase Jasper Ridley, *Lord Palmerston* (Nueva York: E.P. Dutton & Co., 1971), pp. 374-388, Asa Briggs, *The Age of Improvement, 1783-1867*, 2ª edición (Nueva York: David MacKay Company, 1965), pp. 374-375, y Laura Benton y Lisa Ford, *Rage for Order: The British Empire and the Origins of International Law, 1800-1850* (Cambridge, MA: Harvard University Press, 2016), pp. 112-113.

debían otorgar a los extranjeros en sus tribunales.[43] Bello, una vez terminada su obra sobre derecho civil, quería concentrarse en el derecho internacional privado, dado el potencial de conflictos internacionales que surgían más y más a raíz de demandas en torno a la propiedad de los extranjeros. Como manifestó en la introducción de la tercera edición del *Principios*, quería también destacar aquellos asuntos internacionales "que recientemente han conmovido el mundo político, y anuncian una nueva era en que serán mejor consultados que hasta ahora los grandes intereses del comercio, incesante promovedor de la civilización y prosperidad jeneral".[44] Las garantías a la propiedad y al libre movimiento del capital podían, era la esperanza de Bello, extenderse al derecho internacional. Un momento muy importante de reconocimiento a los aportes de Bello en el plano internacional fue cuando en el Congreso de París de 1856, que incluyó una extensa discusión sobre temas marítimos, 45 países adoptaron el principio de Bello sobre la protección que la bandera neutral otorgaba a la propiedad (no bélica) de las naciones en guerra.[45]

Además de su trabajo en gramática y derecho internacional, Bello siguió cultivando sus intereses literarios. Redactó cinco poemas originales[46] y preparó otras diez traducciones de poesía y teatro. Quizás la traducción poética más importante, y sin duda la más extensa, fue la versión de Francesco Berni de *L'Orlando Innamorato* de Matteo Maria Boiardo. En una carta a Juan María Gutiérrez fechada 7 de octubre de 1845, Bello comentó que tenía varios escritos inéditos, pero "en borradores ininteligibles":

> Algunos son producciones juveniles que me avergonzaría de publicar ahora; entre estas nada menos que diez y seis largos cantos en octavas, traducción de un poema caballeresco italiano, *L'Orlando Innamorato*; pero traducción muy libre, y en que las introducciones de los cantos son casi todas originales, acomodadas a las ideas modernas. Es un poema, como V. sabe, de caballería

---

[43]   Andrés Bello, *Principios de derecho internacional*, 3ª edición (Valparaíso: Imprenta de la Patria, 1864), pp. 100-103. En cuanto al concepto de igualdad de las naciones y otros aportes de Bello al derecho internacional, véase Louise Fawcett, "Between West and non-West: Latin American Contributions to International Thought", *The International History Review*, vol. 34, Nº 4 (Diciembre 2012), 679-704.

[44]   *Ibídem*, viii.

[45]   Héctor Gros Espiell, "La influencia del derecho internacional de Bello durante la vida de su autor", en *Bello y Chile*, II, p. 157.

[46]   Estos son: "En el album de la Cantatriz doña Teresa Rossi", "A la señora doña Julia Codecido de Mora", "En el álbum de la señora Josefa Reyes de Garmendia", "El hombre, el caballo y el toro", y "Las ovejas", todos incluidos en OC, I.

andante, lleno de gigantes, endriagos, jardines encantados, batallas, desafíos, amores, etc. (XXVI, 110-111).

Bello había redactado una versión preliminar de esta obra en Londres, pero ahora la revisó exhaustivamente. Este trabajo demuestra que Bello volvía con renovado vigor a la literatura medieval. La preparación y posterior publicación del *Orlando enamorado* tenía el propósito de difundir el tipo de literatura basado en las leyendas de Carlomagno y el Rey Arturo. La traducción apareció en secciones sucesivas en el periódico *El Correo del Domingo* en 1862, y en forma de libro ese mismo año.[47] Diego Barros Arana, quien preparó la introducción del libro, señaló que Bello "no tenía la menor intención de darlo a luz durante sus días", pero que finalmente accedió "por las instancias mui repetidas de algunos de sus amigos". Con todo, Bello solo podía haber dedicado el esfuerzo de preparar esta edición puesto que, además de un gesto de amistad literaria, encajaba muy bien con sus fines más amplios en torno a la literatura medieval.[48]

El castellano medieval

En 1852, cuando estaba terminando su primera versión completa del Código Civil, Bello publicó un ensayo muy erudito sobre la *Historia de la literatura española*, del norteamericano George Ticknor (1791-1871) en los *Anales de la Universidad de Chile*. Allí Bello dio una idea de la investigación que pensaba desarrollar en los años siguientes, e incluso una noción de los propósitos de su estudio. Al comentar el análisis de Ticknor del *Cantar de Mio Cid*, Bello refirió que

[47] *El Orlando enamorado del conde Mateo Maria Boyardo*, escrito de nuevo por Berni (Santiago: Imprenta Nacional, Octubre 1862), 249 pp. El manuscrito de la versión preparada en Londres se encuentra en la *Colección de Manuscritos Originales* [CMO] de La Casa de Bello en Caracas. No tiene número de clasificación y se encuentra separado en la bóveda. Está incluido en OC, I, 361-576. Las múltiples variantes del texto se encuentran en OC, II [*Borradores de Poesía*], 141-625.

[48] Marcelino Menéndez y Pelayo manifestó gran entusiasmo por la versión de Bello, llamándola "la obra maestra de Bello", y "la mejor traducción de poema largo italiano que tenemos en nuestra literatura", en su *Historia de la poesía Hispano-Americana*, 2 tomos (Madrid: Librería General de Victoriano Suárez, 1911), I, p. 392. Los críticos contemporáneos han sido menos entusiastas, pero quizás más acertados. Véase Guiseppe Carlo Rossi, "Bello en Chile y en la poesía italiana", en *Bello y Chile*, II, pp. 33-60, y Pedro Grases, "Los borradores de la traducción del 'Orlando enamorado'", en *Estudios sobre Andrés Bello* [ESAB], 2 tomos (Caracas, Barcelona, México: Editorial Seix Barral), II, pp. 423-426. Este era un trabajo menor de Bello cuyo sentido e importancia radica en el contexto más amplio de sus estudios sobre literatura medieval.

Siempre he mirado con particular predilección esta antigua reliquia, de que hice un estudio especial en mi juventud, y de que aún no he abandonado el pensamiento de dar a luz una edición más *completa* y *correcta* que la de [Tomás Antonio] Sánchez; pero no por eso he debido cerrar los ojos a los vestigios de inspiración francesa que se encuentran en ella, como en la poesía contemporánea de otras naciones de Europa (VII, 591).

Bello había estudiado el *Cantar* minuciosamente durante su estadía en Londres, tanto en la biblioteca de Francisco de Miranda como en la biblioteca del Museo Británico. Como fue mencionado en el Capítulo II, Bello encontró en este poema un reflejo de su propia situación, puesto que El Cid padece el exilio a raíz del injusto trato que le impone el Rey Alfonso VI. Bello también se encontró con el derecho romano en el tercer cantar, y a partir de allí comenzó a tomar en cuenta el potencial de la jurisprudencia romana como la posible base jurídica para la construcción de las repúblicas hispanoamericanas. También encontró una relación cercana entre el lenguaje del poema y el surgimiento de España como nación. Todos estos temas formaron eventualmente parte de sus escritos y publicaciones, pero no pudo concentrarse específicamente en el poema hasta mucho después de haber llegado a Chile. Hizo constante referencia al *Cantar* en otros escritos, especialmente en la *Gramática*, y más indirectamente en el *Código Civil*, pero no creía haber dedicado suficiente atención, como le parecía merecerlo, al *Cantar de Mio Cid*.[49]

La publicación de la *Historia* de Ticknor le motivó a reunir sus notas e ideas sobre literatura española medieval y especialmente las que había desarrollado en torno al *Cantar*. Bello leyó inicialmente la *Historia* del norteamericano en la traducción castellana de Pascual de Gayangos, que se publicó en España en

---

[49]   Los estudios sobre la obra de Bello en literatura medieval, especialmente aquellos sobre el *Cantar de Mio Cid*, incluyen los de Rodolfo Oroz Scheibe, "Los estudios filológicos de Andrés Bello", en *Estudios sobre la vida y la obra de Andrés Bello*, pp. 145-182; Colin Smith, "Los trabajos de Bello sobre el Poema de Mio Cid", en *Bello y Chile*, II, 61-73; Pedro Grases, "La épica española y los estudios de Andrés Bello sobre el Poema de Mio Cid", y "Andrés Bello y los estudios de literatura medieval europea", en ESAB, I, pp. 335-459. Véase también la introducción de Grases, "Poema del Cid y otros estudios de poesía medieval", en *Estudios filológicos-2*, OC, VII, xv-cl. Nadia R. Altschul indaga sobre el "occidentalismo" de Bello en su obra medievalista. Véase *Geographies of Philological Knowledge: Postcoloniality and the Transatlantic National Epic* (Chicago y Londres: The University of Chicago Press, 2012). En esta obra la autora complejiza la situación "criolla" de Bello y de Hispanoamérica, en tanto que percibe su situación marginal dentro de Occidente, pero no descarta encontrar en él sus raíces culturales. Se trata, según Altschul, de un Occidente del cual se omiten rasgos "orientales" y con los cuales se busca ejercer una nueva forma de colonialismo respecto de las razas Amerindias y Afrolatinas en las nuevas naciones hispanoamericanas.

cuatro tomos entre 1851 y 1856.[50] Quedó impresionado con la calidad de la investigación de Ticknor, quien junto a William H. Prescott y Washington Irving es considerado como uno de los fundadores de los estudios hispánicos en Estados Unidos.[51] Bello consiguió la primera edición del libro de Ticknor gracias a Manuel Carvallo, el representante de Chile en Estados Unidos.[52] Pedro Pablo Ortiz, quien conoció a Ticknor en Boston en 1853, le envió un segundo ejemplar y una nota del autor norteamericano.[53] Es probable que la segunda edición, de 1854, que es la que figuraba en la biblioteca privada de Bello en el momento de su inventario, haya sido enviada directamente por Ticknor.[54] Bello publicó una serie de artículos sobre esta obra en los *Anales de la Universidad de Chile* entre 1852 y 1858.[55] El Rector reaccionó favorablemente ante la erudición y cobertura de la obra de Ticknor, pero manifestó algunos desacuerdos que son de gran importancia para entender su propia perspectiva sobre temas literarios e históricos, y específicamente sobre literatura medieval. En su *Historia* Ticknor hizo la siguiente declaración a propósito de los romances españoles:

Verdaderamente que no parece justo ni razonable ir a buscar en el Oriente o en otros puntos el origen de los romances españoles: es tan sencilla su

---

[50]   George Ticknor, *Historia de la literatura española*, traducida al castellano, con adiciones y notas críticas, por Pascual de Gayangos y Enrique de Vedia, 4 tomos (Madrid: Imprenta de la Publicidad, a cargo de M. Rivadeneyra, 1851-1856).

[51]   Sobre el hispanismo norteamericano, véase Richard L. Kagan, ed., *Spain in America: The Origins of Hispanism in the United States* (Urbana y Chicago: University of Illinois Press, 2002) y *The Spanish Craze: America's Fascination with the Hispanic World, 1779-1939* (Lincoln: University of Nebraska Press, 2019); Iván Jaksić, *Ven conmigo a la España lejana: Los intelectuales norteamericanos ante el mundo hispano, 1820-1880* (Santiago y México: Fondo de Cultura Económica, 2007), y el comentario de Jorge Cañizares-Esguerra, "Romanticismo hispanista tras la identidad norteamericana", *Primera Revista Latinoamericana de Libros*, vol. 1, Nº 2 (Diciembre 2007-Enero 2008), 40-42.

[52]   Manuel Carvallo anunció el envío de la primera edición de Ticknor en carta a Bello fechada 19 de abril de 1852, incluida en OC, XXVI, 240-241.

[53]   Pedro Pablo Ortiz a George Ticknor, Nueva York, 27 de junio de 1853. Manuscritos de George Ticknor, Boston Public Library (BPL), Rare Books and Manuscripts Collection.

[54]   Sobre la segunda edición, véase Barry L. Velleman, *Bello y sus libros*, prólogo de Pedro Grases (Caracas: La Casa de Bello, 1995), p. 269.

[55]   El largo estudio de Bello se publicó en seis partes en los *Anales*: tomos 9 (1852), pp. 197-217 y 485-505; 11 (1854), pp. 93-113 y 259-262; 12 (1855), pp. 627-644, y 15 (1858), pp. 1-6. Está incluido con el título de "Observaciones sobre la Historia de la Literatura Española, por Jorge Ticknor, ciudadano de los Estados Unidos", en OC, VII, 515-687. Bello envió separatas a Ticknor, quien las conservó con la nota "Articles of Dn Andres Bello on my Hist. of Spa. Lit.", junto a varios libros de Bello. Se encuentran en BPL. Ticknor no hizo ningún cambio a partir de los artículos de Bello en las ediciones de su *History* de 1854, 1863 y 1866, pero tenía una gran estima por Bello, como se puede apreciar en la carta fechada 1º de octubre de 1860, incluida en OC, XXVI, 394.

estructura métrica, que tan luego como la poesía fue una necesidad para el pueblo, debió presentarse naturalmente. Consiste en versos octosilábicos, que se componen con suma facilidad, no solo en castellano, sino en otras lenguas, y que en los romances antiguos son aún más fáciles, porque los poetas se cuidaban muy poco del número exacto de sílabas... su carácter especial (que han conseguido extender a mucha parte de la poesía castellana) es tal, que no hallándose en la de ninguna otra nación, puede considerarse como original español, y es por consiguiente una circunstancia importantísima en la historia poética de la península.[56]

Ticknor pensaba que para ser genuina la literatura debía ser nacional, lo que le llevaba a buscar las características más peculiares de las manifestaciones literarias españolas.[57] Así, encontró que la "característica especial" [*prominent peculiarity*] era el asonante, o tipo de rima que acentúa la penúltima vocal (aunque algunas veces la final) de cada verso. Ticknor explicó que el asonante era "un término medio entre el verso suelto y el consonante riguroso, y el arte de usarlo se adquiere muy fácilmente en una lengua como la castellana, copiosa en vocales, y que siempre les da el mismo valor".[58] Hasta aquí, Bello no tenía mayor desacuerdo respecto del carácter e importancia del asonante en las letras españolas, pero Ticknor afirmaba, refiriéndose directa y contrariamente a Bello, que el asonante era peculiar a la poética de España:

> La única especie que sepamos contraria a esta doctrina se encuentra en el "Repertorio americano" (Londres, 1827, t. II, pp. 21 y siguientes), en un artículo de D. Andrés Bello. Dicho escritor pretende hallar el origen del asonante en la "Vita Mathildis", poema latino del siglo XII, que reimprimió [Ludovico] Muratori [1725]... y en un manuscrito anglo normando de la misma época, sobre el viaje fabuloso de Carlomagno a Jerusalén. Pero el poema latino, a nuestro modo de ver, es singular y único en esta tentativa, y absolutamente desconocido en España; y el poema anglo normando, que después publicó Michel, con notas muy curiosas, resulta que rima en consonante, si bien con mucha irregularidad y descuido. [François] Raynouard, en el "Journal des Savants" [1833]... comete la misma equivocación que el autor del

---

[56]   Ticknor, *History of Spanish Literature*, 3 tomos, 2ª edición (Nueva York: Harper & Brothers, Publishers, 1854), I, pp. 111-112. Utilizo aquí la traducción de Gayangos, *Historia*, I, pp. 116-117.
[57]   Véase, al respecto, David B. Tyack, *George Ticknor and the Boston Brahmins* (Cambridge, MA: Harvard University Press, 1967), especialmente los capítulos "The Riddle of Spain", pp. 73-79 y "Literary Nationalism", pp. 142-149.
[58]   Ticknor, *History*, I, pp. 112-113. En la traducción de Gayangos, I, p. 118.

artículo del "Repertorio", porque sin duda le tuvo presente, y le siguió. La rima imperfecta del antiguo idioma de Gael debió ser muy diversa del asonante castellano, y la verdad es que no tienen el menor átomo de analogía.[59]

En su respuesta Bello cuestionó los dos puntos centrales de Ticknor sobre la métrica del romance y sobre la peculiaridad del asonante español. En relación con lo primero, el estudioso venezolano afirmó que el octosílabo del romance español provenía de la métrica, en versos más extendidos, de las *chansons de geste* francesas, que ya estaban en circulación en España para el siglo XII, si no antes. La razón del verso de más sílabas tenía que ver con su utilidad para la presentación oral, ya que ayudaba a recordar el ritmo con mayor facilidad. Sobre la asonancia, Bello insistió que se podía identificar ya en los himnos latino-eclesiásticos del siglo VI. En el artículo del *Repertorio Americano* Bello había mencionado el "Vita Mathildis" como ejemplo, pero habían más. En este nuevo contexto polémico, Bello mencionó una lista más amplia de versos asonantados extraídos del *Rerum Italicarum Scriptores* (1725) de Muratori, del *Documents inédits pour servir l'histoire littéraire de l'Italie* (1850) de Antoine Frédéric Ozanam, y del *Recherches sur l'histoire politique et littéraire de l'Espagne pendant le Moyen Âge* (1849) de Reinhart Dozy. También agregó un comentario semihumorístico, a propósito de que "el distinguido literato español" Eugenio de Ochoa (1815-1872) le había hecho el honor de estar tan de acuerdo con sus ideas, "reproduciéndolas con las mismas palabras, con los mismo ejemplos y citas, aunque olvidándose de señalar la fuente en que bebía" (VII, 636), en su *Tesoro de los romanceros y cancioneros españoles* (1838). En efecto, se trataba de un lamentable caso de plagio.[60] Pero volviendo a las afirmaciones de Ticknor, Bello afirmó que la asonancia era de uso común en la Europa de la época, y especialmente en Francia, desde donde fue llevada a España por las *chansons de geste*:

---

[59]   *Ibídem*, I, p. 112, nota, y en la traducción de Gayangos, I, p. 117, nota. La obra de Francisque Michel a la que se refiere Ticknor es *Charlemagne. An Anglo-Norman Poem of the Twelfth Century* (Londres: William Pickering, 1836). En la página xxvii de la introducción Michel cita a Bello como "a Spanish nobleman" que utilizó la misma fuente en la Biblioteca Real (Mss BR 16 E VIII). Véase la transcripción de Bello en *Cuadernos de Londres*, ed. por Iván Jaksić y Tania Avilés (Santiago: Editorial Universitaria y Centro de Investigaciones Diego Barros Arana, 2017), pp. 421-427, la que después reproduciría en parte en *El Repertorio Americano* citado por Ticknor y Michel.

[60]   Véase el "Prólogo" de Ochoa a su *Tesoro* (París: Imprenta de Casimir, 1838). Las páginas xxiii-xxix corresponden casi exactamente (con algunas variaciones menores de vocabulario) a las del artículo de Bello "Uso antiguo de la rima asonante en la poesía latina de la media edad y en la francesa; y observaciones sobre su uso moderno", *El Repertorio Americano*, N° 2 (Enero de 1827), pp. 21-33. También hace uso de poemas que Bello había transcrito directamente de los manuscritos del Museo Británico en Londres.

Mucho habría que decir sobre la influencia que tuvieron los *troveres* en la primera poesía narrativa de los castellanos. Ni es de maravillar que así fuese, a vista de las relaciones que mediaron entre los dos pueblos y de sus frecuentes e íntimas comunicaciones. Prescindiendo de los enlaces de las varias familias reinantes; prescindiendo del gran número de eclesiásticos franceses que ocuparon las sillas metropolitanas y episcopales y poblaron los claustros de la Península, desde el reinado de Alfonso VI; ¿quién ignora la multitud de señores y caballeros de aquella nación que venían a militar contra los sarracenos en los ejércitos cristianos de España, ora llevados del espíritu de fanatismo característico de aquella edad, ora codiciosos de los despojos de un pueblo, cuya riqueza y cultura eran frecuentemente celebrados en los cantos de estos mismos *troveres*, ora con el objeto de formar establecimientos para sí y sus mesnaderos? (VII, 572).

Además, los *jongleurs* (juglares) popularizaban el uso del asonante característico de las *chansons* francesas y facilitaban su difusión. Eventualmente, el francés y el español se transformarían en dos idiomas muy diferentes, pero en su época la fluidez en el contacto de ambos era tal como para que el primero tuviera gran influencia sobre la poesía castellana. La temática de las *chansons* influiría también en los romances españoles de caballerías con su énfasis en la heroica lucha contra los moros. En verdad, puede leerse el *Don Quijote* de Cervantes como un compendio de los cientos de leyendas y libros que incorporaron las hazañas de Arturo y Carlomagno en los romances españoles. Esto era suficientemente claro para Bello, pero no para Ticknor, cuyo énfasis en la peculiaridad de las letras españolas le hacía minimizar las influencias extranjeras. Ticknor podía reconocer el traspaso de temáticas de un país a otro, pero no se detenía demasiado al respecto. Un ejemplo claro de este proceder es la crónica del ficticio (o pseudo) Turpin, que Ticknor relegó a una frase de su *Historia*.[61]

La Crónica de Turpin

La Crónica de Turpin es un documento peculiar, prácticamente olvidado por los estudiosos contemporáneos, aunque no completamente ausente en los estudios de literatura medieval española. En realidad, se conoce mejor en sus versiones francesas, que tuvieron gran importancia para definir una variedad de temas

---

[61] Ticknor, *History*, I, p. 219. En traducción española, *Historia*, I, p. 229.

políticos, literarios e historiográficos en la Francia del siglo XIII.[62] El autor anónimo de esta crónica escrita en latín en el siglo XII tomó ingeniosamente el nombre del Arzobispo Turpin, de Reims, personaje principal de la *Chanson de Roland*, para dar así un aire de autenticidad a su bastante distorsionada versión de las hazañas de Carlomagno en España. Los estudiosos se refieren hoy al "Pseudo-Turpin" para enfatizar tanto el vínculo con la leyenda de Rolando como el misterio sobre la identidad del autor. La crónica, titulada *Historia Turpini* (pero citada frecuentemente como *De Vita Caroli Magni et Rolandi*), pasó a ser parte (Libro IV) del *Codex Calixtinus* del siglo XII.[63] Esta crónica narra la incursión de Carlomagno en España, embellecida y exagerada con los temas y estilos literarios de las leyendas caballerescas, con el propósito de exaltar el culto al apóstol Santiago. Bello había estudiado esta crónica con detenimiento, y por lo tanto reaccionó con algo de exasperación cuando vio la cobertura breve y superficial de Ticknor. Bello pensaba que esta crónica era importante, puesto que demostraba, a su parecer, que la leyenda de Carlomagno era conocida y celebrada siglos antes de lo que afirmaba Ticknor en el siguiente párrafo de su *Historia*:

> Sin embargo, en el periodo a que aludimos, y que concluye a mediados del siglo XIV, casi es indudable que no existían tales ficciones en España, donde los héroes nacionales bastaban ya para llenar la imaginación y satisfacer el patriotismo de la nación entera. Artus era absolutamente desconocido, y el mismo Carlo-Magno solo aparece en los romances y libros españoles con el carácter imaginario de un invasor del suelo español que sufrió una derrota completa [*inglorious defeat*] en las gargantas de los Pirineos.[64]

---

[62]   Véase Gabrielle M. Spiegel, "*Pseudo Turpin* and the Problem of Prose", en su *Romancing the Past: The Rise of Vernacular Prose Historiography in Thirteenth-Century France* (Berkeley: University of California Press, 1993), pp. 55-98. Una versión francesa de esta crónica, originalmente escrita en latín es la de Ronald N. Walpole, *The Old French Johannes Translation of the Pseudo-Turpin Chronicle: A Critical Edition* (Berkeley: University of California Press, 1976).

[63]   Los expertos aún no están de acuerdo sobre la fecha precisa del *Codex*. El estudioso Manuel C. Díaz y Díaz piensa que la copia que se encuentra en Santiago de Compostela es de 1173, lo que por supuesto no excluye que haya sido escrita con anterioridad. Véase su "El *Codex Calixtinus*: Volviendo sobre el tema", en John Williams y Alison Stones, compiladores, *The "Codex Calixtinus" and the Shrine of St. James* (Tübingen: Gunter Narr Verlag Tübingen, 1992), pp. 1-9. Parece claro, sin embargo, que si bien la crónica de Turpin llegó a ser parte del *Codex*, fueron autores diversos los que prepararon las diferentes partes de esta obra general. Una transcripción del *Codex* se encuentra en la edición de Walter Muir Whitehill, *Liber Sancti Jacobi. Codex Calixtinus*, 3 tomos (Santiago de Compostela: Seminario de Estudios Gallegos, 1944). La crónica de Turpin, o *Historia Turpini*, figura en el tomo I, pp. 301-348.

[64]   Ticknor, *History*, I, p. 220, y I, p. 230 de la traducción de Gayangos. Discrepo de la traducción del original "inglorious defeat" como "derrota completa", dado que "inglorious" connota humillación, vergüenza, deshonra.

Esta "derrota completa" era una referencia a la batalla de Roncesvalles (Roncesvaux, en francés) en el año 778, y demuestra una parcialidad por la versión de Bernardo de Balbuena, *El Bernardo* (1624), a la que Ticknor se refería con admiración en otras partes de su *Historia*.[65] Una versión muy temprana de la historia de Rolando fue la de Einhard (circa 770-840), *Vita Karoli Magni Imperatoris*. Y fue una versión francesa la que llegó a ser la famosa *Chanson de Roland*, en donde el sobrino de Carlomagno, Rolando, junto con el Arzobispo Turpin y los Doce Pares mueren trágica pero valientemente en una emboscada supuestamente sarracena en el paso de Roncesvalles.[66] La versión francesa que se conoce hoy día como la definitiva fue escrita alrededor de 1100.[67] Pero la leyenda era muy popular y circulaba gracias a los *jongleurs*, o gracias a otras versiones escritas, en su propia época. Una de las más importantes era la crónica del Pseudo-Turpin, la que fue, según Gabrielle Spiegel, "con facilidad una de las obras literarias más populares de la Edad Media".[68] Según esta crónica, la conquista francesa del territorio español dominado por los musulmanes se legitima cuando el apóstol Santiago ordena a Carlomagno hacer un peregrinaje a su sepulcro en Galicia y liberar a España de los moros. Carlomagno obedece, vence en todas las batallas (excepto la traicionera emboscada en Roncesvalles) y funda la Catedral de Santiago de Compostela, a la que otorga autoridad eclesiástica por sobre toda España.[69]

El propósito de Bello era demostrar que la leyenda de Carlomagno era conocida en España mucho antes de lo que suponía Ticknor, y también establecer las motivaciones y posible autoría de la crónica. Bello había consultado ocho versiones manuscritas de la crónica en latín y en francés en la biblioteca del Museo Británico.[70] También consultó varias versiones impresas, incluyendo la de Sebastiano Ciampi, *De Vita Caroli Magni* (1822). Sobre la base de estas fuentes, y la

---

[65]   *Ibídem*, II, pp. 479-480.

[66]   Un estudio sobre las versiones francesa y española de este episodio es de John Tolan, "The Battle of Roncesvalles as Nationalist Polemic", en Marina Pérez de Mendiola, compiladora, *Bridging the Atlantic: Toward a Reassessment of Iberian and Latin American Cultural Ties* (Albany, NY: State University of New York Press, 1996), pp. 15-29.

[67]   Véase Gerard J. Brault, compilador, *The Song of Roland: An Analytical Edition*, 2 tomos (University Park y Londres: The Pennsylvania State University Press, 1978), I, pp. 3-6.

[68]   Spiegel, *Romancing the Past*, p. 69.

[69]   Bello tenía en su biblioteca una versión inglesa de la crónica, incluida en Thomas Rodd, *History of Charles the Great and Orlando*, 2 tomos (Londres: James Compton, Printer, 1812). Una edición más reciente en verso es la de Gerhard Schmidt, *Karolellus atque Pseudo-Turpini Historia Karoli Magni et Rotholandi* (Stuttgart y Leipzig: B.G. Teubner, 1996).

[70]   Las fuentes de Bello están detalladas en la tercera parte de su artículo sobre Ticknor, esto es, en el número de los *Anales* (N° 11) de 1854. También está incluido en OC, VII, 596-597.

Historia Compostellana redactada por encargo del arzobispo Diego Gelmírez y en circulación desde la década de los años 1140,[71] Bello argumentó que el autor era probablemente un clérigo francés de la orden de Cluny que residía en España y que intentaba elevar a Santiago de Compostela a la categoría de sede apostólica. Santiago de Compostela era un lugar famoso de peregrinación desde que el rey asturiano Alfonso II (791-842) construyó un santuario en 818,[72] pero fue solo en el año 1096 que pasó a ser una diócesis y, en 1119, una arquidiócesis.[73] El camino de Santiago se transformó en un lugar de suma importancia no solo como una de las principales rutas de peregrinaje en la Europa medieval, sino también como fuente inspiradora de la nacionalidad española cristiana. El estudio de Bello sobre esta crónica estaba motivado por el interés en demostrar que el camino de Santiago había servido como punto de contacto entre las tradiciones literarias francesas y españolas.

Bello publicó sus ideas sobre la crónica de Turpin en los *Anales* de 1854, lo que llevaría a pensar que su investigación data de por lo menos esa época. Sin embargo los manuscritos que se encuentran en Caracas y en Santiago demuestran que Bello había redactado lo principal de sus argumentos en Inglaterra entre 1822 y 1823. Fue tal la intensidad del interés de Bello sobre la crónica de Turpin, que no resulta imposible que haya visitado Santiago de Compostela desde Londres. Un documento en el Archivo de Simancas en España sugiere que Bello y su amigo José María Blanco White abordaron un buque con destino a Vigo, puerto de España, en Falmouth, Inglaterra, el día 31 de mayo de 1823. Vigo es un puerto de Galicia cercano (90 kilómetros) a Santiago de Compostela. Un viaje

[71] Bello utilizó la versión de la *Historia Compostellana* que formaba parte (tomo 20) de la obra de Enrique Florez, *España sagrada*, 43 tomos (Madrid, 1765), que tenía en su biblioteca. Tenía también una segunda edición (sin fecha) de la *Historia Compostellana*, cuyo subtítulo, "Escrita por tres canónigos desde el año 1100 al 40" le debe haber dado una idea de la antigüedad de la crónica de Turpin. Una edición moderna de la *Historia Compostellana* es la de Emma Falque Rey (Turnhout: Brepols Editores Pontificii, 1988).

[72] Sobre el origen de Santiago de Compostela, véase Richard Fletcher, *Saint James's Catapult: The Life and Times of Diego Gelmírez of Santiago de Compostela* (Oxford: Clarendon Press, 1984).

[73] El historiador gallego Emilio González López da un buen resumen de los pasos sucesivos de la elevación de Santiago de Compostela: "No es cierto, como algunos escritores afirman, que el obispado de Iria (Padrón) se trasladó a Compostela a poco de descubrirse allí el sepulcro del Apóstol. El traslado de la sede principal no se produjo hasta fines del siglo XI (1096), en la época del obispo Dalmacio, un poco antes del obispado de Gelmírez, hechura de la orden de Cluny; y fue el propio Gelmírez quien, en 1119, elevó el obispado a arzobispado, relegando a un lugar secundario al metropolitano de Braga, en el norte del actual Portugal, que había sido la iglesia principal de Galicia hasta la invasión de los árabes". Véase su *Galicia, su alma y su cultura* (Buenos Aires: Ediciones Galicia, 1954), pp. 59-60. Véase también Bernard F. Reilly, *The Kingdom of León-Castilla Under Queen Urraca, 1109-1126* (Princeton: Princeton University Press, 1982).

de esta naturaleza es además posible por dos razones: esta era precisamente la época en que Bello estaba investigando la crónica de Turpin, y es razonable que quisiera consultar los archivos de la Catedral; además, como católico que había padecido la muerte de su esposa Mary Ann y de su hijo Juan Pablo en 1821, es muy posible que haya querido hacer este peregrinaje por razones religiosas. Una carta de Blanco White que acusa recibo del estudio de Bello sobre la crónica de Turpin agrega aún más razones para pensar que Bello tenía estas dos fuertes motivaciones para emprender un viaje a ese destino.[74]

Bello redactó su ensayo sobre Turpin en inglés, lo que invita a pensar que lo preparó pensando en alguna revista inglesa, o quizás como la introducción a una edición de esta crónica. Sin embargo no lo publicó o simplemente no fue posible después de la edición de Ciampi. Se trata de un ensayo de gran valor en el que señala que, en la crónica, "los triunfos de Carlomagno no son más que un andamio del que el cronista se sirve para sostener aquella fábrica de milagros, concilios y privilegios imperiales, con que se empeña en levantar dicha ciudad, como depositaria de los restos terrenales del Apóstol, al segundo rango entre todas las iglesias de la cristiandad" (VII, 428). A continuación Bello quiso establecer la identidad del ficticio arzobispo de Reims, a quien suponía ser un extranjero, dado que un oriundo de España no podía desconocer la historia de su país como lo hacía el autor de la crónica:

Todos los indicios que pude hallar señalan a Dalmacio, obispo de Iria [Iria Flavia, más tarde Padrón], como la persona que compuso la crónica. Nadie podría estar más interesado en la extensión de la potestad y privilegios de aquella silla como su propio prelado. Dalmacio, por otra parte, fue el único extranjero que la ocupó entre 1086 y 1150. Dalmacio era francés, y ya hemos visto la predilección del autor de la crónica a los franceses. Dalmacio era monje, y fuera difícil hallar una obra, no manifiestamente eclesiástica o

---

[74]   La fecha de la carta de Blanco White (13 de junio de 1823), sin embargo, parecería demostrar que el viaje se hizo en apenas dos semanas. Esto era bastante difícil dadas las condiciones de transporte de la época, pero no imposible. También es posible que la fecha de uno de los documentos, ya sea el de Simancas, o el de Blanco, hayan sido anotados incorrectamente. El documento en el Archivo de Simancas indica mayo, pero podría ser de marzo, lo que haría más plausible un viaje de esta naturaleza. Véase Sección Estado, Legajo 8226. Agradezco a la doctora Karen Racine esta referencia. El o los viajes de Bello al continente continúan siendo un misterio, aunque él mismo se encarga de afirmar que realizó "algunas breves excursiones a Francia" en su carta a Juan María Gutiérrez del 9 de enero de 1846 (OC, XXVI, 115). Antes, en 1841, había afirmado, respecto de sus investigaciones sobre la época caballeresca, que "Después de prolijas investigaciones sobre esta parte de la historia literaria, hechas en *países* donde teníamos copiosos documentos a la mano..." (OC, VII, 496, mi énfasis por el plural de países).

monástica, en la cual estuviesen tan hondamente impresas las ideas y prejuicios de un hombre que hubiese vestido la cogulla. Dalmacio vino a España como comisionado del abate de Cluny, a visitar los conventos sujetos a aquel monasterio, cabeza entonces de una orden numerosa y muy extendida; y en el ejercicio de su misión recorrió las provincias cristianas de la Península, y no le faltaron ocasiones de adquirir conocimientos geográficos del país, más precisos de los que en aquella época era posible obtener de los libros. En particular, era natural que visitase el monasterio de Sahagún, cabeza de los que en España se habían sujetado al cluniense, con lo que no es de maravillar que pudiese describir tan exactamente su localidad. El pontificado de Dalmacio corresponde a fines del siglo XI, que es la época que mejor cuadra con los indicios que ofrece la crónica. Y ya vimos que Dalmacio fue quien dio principio a las gestiones que se hicieron para el traslado y elevación de la silla de Iria (VII, 444-445).[75]

En la versión de 1854 Bello aclaró que, más allá de las ambiciones de un prelado, había temas literarios de suma importancia que Ticknor no debió haber pasado por alto. Uno era la influencia y difusión de la crónica de Turpin. Bello señaló que este texto, ya sea que se refiriese a hechos verdaderos o falsos, fue utilizado como fuente por poetas y *trouvères* hasta avanzado el siglo XVI. Era quizás irrelevante que Turpin fuese real o no, ya que se transformó en autoridad citada para la narración o reelaboración de las leyendas carlovingias, como puede verse en el *Orlando Innamorato* (1506) de Matteo Maria Boiardo, el *Orlando Furioso* (1532) de Ludovico Ariosto, y la versión satírica del *Orlando Innamorato* de Francisco Berni, redactada algunos años más tarde. En las palabras de Bello, "Turpin, en suma, vino a ser el Cide Hamete Benengeli [el historiador árabe apócrifo del *Don Quijote*] de las caballerías de Carlomagno y los doce pares" (VII, 596). La crónica demostraba, según Bello, que para la época en que fue redactada, "era ya antigua la costumbre de componer relaciones métricas de hechos caballerescos":

[75]   El borrador inglés se encuentra en *CMO*, Caja 1, N° 24. No toda la escritura es de puño y letra de Bello, lo que sugiere que alguien más, posiblemente Elizabeth Dunn, le ayudó a preparar el texto a partir de un borrador. Hay también otras notas que sugieren revisiones en una mano diferente, casi con seguridad de Blanco White. Otros manuscritos sobre esta crónica se encuentran en *ACAB*, Bandeja 3, Caja 23, N° 765, 767, 769 y 771. Los *Cuadernos de Londres* también tienen diversas notas y comentarios sobre la crónica de Turpin, sobre todo el N° 12 (ítem 677). En la edición impresa, pp. 522-523 y *passim*. Es indudable que Bello dedicó una enorme cantidad de tiempo a esta crónica, y que las razones de ello no han sido suficientemente estudiadas.

Así, el capítulo que tiene por epígrafe *Haec sunt nomina pugnatorum majorum* [Cap. 12] es para mí una reseña de los caballeros que a fines del siglo XI eran ya celebrados en las cantinelas de los *troveres*, y que en concepto de Turpin habían sido todos personajes históricos, aunque yo no pienso que su credulidad llegase al extremo de tener por verdadero y auténtico todo lo que de ellos se cantaba. Recopilando las tradiciones poéticas que le parecieron más dignas de fe, y entretejiéndolas en la historia, del modo que pudo, hizo con esta heterogénea mezcla lo que el autor de la *Crónica del Cid* con las memorias y leyendas fabulosas de Ruy Díaz; y tuvo en parte el mismo suceso. Su obra suministró a los dos siglos que sucedieron al suyo un acopio de materiales que los versificadores beneficiaron a porfía, abultándolos, hermoseándolos, desfigurándolos a menudo con flamantes y diversificadas invenciones. Hay, con todo, diferencias. El pseudo-Turpin, falsificador tan audaz, como ignorante y bárbaro, no acertó a dar a su narración atractivo alguno: el cronista español, al contrario, zurce de buena fe telas varias, algunas de ellas preciosas, y de una animación palpitante... (VII, 630-631).

El contraste entre la crónica de Turpin y la crónica del Cid demuestra que Bello las consideraba como obras afines. La leyenda del Cid, desde su perspectiva, no surgía de fuentes puramente españolas sino que de varios experimentos literarios transnacionales sobre temas caballerescos. La crónica de Turpin podía no ser una obra tan importante como la *Chanson de Roland* o el *Cantar de Mio Cid*, pero revelaba un complejo intercambio de tradiciones literarias que era necesario tomar en cuenta para explicar el surgimiento de las letras y la nacionalidad españolas. Una vez establecidas estas premisas, Bello pudo concentrar su atención en la historia del Cid.

La historia de Mio Cid

Bello estaba de acuerdo con Ticknor en al menos un sentido: que el *Cantar de Mio Cid* [de aquí en adelante *CMC*] era el ejemplo por excelencia de la literatura medieval española.[76] A pesar de considerarlo como tal, Bello sintió que no podía

---

[76] Uno de los mejores estudios contemporáneos del *CMC* es el de Colin Smith, *The Making of the Poema de Mio Cid* (Cambridge: Cambridge University Press, 1983). Una excelente y detallada edición crítica es la de Alberto Montaner, *Cantar de Mio Cid*, con introducción de Francisco Rico (Barcelona: Crítica, 1993). Otras fuentes destacadas sobre el poema y sobre el Cid histórico son

"cerrar los ojos ante los vestigios de inspiración francesa" que hay en el poema. El *CMC* está escrito con una métrica variable que se asemeja a las *chansons de geste* francesas, especialmente en la acentuación.[77] Bello identificó, en particular, el uso del verso alejandrino (catorce sílabas) entre otros tipos de métrica. Los versos se encuentran consistentemente divididos en hemistiquios separados por una cesura, y utilizan la asonancia. Aunque conocía la trama de la *Chanson de Roland*, Bello no había examinado este poema. Pero cuando su colega de la Universidad de Chile, Jean Gustave Courcelle-Seneuil, le envió la versión de François Génin (1850) desde París, Bello pudo exclamar con regocijo que estaba escrito en rima asonante (VII, 673).[78] Reafirmó así sus primeras conclusiones sobre el surgimiento de las lenguas románicas, y continuó proporcionando evidencia sobre las relaciones entre las tradiciones literarias francesas y españolas.

El largo y detallado ensayo, prácticamente una monografía, de Bello sobre el libro de Ticknor, demuestra que tenían intereses comunes. Ambos rechazaban el "orientalismo" de los estudiosos que sostenían que el idioma y literatura española se derivaban de fuentes arábigas.[79] Ambos consideraban al idioma cas-

---

las de Ian Michael, *The Poem of the Cid: A New Critical Edition of the Spanish Text*, traducción de Rita Hamilton y Janet Perry (Nueva York: Manchester University Press, 1975) y Richard Fletcher, *The Quest for El Cid* (Nueva York: Alfred A. Knopf, 1990).

[77] En su *The Making*, p. 115, Colin Smith presentó una comparación muy útil entre los versos del *CMC* y los de algunas *chansons* con las que el poeta español estaba probablemente familiarizado. Notó, en particular, el parecido de los decasílabos del tipo 6+4,

Set cenz cameilz e mil hosturs müez (*Chanson de Roland*, 129)

E sín falcónes e sín adtores mudádos (*CMC*, 5)

También los decasílabos 4+6

Firaz les, chevaler, pos vos comant! (*Girart de Roussillon*, 1287)

Firíd los, cavalléros, tódos sínes dubdánça! (*CMC*, 597)

Y los Alejandrinos del tipo 6+8.

La forest fu parfonde, li bois haus et foilluz (*Florence de Rome*, 3776)

Los móntes son áltos, las rámas pújan con las núes (*CMC*, 2698).

[78] Courcelle-Seneuil le envió el libro el 15 de marzo de 1858, y Bello lo debe haber recibido a tiempo para incluir su comentario en la sección final de su ensayo sobre la obra de Ticknor en los *Anales de la Universidad de Chile*. La carta de Courcelle-Seneuil sugiere que Bello le encargó específicamente un ejemplar de la *Chanson*. El texto de la carta se encuentra en OC, XXVI, 371.

[79] Bello hizo por primera vez uso del término "orientalismo" en su artículo sobre el libro de Simonde de Sismondi, *Littérature du Midi de l'Europe* (1813) en *Biblioteca Americana*, N° 2 (Octubre 1823), p. 51. Expandió después su cobertura de autores que, como Sismondi, enfatizaban las influencias árabes en el *CMC*, en varios artículos publicados en *El Araucano* en 1834 y 1841. Están incluidos en OC, VII, 471-497, con el título de "Literatura castellana". Bello resumió los puntos principales en su ensayo sobre Ticknor, especialmente en OC, VII, 530-533. Si bien Bello rechazaba la idea de una influencia árabe en la lengua y la poesía española, no quiere esto decir que no haya tenido algunas inclinaciones orientalistas propias del periodo. Al respecto, véase Francisco

tellano, salvo algunas excepciones de palabras y frases, como una derivación del latín, o "latín corrupto" como lo denominaba Ticknor.[80] Ambos tenían una gran admiración por el *CMC*, que consideraban como el origen mismo de las letras castellanas. Pero también discrepaban en algunos aspectos fundamentales. Ticknor declaraba su entusiasmo por la obra, que consideraba "verdaderamente sencilla, grande y nacional", pero prestaba poca atención a su estructura interna y a su complejidad lingüística, la que caracterizaba de la siguiente manera,

> Hasta la lengua en que está escrito [el *CMC*] es la misma que él hablaba, informe y ruda, sacudiendo con valentía los lazos del idioma latino, con unas construcciones indecisas, imperfecta en sus formas, desnuda de las partículas que dan tanta gracia y vigor a los idiomas modernos; pero respirando en medio de eso el espíritu audaz, noble y original de aquellos tiempos, y demostrando que luchaba segura de su triunfo por adquirir un puesto distinguido entre los robustos elementos que habían de constituir el genio español. Finalmente, el metro y el ritmo del Poema presentan la imagen de la brusquedad y del desaliño: el verso que debe constar de catorce sílabas, dividido por una cesura violenta, después de la octava, se extiende hasta diez y seis y veinte, o se recoge otras veces en diez y doce...[81]

Como estudioso del origen de las lenguas románicas Bello rechazaba la noción de que los idiomas fuesen rudimentarios o informes: prefería considerarlos como en proceso de constante evolución. Tampoco podía estar de acuerdo con que la variedad métrica fuese una indicación de "desaliño" poético. De acuerdo con Bello, era más apropiado hablar de experimentos y de evolución gradual hacia

---

Javier Pérez, "Andrés Bello, orientalista", en Beatriz González Stephan y Juan Poblete, comps., *Andrés Bello y los estudios latinoamericanos*, Serie Críticas (Pittsburgh: Instituto Internacional de Literatura Iberoamericana, University of Pittsburgh, 2009), pp. 113-139. En el siglo XX empezó a ser más común enfatizar la influencia de la poesía árabe en el verso hispánico y en la poesía de los trovadores franceses. Véase Samuel Miklos Stern, *Hispano-Arabic Strophic Poetry: Studies*, compilación de L.P. Harvey (Oxford: Clarendon Press, 1974); María Rosa Monecal, *The Arabic Role in Medieval Literary History: A Forgotten Heritage* (Filadelfia: University of Pennsylvania Press, 1987), y Linda Compton, *Andalusian Lyrical Poetry and Old Spanish Love Songs: The Muwashshah and its Kharja* (Nueva York: New York University Press, 1976).

[80] Un estudio muy autorizado sobre este tema es el de Rafael Lapesa, *Historia de la lengua española*, 9ª edición, con un prólogo de Ramón Menéndez Pidal (Madrid: Editorial Gredos, 1981), especialmente los capítulos 3 al 9 que versan sobre el español medieval y sus influencias latinas, francesas y árabes. Véase también Juan Antonio Frago, "Andrés Bello, historiador de la lengua. Sobre el Cantar de Mio Cid", *Boletín de Filología*, vol. 50, N° 1 (2015): 107-134.

[81] Ticknor, *History*, I, pp. 17-18; en la versión de Gayangos, I, pp. 21-22.

fórmulas cada vez más elaboradas de construcción poética. También, consideraba importante tomar en cuenta la manera en que el contacto entre diferentes idiomas influía sobre la estructura interna de cada uno. El idioma no debía separarse de la historia y la cultura, y en el caso de la España medieval, debía considerarse además la magnitud de la pugna entre grandes civilizaciones, y el contacto constante, en suelo español, de gente proveniente de los lugares más variados y distantes. Ticknor, por su parte, insistía en que el valor del CMC radicaba en "las impresiones que comunica de la época ruda, pero heroica, que retrata". En resumen, el poema, como España, era "original y singularísimo, a la par que nacional, noble y cristiano".[82] Las ideas de Ticknor, en este sentido, eran un reflejo de su propio ambiente cultural en Boston, de religión Unitarista, que veía otras manifestaciones del cristianismo, y en especial el catolicismo, como formas primitivas y plagadas de errores infantiles respecto de una vida religiosa más pura. Es claro que para Ticknor había algo de atractivo en la cultura española y en el *CMC*, pero también bastante distancia respecto de un mundo tan diferente, cuya peculiaridad tendía a exagerar.[83]

Bello, por su parte, tenía un probado interés por los aspectos lingüísticos de la cultura del medioevo. Ya en Londres había hecho abundantes anotaciones sobre el *CMC* y había estudiado la edición de Juan de Belorado de la *Crónica del Cid* (1512) que se conoce hoy como la *Crónica particular*.[84] También había consulta-

<hr>

[82] *Ibídem*, I, p. 22, y en castellano I, p. 26.

[83] Aparte del libro de Tyack, véanse los diarios y cartas de Ticknor, compilados bajo el título de *Life, Letters, and Journals of George Ticknor*, 2 tomos (Boston: James R. Osgood and Company, 1876). Véase también el ensayo de Thomas R. Hart "George Ticknor's *History of Spanish Literature*", en Kagan, *Spain in America*, pp. 106-121 y los capítulos sobre Ticknor en mi *Ven conmigo a la España lejana* (2 y 3).

[84] La *Crónica particular* tuvo mayor circulación que el CMC gracias a la edición de Belorado. El título completo de la crónica, probablemente compuesta antes de 1312, es *Crónica del famoso cauallero Cid Ruy Díez Campeador*. Otras dos ediciones aparecieron en 1552 y 1593. Véase Fletcher, *The Quest for El Cid*, pp. 199-200. Las hazañas del Cid fueron celebradas en diferentes géneros, empezando con los textos latinos *Carmen campidoctoris* (1094, o alrededor de la muerte del Cid en 1099), e *Historia Roderici* (1144-1147). En castellano, en la *Crónica de veinte reyes*, compilada durante el reino de Alfonso X (1252-1284) y la compilación posterior titulada *Estoria de España*, también conocida como *Primera crónica general* de fines del siglo XIII. Un examen de la relación entre el CMC y las varias crónicas, como también los problemas de fecharlas, se encuentra en el útil apéndice a la edición de Colin Smith, *Poema de Mio Cid* (Barcelona: Ediciones Altaya, 1993), pp. 354-357 y "Two Historians Reassess The Cid", *Anuario Medieval* N° 2 (1990), pp. 155-171. Véase también el capítulo de Fletcher, "The Sources", en su *The Quest*, pp. 89-104; la sección "Historia del texto" en la edición de Montaner del *Cantar de Mio Cid*, pp. 76-83, y el clásico *La España del Cid* de Ramón Menéndez Pidal, 5ª edición, 2 tomos (Madrid: Espasa-Calpe, 1956), especialmente el capítulo "Fuentes históricas", pp. 825-975.

do la versión impresa del *CMC* de Tomás Antonio Sánchez (1779), que consideraba defectuosamente transcrita.[85] Decidió, pues, preparar una versión más pulida basada en la *Crónica*, y en donde aplicaría los conocimientos filológicos adquiridos en Inglaterra. Existe evidencia de que trató de publicar una versión en 1846, como se puede observar en una carta de su amigo, el gramático y librero Vicente Salvá, quien residía en París. El mensaje, sin embargo, no era muy alentador:

> Mucho me alegraría ver ese trabajo de Usted sobre el *Poema del Cid* del que ya me hizo Usted alguna indicación en Londres; pero nunca aconsejaré a Usted que lo publique, a no estar decidido a sacrificar los gastos de la impresión, porque son muy contados los que compran obras de esta clase, y así estoy seguro de que no despacharán cincuenta ejemplares en diez años. Además sería necesario que hiciese Usted en ésa la impresión, por no haber aquí nadie que la cuide con la debida escrupulosidad.[86]

Bello no abandonó la idea, pero pasaría otra década antes de que pudiera retomar el trabajo, cosa que hizo inmediatamente después de terminar el Código Civil. Bello logró avanzar bastante, puliendo y actualizando el aparato crítico, pero no le fue posible terminar la edición, que apareció póstumamente en 1881. En su versión final, el *CMC* consistía en un prólogo, una porción de la *Crónica del Cid*, el texto completo del poema, cientos de notas tanto sobre la crónica como sobre el poema, y un glosario de 780 términos españoles medievales. Bello hizo este trabajo sin ayuda, en una época en que no existía una tradición de estudios cidianos, la que solo se inauguraría bajo la tutela de Ramón Menéndez Pidal a comienzos del siglo XX. Fue este, de hecho, quien reconoció la importancia de los aportes de Bello al referirse a la edición publicada del *CMC* como parte de sus *Obras completas:*

> Tal edición es hoy todavía muy estimable por haber comprendido mejor que las siguientes el sistema de asonancias del poema, y por la mesura y acierto de las correcciones que introduce en el texto de Sánchez. Sus defectos radicales en considerar el lenguaje del Cantar como de comienzos del siglo XIII y en servirse de las Crónicas muy inoportunamente, son en parte explicables

---

[85]   Tomás Antonio Sánchez, *Colección de poesías castellanas anteriores al siglo XV*, 4 tomos (Madrid: Antonio de Sancha, 1779). La copia más antigua del *CMC*, una transcripción del original hecha a mediados del siglo XIV, fue descubierta en Vivar, lugar natal de Rodrigo Díaz, en 1596. La versión de Sánchez fue la primera impresa de este manuscrito. Fletcher afirma que fue "copiado con una mano de alrededor de 1350", en su *The Quest*, p. 192.

[86]   Vicente Salvá a Andrés Bello, 18 de octubre de 1846, en OC, XXVI, 137-138.

teniendo en cuenta que se trata de un trabajo antiguo, inacabado, y que no representa el pensamiento maduro ni las últimas ideas del autor.[87]

Menéndez Pidal no estaba al tanto de que Bello había reanudado su trabajo sobre el *CMC* en la década de 1850, y por tanto dedujo que sus ideas eran las del periodo de Londres. Dado que Bello no terminó su edición del poema, Menéndez Pidal señaló correctamente que se trataba de un trabajo incompleto. Pero con más distancia y con más información sobre la obra de Bello, en 1954 Menéndez quiso subsanar el "imperdonable olvido" en que se tenían los aportes de aquel al estudio de la literatura medieval española. Afirmó que Bello había reconocido la grandeza del *CMC*, consideración que "hasta entonces nadie osaba aplicar a las formas poéticas medievales", y concluyó que "no hubo erudito en su tiempo, ni mucho después, que con más clara luz filológica esclareciese la poesía y el lenguaje del viejo texto".[88]

En Chile, Bello había retomado una obra de su juventud en parte para refutar las afirmaciones de George Ticknor respecto de que el lenguaje y el espíritu del *CMC* eran un reflejo de la edad ruda que lo había producido. En efecto,

No es comparable el *Mio Cid* con los más celebrados romances o gestas de los *troveres*, pero no le faltan otras prendas apreciables y verdaderamente poéticas. La propiedad del diálogo, la pintura animada de las costumbres y caracteres, el amable candor de las expresiones, la energía, la sublimidad homérica de algunos pasajes, y, lo que no deja de ser notable en aquella edad, aquel tono de gravedad y decoro que reina en casi todo él, le dan, a nuestro juicio, uno de los primeros lugares entre las producciones de las nacientes lenguas modernas (VII, 24).

Bello consideraba el *CMC* como un producto genuino de España, pero no quería separarlo de las *chansons* francesas y de la cultura medieval europea que se manifestaba en su lenguaje y contenido.[89] Su interés por el poema también sugiere

[87]   Ramón Menéndez Pidal, *Cantar de Mio Cid: Gramática, texto y vocabulario*, 3 tomos (Madrid, 1908-1911), III, pp. 1016-1017. También se reconoce a Bello el haber sido el primero en discernir tres partes, o "cantares" en el CMC, lo que hoy es universalmente aceptado. Bello fue el primero en cuestionar la división de Sánchez en dos partes. Véase Pedro Grases, "Poema del Cid", en OC, VII, xciii.

[88]   Los comentarios de Menéndez Pidal aparecieron en la *Revista Nacional de Cultura* (Venezuela), N° 106-107 (Septiembre-Diciembre 1954). También están incluidos en Pedro Grases, compilador, *España honra a Don Andrés Bello* (Caracas: Presidencia de la República de Venezuela, 1972), pp. 251-255.

[89]   Colin Smith llega a la misma conclusión: "En Burgos, o mucho más probablemente durante un periodo de estudios y residencia en Francia, [Per Abat] adquirió un gran conocimiento y gusto

que no lo consideraba como una propiedad exclusiva de España, sino como un tesoro cultural de todo el mundo hispánico. De hecho, al preparar su edición del poema, declaró que quería "esparcir alguna luz sobre los orígenes de *nuestra* lengua y poesía" (VII, 30, el énfasis es mío). Tal como lo había hecho con la *Gramática* y el *Código Civil*, su edición del *CMC* era un manifiesto de continuidad cultural desde el medioevo europeo hasta la Hispanoamérica poscolonial.

Si bien los propósitos eran claros, las conclusiones que derivaron de su lectura tanto del poema como de la crónica eran más problemáticas, y reflejaban la falta de fuentes a su disposición en las décadas de los años 1850 y 1860. Bello daba por seguras sus conclusiones tanto sobre la autoría del *CMC* como su fecha, que la investigación posterior ha cuestionado, o incluso contradicho. Pensaba, por ejemplo, que la copia del *CMC* firmada por Per Abat, a partir de la cual se hicieron las versiones posteriores, estaba fechada en 1307. También pensaba que Per Abat era el copista y no el autor, y que había transcrito incorrectamente una versión más antigua. La investigación contemporánea ha complejizado todos estos temas, como asimismo el origen oral o escrito del *Cantar*.[90] Bello no estaba completamente equivocado al afirmar que "la fecha del Poema, considerados los hechos que refiere, su tipo artístico, y lo que por entre las innovaciones de copia se columbra del lenguaje en que estaba escrito, puede colocarse con bastante verosimilitud poco antes o después de 1200" (VII, 554). En donde no tenía suficiente base era al suponer que otro poeta, o poetas, había escrito el *CMC* por esa época, y que luego Per Abat lo había transcrito defectuosamente en 1307.

La reconstrucción del poema era un trabajo muy pesado para Bello, sobre todo considerando el deterioro de su vista, que más y más le hacía difícil entender su propia letra. Pero igual dedicó gran parte de su tiempo, especialmente en la década de los años 1860, a esta tarea. Tal dedicación no pasó desapercibida entre sus colegas. José Victorino Lastarria, entonces decano de la Facultad de Filosofía y Humanidades (y todavía no su némesis), con el apoyo de los académicos decidió pedir al gobierno los medios para publicar el *CMC* en la sesión del 22 de julio de 1862. El gobierno respondió favorablemente el día 18 de agosto del mismo año. Según Miguel Luis Amunátegui, el presidente José Joaquín Pérez vio la posibili-

---

por las *chansons de geste* francesas, el género literario vernáculo más dominante del periodo y, en diferentes niveles, pagó el tributo de la imitación a alguna versión del *Rolando* y tal vez una docena de épicas de las últimas décadas del siglo XII", en *The Making*, p. 217.

[90]   Michael Magnotta, "Per Abat y la tradición oral o escrita en el Poema del Cid: Un ensayo histórico-crítico (1750-1972)", *Hispanic Review*, 43, Nº 3 (Verano 1975), 293-309. Sobre las dinámicas propias de lo oral y lo escrito, véase Walter Ong, *Orality and Literacy: The Technologizing of the Word* (New York: Routledge, 2002) y M.T. Clanchy, *From Memory to Written Record: England 1066-1307*, 3ª edición (Malden, MA: Wiley-Blackwell, 2013).

dad de publicar esta obra como una oportunidad para reconocer el obsequio que la reina Isabel II había hecho al gobierno de Chile: un retrato de Pedro de Valdivia.[91] El agradecido Bello escribió a Lastarria el 20 de agosto para decirle que "creo de mi deber expresarle el íntimo reconocimiento de que estoy penetrado por la parte que V.S. tan espontánea y generosamente ha tomado en este asunto, sin la menor indicación mía, y cuando casi miraba yo como desesperada la publicación de una obra que me ha costado no poco trabajo y desvelos. Yo trataré de ponerla en estado de pasar a la imprenta y lo más pronto posible" (XXII, 166-167).

Lastarria acudió a otro antiguo profesor suyo, José Joaquín de Mora, miembro ahora de la Real Academia Española, para informarle de los esfuerzos realizados en Chile para publicar el *CMC*, e indagar si este cuerpo patrocinaría la obra de Bello.[92] Mora estuvo de acuerdo, y presentó una propuesta al respecto en la sesión de la Academia del 7 de mayo de 1863. Los demás miembros reaccionaron positivamente, pero se encontraron con un problema bastante incómodo, puesto que ya habían encargado al Marqués de Pidal (quien poseía la única copia manuscrita del poema) que preparase una edición del CMC. No podían retirar su invitación a un colega, como tampoco publicar dos ediciones simultáneamente.[93] Al final, la Real Academia no publicó ninguna. Bello mismo llegó a la conclusión de que, incluso con el patrocinio de la Academia, y la disposición del gobierno chileno para financiarla, no habría tiempo suficiente para terminar su propio manuscrito. El 18 de junio de 1863 decidió escribirle al secretario de la Real Academia, Manuel Bretón de los Herreros, para ofrecer sus notas y sus conclusiones. Pedro Grases ha nombrado esta carta, con gran acierto, el "testamento cidiano" de Bello. Era, en efecto, su despedida. Allí resumía sus ideas como sigue:

> Mi designio había sido sugerir las correcciones necesarias o probables que necesita el texto, que son muchas; manifestar el verdadero carácter de su versificación, que, a mi juicio, no ha sido suficientemente determinado, exagerándose por eso la rudeza y barbarie de la obra; y aun suplir algunos de los versos que le faltan con no poco detrimento de su mérito (XXVI, 428).

[91] Amunátegui, *Vida*, p. 175.

[92] La carta de Lastarria a Mora está fechada 17 de marzo de 1863. Mora respondió con una descripción de la discusión en la Real Academia en una carta a Lastarria fechada 28 de junio del mismo año. Véase Domingo Amunátegui Solar, compilador, *Archivo epistolar de don Miguel Luis Amunátegui*, 2 tomos (Santiago: Prensas de la Universidad de Chile, 1942), I, pp. 155-156.

[93] En el Libro de Actas de la Real Academia Española se encuentran los registros del acuerdo con Pidal (sesiones del 7 y 14 de noviembre de 1861) y del "largo debate" sobre el patrocinio de la obra de Bello (sesión del 7 de mayo de 1863).

Bello había insistido en los temas de versificación y en la necesidad de las correcciones desde la década de los años 1820, y había encontrado algún eco entre sus contemporáneos. Pero respecto del último punto, sobre los versos faltantes en el *CMC*, suponía que incluían toda la vida anterior del Cid. Tanto la *Crónica particular* como la *Crónica general* de Alfonso X la incluían, y Bello pensaba que el poema seguía el mismo patrón en su versión original. Esto no es aceptado hoy por los estudiosos, que piensan que solo algunos versos, y no páginas enteras, faltan en el poema. Era, sin embargo, una conclusión razonable en su momento. En la carta a Bretón de los Herreros Bello incluyó el pasaje del enfrentamiento del Cid con el Rey Alfonso VI, conocido como la "Jura de Santa Gadea" en versos rimados al estilo del siglo XIII. Bello suponía que la "Jura" contenía la explicación del exilio del Cid. También suponía que las crónicas se derivaban del *CMC*, y que era por lo tanto posible reconstruir los versos perdidos del poema mediante el uso de la métrica y la asonancia. El resultado, en la parte en que el Cid exige que Alfonso jure por su inocencia en el asesinato del rey Sancho, es el siguiente:

¿Vos venides jurar por la muerte de vuestro hermano,
Que non le mataste, nin fuestes en consejarlo?
Decid: *Si juro*, vos e esos fijosdalgo.
E el rey e todos ellos dijeron: *Sí juramos*.

Rey Alfonso, si vos ende sopiste parte o mandado,
Tal muerte murades, como murió el rey Sancho.
Villano vos mate, que non sea fijodalgo.
De otra tierra venga, que non sea castellano.
Amen, respondió el rey, e los que con él juraron (XXVI, 429).

En la *Crónica*, el Cid obliga al rey a jurar tres veces, quien, luego de protestar "Varon Ruy Diez ¿por qué me afincades tanto?" según la narración, "desamóle de alli adelante".[94] Esta afirmación es la que explica, para Bello, el exilio del Cid.

Además de su propuesta sobre los versos ausentes en el *CMC*, la carta a Bretón de los Herreros se refería también a un tema ya mencionado en su respuesta a Ticknor, a saber, que el octosílabo del romance español no era una forma autóctona de versificación, sino más bien una derivación del verso alejandrino, presente en las *chansons* francesas, junto a otros tipos de métrica. Esta era la de-

---

[94] La versión de la Crónica en la biblioteca privada de Bello era la de Victor Aimé Huber, *Chrónica del famoso caballero Cid Ruy Díaz Campeador* (Marburg: Bayrhoffer, 1844). Utilizo aquí el texto incluido en OC, VII, 51.

mostración más importante de la influencia francesa en la poesía épica española. Bello cerraba su carta con el siguiente ofrecimiento:

> La Real Academia hará el uso que guste de estas indicaciones. Me bastaría que su comisión me hiciese el honor de tenerlas presentes, aunque fuese para desestimarlas, si las creyese infundadas, al mismo tiempo, me sería sumamente lisonjero que se dignase a pasar la vista por algunos de los principales escritos que había trabajado con el objeto de dar a luz una nueva edición de la *Gesta de Mio Cid*, empresa iniciada cuarenta años ha, pero que ya me es imposible llevar a cabo. Si la Real Academia aceptase este humilde tributo lo pondría inmediatamente a su disposición, sometiéndolo en todas sus partes a su ilustrado juicio (XXVI, 432).

Debió ser una gran desilusión para Bello el no recibir una contestación. Había sido elegido Miembro Honorario (1851) y luego Correspondiente (1861) de la Real Academia Española por sus aportes al estudio del castellano.[95] Bello tenía un gran aprecio por la Academia, y era a su vez altamente considerado por sus miembros. En este caso, sucesos de otro tipo parecen haber intervenido para interrumpir la comunicación: la relación que Bello había cultivado tan cuidadosamente con España se vio de pronto amenazada cuando, en abril de 1864, una flota española invadió las islas Chincha del Perú. Está invasión provocó la reacción inmediata de varios países hispanoamericanos, incluyendo Chile. En la Universidad, el anciano Bello presidió las sesiones del Consejo Universitario del 8 y el 14 de mayo de 1864 (la última de sus veintidós años de rectorado), en que la Universidad condenó formalmente la invasión y ofreció su ayuda al gobierno en el caso de un agravamiento de la crisis, como en efecto ocurrió. Bello estaba todavía vivo cuando Chile declaró la guerra a España el 5 de septiembre de 1865 y quizás tuvo la suerte de no estarlo para el bombardeo de Valparaíso, su amado refugio veraniego, el 31 de marzo de 1866. Las esperanzas de restablecer los lazos con la Madre Patria sobre la base del mutuo respeto y de las raíces culturales compartidas fueron cruelmente destruidas por este suceso.[96] Pasarían muchos años antes de

---

[95]   Véase Alfredo Matus O., "Don Andrés Bello y la Real Academia Española", en Instituto de Chile, *Homenaje a Don Andrés Bello, con motivo de la conmemoración del bicentenario de su nacimiento, 1781-1981* (Santiago: Editorial Jurídica de Chile y Editorial Andrés Bello, 1982), pp. 57-80. En el Libro de Actas (1860-1863) de la Real Academia Española consta que el último nombramiento fue propuesto por los académicos de número Antonio Ferrer del Río, Manuel Cañete y Ventura de la Vega el 21 de Febrero de 1861. Fue elegido por unanimidad en la sesión del 28 de febrero de 1861.

[96]   Descripciones de estos eventos por parte de testigos de la época son las de Benjamín Vicuña Mackenna, *Historia de la guerra de Chile con España, 1863-66* (Santiago: Imprenta Victoria, 1883)

que Chile y España retomaran el nivel de relaciones amistosas logradas por Bello mediante la diplomacia y el intercambio cultural desde la década de los años 1830.

¿A qué se debe que Bello volviera con tal concentración a sus estudios sobre literatura medieval española? Después de un trabajo tan prolongado sobre temas de interés práctico e inmediato como el derecho civil e internacional, la gramática y la educación, ¿por qué consideró que la literatura medieval era tan importante como para dedicarle los últimos años de su vida? Una manera de responder a estas preguntas es señalar que, por su educación e inclinación personal, Bello era un estudioso de las humanidades. Un trabajo serio en humanidades durante esta época suponía un compromiso importante con un amplio espectro de temáticas sobre el lenguaje.[97] Su conocimiento de lenguas, tanto clásicas como modernas, era notable según el testimonio de todos los que le conocían, lo que también se puede observar en sus investigaciones y en su uso de fuentes documentales. No resulta completamente sorprendente, entonces, que en sus últimos años retomara los intereses medievales puesto que nunca los había abandonado por completo, y porque involucraban temas fundamentales respecto de los orígenes de la lengua. El *CMC* le permitía usar todos sus talentos filológicos, pero también le resultaba relevante en otros sentidos: se trataba en primer lugar de una obra que le había cautivado en un momento crucial de su maduración humana e intelectual. También, sentía una fuerte identificación con un héroe que ejemplificaba la prudencia, que amaba la ley y la patria, y que podía servir como modelo de ciudadanía en las nuevas repúblicas. Sin embargo la intensidad de la polémica con Ticknor, y su trabajo tan concentrado en el *CMC*, sugieren algo más: el que su propósito principal al estudiar los orígenes de la lengua y literatura castellanas era el destacar sus conexiones con el surgimiento de la nación, especialmente cuando la independencia hispanoamericana agregaba nuevos contenidos, significados y urgencia a este proceso.[98]

En la interpretación de George Ticknor, la nacionalidad era sinónimo de excepcionalismo. Bello, por su parte, consideraba la nacionalidad como una compleja combinación de elementos políticos, culturales y lingüísticos tanto locales como globales. En el contexto de la independencia, estaba convencido de que el

---

y Abdón Cifuentes (1836-1928), *Memorias*, 2 tomos (Santiago: Editorial Nascimento, 1936), I, pp. 105-120. Véase también Cedric Purcell, *La guerra con España y el bombardeo a Valparaíso, 1865-1866* (Santiago: RIL Editores, 2017).

[97]   Véase James C. Turner, *Philology: The Forgotten Origins of the Modern Humanities* (Princeton: Princeton University Press, 2014).

[98]   Véase Juan Ennis, "Del retorno a un nuevo origen: Filología, archivo y nación en el Cid de Andrés Bello", en Marco Thomas Bosshard y Andreas Gelz, eds., *Return Migration in Romance Cultures* (Freiburg: Rombach Verlag, 2014), pp. 103-126.

éxito en la construcción de las naciones dependería no de promover un sentido de peculiaridad que pudiese implicar aislamiento, sino de una plena apertura internacional en lo político y cultural. La discusión en torno a los antecedentes del *CMC* (fuesen estos puramente españoles o de raíces europeas más amplias), podía ser altamente polémica dado que involucraba visiones diametralmente opuestas sobre la creación y consolidación de las naciones.

Quizás sin que lo supiera la mayoría de sus contemporáneos, Bello estaba política, intelectual y personalmente comprometido con la construcción de repúblicas que incluyeran elementos clásicos y modernos en su estructura política y en su vida cultural. Desconfiando de los liderazgos personalistas, y plenamente consciente de que la época del legitimismo monárquico había terminado, Bello dedicó todos sus esfuerzos a la creación de una legitimidad republicana que descansara sobre las bases del imperio de la ley. Este énfasis en un orden autosostenido se debía, en parte, al haber sido testigo del caos de la independencia, impresión que permanencía vigente puesto que no dejaba de percibir síntomas de disolución social en los diferentes avatares políticos del periodo. Por eso, construía pacientemente el orden, pero volvía una y otra vez a los temas de fragmentación, caos, y restablecimiento del orden (dinámica que se reflejaba en la historia del lenguaje) para advertir sobre el peligro de una nueva desintegración, dado el precario contexto económico y político del surgimiento de las naciones hispanoamericanas.

La lección más importante de la experiencia medieval española era que el país había surgido del colapso del imperio romano y de la invasión musulmana gracias a una autoridad centralizada y legitimada por un sistema jurídico renovado. El *CMC* dio a Bello un claro ejemplo de los sacrificios que esto exigía, como también un modelo de identidad nacional que surgía no de una peculiaridad o excepcionalismo cultural sino del compromiso con ciertos valores perennes como la lealtad al país, a la nación y a la justicia.[99] Esta era precisamente su interpretación del poema y lamentaba que no fuese universalmente compartida por los investigadores. Pero Bello mantuvo sus convicciones, como si el destino de las repúblicas hispanoamericanas dependiera del reconocer y apreciar las lecciones del mismo país contra el que su generación había combatido.

---

[99] Richard Fletcher, quien no parece haber conocido el trabajo de Bello sobre el *CMC*, coincide sin embargo bastante al describir los propósitos del poema: "Es posible entender cómo el Cid del poema podía tener un eco especial en la Castilla de Alfonso VIII. Este era un imperio amenazado por quienes ponían el faccionalismo por sobre el bien común, abandonaban el patriotismo cristiano y olvidaban sus deberes para con el rey. El poeta recordaba a sus compatriotas en dónde radicaban sus responsabilidades, y también aclaraba que el interés coincidía con el deber", en *The Quest*, p. 195.

Conclusión
Adiós a Néstor

Bello pasó los últimos cinco años de su vida sumido en la reflexión y en el estudio. Fue durante ese tiempo, en 1861, que recibió la visita de un investigador francés, Théodore Mannequin, quien escribiría más tarde una extensa reseña del libro del escritor colombiano José María Torres Caicedo sobre las letras hispanoamericanas. En esa reseña, Mannequin hizo la siguiente descripción:

> He conocido a algunos de los escritores escogidos por el señor Torres Caicedo, y podría agregar mi testimonio al suyo con respecto a ellos. Citaré particularmente a don Andrés Bello, a quien yo llamaría con gusto el Néstor de la literatura hispanoamericana. Don Andrés será bien pronto nonagenario; y continúa trabajando como en su juventud. Un historiador eminente, don Diego Barros Arana, a quien siento no ver figurar en la primera serie de las biografías del señor Torres Caicedo, me condujo a casa de Bello, cuatro años ha [1861], en Santiago de Chile. El sabio anciano estaba en su bufete, donde pasa regularmente ocho o diez horas cada día; es el puesto en que quiere morir. No he visto nunca cabeza más bella, ni fisonomía más dulce y benévola. Contra los hábitos de los ancianos, habla poco, y gusta oír hablar. Hay siempre que aprender, dice, en el trato de nuestros semejantes. ¡Rara y encantadora modestia, que aún no ha formado escuela en parte alguna! Don Andrés sería excusable, sin embargo, si tuviese vanidad, porque ha escrito obras estimadas sobre el derecho internacional, el derecho civil, la gramática y la filosofía, sin contar numerosas y bellas poesías, que por sí solas habrían bastado para adquirirle nombradía. Debo agregar que ha entrado en posesión de su fama científica y literaria desde el principio de su carrera.[1]

---

[1] La reseña de Mannequin apareció en el *Journal des Économistes*, N° 45 (Febrero de 1865), 311-313. Utilizo aquí la traducción de Miguel Luis Amunátegui en *Vida de don Andrés Bello* (Santiago; Imprenta de Pedro G. Ramírez, 1882), pp. 665-666. El libro de Torres Caicedo es uno de los primeros estudios generales de literatura hispanoamericana y se titula *Ensayos biográficos y de crítica literaria sobre los principales poetas y literatos Hispano-Americanos*, 3 tomos (París: Libraire Guillaumin et Co., Éditeurs, 1863-1868). La sección sobre Bello se encuentra en I, pp. 87-111.

La descripción de Mannequin confirma la concentración de Bello en el estudio durante los últimos años de su vida. Su nieta Isabel (hija de María Ascensión) le ayudaba con los libros que necesitaba de entre los tres mil tomos de su biblioteca personal, cuya ubicación recordaba con memoria infalible. Bello pasaba la mayor parte del tiempo en su escritorio, casi siempre solo, o en compañía de su gato "Micifuz".[2] Fue en su escritorio que se fotografió, alrededor de 1862, solo y con su esposa Isabel. En estas imágenes Bello muestra una expresión triste, que podría ser hasta una mueca de dolor.[3] El primero de marzo de 1864 Bello le dio a Manuel Ancízar, quizás el más querido de sus corresponsales, una serena descripción de su estado de salud:

Carezco del uso de las piernas, y pudiera añadir, del de las manos, porque mi letra es enteramente ininteligible aun para mí mismo después de algunos días de escrita. Me es indispensable la luz del sol para leer, y aun entonces necesito de un tipo medianamente claro y no muy pequeño. Así, me veo precisado a valerme de un escribiente (como ahora lo hago) para todas mis comunicaciones escritas (XXVI, 440).

A ese mismo amigo le confesó, el 8 de junio de 1865, que "difícilmente podría V. formarse una idea de las inhabilidades a que estoy sujeto; mis fuerzas están enteramente gastadas; aun para echar mi firma tengo que hacer un penoso esfuerzo, y tengo por necesidad que hacer confianzas íntimas a cualquier persona que me preste su pluma" (XXVI, 472).

La correspondencia de Bello terminó súbitamente el 22 de agosto de 1865, cuando dictó su último memorándum, sobre un asunto de rutina, al Ministro

---

[2]   Miguel Luis Amunátegui notó el cariño que Bello tenía por este gato romano, y lo mencionó en sus *Estudios biográficos*, 4 tomos (Santiago: Imprenta Nacional, 1893-1896), II, p. 231. Paulino Alfonso (1862-1923) mencionó con posterioridad cómo esta mascota se transformó en leyenda familiar y nacional: cuando murió Bello, "Micifuz" no quiso abandonar a su amo y saltó a su ataúd cuando lo trasladaban a la Catedral. Véase su "Don Andrés Bello: Antecedentes de influencias y rasgos íntimos", en Guillermo Feliú Cruz, *Estudios sobre Andrés Bello*, 2 tomos (Santiago: Fondo Andrés Bello, Biblioteca Nacional, 1966 y 1971), I, p. 172. Véase también Simon Collier y William F. Sater, *A History of Chile, 1808-2002*, 2ª ed. (Cambridge: Cambridge University Press, 2004), p. 234.

[3]   Las fotografías de Bello no han sido reunidas en un libro, pero al menos algunas de ellas se pueden consultar en el Archivo Fotográfico de la Universidad de Chile. Una buena selección de imágenes es la de Pedro Grases, compilador, *Los retratos de Bello*, 2ª edición (Caracas: Publicaciones del Banco Central de Venezuela, 1980) y también Luis Bocaz, *Andrés Bello*, quien además reconstruye su entorno familiar. Un daguerrotipo de 1853 o 1854 fue descubierto por el investigador Daniel Gutiérrez en el Museo Nacional de Colombia. Los pormenores de esta imagen y su hallazgo aparecen detallados en mi "Imágenes desconocidas de Andrés Bello", *Anales de Literatura Chilena*, Nº 27 (Junio de 2017): 15-28.

de Instrucción Pública.[4] Unos días después, el primero de septiembre, Bello cayó enfermo. Su médico particular, Adolfo Murillo, detectó una bronquitis que comprometió rápidamente ambos pulmones, causándole fiebre y delirio. En ese estado ya débil contrajo una fiebre tifoidea, que era epidémica en ese momento en Santiago (y que arrebató la vida de uno de sus propios doctores, Lorenzo Sazié). En su delirio, Bello creía ver los versos de la *Ilíada* y de la *Eneida* dibujados en las cortinas en torno a su lecho, y hasta luchaba por discernir las palabras, que recitaba.[5] A pesar de su gravedad Bello superó lo peor de esta crisis, pero la inmovilidad de varias semanas provocó una gangrena en el sacro. Ya sin fuerzas para alimentarse, Bello entró en un estado de coma. Uno de sus médicos, y amigo, el irlandés Guillermo Blest, tuvo que decirle a Isabel Dunn, "Mistress Bello; Yo creo que no hay nada que hacer a su marido, sino dejarlo tranquilo. Es una naturaleza que se agota".[6] Y, efectivamente, Andrés Bello murió el domingo 15 de octubre, a las 7:45 de la mañana, a seis semanas de sus ochenta y cuatro años.[7]

Homenaje

"¡Santiago está de luto!" anunció *El Ferrocarril* el lunes 16 de octubre de 1865, resumiendo de esta manera el impacto de la muerte de Bello en un país acostumbrado a su presencia en la vida pública. "La muerte del señor Bello", continuó *El Ferrocarril*, "es una desgracia nacional. Con él ha perdido Chile i la América entera el sabio más universal i más distinguido que haya producido nuestro continente".[8] *El Mercurio* agregó su propio reportaje el 17 de octubre, detallando los principales hitos de la vida de Bello, y anunciando que "la sociedad

[4]	Andrés Bello al Ministro de Instrucción Pública [Federico Errázuriz Zañartu], 22 de agosto de 1865, en OC, XXII [*Temas educacionales-2*], 225.

[5]	Ana Luisa Prats Bello (nieta de Andrés Bello), "Andrés Bello, silueta del abuelo", en Feliú Cruz, *Estudios*, I, p. 233. Véase también Fernando Murillo Rubiera, *Andrés Bello: Historia de una vida y de una obra* (Caracas: La Casa de Bello, 1986), p. 56.

[6]	Paulino Alfonso, "Don Andrés Bello", en Feliú, *Estudios*, I, p. 172.

[7]	La defunción se encuentra registrada en la Parroquia Santa Ana del Arzobispado de Santiago. Allí se indica que Bello "No testó, recibió los sacramentos de penitencia, eucaristía y extrema unción. Pagó por el entierro 20 p[esos]".

[8]	"El Sr. D. Andrés Bello", *El Ferrocarril*, N° 3.056, 16 de octubre de 1865. Este diario había publicado un suplemento el día anterior (N° 3.055) anunciando el fallecimiento, es decir, a horas del suceso.

de Santiago se prepara a tributar a ese eminente sabio el más digno homenaje de que se tenga noticia".[9]

Los preparativos comenzaron inmediatamente. El lunes 16 de octubre el Consejo Universitario se reunió en sesión extraordinaria, llamando a todos los miembros de la corporación a asistir a los funerales, y designando a Ignacio Domeyko para pronunciar el elogio en nombre de la institución.[10] El gobierno, por su parte, llamó a los miembros del gabinete, del Senado, de la Cámara de Diputados, y a todos los miembros de la administración pública a concurrir a los servicios funerarios.[11] Además, los estudiantes de la Delegación Universitaria y de las escuelas particulares, junto a los oficiales del Ejército y de la Guardia Nacional fueron llamados a ser parte de la procesión. Los planes incluían una misa en la Catedral de Santiago el martes 17 de octubre a las 10 de la mañana y un cortejo al cementerio inmediatamente a continuación. Lo que no estaba planificado era la espontánea y masiva demostración de pesar por parte de sectores más amplios de la población.

Las visitas llegaron a la casa de Bello el mismo día domingo y ya para el lunes era constante el flujo de personas que concurría a dar su último adiós. Entre ellos estaba el ex presidente Manuel Bulnes con su hijo Gonzalo, de catorce años, más tarde un destacado historiador, quien contó que su padre

> ...me llevó a la casa de don Andrés, desde el colegio, y tengo presente en mi memoria la casa donde vivía el sabio, en la calle Catedral, la pieza a la cual entramos, donde yacía el cuerpo inanimado. A los pies del lecho estaba arrodillada una señora, rezando fervorosamente, quien le tomó una mano al muerto y le dijo: Hasta luego, señor... Yo pregunté a mi padre, visiblemente emocionado, quién era la dama y él me respondió, que era [la poetisa] doña Mercedes Marín del Solar. Al marcharnos de la casa de don Andrés, mi padre me agregó: Te he traído para que veas al señor Bello, aunque muerto, porque en tu vida te habrás de sentir honrado con haber estado cerca de él.[12]

La idea de la grandeza de Bello era compartida, silenciosa pero no menos elocuentemente, por la gran cantidad de gente que asistió al funeral. *El Mercurio*

---

[9]   *El Mercurio*, N° 11.478, 17 de octubre de 1865.

[10]   "Sesión extraordinaria del 16 de octubre de 1865", *Anales de la Universidad de Chile* [AUCH] 27, N° 4 (Octubre de 1865), 463-464. Las actas de la sesión fueron también publicadas en *El Ferrocarril*, N° 3.056, 16 de octubre de 1865.

[11]   "Honores fúnebres", *El Ferrocarril*, N° 3.056, 16 de octubre de 1865.

[12]   Armando Donoso, *Recuerdos de cincuenta años*, prólogo y notas de Ricardo Donoso (Santiago: Editorial Nascimento, 1947), pp. 255-256.

informó que una multitud de diez mil personas acudió al cortejo del día martes 17 de octubre. Esta masa de personas se reunió en la casa de Bello a las 9:00 de la mañana y salió de allí ordenadamente camino a la Catedral, donde el canónigo José Manuel Orrego, Decano de la Facultad de Teología de la Universidad de Chile, ofició la misa en lugar del Arzobispo Rafael Valentín Valdivieso, quien estaba enfermo y no pudo asistir. El cuerpo de Bello, vestido con atuendo académico, salió de la iglesia en un ataúd descubierto. En ese momento un grupo de estudiantes desenganchó a los caballos del carro fúnebre, al que amarraron con sogas e hicieron rodar ellos mismos. Detrás iban los alumnos de los colegios, los miembros de la Universidad, los amigos de la familia, y al final una escolta de caballería. El redactor de *El Mercurio* dejó de lado toda pretensión de frialdad objetiva y describió la escena como sigue:

> El fúnebre ataúd fue conducido al cementerio en medio del más lucido, del más soberbio y numeroso acompañamiento que hayamos presenciado jamás. Todos los coches de la capital, tanto de uso particular como del tráfico público, no bastaron para la inmensa concurrencia, gran parte de la cual se dirigió a pie al lugar santo. Las calles del tránsito estaban literalmente llenas de un gentío compuesto de todas las clases y condiciones sociales. La mente se extasiaba con la sola consideración de que tan solemne ovación popular era tributada, no al guerrero sino al sabio que, con la fama de su talento y de sus obras, había llamado la atención de dos continentes.[13]

El cortejo llegó al cementerio a mediodía, y allí pronunciaron sus discursos Federico Errázuriz Zañartu, Ministro de Instrucción Pública y luego Presidente de Chile; Miguel Luis Amunátegui, Secretario General de la Universidad de Chile; Manuel Antonio Tocornal, en representación del Congreso; e Ignacio Domeyko, representando al Consejo Universitario. Estos discursos son particularmente importantes, puesto que revelan la percepción del significado de la vida y obra de Bello en el momento de su muerte. Errázuriz la expuso en los siguientes términos:

> Chile tiene mil motivos para lamentar la pérdida irreparable del ilustre sabio que la muerte acaba de arrebatarle. Los más preciosos adelantamientos que hemos obtenido en la vía del progreso literario y científico, los adelantamientos de la inteligencia, se encuentran inseparablamente vinculados a su nombre. Padre y fundador de nuestra literatura nacional, esta le es deudora del estado floreciente en que se encuentra. La ciencia del derecho le debe

---

[13] "Exequias en honor del Sr. D. Andrés Bello", *El Mercurio*, Nº 11.479, 18 de octubre de 1865.

obras inmortales, textos de enseñanza inestimables, discípulos distinguidos y profundos, leyes sabias, y un monumento imperecedero de sabiduría y de genio en la grande obra de nuestro Código Civil. La política le es deudora de la dirección, durante una larga serie de años, de nuestras Relaciones Exteriores, que siempre llevó con acierto, con brillo y dignidad. En él se inspiró constantemente nuestra elevada y noble diplomacia. El espíritu de Andrés Bello ha vivido y vivirá siempre en la justicia de los propósitos, en la elevación de miras y en la nobleza de sentimientos que hasta aquí han guiado a nuestros hombres públicos en el manejo de nuestros negocios con las naciones extranjeras.[14]

El discurso de Errázuriz destacaba a Bello como ciudadano y sabio investigador antes que como el funcionario público que había sido blanco de ataques incluso, por el peso de su apoyo a tres décadas de gobiernos conservadores. Tal como lo mencionó *El Mercurio*, era sorprendente que se apreciara tanto a Bello como un hombre de estudio. La composición misma del grupo a cargo de los elogios, todos ellos del ámbito de la educación, demuestra que este era el aspecto de la actividad de Bello que se celebraba y que perduraría. En efecto, a partir de ese momento se plasmó una imagen de Bello como educador, investigador y jurista en Chile y en el continente. Amunátegui reforzó esta imagen al honrar a Bello como "el primero de los poetas, el primero de los literatos, el primero de los jurisconsultos hispanoamericanos".[15] Amunátegui era la persona que más conocía la obra de Bello. De hecho, se transformó en el incansable organizador y descifrador de los manuscritos de su maestro, como también el compilador de las obras completas que empezaron a publicarse en 1881, si bien no llegó a ver impresos todos sus tomos. En el funeral, Amunátegui mencionó las obras que le parecían más importantes, incluyendo algunas que aún no salían a la luz. En efecto, mencionó la *Gramática*, el *Cantar de Mio Cid*, la *Filosofía del entendimiento*, y el *Código Civil*, selección que se transformaría en la base de las evaluaciones posteriores de la obra de Bello. También, dio un sello internacional a la figura de su maestro:

[14]   El discurso de Errázuriz apareció en *El Mercurio*, Nº 11.479, 18 de octubre de 1865. También en AUCH, pp. 410-411. La *Revista Católica* respaldó este discurso y agregó su propio comentario sobre Bello, que además de los justos elogios, "por fin y lo que para nosotros católicos ante todo es mucho más, la piedad con que se ha preparado desde mucho tiempo a la muerte, que esperaba tranquilo, nos asegura de su eterna felicidad", Nº 886, 21 de octubre de 1865. Fue bajo la Presidencia de Errázuriz que se promulgó la ley para publicar las obras completas de Bello (5 de septiembre de 1872).

[15]   Amunátegui, en AUCH, p. 413.

El nombre de don Andrés Bello es no solo venezolano o chileno, sino también americano; y no solo americano, sino también europeo: en alas de la fama había pasado de un continente a otro. Su cuna está en Venezuela; su sepultura en Chile; su gloria, en toda comarca a donde han llegado las producciones de su privilegiado talento.[16]

Bello el sabio, el educador, el jurista, era también celebrado como el hombre que había denunciado la invasión española de las islas Chincha del Perú en su última sesión en la Universidad de Chile. *El Mercurio* consideró importante destacar, el día del anuncio de su muerte, que "en sus últimos días preguntaba a sus amigos si el gobierno de España había aprobado ya el arreglo de los Sres. Covarrubias y Tavira, ignorando que hacía muchos días que [el Almirante español José Manuel] Pareja había consumado la más injusta y procaz de las agresiones". Es decir, tenía aún esperanzas de que prevaleciera la diplomacia.[17] Tanto en este artículo como en los discursos de Errázuriz y Amunátegui, surgía la imagen de Bello como estadista que daba al país un sentido de dirección en medio de grandes dificultades internacionales. Al mismo tiempo, la sensación de que faltaba algo por decir respecto de Bello se intensificó durante la intervención de Manuel Antonio Tocornal, el discípulo que le reemplazaría en la rectoría de la Universidad de Chile. Tocornal cerró su breve pero emotivo discurso con una frase decidora pero críptica en latín: *Tanto nomini nullum par elogium* (no hay elogio digno de tan grande hombre).[18] Fue Ignacio Domeyko quien expresó finalmente lo que faltaba por decir: "No es dado, señores, enumerar fríamente los inmensos méritos y servicios de don Andrés Bello". Incluso si esto fuera posible, agregó, "dudaría la razón que en una sola vida, un solo hombre pudiera saber tanto, hacer tanto y amar tanto".[19]

Consideraciones finales

Este libro ha intentado demostrar que tanto la personalidad como el significado de la obra de Bello son enormemente complejos y que solo pueden entenderse plenamente a la luz de la contextualización histórica. El Bello que surge de este

[16]   *Ibídem*, 414. También en *El Mercurio*, N° 11.479, 18 de octubre de 1865.
[17]   *El Mercurio*, N° 11.478, 17 de octubre de 1865.
[18]   Esta inscripción adorna el cenotafio de Maquiavelo en la Basílica de Santa Croce en Florencia.
[19]   Domeyko, en *AUCH*, pp. 411-412.

análisis es una persona que se vio forzada a cambiar rumbos ideológicos y políticos, enfrentar la experiencia del exilio y las tragedias familiares, y vivir en constante temor del caos y de la desintegración nacional e internacional. El Bello que surge de estas páginas es una persona que sintió una gran ambivalencia respecto de la pérdida de la legitimidad monárquica: solamente abrazó el nuevo orden republicano poscolonial cuando entendió que era posible asentarlo sobre bases intelectuales e institucionales firmes. Sus estudios sobre lenguaje, literatura y leyes tenían un propósito, y este era el de promover una perspectiva muy específica de la nacionalidad. Tal es el objetivo que nos invita a reconsiderar su obra, como también el surgimiento de los Estados nacionales en la Hispanoamérica del siglo diecinueve.

No hay duda que Bello era una persona singular, pero una parte importante de esta singularidad radica en las circunstancias de su nacimiento en el periodo tardocolonial en Venezuela, sus largos años de residencia en Londres durante las guerras de independencia, y su traslado al remoto Chile en un periodo crítico de la construcción del Estado en ese país. Bello fue sin lugar a dudas un intelectual destacado que recibió una educación clásica de primer nivel, bajo la tutela de maestros extraordinarios, en su Caracas natal. Pero el impacto de los eventos de la independencia debe incluirse en una evaluación de la personalidad y la obra de Bello. Es importante reconocer que Bello sentía una fuerte lealtad por el orden colonial, que solo lenta y difícilmente dio lugar a un cauteloso concepto de nacionalidad independiente, cuando ya no quedaba esperanza alguna de restitución de la monarquía española. La experiencia del destierro, especialmente en las circunstancias de Bello, a saber, acompañada del colapso del imperio español en América, fue mucho más significativa de lo que se ha reconocido hasta el momento. La pérdida traumática de su hogar venezolano pasó a ser un factor fundamental en su adhesión a una visión política de la nacionalidad. En un momento afirmó explícitamente que el imperio de la ley era el único hogar deseable, declaración que es tanto política como autobiográfica, puesto que fue solamente después de haber perdido los lazos con la tierra de su nacimiento, de su sangre y de sus afectos, que pudo vislumbrar una nueva nación, un nuevo orden en el que imperaba la ley. Este cambio tuvo un gran costo, como lo vimos en la dolorosa comunicación con su madre y en sus nostálgicos recuerdos de Caracas. Pero también es importante reconocer que Bello fue capaz de empezar de nuevo y que luchó por el orden político republicano con una tenacidad y convicción incuestionables. Su lealtad no era hacia líderes específicos, sino hacia un sistema político y legal impersonal.

Bello era también un hombre que temía al desorden en la sociedad. No participó en ninguna de las batallas de la independencia, y por encontrarse tan a la distancia, en Londres, tendía a veces a magnificar la catástrofe. Su época, sin embargo, era la época de las guerras napoleónicas, un periodo de enormes realineamientos políticos y estratégicos internacionales, y también de padecimiento para grandes sectores de la población europea, entre los que se incluía él mismo y su familia en Londres. No ignoraba, entonces, las realidades de la guerra, o las dificultades para construir un orden posterior. Luego del colapso del imperio español, Bello no podía estar seguro de la sobrevivencia de ningún sistema político, ya que un simple evento, nacional o internacional, podía demoler hasta el orden social y político más cuidadosamente construido. De allí su convicción en el sentido de que las únicas bases sólidas del orden provenían de un sistema de leyes, y de su fuerte apoyo por parte de la población. Tal perspectiva del orden exigía no una obediencia formal a un sistema jurídico, sino una convicción personal de la importancia de las reglas para la sociedad, aun cuando fuera a expensas de los intereses individuales. Esta es tal vez la razón por la que estaba siempre alerta a cualquier síntoma de violación de las reglas de conducta individual y colectiva, y también la razón por la que pasó más de veinte años redactando el Código Civil y definiendo el ámbito del derecho internacional. El apoyo de Bello a los gobiernos conservadores, a pesar de tres sangrientas guerras civiles y múltiples manifestaciones de oposición al régimen, sugiere que no veía en tales protestas más que una falta de comprensión de las reglas fundamentales de la conducta individual y la convivencia social.

El énfasis de Bello en educación, gramática y literatura clásica es una demostración más de su interés por mantener las pasiones (o la licencia, como prefería decir) políticas o creativas bajo estricto control. El sistema legal podía condenar y castigar las transgresiones, pero su esperanza era que la censura proviniera de fuentes más íntimas motivadas por casos ejemplares de autocontrol y sacrificio individual. Tales ejemplos se encontraban en la buena literatura, especialmente la literatura clásica, como también en la disciplina para estudiar y reflexionar. Como confesó en la ocasión de la instalación de la Universidad de Chile, él mismo había encontrado consuelo en las letras en épocas de adversidad. La primera vez que padeció la muerte de un hijo llegó a dudar de sus creencias religiosas; las muertes posteriores le hicieron sentir una fría desesperación que pudo comunicar a sus amigos, pero que también quería reprimir. Mientras más sufría por las tragedias familiares, más buscaba un alivio en la literatura y en la poesía, que no solo leía, sino que también componía en tales situaciones. Su esperanza era que los consuelos de las humanidades, como los de la religión, proporcionaran un alivio al padecer individual y afianzaran el orden social.

Bello tuvo, sin embargo, una relación conflictiva con la religión. Esto se debía en gran parte a que los esfuerzos por construir naciones basadas en el imperio de la ley pugnaban con las lealtades a corporaciones, creencias, o personas. Bello trabajó por el establecimiento de Estados fuertes y centralizados, preparó una legislación laica, y defendió una filosofía de la educación que, si bien no era antagónica a la religión, estaba orientada a cultivar la adhesión ciudadana al Estado laico. El desarrollo de las naciones, de este modo, ocurría al menos en parte a expensas de los intereses y prerrogativas de la Iglesia Católica. No obstante, y a pesar de sus dudas ocasionales en momentos particularmente difíciles, Bello era un hombre profundamente religioso. Su devoción, cabe señalar, era privada. En un nivel muy personal, la dualidad entre sus compromisos públicos y sus creencias privadas generaban conflictos internos, que Bello canalizaba a través de la escritura y del cultivo de un número sorprendente de ramas del conocimiento.

Una comprensión de la historia personal y las motivaciones más íntimas de Bello es parte muy importante, pero no la única, para explicar sus objetivos y actividades. Después de todo, Bello era un organizador incansable: editaba periódicos, escribía mensajes presidenciales, creaba instituciones culturales y educacionales, y en el Senado presentaba proyectos de ley para una variedad de asuntos que iban desde las jubilaciones hasta la política monetaria y el efecto retroactivo de las leyes. Obviamente, había una serie de necesidades nacionales prácticas que Bello estaba en condiciones de entender y satisfacer, y lo hizo como miembro de una generación de fundadores de naciones que entendían la magnitud de las tareas, tanto grandes como pequeñas, que eran necesarias para construir el orden poscolonial. En este sentido, Bello descubrió que lo que tenía que ofrecer era acogido, y fue generoso en su dedicación a tales tareas. Pero no había otra nación como Chile en mejores condiciones para aprovecharse de los conocimientos y talentos de Bello: el país no había sido víctima de guerras prolongadas y destructivas (como Venezuela) o desastres económicos de primera magnitud como los de Perú o México. Chile era un país compacto, con un territorio pequeño y una población sin grandes divisiones regionales. Tampoco sufría los efectos de la política imperial que habían padecido otras colonias, e incluso se benefició del énfasis borbónico en la centralización. El país al que llegó era un país que podía resistir la transformación de monarquía a república, puesto que el modelo republicano, con un Estado fuerte en su base, continuaba el mismo énfasis centralizador. Al mismo tiempo, era un país en el que estaba todo por hacerse en términos de la organización de la administración pública, los protocolos típicos de las relaciones entre las ramas del gobierno representativo, y el establecimiento de las relaciones internacionales. En tal contexto, Bello podía hacer su aporte, que consistía en adaptar las instituciones y costumbres existentes a un sistema republicano, y transformar así a una provincia marginal del imperio en una nación modesta pero respetada y abierta al comercio exterior. Su experiencia de dos décadas en Gran Bretaña, que le dio familiaridad con los procedimientos diplomáticos y una profunda comprensión de la política internacional, probó ser de gran ventaja para un país remoto que debía abrirse paso en un nuevo orden internacional.

Debido a su larga vida, Bello fue testigo y actor de los grandes eventos de la historia de su tiempo en Hispanoamérica y en Europa. Pocos como él habían tenido relaciones cercanas con Alexander von Humboldt, Simón Bolívar, Francisco de Miranda, James Mill, Jeremy Bentham, José María Blanco White, George Canning, y casi todos los líderes hispanoamericanos desde 1820 a 1860. Pocas personas podían recordar específicamente los ritmos de la vida colonial, el colapso del imperio español en América, las guerras de independencia, la revolución liberal española de 1820, el reconocimiento europeo de la independencia hispanoamericana, el surgimiento de un nuevo orden mundial después de las guerras napoleónicas, y la construcción de nuevas naciones en Hispanoamérica en el siglo XIX. Pocos habían vivido el tiempo suficiente como para ser testigos del patético intento, pero alarmante en su momento, de España por recuperar parte de sus antiguas posesiones americanas en la década de los años 1860.

Durante su larga trayectoria Bello pudo combinar su conocimiento de los asuntos internacionales con una inteligente evaluación de la situación política nacional. Entendió muy pronto la reticencia de los líderes de las nuevas naciones, y también de amplios segmentos de la sociedad, por concebir la independencia como sinónimo de cambio revolucionario. Pero también entendió que el cambio era necesario, sobre todo en lo que respecta a la creación de un nuevo sistema jurídico, salvo que sus propuestas en este terreno, como en política, eran cautelosas y gradualistas. Es por eso que sus contemporáneos no vacilaron en calificarlo de monarquista y reaccionario con un apasionamiento que, aunque comprensible en su momento, probó ser exagerado. Bello logró quizás el cambio más radical: la creación de un nuevo sistema de legislación civil que rompía con el orden colonial, precisamente porque era gradualista, y estaba dispuesto a considerar un equilibrio entre los legados del pasado y las necesidades de insertar a las naciones surgidas del colapso imperial en un nuevo orden internacional. Asimismo, la creación de un nuevo sistema educacional fue realizada sin mayor estruendo, pero terminó alterando el ámbito social y cultural de Chile e Hispanoamérica de manera decisiva. Ya sea que se estudie la evolución literaria o la investigación científica, la filología o la historia, la gramática o el derecho romano, el teatro o el sistema carcelario, la rúbrica de Bello está presente. En la historia hispanoamericana del siglo diecinueve, parafraseando a Ignacio Domeyko, no hay quién haya sabido tanto y logrado tanto.

Bello entendió que el desafío fundamental para la construcción de las naciones hispanoamericanas era el de conciliar la aspiración por la autonomía local, regional y nacional con las demandas de una economía internacional y el surgimiento de naciones poderosas como Gran Bretaña y Estados Unidos. No concibió la independencia como justificación para un aislamiento autárquico, pero tampoco aceptó que las nuevas naciones se transformaran en meros satélites de naciones más poderosas. Quería, más bien, encontrar un equilibrio entre la autonomía y la participación internacional, y experimentó este dilema de muchas maneras diferentes. En lo personal, Bello era un venezolano que amaba a su patria, pero también un ciudadano de Chile y un residente de Inglaterra que había criado su propia familia en ambos lugares. Estos tres países constituían parte importante de su identidad personal. En lo intelectual, Bello defendía el estudio de los clásicos de la humanidad, pero también promovía un conocimiento más objetivo de Hispanoamérica por parte de Europa; en gramática, luchó por mantener el castellano unido a su fuente matriz, pero también insistió en que se reconocieran los aportes del castellano de América, batalla en la que incluso la Real Academia Española le reconoció el triunfo. En lo político, Bello no rechazó jamás el pasado hispánico, pero tampoco quiso idealizarlo y menos entusiasmarse con las promesas revolucionarias de un orden completamente nuevo. En el plano internacional abogó por la adopción de reglas aceptables de conducta basadas en el principio de igualdad de las naciones, pero defendió con valentía la dignidad de las menos poderosas cuando estas fueron amenazadas por España y otras naciones europeas.

En suma, Andrés Bello era un hombre profundamente marcado por las realidades de la independencia, quien sin embargo logró ofrecer a las nuevas naciones un sentido de dirección que satisfacía las aspiraciones de autonomía al mismo tiempo que de pertenencia y apertura internacional. Quizás sea este énfasis en la relación dinámica entre mundo y localidad lo que explica que Bello siga siendo objeto de atención y admiración dos siglos después de la independencia. En esta época de mayor conciencia sobre los efectos de la globalización y la interdependencia, quizás la obra de Bello resulte de interés más allá de América Latina, tal vez en cualquier parte del mundo en que los temas de lenguaje, identidad nacional y orden se entrecruzan con la disolución de las fronteras, las demandas por el reconocimiento de la particularidad, y la necesidad de instituciones capaces de adaptarse al cambio.

ANEXOS

1. Los hijos de Bello

Del matrimonio con Mary Ann Boyland (1794-1821):

CARLOS EUSEBIO FLORENCIO, nació en Londres el 30 de mayo de 1815, falleció
en Santiago el 26 de octubre de 1854. Casó con María Elvira Cortés.

FRANCISCO JOSÉ MANUEL, nació en Londres el 13 de octubre de 1817, falleció
en Santiago el 13 de junio de 1845. Padrinos Luis López Méndez y Margaret
Nicholson. Murió soltero.

JUAN PABLO ANTONIO, nació en Londres el 15 de enero de 1820, falleció en
Londres el 10 de enero de 1821. Padrinos Antonio José de Irisarri y Paulina
Gourie. Murió antes de cumplir un año.

Del matrimonio con Elizabeth Dunn (1804-1873):

JUAN ENRIQUE TEODORO, nació en Londres el 7 de febrero de 1825, falleció en
Nueva York el 16 de septiembre de 1860. Padrinos Mariano Egaña y Henrie-
tta O'Connor. Casó con Rosario Reyes.

ANDRÉS RICARDO, nació en Londres el 21 de abril de 1826, falleció en Santiago
el 24 de octubre de 1869. Padrinos José Joaquín Olmedo y María Innis. Casó
con Matilde Codecido.

ANA MARGARITA VICENTA, nació en Londres el 11 de diciembre de 1827, falleció el 9 de mayo de 1851. Padrinos Vicente Rocafuerte y Margaret Keane.
Casó con Cristóbal Valdés.

JOSÉ MIGUEL BELLO, nació en Londres en 1828,[1] falleció en Santiago en 1830.
No hay información de padrinos. Murió antes de los dos años.

---

[1]   Si nació en 1828, su ciudad natal es Londres, pero algunos estudiosos mencionan 1829 como
fecha de nacimiento. Me guío por la fecha del Cementerio General de Santiago.

LUISA ISABEL, nació en Santiago en 1831, y fue bautizada el 19 de mayo de ese año, falleció en Santiago en 1862. Padrinos Francisco Antonio Pinto y Luisa Garmendia de Pinto. Casó con Ramón Vial Formas.

MARÍA ASCENSIÓN DEL ROSARIO, nació en Santiago en 1832, y fue bautizada el 12 de junio de ese año. Falleció en Santiago en 1852.[2] Padrinos Diego Portales y María del Rosario Garfias. Casó con Bernardino Opazo.

DOLORES ISABEL, nació en Santiago el 23 de marzo de 1834, falleció en Santiago el 26 de enero de 1843. Padrinos Bernardino Codecido y Eulalia Nieto. Murió a los nueve años.

MANUEL JOSÉ ANSELMO, nació el 30 de abril de 1835, falleció en Santiago en 1875. Padrinos Manuel Blanco Encalada y Mariana del Carmen Gana. Casó con Clarisa Guzmán.

JOSEFINA VICTORIA, nació en Santiago el 23 de diciembre de 1836, falleció en Santiago en 1911. Padrinos Carlos Bello y Ana Bello. Casó con Belisario Prats Pérez.

EDUARDO BENJAMÍN, nació en Santiago el 28 de noviembre de 1838, falleció en Santiago en 1870. Padrinos Francisco Bello y Luisa Bello. Casó con Adela Porras.

EMILIO FELIPE MARÍA, nació en Santiago el 30 de abril de 1845, falleció en Santiago en 1875. Padrinos Felipe Matta y María del Carmen Matta. Casó con María Luisa Rozas Pinto.

FRANCISCO JOSÉ LUIS, nació en Santiago el 11 de septiembre de 1846, falleció en Santiago en enero de1887. Padrinos Pedro Aldunate y Rosa Carrera de Aldunate. Sacerdote.

2. Nombramiento de Bello como Comisario de Guerra, 1807

REAL CÉDULA DE CARLOS IV

[*Fuente: Colección de Manuscritos Originales, Fundación La Casa de Bello, Caracas, Venezuela, Caja 2, N° 64*]

Don Carlos por la Gracia de Dios, Rey de Castilla, de León, de Aragón, de las dos Sicilias, de Jerusalén, de Navarra, de Granada, de Toledo, de Valencia, de

---

[2]   Esta fecha también ha sido incierta, pero queda clara, por lo menos respecto del año, en una carta del mismo Bello escrita en 1853, OC, XXVI, 274.

Galicia, de Mallorca, de Sevilla, de Cerdeña, de Córdoba, de Córcega, de Murcia, de Jaen, de los Algarbes, de Algecira, de Gibraltar, de las Islas de Canaria, de las Indias Orientales y Occidentales, Islas y Tierra Firme del mar Océano, Archiduque de Austria, Duque de Borgoña, de Brabante y Milán, Conde de Abspurg, Flandes, Tirol y Barcelona, Señor de Vizcaya y de Molina. Por quanto atendiendo a los servicios y mérito de vos Dn Andrés Bello, Oficial segundo de la Secretaría de la Capitanía General de Caracas, he venido en concederos los honores de Comisario de Guerra de mis Exércitos. Por tanto mando al Capitán General o Comandante General a quien tocare, a los demás Oficiales Generales, Gobernadores, Intendentes, Ministros, y demás personas, os hayan y reconozcan por tal Comisario de Guerra honorario, y os guarden y hagan guardar las honras, gracias y preeminencias que os corresponden, y deben ser guardadas, sin que se os falte en cosa alguna, para cuyo efecto he mandado despachar el presente Título, firmado de mi Real mano, sellado con el sello secreto, y refrendado del infrascripto mi Secretario de Estado y del Despacho universal de la Guerra de España é Indias, del qual se ha de tomar razón en la Contaduría principal del Exército donde fueres a servir. Dado en Sn Lorenzo a once de octubre de mil ochocientos y siete.

[firmado]   Yo El Rey
              Josef Caballero

V.M. concede honores de Comisario de Guerra de su R exército a Dn Andrés Bello

Caracas, 4 de febrero de 1808
     Cúmplase lo qe S.M. manda
          Juan de Casas

Caracas, 8 de febrero de 1808
     Cúmplase lo que S.M. manda. Tómese razón en el Tribunal de Cuentas, y oficinas generales de Real Hacienda de esta capital.
          Juan de Arce

Tómese razón en el Tral. de Cuentas,
     Caracas, 10 de febrero de 1808
          Joseph de Limonta

Tómese razón en las oficinas Grales de Exto y Real Hacda de nto cargo
     Caracas 17 de febrero de 1808
          Lorenzo de Sata y Zubiria

3. Informe de Bello sobre la vacuna en Caracas, 1813

[*Fuente: Report of the National Vaccine Establishment in London for the Year 1812, N°
9 (Marzo 1812), p. 11. Este documento, desconocido hasta el momento, se encuentra en
el Wellcome Library de Londres.*]

London, Jan. 11th, 1813

Having be[en] Secretary to the Junta established in Caraccas, for extending the
use of the Variolous Vaccine, I am enabled to authenticate the following facts. In
the year 1803 the Spanish Government fitted out an expedition for the purpose of
transmitting to the Spanish establishments in America and Asia, this inestimable
antidote against one of the most fatal scourges that has afflicted mankind, and
which in the Spanish Colonies of America has been particularly destructive. Dr.
A. Francisco Xavier Balmis, private Physician to the King, was appointed chief of
the expedition, and to his care, and that of others of the Faculty, were intrusted
a number of children, sufficient to preserve the invaluable germ, communicated
from arm to arm. One of the first places at which the expedition touched was the
Caraccas, where the Small Pox was reviving every spring, and committing no small
ravages during that and the summer season. Inoculation had been long known in
the Caraccas; however this practice, indisputably beneficial to those individuals
who employed it, was most fatal to the people at large; the majority of whom,
either from superstition, or want of the means, could not enjoy its benefits; so that
the higher classes, recurring constantly to Inoculation, contributed to perpetuate
and extend the contagion, of which the people were the victims.

The nature of the Colonial Government in America afforded the Spanish
Government particular advantages towards the establishment, and the universal
propagation of the Variolous Vaccine. Thus it was, that at the expiration of a few
months after the arrival of the expedition the Small Pox was entirely extermi-
nated in the department of Venezuela. The authority of the Government, the
influence of the Clergy, and especially the experience of its salutary effects, to-
gether with the mildness of the operation, concurring, it was soon made general,
and the children of every class were brought to the House established for the
purpose, under the inspection of the Junta, to which I was some time Secretary.

As the institution of this Junta was to watch over the effects of Vaccination,
for which purpose they communicated with the Faculty of Physic, and the Cu-
rates of all the Parishes in the Department, I was enabled to ascertain, with
the greatest certainty, that the success of this establishment has been in the
Caraccas the most complete that can be imagined; and that only on some parts of
the Coast, where the population was so thin that they could not keep up yearly

the Vaccine fluid, the common Small Pox has appeared twice. It however only attacked those who had not received the antidote. Equally good effects have been attested in the other parts of Spanish America, and thanks to the illustrious Jenner, the population of this part of the world yearly receives an augmentation of 1,000,000 of lives, which but for this glorious discovery had fallen a prey to the Small Pox.

One of the objects to which the Juntas employed in this branch have devoted their attention was to promote investigation of the Cow Pox in those Districts in their respective Provinces, where large herds of cattle are kept; and in the District of Calabozo, belonging to that of the Caraccas, they have had the satisfaction of finding it in the cows. The effects produced by the Cow Pox, originating in Calabozo, were entirely of the same nature with that brought from Europe, only it was observed, that the irritation was something greater when they administered the indigenous fluid.

Bello

Traducción:

Londres, 11 de enero de 1813

Habiendo sido secretario de la Junta establecida en Caracas con el propósito de extender el uso de la vacuna antivariolosa, me encuentro en situación de corroborar los siguientes hechos. En el año 1803 el gobierno español organizó una expedición cuyo propósito era el transmitir a sus colonias en América y Asia aquel inestimable preservativo contra una de las plagas más fatales que han azotado a la humanidad, y que en las colonias españolas de América ha sido particularmente destructiva. El Dr. A. Francisco Javier Balmis, médico privado del Rey, fue nombrado jefe de esta expedición, y se le confió, a él y a otros miembros, el cuidado de varios niños para que conservaran el valioso germen transmitiéndolo de brazo a brazo. Uno de los primeros lugares que visitó la expedición fue Caracas, en donde la viruela reaparecía cada primavera, causando grandes estragos durante el verano. La inoculación era común desde hacía tiempo en Caracas, pero esta práctica, sin lugar a dudas beneficiosa para los individuos que la usaban, era fatal para la población en general, ya que la mayoría de la gente, ya sea por superstición, o falta de medios, no podía aprovecharse de sus beneficios. Así, las clases altas que recurrían constantemente a la inoculación, perpetuaban y extendían el contagio, de modo que el pueblo terminaba siendo víctima.

La naturaleza del gobierno colonial en América le dio al gobierno español ventajas muy particulares para el establecimiento y circulación universal de la vacuna antivariolosa. Así fue que al cabo de unos pocos meses desde la llegada de la expedición, la viruela fue completamente exterminada en el departamento de Venezuela. La autoridad del gobierno, la influencia del clero, y especialmente la experiencia de los efectos saludables [de la vacuna] junto a la facilidad de la operación, lograron pronto su generalización, y los niños de todas las clases concurrieron al lugar establecido con ese propósito, bajo la inspección de la Junta, de la que fui por un tiempo Secretario.

Como esta Junta se instituyó para observar los efectos de la vacuna, con cuyo propósito se comunicaba con el protomedicato y con los curas de las parroquias del departamento, tuve la oportunidad de verificar con absoluta certeza que el éxito de esta operación en Caracas fue más completo de lo que se podría imaginar; y que solo en algunas partes de la costa, en donde la población estaba tan esparcida que no lograban conservar anualmente el fluido de la vacuna, que la viruela común apareció dos veces. Sin embargo, atacó solamente a aquellos que no habían recibido el antídoto. Efectos igualmente favorables se han obtenido en otras partes de la América española, y es gracias al ilustre Jenner que la población de esta parte del mundo ha podido crecer en 1.000.000 de vidas anualmente, las que, de no ser por este descubrimiento glorioso, habrían sido presas de la viruela.

Uno de los propósitos de la Junta en esta rama ha sido promover la investigación sobre el fluido vacuno [*cow pox*] en aquellos distritos de las respectivas provincias en donde hay grandes concentraciones de ganado. En el distrito de Calabozo, que pertenece a Caracas, han tenido la satisfacción de encontrarla entre los animales. Los efectos producidos por el fluido vacuno obtenido en Calabozo fueron exactamente los mismos que aquellos traídos de Europa, observándose solamente que la irritación era algo mayor cuando se administraba el fluido local.

A. Bello.

4. Cartas inéditas

CARTA DE BELLO A GREGORIO TAGLE

[*Archivo General de la Nación (Argentina), División Gobierno Nacional, Sala 10, Cuerpo 1, Anaquel 1, N° 7, folio 293*]

[Londres] 30 de Abril de 1816

Don Gregorio Tagle, Secretario del Supremo Gobierno de Buenos Ayres

Aunque, según sabrá V.S. por la correspondencia del Señor Don Manuel de Sarratea, no ha podido llevarse a efecto el generoso auxilio que ese Supremo Gobierno se ha manifestado propenso a franquearme, y de que V.S. tiene la bondad de avisarme en oficio de 15 de Noviembre último, no por eso creo menos de mi deber el elevar a dicho Supremo Gobierno el testimonio de mi respetuosa gratitud, así como también el expresar a V.S. mismo mi reconocimiento por los términos con que me favorece en su citado oficio.

Quedo con la esperanza de que acaso será posible verificar mi viage [sic] en adelante, y acreditar a V.S. personalmente los sentimientos de sincero respeto y estimación que le profeso.

Dios guarde a V.S. muchos años-Londres Abril 30 de 1816.

Andrés Bello

CARTA DE BELLO A PEDRO GUAL

[Una parte de esta carta apareció en OC, XXV, 142-144. El manuscrito de la carta se encuentra en la Lilly Library de Bloomington, Indiana (Latin American mss. Venezuela, Lilly Library, Indiana University, Bloomington, Indiana). Reproduzco la carta entera, con los párrafos que no se conocían, en cursiva. Hay partes muy dañadas, que se indican con puntos suspensivos].

Londres, 6 de enero de [1825]

Mi estimado Sr. y Amigo:

Escribí tres meses ha una larga carta que espero haya tenido la fortuna de despertar en Ud. la memoria de un compatriota, hijo (si no me engaño) de la misma ciudad, criado a los pechos de la misma *alma parens*, quiero decir de nuestra vieja Universidad y Seminario de Santa Rosa. ¿Y qué es de nuestra anciana y venerable nodriza? ¿Ha desechado ya enteramente el tontillo de la doctrina aristotélica-tomística, y consentido vestirse a la moderna? No dudo que sí, porque el impulso dado a las opiniones por la revolución, no ha podido ser favorable a las antiguallas con que se trataba de dar pábulo a la imaginación más que al entendimiento de los americanos para divertirlos en otros objetos. Yo tengo ansia de saber qué se ha hecho en Bogotá, qué en Caracas, qué en Quito, qué en los otros pueblos de Colombia para plantear el nuevo edificio de educación literaria y científica, en que oigo se ocupa la atención de la legislatura.

Pero no es éste, amigo mío, el asunto de esta carta con que empiezo a molestar a Ud. El que hoy me ocupa en preferencia a todos los otros es volver a Colombia. Tengo una familia; palpo la imposibilidad de educar a mis hijos en Inglaterra, reducido a mis medios actuales, los que debo a la bondad del gobierno, por mejor decir del Sr. [Antonio José] Irisarri, no me bastan. Por otra parte me es duro renunciar al país de mi nacimiento, y tener tarde o temprano que ir a morir en el polo antártico entre los *toto divisos orbe chilenos*, que sin duda me mirarían como un advenedizo; y Ud. no ignora que ese espíritu de rivalidad y de celos que siempre ha habido entre los varios pueblos de América, obra hoy con doblada fuerza cuando se trata de colombianos. Agregue Ud. el costo de trasladarse una familia de Inglaterra a Chile. ¿Esperaré a ahorrar lo necesario para sufragar este gasto cuando antes bien veo que me voy empeñando cada día más? Pero lo peor de todo es que la remoción del Sr. Irisarri de este destino ha hecho mi permanencia en él apenas compatible con la delicadeza de un empleado. El Gobierno de Chile no me ha hecho saber que ha confirmado mi nombramiento, para con su actual ministro en Londres [Mariano Egaña] no tengo recomendación del mundo, en haber sido protegido y estimado de su antecesor. En una palabra, ni puedo continuar en este empleo sin desaire, ni fundar en él esperanzas de un establecimiento, que me asegure la subsistencia de mi familia ni aun dentro de los moderadísimos límites a que se ha ceñido mi ambición.

Ocurro pues a Colombia; y me asiste la confianza [que] su Gobierno reconocerá el derecho que tiene a la protección un empleado de Venezuela, que es lo mismo que decir un empleado suyo. La causa de la libertad me trajo a Londres; las desgracias de mi patria me condenaron a un largo destierro, a una vida de trabajos y privaciones; y hoy que esta patria triunfa, me abandonará?

En manos de usted está, amigo mio, que yo vuelva a servirla. Sus recomendaciones al gobierno pueden hacer mucho p[ara] mejorar mi actual suerte, que le aseguro a Ud. es delicada y crítica. Aunque no desdeño ninguna especie de trabajo, creo que el modo con que he pasado mi juventud y aun pudiera decir toda mi vida, me hace capaz de algo más importante que el oscuro ejercicio de amanuense y de intérprete, a que se hallan reducidas ahora casi todas mis funciones.

Si Ud. quiere alargar una mano protectora hacia mi, no le faltarán modos de hacerlo: me tomo la libertad de indicarle uno. Colombia se hallará presto en el caso de mandar algún enviado a Holanda, Dinamarca, & Co. Cualquiera de estos destinos me acomodaría, aunque fuera en clase de ministro de tercer orden, pues pienso que Colombia no destinará otra especie de legación a estas potencias. Tengo en el día 400 libras est[erlinas] anuales; suplicaría este sueldo, me hallaría desahogado, y a la vuelta de dos o tres años podría costear mi tra[n]sporte y el de mi pequeña familia a la América. Quiero decir duplicado este sueldo en Europa, porque mucho menos me sería suficiente en Colombia. En Europa se gasta infinito, cuando es menester presentarse con la decencia que corresponde a un empleado, y Londres en este punto sobrepuja mucho a todo el resto de Europa. Es preciso que indique a Ud. (aunque lo hago con extrema repugnancia) la especie de destinos en que creo que el Gobierno pudiera servirse de mi con utilidad. 1º Oficialías mayores de las secretarías de estado; 2º Misiones diplomáticas; 3º Empleos superiores del instituto nacional o cuerpo literario que se establezca en la capital del Estado. Pero, como he dicho, aceptaría cualquier encargo en que el Gobierno me considere útil y que me proporcione una subsistencia… [cator]ce años de residencia en Europa; sabía las pr[incip]ales lenguas de ella antes de venir a[Inglaterra]… estos catorce años he pasado los seis, sirviendo secretarías de legación. De oficial segundo de la Secretaría de la Capitanía Gen[eral], pasé a 1º de la Secretaría de la Junta Suprema de Venezuela, y sucesivamente a Secretario de la primera misión a Londres.

[S.E.] el Libertador, cuando nombró nuevamente al Sr. [Luis López] Méndez para representante de Venezuela, tuvo la bondad de nombrarme a mí en 2º lugar para el caso de no existir aquí el Sr. Méndez. He cultivado, como Ud. sabe, desde mi niñez las humanidades; puedo decir que poseo las matemáticas puras; y aunque por falta de medios he carecido del uso de instrumentos, he estudiado todo lo necesario para la descripción de planos y mapas. Tengo además conocimientos generales en otros ramos científicos. Disimule Ud., amigo mío, estos pormenores en que he rebosado algo la vanidad o presunción; pero los creo necesarios para que Ud. califique, no solo el mérito que pude haber contraído, sino también la especie de destino que me convendría.

Ud. no ignora mis antiguos hábitos de estudio y laboriosidad, y los que me han conocido en Europa, saben que los conservo, y que se han vuelto en mí naturaleza. Concluyo recordando a Ud. dos circunstancias; la 1ª que tengo familia; y la 2ª que empiezo a declinar *into the vale of [t]ears*. Haga Ud. lo posible por un compatriota cuya desesperada posición es cada día más embarazosa y difícil, y mande a un admirador y amigo, que se repite de Ud. con el mayor afecto y respeto.

A. Bello.

CARTA DE BELLO A MIGUEL RODRÍGUEZ

[*Fuente: Archivo Central Andrés Bello, Bandeja 3, Caja 26, N° 835*]

Santiago de Chile, Agosto 29 de 1856

Sr. Miguel Rodríguez
Caracas

Mi querido Miguel. Hace 15 días más o menos que contesté a la tuya en que me comunicaste la triste noticia del fallecimiento de mi anciana madre. Aunque previsto i temido de un día para otro este acontecimiento, me afligió mucho, i vino acompañado para mí de la pena de haber hecho tan poco por una madre tan digna de mi eterno reconocimiento. Pero bajo este punto de vista me consuelo con la idea de seguir haciendo en favor de aquellos de mis descendientes que más lo acrediten lo que en mi circunstancia fuese posible.

Dirigí mi contestación (que creo es de 13 ó 14 del presente Agosto) por la vía de Londres valiéndome al efecto de la legación británica en Santiago, porque mi experiencia me ha hecho ver que no puede contarse con la seguridad de las cartas que se destinan por la estafeta para Venezuela o que vienen de allá.

Así es que habiéndome tú escrito por triplicado, según me dices, solo un ejemplar de la tuya a llegado a mis manos. Además tenía motivos para preferir una via segura, aunque larga, pues en dicha mi contestación te incluí una libranza por £b. 93, 15 (chelines), equivalentes a $500, con el objeto de que tú la aplicases a lo que te pareciese más urgente, según tu propio juicio. Es a la vista, contra los Srs. Antonio Gibbs e hijos de Londres, firmada por Gmo. Gibbs y Cia. de Valparaíso. Luego que la recibas podrías fácilmente negociarla en Caracas, como se hizo con una letra mía anterior, dirigida a nuestra madre o sus herederos, ahora pocos años.

Te rogaba en mi carta de ahora quince días me dieses una noticia circunstanciada de todos i cada uno de los individuos de nuestra familia, pues aunque mi hermano Carlos lo ha hecho otras veces, las vicisitudes de esta vida mortal hacen variar el círculo de las cosas a cada momento, lo que sobre todo no puede menos el haberse verificado en Venezuela, aflijida por tantas causas de distanciamiento e inseguridad. El viaje de Carlos me ha sorprendido: ojalá que haya variado de pensamiento. Debe de estar mui robusto: mui provisto de dineros para emprender, a su edad, un viaje a Europa por puro paseo.

Te dije haber recibido una carta de mi hijo de Florencio, incluyéndome otra para tu padre. Con este motivo me informé de las circunstancias de este, porque ni aun sabía que viviese, habiendo pasado muchos años sin saber de él. Sé ahora por conducto mui verídico que sigue avecindado en Montecristi (Ecuador) i tiene de qué vivir, una casa en la población, i una hacienda a poca distancia, donde pasa la vida en casi constante retiro. Vive con una india o mestiza descendiente de cacique, de la que ha tenido varios hijos, i goza de una buena reputación por su probidad. Tú harás de estas noticias el uso discreto que te parezca, i me informarás de la posición i circunstancias de ese otro hijo venezolano.

Escríbeme lo más a menudo que puedas, i abraza en mi nombre a todos los de esa mi casa, en particular a Rosarito i Camelia, sin olvidar a Dolores i a la madre priora. Adiós, mi querido Miguel. Consérvate bueno, como pide al cielo fervorosamente un hermano i antiguo camarada.

Andrés Bello

P.D. En mi carta de esta fecha que te dirijo por la vía de Londres te incluyo el duplicado de la letra, i me limito a eso solo.

[Nota de Miguel Rodríguez]: Contestada el 5 de Enero de 1857

CARTA DE BELLO A SU HIJO JUAN BELLO DUNN

[*Fuente: Archivo Central Andrés Bello, Bandeja 4, Caja 39, N° 1.317*]

Sant[iag]o, Marzo 28 de/59

Juan, querido hijo mío:

Veo por tu última carta a mi i por la que has escrito a tu madre, que te conservas en buen estado de salud i que las niñitas siguen progresando en su educación, cosas todas que celebramos infinito. Supongo que Rosarito está connaturalizada con el clima i la sociedad parisiense. Yo espero que cuando tu no te encuentres en disposición de escribirme (que será lo más ordinario) lo haga ella alguna vez en lugar tuyo i me diga cuanto le venga a la cabeza: para mi la charla escrita, cuando tiene la sal i pimienta con que ella sabe sazonar la suya, no es menos sabrosa que la charla hablada.

No te hablo de política, porque no acostumbro hacerlo de palabra ni por escrito, cuando en esta materia no hai buenas noticias, ni siquiera buenas esperanzas que comunicar, i porque además en los papeles públicos puedes satisfacer ampliamente la curiosidad.

En estos días he recibido por el correo la obra de Don Ambrosio Montt, presente que le agradezco mucho por su valor intrínseco i por la expresión honrosa con que en él me favorece. He leído con mucho gusto tu prólogo, que me parece muy bien pensado i escrito, i como la cuarta parte de la obra, en que hallo mucha orijinalidad, mucha sensatez, i un estilo que tu has caracterizado bastante bien. Encuentro en lo que he leido mucha armonía entre las ideas del autor i las mías, aunque (como es natural) hai ciertas particularidades en que yo no convengo con las calificaciones del S[eñ]or Mont [sic], i ciertos hechos que yo me atrevería a juzgar de otro modo. Pero después de todo la obra del S[eñ]or Mont me parece la producción chilena más notable que hasta ahora se ha publicado; i no lo sería, si no suscitase gran número de contradictores dentro i fuera de este país, unos en el sentido democrático, otros en el sentido ortodoxo, otros en el sentido unitario, etc., por quitarles la suerte de todo escrito orijinal y profundo. Aunque el objeto de la obra es europeo, hai en ella mucho de que pudieramos hacer útiles aplicaciones los americanos: creo que si el S[eñ]or D. Ambrosio emprendiese un trabajo semejante sobre el gobierno en Sud-América, sería este un interesante apéndice de su libro i una preciosa contribución a la historia i la política de nuestros países.

En cuanto a noticias domésticas, Belisario [Prats] ha ido a establecerse en Valparaíso por consideración a la salud de Josefina [Bello Dunn], que sufre mucho de la cabeza en Santiago i se ha sentido mucho mejor respirando el aire de la costa cuando ha residido por algún tiempo en ella. Belisario ha comprado la casa que era de don Fermín Solar en Valparaíso, junto al convento de la Merced. Andrés ha dejado la Sierra del Perú para gozar del temperamento de Arequipa que se cree ser el más adecuado a su constitución, según los facultativos de Lima: ha mejorado en el, pero no lo bastante para calmar enteramente mi inquietud. Luisa todavía en la chacra. Manuel fue a pasar las recreaciones en Talca, de donde con motivo de la revolución pasó a una hacienda algo distante i todavía no ha podido volver a casa por la actual inseguridad de los caminos. Por lo demás no hai novedad.

Saluda de mi parte cariñosamente a Rosarito i abraza a mis queridas nietecítas.

Tu padre que te ama de corazón.

Andrés Bello

CARTAS DE BELLO A FRANCISCO ADOLFO DE VARNHAGEN

[Fuente: Arquivo Historico. Palacio Itamaraty. Arquivo Particular Francisco Adolfo Varnhagen. Lata 352, maço 12. Gentileza de la investigadora Mara Loveman]

Ex[celentísi]mo Sr
Dn Fran[cis]co Ad[olfo] de Varnhagen

Santiago, Octubre 25 de 1864

Sr mío de todo mi aprecio y respeto.

Veo con mucha satisfacción que V. ha realizado el plan de felicidad doméstica que se trazó al dejar nuestras costas, y no me ha sido menos grato el anuncio de su regreso a ellas. Entonces tendré el placer y el honor de conocer a su amable y distinguida compañera, a quien saludo respetuosamente, y de quien ya me ha dado mucha noticia mi Señora, que la ha tratado y halaga la esperanza de renovar las anteriores comunicaciones con la familia.

Es muy justa la observación de Vd. acerca de la ambigüedad que aparece en la última edición de mi Derecho Internacional en lo relativo al rango diplomático de los Ministros Residentes. Todo proviene de la nota 9, paj. 341, donde imprudentemente hice uso de la clasificación legal chilena, que solo distingue dos rangos, el de los ajentes acreditados por el Jefe Supremo, y el de aquellos que solamente lo son por el Ministro de Relaciones Exteriores; pero ésta es una regla especial de Chile que no afecta en ninguna manera la práctica jeneral de las naciones, que era el verdadero punto de vista en que yo debí tratar la materia. Ojalá que éste fuese el único defecto de aquella obra, a que V. hace demasiado favor en su estimada del 5.

Me parece del mayor interés la defensa en que V. se ocupa del celebrado navegador que ha dado su nombre a la América. A propósito de este nombre que cada nación escribe a su modo, V. sigue por supuesto la práctica portuguesa o española, pero me parece que no sería tal vez inoportuno recordar el primitivo, Amerígo Vespucci. La forma que V. se ha propuesto dar a su publicación no puede ser más bien pensada. Ansío ya tenerla en mis manos, y no me será menos grato hojear el Palmerin de Inglaterra que siempre he tenido mucha curiosidad en leer.

Supongo a V. entregado a los negocios de su difícil misión diplomática, cuyo resultado no deja de inspirarme bastante inquietud. Le deseo entre tanto a su amable Señora y a V. la más completa salud y felicidad, suscribiéndome,

Su más atento servidor,

Andrés Bello

Santiago, 22 de mayo de 1865
S.D. F. Ad. de Varnhagen

Querido i respetado señor mío:
Tuve el gusto de recibir la muy apreciada de V. de Febrero último, fecha que me haría subir los colores a la cara si no me creyese disculpado por el anuncio que V. me hace de su pronta vuelta a Santiago: temía que mi contestación le cruzace a V. en el camino. Pero viendo el que el deseado retorno de V. parecía dilatarse indefinidamente, al fin me resuelvo a escribirle impulsado principalmente por el anhelo de espresar a V. mi cordial gratitud por el presente que V. se ha servido enviarme y que efectivamente me fue entregado por el S.D. Carlos Montt a pocos días de su llegada. No he podido hojearlo con toda la atención que yo habría deseado: el estado de mi salud al fin de un Otoño que se ha presentado con toda la severidad del Invierno, me ha dejado pocas treguas, a lo que se agregaba las inquietudes i ajitaciones políticas, que al fin Gracias a Dios, terminan hoy favorablemente según acaba de publicar la prensa.

Celebro haber encontrado leyendo los poetas italianos cercanos o contemporáneos el mismo nombre de que V. nos ofrece reproducir un fac-símile, pues la medida del verso requería la acentuación Amerígo i en cuanto al apellido no cabe duda; pero veo que V. escribe el nombre con doble ere lo cual me ha parecido enteramente nuevo, pero no puedo dejar de aceptarlo.

Sírvase V. presentar mis más finos respetos i los de mi señora a la digna compañera de V., i más de lo que guste a su afmo servidor, admirador i agradecido amigo.

Andrés Bello

Señor Don
Francisco Adolpho Varnhagen
Santiago Julio 9 de 1865

Mui Señor mio i respetado amigo:
Contestando la favorecida de Vd. de Junio 20, tengo el gusto de ofrecer a Vd. desde luego las cordiales felicitaciones de mi señora y mías a Vd. i a la amable compañera de su vida por el feliz alumbramiento i restablecimiento de ésta, que espero continuará fortificándola cada día más. Mi Isabel ha estado enferma de alguna gravedad, i yo por mi parte he esperimentado algunas momentáneas alteraciones en la ruda i enfermiza estación que por acá atravesamos.

Repito la expresión de mi reconocimiento por su estimable dádiva del *Palmerin*, que a pesar de mis vivos deseos, solo he podido hasta ahora hojear rápidamente i con no pocas dificultades por mi imperfecto conocimiento del

Portugués; i con este motivo quisiera que Vd. me indicase cuál es el mejor diccionario manual de una lengua tan interesante, que seguramente no puede faltar en las librerías de Santiago o Valparaíso.

En cuanto al fac-símile de la firma del célebre navegador que ha tenido la fortuna de legar su nombre a nuestro Continente (aunque involuntariamente, según yo creo) diré a Vd. que he tenido alguna vacilación sobre si debe leerse Amerígo o Amerrígo: por una parte veo que la terminación orijinal *ico* ha sido común a muchos nombres análogos, como Federico, [...] Teodorico, Chilperico, etc., todos derivados de dialectos [teutónicos] i en todos precedida de una sola *r*; i por otra no deja de hacerme fuerza la observación lingüística de Alejandro Humboldt que mira la doble *rr* como una alteración fonética que convirtió la *l* de Ame*l*rico en la doble r de Amerrico, de lo cual tenemos algunos ejemplos en otros nombres, como en Castellano Manrique, primitivamente Amalarico con la sola diferencia de suavizar la pronunciación de la doble rr por medio de una n. Juzgando por la impresión en mi vista yo me inclinaría a leer Amerígo.

Otra cuestión me parecería interesante, es a saber: por qué el acento grave de Américo se convirtió en el esdrújulo de *América*, de que no he visto ejemplos en versificadores latinos, casi contemporáneos de Americo Vespucci: aún algún tiempo después dijo así un versificador:

Et quidquid rutilis America expandit arenis.

En cuanto a las páginas que Vd. ha echado de menos en su ejemplar de mi *Derecho internacional*, me ha parecido lo más sencillo enviar a Vd. otro que carezca de los defectos del primero; i mi hijo Andrés R. Bello, que dio a luz la edición, se ha encargado de remitírselo por ocasión pronta i segura.

Mucha inquietud me han causado las contradicciones que encuentra la transacción de nuestro Gobierno i Tavira, i si las encabeza Pareja me temo dilaciones i embarazos nuevos.

Sobre la cuestión del asilo diplomático, creería yo que las consecuencias de la exterritorialidad del embajador tienen su más lejítima interpretación en las costumbres de las Naciones, i no sé que en Europa hayan ocurrido por algún tiempo hechos que den al asilo de los embajadores la extensión por la cual aboga Vd.: una diferencia entre los Estados Americanos i los Europeos bajo este respecto podría con alguna razón parecer humillante a los primeros i constituirlos en una situación desventajosa. La cosa merecería considerarse. Es cierto que en medio de nuestras revueltas algunos de nuestros mejores hombres han debido su salud al asilo en la extensión que Vd. aconseja; pero yo conozco más de un hecho en que un forajido se ha escapado por ese medio de las garras de la justicia, gracias a la forzada i casi violenta intervención de una potencia de primer orden: en uno de esos casos ha vuelto el malhechor a recobrar su anterior partido i a tiranizar a su patria del modo mas bárbaro i pernicioso. Tal vez con algunas modificaciones i garantías pudiera aceptarse la opinión de Vd. en nuestras turbulentas repúblicas.

Saludo con el mayor afecto a Vd. i a su Señora i me repito su afmo S.S.

Andrés Bello

5. Manuscritos de Bello en la Fundación La Casa de Bello

COLECCIÓN DE MANUSCRITOS ORIGINALES

[No existe un catálogo de estos materiales, que reproduzco en el orden en que los encontré. La mayoría de las cartas fueron publicadas en las *Obras completas*, tomos XXV y XXVI]

CAJA 1:

John Robertson a Bello, 10 de enero de 1809. Se dirige a Bello como "Private Secretary to his Excellency the Captain General".
John Robertson a Bello, 2 de febrero de 1809.
Juan Germán Roscio a Bello, 29 de junio de 1810.
Francisco Isnardy a Bello, 17 de diciembre de 1810.
Ana López a Bello, 15 de mayo de 1825. Matasellos indica que la carta llegó a Londres el 6 de agosto de ese año. Nota manuscrita indica "try Solls Row, Hampstead Road".
Pedro Gual a Bello, 17 de septiembre de 1825.
José Manuel Restrepo a Bello, 18 de septiembre de 1825.
Ibídem, a Bello, 23 de mayo de 1826.
José Rafael Revenga a Bello, 7 de febrero de 1823.
Ibídem, a Bello, 29 de septiembre de 1825.
Ibídem, a Bello, 19 de octubre de 1825.
Ibídem, a Bello, 9 de enero de 1826.
José Joaquín Olmedo a Bello, 7 de marzo de 1827.
Cristóbal Valdés a Bello, 29 de mayo de 1851.
Manuel Ancízar a Bello, 5 de abril de 1853.
Ibídem, a Bello, 11 de abril de 1853.
Ibídem, a Bello, 7 de septiembre de 1853.
Bello a Salvador Sanfuentes, 19 de mayo [sin año].

Bello al Ministro Plenipotenciario de Chile en el Perú [José Victorino Lastarria], 24 de abril de 1863.

Bello a Domingo Faustino Sarmiento, 12 de mayo de 1864. Letra de amanuense.

Diploma del Instituto Histórico e Geographico Brasileiro, conferido a Bello, 16 de marzo de 1845, y firmado por Manoel Ferreira Lagos, quien agradece envío del *Principios de derecho internacional.*

Ramón Briseño a Ramón Castro, 29 de diciembre de 1843. Sin relación a Bello. Invitación para asistir a los exámenes del Colegio de Romo.

Rojas Hermanos a Emilio Bello, 6 de junio de 1869. Pedido de Caracas de poesías y retratos de Bello, para inclusión en libro a ser publicado en Paris.

An Inquiry Concerning the History of Charlemain-Rolland Ascribed to Turpin, Archbishop of Reims (19 carpetas), sin fecha.

Bello, anotaciones sobre la Crónica de Turpin.

José María Blanco White, "Facts and Inferences Relating to Articles of Faith, and the Inspiration of the New Testament". 6 páginas, 1817.

Bello, "El himno de Colombia". Sello de agua indica fecha de 1824.

Bello, fábula, "La ardilla, el dogo y el zorro" (Imitación de Florián).

Bello, "Oda a la nave", imitación de Horacio. Incluye operaciones matemáticas de mano de Bello.

Bello, "Las ovejas", poema. Sello de agua indica fecha de 1826.

Manuscritos originales del fragmento del poema "América" (34 carpetas). Algunas hojas tienen notas de Bello relacionadas con otros temas, como por ejemplo, N° 8, "Observaciones sobre el uso de la preposición a antes del objeto del verbo".

CAJA 2:

José María Blanco White a Bello, 181[2], dirigida a 27 Grafton St.

Ibídem, a Bello, 10 de febrero de 181[?], dirigida a *ibídem*.

Ibídem, a Bello 8 de marzo de 1814, dirigida a 6 Poland St. Oxford.

Ibídem, a Bello, [13 ó 23] mayo de 1814? Aparece en OC, XXV, con fecha de 1816.

Ibídem, a Bello, 15 de diciembre de 1814.

Ibídem, a John Murphy, 14 de diciembre de 1815.

Ibídem, a Bello, 30 de diciembre de 1815, dirigida a 6 Poland St.

Ibídem, a Bello, 5 de enero de 1816, dirigida a 15 Evesham Buildings, Somers Town.

Ibídem, a Bello, 23 de octubre de 1816, dirigida a *ibídem*.

Ibídem, a Bello, 17 de enero de 1818, dirigida a 121 Great Russell St., Bloomsbury.

Ibídem, a Bello, 25 de enero de 1819.

Ibídem, a Bello, 8 de diciembre de 1820.

Ibídem, a Bello, 4 de mayo de 1821.

Ibídem, a Bello, 8 de julio de 1821, dirigida a 26 Austin Friars.

Ibídem, a Bello, 13 de septiembre de 1821.

Ibídem, a Bello, 19 de marzo de 1822.

Ibídem, a Bello, 4 de octubre de 1822, dirigida a 39 Clarendon Square.

Ibídem, a Bello 8 de octubre de 1822.

Ibídem, a Bello, 7 de junio de 1824.

Luis López Méndez a Bello, 14 de noviembre de 1814.

Ibídem, a Bello, 14 de enero de 1825, dirigida a 6 Solls Row, Hampstead Road.

J. McGeorge a Bello, 15 de octubre de 1811, dirigida a 27 Grafton St.

James Mill a Bello, 11 de diciembre de 1811.

James Mill a Bello, 1811-1812.

Servando Teresa de Mier, 7 de octubre de 1821. Matasellos muestra que fue recibida en Inglaterra el 13 de noviembre de 1821.

Antonio José de Irisarri a Bello, 1° de junio de 1822. Compárese con el N° 68.

Bello a José Rafael Revenga, 8 de febrero de 1826.

Bello a Revenga, 8 de marzo de 1826.

Bello a Revenga, 12 de abril de 1826.

Olmedo a Bello, 8 de marzo de 1827.

Ibídem, a Bello, 20 de marzo de 1827.

Ibídem, a Bello, 12 de junio de 1827.

Ibídem, a Bello, 16 de julio de 1827.

Ibídem, a Bello, 7 de marzo de 1828.

Manuel Cortés a Bello, 26 de marzo de 1826. Desde Bruselas.

Bello a Rosario Reyes de Bello, 22 de abril de 1857.

Bello a Salvador Sanfuentes, 13 de junio, sin año. Letra de amanuense.

Francisco Ruiz Tagle a Bello, 13 de julio de 1829. Comunica nombramiento y sueldo en Ministerio de Hacienda.

Bello a Juan José Flores, 9 de enero de 1837.

Manuel Montt a Bello, 14 de septiembre de 1841.

Ibídem, a Bello, 18 de julio de 1843.

Ibídem, duplicado del anterior.

Ibídem, a Bello, 27 de junio de 1846. Sobre la muerte de Mariano Egaña.

Bello a Ramón Briseño, 30 de diciembre de 1843. Letra de amanuense.

Bello al Decano de Leyes, 23 de enero de 1844.

Manuel Camilo Vial a Bello, 16 de noviembre de 1846. Memorándum N° 168.

Ibídem, a Bello, 16 de noviembre de 1846. Memorándum N° 169.

Ibídem, a Bello, 19 de diciembre de 1846.

Bello al Ministro de Educación Pública, 24 de diciembre de 1858. Letra de amanuense.

Ibídem, el mismo documento, con correcciones.

Bello a Manuel Carvallo, Ministro Plenipotenciario en Bélgica, 1865. Letra de amanuense.

Teodoro Valenzuela a Bello, 2 de enero de 1865.

José Manuel Orrego a Bello, 3 de marzo de 1865.

Bello a Federico Errázuriz, Ministro de Educación Pública, 13 de marzo de 1865. Letra de amanuense.

Bello a G. Burmeister, 25 de abril de 1865. Letra de amanuense.

Bello a Francisco Adolfo Varnhagen, 25 de abril de 1865. Letra de amanuense.

Bello al Vicerrector de la Universidad, 25 de abril de 1865. Letra de amanuense.

Bello al Ministro de Instrucción Pública, 27 de mayo de 1864.

Bello al Vicerrector de la Universidad, 21 de junio de 1865. Letra de amanuense

Francisco de Borja Solar a Bello, 6 de julio de 1865.

Carta no identificada. Documento preparado por el Consejo Universitario de la Universidad de Chile, condenando la invasión de las islas, "una parte del territorio peruano".

Constancia expedida por Pedro Martínez, maestre de escuelas de la Catedral de Caracas, a Bello para cursar estudios en la Real y Pontificia Universidad de Caracas, 15 de septiembre de 1797.

Nombramiento de Bello como Oficial Segundo de la Capitanía General de Venezuela, firmado por Manuel de Guevara Vasconcelos, Capitán General, 6 de noviembre de 1802.

Real Cédula de Carlos IV concediendo a Bello el nombramiento de Comisario de Guerra de la Capitanía General de Caracas, 11 de octubre de 1807.

Nombramiento de Bello como Secretario Político de la Junta Central de Vacuna, firmado por Juan de Casas, Capitán General de la Provincia de Venezuela, 22 de marzo de 1808.

Extracto de una carta privada desde Caracas, fechada 15 de abril de 1811, por un comerciante inglés.

Gregorio Tagle a Bello, 15 de noviembre de 1815.

Irisarri a Bello, 1° de junio de 1822. Carta formal de nombramiento como Secretario de Legación chilena en Londres.

Nombramiento de Bello como Secretario de la Legación de Colombia en Londres, firmado por [Francisco de Paula] Santander y [Pedro] Gual, 9 de noviembre de 1824. Debería decir 8 de noviembre.

Copia del documento anterior.

Gual a Bello, 9 de noviembre de 1824.

Copia del documento anterior.

Pasaporte concedido por Manuel José Hurtado y Andrés Bello a Pablo Moreno y
   López Quintana, 6 de abril de 1826.
Documento no identificado, 19 de noviembre de 1808. Informe de Bello.

Otros Materiales

Reloj de Bello.
Cuaderno borrador de la traducción del poema "Orlando enamorado", preparado
   en Inglaterra.

Bibliografía

Nota: Esta bibliografía incluye la mayoría de las fuentes citadas en el cuerpo principal del libro, pero por razones de espacio algunos artículos de compilaciones o de prensa aparecen solamente en las notas.

ARCHIVOS Y BIBLIOTECAS

Archivo Central Andrés Bello, Chile. Sala Domingo Edwards Matte.
Archivo del Arzobispado de Santiago. Parroquia del Sagrario. Parroquia Santa Ana.
Archivo General de Indias, Sevilla, España. Audiencia de Caracas.
Archivo General de la Nación, Argentina. División de Gobierno Nacional, Sala 10.
Archivo General de Simancas, Simancas, España. Sección Estado.
Archivo Histórico Nacional, Madrid, España. Sección Estado.
Archivo Nacional de Chile, Santiago, Chile. Fondo Varios.
Archives of the Royal Institution of Great Britain, London. Managers' Minutes, 1823.
Bancroft Library, University of California at Berkeley.
Biblioteca Nacional, Santiago de Chile. Sala Medina.
Boston Public Library. Papers of George Ticknor, Rare Books and Manuscripts Collection.
British and Foreign Bible Society, Cambridge University. Home Correspondence-Inwards.
British Museum, Londres, Inglaterra. Central Archives, Admissions to the Reading Room
La Casa de Bello, Caracas, Venezuela. Colección de Manuscritos Originales
Guildhall Library, Londres, Inglaterra. Print Room
Harvard University. Houghton Library. Law School Library, Special Collections.
Lilly Library, Bloomington, Indiana. Latin American Manuscripts, Venezuela.
National Archives of the United States, Washington, D.C. Records of the United States Naval Expedition to the Southern Hemisphere, Group 78.
Oxford University. Bodleian Library. Manchester College, Joseph Blanco White Papers.

Public Records Office, Kew Gardens, Londres, Inglaterra. Aliens Office and Home Office.
Sidney Jones Library, University of Liverpool. Special Collections and Archives. Correspondence and Papers of Joseph Blanco White.

FUENTES PRIMARIAS IMPRESAS

1) *Diarios, Periódicos y Revistas del siglo XIX*

Anales de la Universidad de Chile
El Araucano (Chile)
Biblioteca Americana (Inglaterra)
El Censor Americano (Inglaterra)
La Clave (Chile)
El Crepúsculo (Chile)
El Español (Inglaterra)
Faro Industrial de la Habana (Cuba)
El Ferrocarril (Chile)
Gazeta de Caracas (Venezuela)
El Mercurio (Chile)
El Museo de Ambas Américas (Chile)
El Philopolita (Chile)
El Popular (Chile)
El Progreso (Chile)
El Repertorio Americano (Inglaterra)
Revista Católica (Chile)
El Valdiviano Federal (Chile)
Variedades, o Mensagero de Londres (Inglaterra)

2) *Libros, Ensayos, Epistolarios y Documentos relacionados con la Vida de Bello*

ACHONDO L., BÁRBARA. "Un hombre de Estado. Vida política del federalista chileno José Miguel Infante (1810-1844)". Tesis de Licenciatura, Universidad Católica de Chile, 2006.
ALCALÁ GALIANO, ANTONIO. *Recuerdos de un anciano*. Buenos Aires: Espasa Calpe, [1878] 1951.
AMUNÁTEGUI, MIGUEL LUIS. *Don José Joaquín de Mora. Apuntes biográficos*. Santiago: Imprenta Nacional, 1888.

AMUNÁTEGUI SOLAR, DOMINGO. *Los primeros años del Instituto Nacional, 1813-1835*. Santiago: Imprenta Cervantes, 1889.

______________. *El Instituto Nacional bajo los rectorados de don Manuel Montt, don Francisco Puente y don Antonio Varas, 1835-1845*. Santiago: Imprenta Cervantes, 1891.

______________. *Mora en Bolivia*. Santiago: Imprenta Cervantes, 1897.

______________, comp. *Archivo epistolar de Don Miguel Luis Amunátegui*. 2 tomos. Santiago: Prensas de la Universidad de Chile, 1942.

ANDRÉS BELLO: Documentos para el estudio de sus Obras Completas, *1948-1985*. 2 tomos. Prólogo: Rafael Caldera; Estudio preliminar: Pedro Grases; Investigación, selección y notas explicativas: Ildefonso Méndez Salcedo. Caracas: Fundación Pedro Grases, 2004.

ÁVILA MARTEL, ALAMIRO DE. "The Influence of Bentham in the Teaching of Penal Law in Chile". *Revista de Estudios Histórico-Jurídicos*, 5 (1980), 257-265.

______________. *Sarmiento en la Universidad de Chile*. Santiago: Ediciones de la Universidad de Chile, 1988.

______________, Antonia Rebolledo, Luz María Fuchslocher, Javier Barrientos, Norman P. Sacks, y Luis Oyarzún. *Estudios sobre José Victorino Lastarria*. Santiago: Ediciones de la Universidad de Chile, 1988.

BEAVER, PHILIP. *The Life and Services of Captain Philip Beaver. Late of His Majesty's Ship Nisus*. Londres: J. Murray, 1829.

BELLO, ANDRÉS. *Obras completas*. 26 tomos. Caracas: La Casa de Bello, 1981-1984.

______________. *Andrés Bello Digital: Obras Completas*. Biblioteca Virtual Andrés Bello de Polígrafos Hispanoamericanos. Madrid: Fundación Hernando de Larramendi, 2002.

______________. *Obras completas*. 15 tomos. Santiago: Imprenta Pedro G. Ramírez e Imprenta Cervantes, 1881-1893.

______________. *Textos fundamentales: Construcción de Estado y nación de Chile*. Santiago: Biblioteca Fundamentos de la Construcción de Chile, Pontificia Universidad Católica de Chile y Biblioteca Nacional, 2010.

______________. *Repertorio Americano: Textos escogidos*. Santiago: Penguin Clásicos, 2019. Publicado originalmente en inglés con el título de *Selected Writings*. Nueva York y Oxford: Oxford University Press, 1997. Ambos editados por Iván Jaksić.

______________. *Cuadernos de Londres*. Editado por Iván Jaksić y Tania Avilés. Santiago: Editorial Universitaria y Centro de Investigaciones Diego Barros Arana, Biblioteca Nacional, 2017.

______________. *Andrés Bello científico. Escritos publicados (1823-1843)*. Editado por Guillermo Latorre y Rodrigo Medel. Santiago: Editorial Universitaria, 2018.

BELLO, ANDRÉS. *Opúsculos literarios i críticos, publicados en diversos periódicos desde el año de 1834 hasta 1849*. Santiago: Imprenta Chilena, 1850.

______________. *Gramática de la lengua castellana destinada al uso de los americanos*. Edición crítica de Ramón Trujillo. Tenerife: Cabildo Insular e Instituto Universitario de Lingüística Andrés Bello, 1981.

BOLÍVAR, SIMÓN. *Cartas del Libertador*. 8 tomos. Caracas: Fundación Vicente Lecuna, 1969.

BLANCO WHITE, JOSÉ MARÍA. *The Life of the Rev. Joseph Blanco White, Written by Himself; With Portions of His Correspondence*. Ed. por John Hamilton Thom. 3 tomos. Londres: John Chapman, 1845.

CARLYLE, THOMAS. *The Life of John Sterling*. Londres, Nueva York, Toronto: Oxford University Press, 1907.

CAUSTEN, MARY ELIZABETH. "Chile hace cien años". *Boletín de la Academia Chilena de la Historia*, 8, N° 19 (1941), 5-45.

CHILIAN LOAN. *A Report of the Trial of Yrisarri v. Clement, in the Court of Common Pleas, 19th December, 1825 for Libel; before Lord Chief Justice Best and a Special Jury*. Londres: E.G. Triquet, 1826.

CIFUENTES, ABDÓN. *Memorias*. 2 tomos. Santiago: Editorial Nascimento, 1936.

CODAZZI, AGUSTÍN. *Resumen de la geografía de Venezuela (Venezuela en 1841)*. 3 tomos. Caracas: Biblioteca Venezolana de Cultura, 1940.

CONCHA Y TORO, MELCHOR. *Chile durante los años de 1824 a 1828*. Santiago: Imprenta Nacional, 1862.

DEPONS, FRANÇOIS. *Travels in Parts of South America, During the Years 1801, 1802, 1803 & 1804*. Londres: J.G. Barnard, 1806.

DÍAZ, JOSÉ DOMINGO. *Recuerdos de la rebelión de Caracas*. Caracas: Biblioteca de la Academia Nacional de la Historia, [1829] 1961.

DOMEYKO, IGNACIO. *Mis viajes: Memorias de un exiliado*. 2 tomos. Santiago: Ediciones de la Universidad de Chile, 1978.

EDWARDS, ALBERTO. *El gobierno de don Manuel Montt, 1851-1861*. Santiago: Editorial Nascimento, 1932.

EGAÑA, JUAN. *Cartas de don Juan Egaña a su hijo Mariano, 1824-1828*. Santiago: Sociedad de Bibliófilos Chilenos, 1946.

EGAÑA, MARIANO. *Cartas de Don Mariano Egaña a su padre, 1824-1829*. Santiago: Sociedad de Bibliófilos Chilenos, 1948.

FELIÚ CRUZ, GUILLERMO, comp. *La prensa chilena y la codificación, 1822-1878*. Santiago: Comisión Nacional de Conmemoración de la muerte de Andrés Bello, 1966.

FERNÁNDEZ LARRAÍN, SERGIO. *Cartas a Bello en Londres, 1810-1829*. Santiago: Editorial Andrés Bello, 1968.

GILLISS, JAMES MELVILLE. *The U.S. Naval Astronomical Expedition to the Southern Hemisphere during the Years 1849, 50, 51, 52*. 3 tomos. Washington, D.C.: A.O.P. Nicholson, 1855.

GOBBI, H.G. "The Spanish Quarter of Somers Town: An Immigrant Community, 1820-30". *The Camden History Review*, N° 6 (1978), 6-9.

GONZÁLEZ ECHENIQUE, JAVIER, comp. *Documentos de la misión de Don Mariano Egaña en Londres (1824-1829)*. Santiago: Ministerio de Relaciones Exteriores de Chile, 1984.

GRASES, PEDRO, comp. *Los libros de Miranda*. Caracas: La Casa de Bello, 1979.

GUIRAO MASSIF, ANA. *Historia de la Facultad de Filosofía y Humanidades de la Universidad de Chile hasta la fundación del Instituto Pedagógico, 1843-1889*. Tomo 1 de *Memorias de los Egresados*. Santiago: Facultad de Filosofía y Educación, Universidad de Chile, 1957. [Contiene las Actas de las reuniones de la Facultad].

GUTIÉRREZ, JUAN MARÍA. *América poética. Colección escojida de composiciones en verso, escritas por americanos en el presente siglo*. Valparaíso: Imprenta del Mercurio, 1846. [Esta obra contiene una breve biografía de Bello, y diez de sus poemas].

HELGUERA, J. LEÓN. "Tres Cartas de Nariño". *Boletín de Historia y Antigüedades*, 48, N° 555 (Enero-Febrero 1961), 113-116.

HUMBOLDT, ALEXANDER VON. *Personal Narrative of Travels to the Equinoctial Regions of America During the Years 1799-1804*. Trad. y comp. por Thomasina Ross. 3 tomos. Londres: George Bell & Sons, 1907.

INTERESTING *Official Documents Relating to the United Provinces of Venezuela*. Londres: Longman and Co., 1812.

LASTARRIA, JOSÉ VICTORINO. *Recuerdos Literarios: Datos para la historia literaria de la América española i del progreso intelectual de Chile*. 2ª ed. Santiago: Librería de M. Servat, 1885.

_______________. *Miscelánea histórica i literaria*. 3 tomos. Valparaíso: Imprenta de la Patria, 1868.

MATTA, MANUEL ANTONIO. *Documentos para un capítulo de la historia diplomática de Chile en su última guerra con España*. Santiago: Imprenta del Ferrocarril, 1872.

MEDINA, JOSÉ TORIBIO. *Historia de la Real Universidad de San Felipe de Santiago de Chile*. 2 tomos. Santiago: Sociedad, Imprenta y Litografía Universo, 1928.

MENDOZA, CRISTÓBAL DE, comp. *Las primeras misiones diplomáticas de Venezuela*. 2 tomos. Caracas: Academia Nacional de la Historia, 1962.

MIER, SERVANDO TERESA DE. *Ideario político*. Introducción y notas de Edmundo O'Gorman. Caracas: Biblioteca Ayacucho, 1978.

MIRANDA, FRANCISCO DE. *América espera*. Compilación e introducción de J.L. Salcedo-Bastardo. Caracas: Biblioteca Ayacucho, 1982.

MORLA VICUÑA, CARLOS, comp. *Don Miguel Luis Amunátegui, 1828-1888*. París: Imprenta de A. Lahure, s.f.

PALACIO FAJARDO, MANUEL. *Outline of the Revolution in Spanish America*. Londres: Longman, Hurst, Rees, Orme, y Brown, 1817.

PERU DE LACROIX, LOUIS. *Diario de Bucaramanga: Vida pública y privada del Libertador Simón Bolívar*. 8ª ed. Medellín: Editorial Bedout, 1967.

PORTALES, DIEGO. *Epistolario Diego Portales*. Edición a cargo de Carmen Fariña Vicuña, 2 tomos. Santiago: Ediciones Universidad Diego Portales, 2007.

SAMBRANO URDANETA, ÓSCAR. *El Andrés Bello universal: Crónica del bicentenario de su nacimiento*. Caracas: La Casa de Bello, 1991.

SARMIENTO, DOMINGO FAUSTINO. *Recuerdos de provincia* [1850]. Tomo 3 de *Obras de D.F. Sarmiento*. Santiago: Imprenta Gutenberg, 1885.

STUARDO ORTIZ, CARLOS. *El Liceo de Chile, 1828-1831. Antecedentes para su historia*. Santiago: Imprenta Universitaria, 1950.

TORRENTE, MARIANO. *Historia de la revolución hispanoamericana*. 3 tomos. Madrid: Imprenta de Moreno, 1830.

UNIVERSIDAD DE CHILE. *Crónica del bicentenario de Andrés Bello*. En *Anales de la Universidad de Chile*. 5ª Serie, N° 2 (Agosto 1983).

VALENCIA AVARIA, LUIS. *Anales de la República. Textos constitucionales de Chile y registros de los ciudadanos que han integrado los poderes ejecutivo y legislativo desde 1810*. 2ª ed. 2 tomos. Santiago: Editorial Andrés Bello, 1986.

VERGARA QUIROZ, SERGIO. *Manuel Montt y Domingo F. Sarmiento. Epistolario, 1833-1888*. Santiago: LOM Ediciones y Centro de Investigaciones Diego Barros Arana, 1999.

WEBSTER, C.K., comp. *Britain and the Independence of Latin America, 1812-1830. Select Documents from the Foreign Office Archives*. 2 tomos. Londres: Oxford University Press, 1938.

ZAPIOLA, JOSÉ. *Recuerdos de treinta años (1810-1840)*. 5ª ed. Santiago: Biblioteca de Autores Chilenos, 1902.

FUENTES SECUNDARIAS

A) *Biografías y Estudios sobre Andrés Bello*

ACADEMIA DE BELLAS LETRAS. *Suscripción de la Academia de Bellas Letras a la estatua de Don Andrés Bello*. Santiago: Imprenta de la Librería del Mercurio, 1874.

AMUNÁTEGUI ALDUNATE, MIGUEL LUIS. *Vida de Don Andrés Bello*. Santiago: Imprenta Pedro G. Ramírez, 1882.

______________. *Ensayos biográficos*. 4 tomos. Santiago: Imprenta Nacional, 1893-1896. [El tomo 2, pp. 5-242 es sobre Bello].

AMUNÁTEGUI ALDUNATE, MIGUEL LUIS y GREGORIO VÍCTOR AMUNÁTEGUI. *Don Andrés Bello*. Santiago: Imprenta Nacional, 1854.

______________. *Juicio crítico de algunos poetas hispanoamericanos*. Santiago: Imprenta del Ferrocarril, 1861. [La sección sobre Bello está en las pp. 181-245].

AMUNÁTEGUI REYES, MIGUEL LUIS. *Nuevos estudios sobre Don Andrés Bello*. Santiago: Imprenta, Litografía i Encuadernación Barcelona, 1902.

Andrés Bello y la gramática de un Nuevo Mundo. Memorias V Jornadas de Historia y Religión. Caracas: Publicaciones Universidad Católica Andrés Bello, 2006. [Artículos de Tomás Straka, Claudio Briceño, Francisco Javier Pérez, Cesia Hirshbein, Horacio Biord, Salvador Méndez, Marlene Vásquez Pérez, Agustín Moreno M., Marco Aurelio Ramírez, Marielena Mestas P., Rafael García, Manuel Donís Ríos, Óscar Sambrano Urdaneta, Pedro Pablo Rodríguez, José Luis Da Silva, Ildefonso Méndez Salcedo y R.J. Lovera de Sola].

ARDAO, ARTURO. *Andrés Bello, filósofo*. Caracas: Biblioteca de la Academia Nacional de la Historia, 1986.

ARCINIEGAS, GERMÁN, comp. *El pensamiento vivo de Andrés Bello*. Buenos Aires: Editorial Losada, 1958.

ÁVILA MARTEL, ALAMIRO DE. *Andrés Bello. Breve ensayo sobre su vida y su obra*. Santiago: Editorial Universitaria, 1981.

______________. *Mora y Bello en Chile, 1829-1831*. Santiago: Ediciones de la Universidad de Chile, 1982.

______________. *Andrés Bello y la primera biografía de O'Higgins*. Santiago: Ediciones de la Universidad de Chile, 1978.

BARNOLA, PEDRO PABLO. *Estudios sobre Bello*. Caracas: Ediciones del Ministerio de Educación, 1969.

BARROS ARANA, DIEGO. "Elojio del Señor Don Andrés Bello". Tomo 13 de las *Obras completas de Diego Barros Arana*. Santiago: Imprenta, Litografía i Encuadernación Barcelona, 1914. [La sección sobre Bello se encuentra en las pp. 233-257].

BECCO, HORACIO JORGE. *Bibliografía de Andrés Bello*. 2 tomos. Caracas: La Casa de Bello, 1989.

______________. *Medio siglo de bellismo en Chile, 1846-1900*. Caracas: La Casa de Bello, 1980.

______________. *Ediciones chilenas de Andrés Bello (1830-1893)*. Caracas: La Casa de Bello, 1980.

______________. *Bello y los Amunátegui*. Caracas: La Casa de Bello, 1980.

BERNALES O., MARTÍN. "Andrés Bello". En *Escritos republicanos: Selección de escritos políticos del siglo XIX*, comps. María José López M. y José Santos Herceg, 61-108. Santiago: LOM Ediciones, 2011.

BLANCO FOMBONA, RUFINO. *Grandes escritores de América (Siglo XIX)*. Madrid: Renacimiento, 1917. [pp. 1-75 dedicadas a Andrés Bello].

BOCAZ, LUIS. *Andrés Bello: Una biografía cultural*. Santafé de Bogotá: Convenio Andrés Bello, 2000.

BREWER-CARIAS, ALLAN R. *La concepción de Estado en la obra de Andrés Bello*. Madrid: Instituto de Estudios de Administración Local, 1983.

CALDERA, RAFAEL. *Andrés Bello*. Editado por Francisco Javier Pérez. Caracas: Editorial Dahbar, [1935] 2015.

______________. *Andrés Bello: Philosopher, Poet, Philologist, Educator, Legislator, Statesman*. Trad. por John Street. Caracas: La Casa de Bello, 1994.

CALDERÓN, ALFONSO, comp. *La eterna juventud de Andrés Bello*. Presentación de Enrique Campos Menéndez. Santiago: Fondo Andrés Bello, Dirección de Bibliotecas, Archivos y Museos, Ministerio de Educación Pública, 1984.

CARO, MIGUEL ANTONIO. *Estudios sobre Don Andrés Bello*. Editado, con una introducción y notas, por Carlos Valderrama Andrade. Bogotá: Instituto Caro y Cuervo, 1981.

CASTILLO DIDIER, MIGUEL. *Miranda y la senda de Bello*. 3ª ed. Santiago: Facultad de Filosofía y Humanidades, 2018.

COLLIER, SIMON. "The Life and Work of Andrés Bello, 1781-1865". Charla ante el Hispanic and Luso-Brazilian Council, texto manuscrito, Londres, 1981.

______________. "Andrés Bello". En *Encyclopedia of Latin American History and Culture*. Comp. por Barbara Tenenbaum, tomo 1, 326-327. Nueva York: Charles Scribner's Sons, 1996.

CONCHA, JAIME. "Gramáticas y códigos: Bello y su gestión superestructural en Chile", *Revista de Humanidades y Ciencias Sociales*, 42, N° 2 (1997), 17-36.

CREMA, EDOARDO. *Trayectoria religiosa de Andrés Bello*. Caracas: Talleres de Gráficas Sitges, 1956.

CUNILL GRAU, PEDRO. *Andrés Bello (1781-1865)*. Caracas: Biblioteca Biográfica Venezolana, 2006.

CUSSEN, ANTONIO. *Bello and Bolívar: Poetry and Politics in the Spanish American Revolution*. Cambridge: Cambridge University Press, 1992. En castellano, como *Bello y Bolívar*. México: Fondo de Cultura Económica, 1998.

DURÁN LUZIO, JUAN. *Siete ensayos sobre Andrés Bello, el escritor*. Santiago: Editorial Andrés Bello, 1999.

DAWSON, FRANK GRIFFITH. "The Influence of Andrés Bello on Latin American Perceptions of Non-Intervention and State Responsibility". *The British Yearbook of International Law, 1986*, 253-315.

EDWARDS BELLO, JOAQUÍN. *El bisabuelo de piedra*. Santiago: Editorial Nascimento, 1978.

FELIÚ CRUZ, GUILLERMO. *Andrés Bello y la redacción de los documentos oficiales administrativos, internacionales y legislativos de Chile*. Caracas: Biblioteca de los Tribunales del Distrito Federal, Fundación Rojas Astudillo, 1957.

__________. comp. *Estudios sobre Andrés Bello*. 2 tomos. Santiago: Fondo Andrés Bello, Biblioteca Nacional, 1966-1971.

FERNÁNDEZ HERES, RAFAEL. *El proyecto universitario de Andrés Bello (1843)*. Caracas: Biblioteca de la Academia Nacional de la Historia, 1982.

FUNDACIÓN LA CASA DE BELLO. *Bello y Caracas*. Caracas: La Casa de Bello, 1979.

__________. *Bello y Londres*. 2 tomos. Caracas: La Casa de Bello, 1980-81.

__________. *Bello y Chile*. 2 tomos. Caracas: La Casa de Bello, 1981.

__________. *Bello y América Latina*. Caracas: La Casa de Bello, 1982.

__________. *Bello y el derecho latinoamericano*. Caracas: La Casa de Bello, 1987.

GALLARDO, ANDRÉS. "Don Andrés Bello y su Gramática de la lengua castellana: Tres hitos para la historia de la lengua común". *Boletín de Filología*, 49, N° 1 (2014), 149-160.

GAYOL MECÍAS, MANUEL, comp. *Andrés Bello: Valoración múltiple*. La Habana: Ediciones Casa de las Américas, 1989.

GOMES, MIGUEL. "Las Silvas americanas de Andrés Bello: Una relectura genológica". *Hispanic Review*, 66, N° 2 (Primavera 1998), 181-196.

GONZÁLEZ STEPHAN, BEATRIZ y JUAN POBLETE, comps. *Andrés Bello y los estudios latinoamericanos*. Serie Críticas. Pittsburgh: Instituto Internacional de Literatura Iberoamericana, University of Pittsburgh, 2009.

GRASES, PEDRO. *Estudios sobre Andrés Bello*. 2 tomos. Caracas, Barcelona, México: Editorial Seix Barral, 1981.

__________. *Libros de Bello editados en Caracas en el siglo XIX*. Caracas: La Casa de Bello, 1978.

__________. comp. *España honra a don Andrés Bello*. Caracas: Presidencia de la República de Venezuela, 1972.

__________. comp. *Antología del bellismo en Venezuela*. Caracas: Monte Ávila Editores, 1981.

__________. comp. *Andrés Bello: Obra literaria*. 2ª ed. Caracas: Biblioteca Ayacucho, 1985.

__________. comp. *Andrés Bello y la Universidad de Chile. Homenaje del sesquicentenario (1843-1993)*. Caracas: La Casa de Bello, 1993.

GUZMÁN BRITO, ALEJANDRO. *Andrés Bello codificador. Historia de la fijación y codificación del derecho civil en Chile*. 2 tomos. Santiago: Ediciones de la Universidad de Chile, 1982.

GUZMÁN BRITO, ALEJANDRO. *Historia literaria del Código Civil de la República de Chile*. Santiago: Consejo de Decanos de las Facultades de Derecho Tradicionales de Chile, 2005.

______________. "Andrés Bello". En *Chilenos del Bicentenario*. Santiago: Instituciones Santo Tomás y El Mercurio, 2007. [El ensayo ilustrado se encuentra entre las pp. 5-53].

______________. *Vida y obra de Andrés Bello*. Santiago: Globo Editores, 2009. [Publicado también con el subtítulo "Especialmente considerado como jurista" por Thomson-Editorial Aranzadi, Pamplona, 2008]

INSTITUTO DE CHILE. *Homenaje a Don Andrés Bello con motivo de la conmemoración del bicentenario de su nacimiento*. Santiago: Editorial Jurídica de Chile y Editorial Andrés Bello, 1982.

IRIS [INÉS ECHEVERRÍA BELLO]. *Nuestra raza: A la memoria de Andrés Bello: Su cuarta generación*. Santiago: Ediciones de la Universidad de Chile, s.f.

JAKSIĆ, IVÁN. *Andrés Bello: Scholarship and Nation-Building in Nineteenth-Century Latin America*. Cambridge y Nueva York: Cambridge University Press, 2001.

______________. "Andrés Bello," *Encyclopedia of Romantic Nationalism in Europe*, ed. Joep Leerssen. Amsterdam: Study Platform on Interlocking Nationalisms, 2016.

______________. "De colección privada a colección nacional: Los libros de Andrés Bello". En Rafael Sagredo, ed., *Biblioteca Nacional: Patrimonio republicano de Chile*. Santiago: Dirección de Bibliotecas, Archivos y Museos, 2014, 66-78.

______________. "Ideological Pragmatism and Non-Partisan Expertise in Nineteenth-Century Chile: Andrés Bello's Contributions to State and Nation Building". Eds., Miguel Ángel Centeno y Agustín E. Ferraro. *State and Nation Making in Latin America and Spain*. Cambridge: Cambridge University Press, 2013, 183-202.

______________. "Dos cartas inéditas de Andrés Bello". *Anales de Literatura Chilena*, N° 20 (2013), 177-186.

______________. "Andrés Bello: Race and National Political Culture". En Jorge J.E. Gracia, comp. *Forging People: Race, Ethnicity, and Nationality in Hispanic and Latino/a Thought*. 95-98. Notre Dame, Indiana: University of Notre Dame Press, 2011.

______________. "Orígenes de *Filosofía del entendimiento*: Los aportes de Andrés Bello al periódico *El Crepúsculo*". *Anales de Literatura Chilena*, N° 13 (2010), 53-68.

______________. "Andrés Bello". En Stanley N. Katz, ed., *The Oxford International Encyclopedia of Legal History*, 6 vols. Oxford y Nueva York: Oxford University Press, 2009, I, 286.

JAKSIĆ, IVÁN. "La república del orden: Simón Bolívar, Andrés Bello y las transformaciones del pensamiento político de la independencia". *Revista Historia*, 36 (2003), 191-218. También en inglés, en David Bushnell y Lester Langley, eds. *Simon Bolívar: Essays on the Life and Legacy of the Liberator*. Lanham: Rowman and Littlefield Publishers, 2008, 75-98.

______________. "Bridges to Hispania: Andrés Bello and José María Blanco White". En Carlos Malamud, comp. *La influencia española y británica en las ideas y en la política latinoamericanas*. 63-78. Madrid: Instituto Universitario Ortega y Gasset, 2000.

______________. "Andrés Bello and the Problem of Order in Post-Independence Spanish America". David Rockefeller Center for Latin American Studies, *Working Papers on Latin America* N° 97/98-1, Harvard University, 1998.

______________. "Racionalismo y fe: La filosofía chilena en la época de Andrés Bello". *Revista Historia* 29 (1995-96), 89-123.

JOBET, JULIO CÉSAR. *Doctrina y praxis de los educadores representativos chilenos*. Santiago: Editorial Andrés Bello, 1970. [El capítulo dedicado a Bello está entre las pp. 155-279].

JOFRÉ, MANUEL. "Verso y reverso de nuestro primer rector. Discurso de instalación y poesía de Andrés Bello". *Anales de la Universidad de Chile*, 6ª Serie, N° 15 (Diciembre de 2003), 51-68.

KILGORE, WILLIAM J. "Notes on the Philosophy of Education of Andrés Bello". *Journal of the History of Ideas*, 22 (Octubre-Diciembre 1961), 555-560.

KRISTAL, EFRAÍN. "Dialogues and Polemics: Sarmiento, Lastarria, and Bello". En Joseph T. Criscenti, comp. *Sarmiento and His Argentina*. 61-70. Boulder: Lynne Rienner Publishers, 1993.

LIRA URQUIETA, PEDRO. *Andrés Bello*. México y Buenos Aires: Fondo de Cultura Económica, 1948.

______________. *El Código Civil chileno y su época*. Santiago: Editorial Jurídica de Chile, 1956.

LYNCH, JOHN, comp. *Andrés Bello: The London Years*. Richmond, Surrey: The Richmond Publishing House, Co., 1982.

MARTÍNEZ BAEZA, SERGIO. "Bello, Infante y la enseñanza del derecho romano: Una polémica histórica, 1834". *Revista Chilena de Historia y Geografía*, N° 132 (1964), 196-229.

MARTINIĆ G., MARÍA DORA Y MAURICIO TAPIA R., comps. *Sesquicentenario del Código Civil de Andrés Bello. Pasado, presente y futuro de la codificación*. 2 tomos. Santiago: Editorial LexisNexis, 2005.

MELÉNDEZ, MARISELLE. "Miedo, raza y nación: Bello, Lastarria y la revisión del pasado colonial". *Revista Chilena de Literatura*, N° 52 (Abril 1998), 17-30.

MENÉNDEZ Y PELAYO, MARCELINO. *Historia de la poesía Hispano-Americana*. 2 tomos. Madrid: Librería General de Victoriano Suárez, 1911. [La sección sobre Bello se encuentra en I, 353-393].

MILIANI, DOMINGO. "Andrés Bello y el destierro". *Anales de la Universidad de Chile*, 6ª Serie, N° 15 (Diciembre de 2003), 83-93.

MIRANDA, BOLÍVAR y BELLO: *Tres tiempos del pensar latinoamericano*. VI Jornadas de Historia y Religión. Caracas: Universidad Católica Andrés Bello, 2007. [Capítulos sobre Bello de Dora Dávila Mendoza, Francisco Javier Pérez, Rafael García Torres, Horacio Biord y Marco Aurelio Ramírez Vivas].

MIROW, MATTHEW C. "Borrowing Private Law in Latin America: Andrés Bello's Use of the *Code Napoléon* in Drafting the Chilean Civil Code". *Louisiana Law Review*, 61, N° 2 (2001), 291-329.

MONTALDO, GRACIELA. "El cuerpo de la patria: Espacio, naturaleza y cultura en Bello y Sarmiento". En *Esplendores y miserias del siglo XIX. Cultura y sociedad en América Latina*. Comp. por Beatriz González Stephan, Javier Lasarte, Graciela Montaldo y María Julia Daroqui. 103-123. Caracas: Monte Ávila Editores, 1994.

MORÉ, BELFORD. "La construcción ideológica de una base empírica: Selección y elaboración en la gramática de Bello". En *La batalla del idioma: La intelectualidad hispánica ante la lengua*. Comps. José del Valle y Luis Gabriel-Stheeman. 67-92. Madrid: Iberoamericana, 2004.

MURILLO RUBIERA, FERNANDO. *Andrés Bello: Historia de una vida y una obra*. Caracas: La Casa de Bello, 1986.

OBREGÓN, LILIANA. "Completing Civilization: Nineteenth-Century Criollo Interventions in International Law". Tesis doctoral, Harvard University, 2002. [La mitad de la tesis versa sobre Andrés Bello].

ORREGO VICUÑA, EUGENIO. *Don Andrés Bello*. 3ª ed. Santiago: Imprenta y Litografía Leblanc, 1940.

OSSANDÓN BULJEVIC, CARLOS y CARLOS RUIZ SCHNEIDER, coords. *Andrés Bello: Filosofía pública y política de la letra*. Santiago: Fondo de Cultura Económica, 2013.

__________. "Andrés Bello y la *res publica litterarum*". *Revista Universum*, I, N° 26 (2011), 109-122.

PÉREZ, FRANCISCO JAVIER. "El diccionario y los diccionarios en la obra de Andrés Bello. Teoría, crítica y elaboración lexicográficas". *Boletín de Filología*, 49, N° 1 (2014), 107-133.

PEREIRO-OTERO, JOSÉ MANUEL. "Conquistas vi(r)olentas y vacunas independentistas: Andrés Bello y Manuel José Quintana ante la enfermedad de la colonia". *Hispanic Review*, 76, N° 2 (primavera 2008), 109-133.

PI SUNYER, CARLOS. *Patriotas americanos en Londres (Miranda, Bello, y otras figuras)*. Caracas: Monte Ávila Editores, 1978.

PINZÓN, MARTÍN ALONSO. *Andrés Bello: Jurisconsulto*. Santiago: Editorial Universitaria, 1983.

PRATS BELLO, ANA LUISA. *Andrés Bello (estudio biográfico), 1781-1865*. Santiago: Imprenta Universitaria, 1916.

RACINE, KAREN. "Nature and Mother: Foreign Residence and the Evolution of Andrés Bello's American Identity, London, 1810-29". En *Strange Pilgrimages: Exile, Travel, and National Identity in Latin America, 1800-1990s*. Comp. por Ingrid E. Fey y Karen Racine. 3-19. Wilmington, DE: Scholarly Resources, 2000.

RAMOS, JULIO. "*Saber decir:* Lengua y política en Andrés Bello". En *Desencuentros de la modernidad en América Latina: Literatura y política en el siglo XIX*, 35-49. México: Fondo de Cultura Económica, 1989.

RODRÍGUEZ MONEGAL, EMIR. *El otro Andrés Bello*. Caracas: Monte Ávila Editores, 1969.

ROJO, GRINOR. "La modernidad del pensamiento universitario de Bello". *Anales de la Universidad de Chile*, 6ª Serie, Nº 15 (Diciembre 2003), 39-49.

______________. "1843: Bello y la fundación de la Universidad de Chile". En *Clásicos latinoamericanos: Para una relectura del canon*. Vol I. Santiago: LOM Ediciones, 2011, 63-107.

RUIZ SCHNEIDER, CARLOS. "Moderación y filosofía: Notas de investigación sobre la filosofía de Andrés Bello". *Teoría*, 5-6 (Diciembre 1975), 15-39.

______________. "Política de la moderación: Notas de investigación sobre las ideas filosóficas y políticas de Andrés Bello". *Escritos de Teoría*, 1 (Diciembre 1976), 9-26.

SACKS, NORMAN P. "Andrés Bello y José Victorino Lastarria: Conflicto de generaciones y tensiones intelectuales". *Cuadernos Americanos*, 2, N° 62 (Marzo-Abril 1997), 183-213.

SAMBRANO URDANETA, ÓSCAR. *Cronología de Andrés Bello, 1781-1865*. Caracas: La Casa de Bello, 1986.

______________. *Verdades y mentiras sobre Andrés Bello*. 2ª edición aumentada y corregida. Caracas: Anauco Ediciones, 2005.

SCARPA, ROQUE ESTEBAN, comp. *Antología de Andrés Bello*. Santiago: Fondo Andrés Bello, 1970.

SILVA CASTRO, RAÚL. *Don Andrés Bello, 1781-1865*. Santiago: Editorial Andrés Bello, 1965.

SQUELLA NARDUCCI, AGUSTÍN. *Andrés Bello y la educación*. Valparaíso: EDEVAL, 1982.

SQUELLA NARDUCCI, AGUSTÍN. comp. *Andrés Bello: Escritos jurídicos, políticos y universitarios*. Valparaíso: EDEVAL, 1979.

STOETZER O, CARLOS. "The Political Ideas of Andrés Bello". *International Philosophical Quarterly*, 23, N° 4 (Diciembre 1983), 395-406.

TORREJÓN, ALFREDO. *Andrés Bello y la lengua culta. La estandarización del castellano en América en el siglo XIX*. Boulder: Society of Spanish and Spanish American Studies, 1993.

______________. "Andrés Bello, Domingo Faustino Sarmiento y el Castellano Culto de Chile". *Thesaurus: Boletín del Instituto Caro y Cuervo*, 44, N° 3 (Septiembre-Diciembre 1989), 534-557.

TORRES CAICEDO, JOSÉ MARÍA. *Ensayos biográficos y de crítica literaria sobre los principales poetas y literatos Hispano-Americanos*. 3 tomos. París: Libraire Guillaumin et Co., Éditeurs, 1863-68. [La sección sobre Andrés Bello se encuentra en el tomo 1, pp. 87-111].

TRONCOSO ARAOS, XIMENA. "El retrato sospechoso. Bello, Lastarria y nuestra ambigua relación con los Mapuche". *Atenea*, 488 (Segundo semestre 2003), 153-176.

TRUJILLO SILVA, JOAQUÍN. *Andrés Bello: Libertad, Imperio, Estilo*. Santiago: Editorial Roneo, 2019.

UNIVERSIDAD CATÓLICA DE VALPARAÍSO. *Homenaje a Don Andrés Bello*. Valparaíso: Ediciones Universitarias de Valparaíso, 1982. [Artículos de Luis Gómez M., Jaime Harris F., Fernando Durán V. y Manuel Ramírez R.]

UNIVERSIDAD DE CHILE. *Anales de la Facultad de Ciencias Jurídicas y Sociales*. Vol. IV, N° 4 (1964-1965). [Artículos de Ernesto Barros Jarpa, Guillermo Feliú Cruz, Eugenio Velasco Letelier, Saúl Cestau, Jaime Eyzaguirre, y Jorge Peirano Facio].

______________. *Andrés Bello, 1865-1965. Homenaje de la Facultad de Filosofía y Educación de la Universidad de Chile*. Santiago: Facultad de Filosofía y Educación, Universidad de Chile, 1966. [Artículos de Eugenio González Rojas, Julio Heise González, Roberto Munizaga Aguirre, Guillermo Feliú Cruz, Rodolfo Oroz, Ricardo Donoso, Gastón Carrillo Herrera, Graciela Mandujano y Julio César Jobet].

______________. *Estudios sobre la vida y obra de Andrés Bello*. Santiago: Ediciones de la Universidad de Chile, 1973. [Artículos de Alamiro de Ávila Martel, Ernesto Barros Jarpa, Pedro Lira Urquieta, Rodolfo Oroz Scheibe, Manuel Salvat Monguillot, Raúl Silva Castro y Armando Uribe Arce].

UNIVERSIDAD DE CONCEPCIÓN. *Homenaje al centenario de la muerte de don Andrés Bello*. En *Atenea: Revista Trimestral de Ciencias, Letras y Artes*. Tomo 160, N° 410 (Octubre-Diciembre 1965). [Artículos de Milton Rossel, Ignacio González Ginouvés, Fidel Araneda Bravo, Alfonso Bulnes, Joaquín Edwards Bello, Guillermo Feliú Cruz, Sergio Galaz, Pedro Grases, Pedro Lira Urquieta, Luiz Muñoz G., Rodolfo Oroz y Santiago Vidal Muñoz].

VARGAS BELLO, FERNANDO. *Andrés Bello, el hombre*. Santiago: Editorial Andrés Bello, 1982.

VELLEMAN, BARRY L. *Andrés Bello y sus libros*. Caracas: La Casa de Bello, 1995.

______________. "The *Gramática* of Andrés Bello: Sources and Methods". Tesis Doctoral, University of Wisconsin-Madison, 1974.

______________. "Structuralist Theory in the Bello *Gramática*". *Hispanic Review*, 46 (Invierno 1978), 55-64.

______________. "La recepción de las ideas lingüísticas de Bello en Chile". En *Actas del III Congreso Internacional de la Sociedad Española de Lingüística*. Miguel Ángel Esparza Torres, Benigno Fernández Salgado y Hans-Josef Niederehe, eds. 721-732. Hamburg: Helmut Buske Verlag, 2002.

______________. "Un texto inédito de Ricardo Donoso: 'La biblioteca de don Andrés Bello'". *Cuadernos de Historia*, 41 (Diciembre 2014), 189-225.

VENEZUELA. CARACAS. Ministerio de Educación. *Primer libro de la Semana de Bello en Caracas*. Caracas: Ediciones del Ministerio de Educación, 1952.

______________. *Segundo libro de la Semana de Bello en Caracas*. Caracas: Ediciones del Ministerio de Educación, 1953.

______________. *Tercer libro de la Semana de Bello en Caracas*. Caracas: Ediciones del Ministerio de Educación, 1954.

______________. *Cuarto libro de la Semana de Bello en Caracas*. Caracas: Ediciones del Ministerio de Educación, 1955.

______________. *Quinto libro de la Semana de Bello en Caracas*. Caracas: Ediciones del Ministerio de Educación, 1957.

______________. *Sexto libro de la Semana de Bello en Caracas*. Caracas: Ediciones del Ministerio de Educación, 1957.

VIDAL MUÑOZ, SANTIAGO. *Andrés Bello: Americanista y filósofo*. Madrid: Oriens, 1982.

ZEGERS BLACHET, PEDRO PABLO. "Vigencia de Andrés Bello en América Latina: Sus años en Chile: 1829-1865". *Poligramas*, N° 26 (Diciembre 2006), 1-16.

B) *Obras Generales*

AARSLEFF, HANS. *The Study of Language in England, 1780-1860*. Princeton: Princeton University Press, 1967.

______________. *From Locke to Saussure: Essays on the Study of Language and Intellectual History*. Minneapolis: University of Minnesota Press, 1982.

ADELMAN, JEREMY. *The Republic of Capital: Buenos Aires and the Legal Transformation of the Atlantic World*. Stanford: Stanford University Press, 1999.

——————————. *Sovereignty and Revolution in the Iberian Atlantic*. Princeton y Oxford: Princeton University Press, 2006.

AGUILAR RIVERA, JOSÉ ANTONIO. *Ausentes del universo: Reflexiones sobre el pensamiento político hispanoamericano en la era de la construcción nacional, 1821-1850*. México: Fondo de Cultura Económica y CIDE, 2012.

—————————— y RAFAEL ROJAS, coords. *El republicanismo en Hispanoamérica. Ensayos de historia Intelectual y política*. México: Centro de Investigación y Docencia Económica y Fondo de Cultura Económica, 2002.

ALEGRÍA, FERNANDO. *La poesía chilena. Orígenes y desarrollo del siglo XVI al XIX*. México: Fondo de Cultura Económica, 1954.

ALONSO, AMADO. *Castellano, español, idioma nacional: Historia espiritual de tres nombres*. 2ª ed. Buenos Aires: Editorial Losada, 1949.

ALONSO, PAULA, comp. *Construcciones impresas: Panfletos, diarios y revistas en la formación de los estados nacionales en América Latina, 1820-1920*. Buenos Aires: Fondo de Cultura Económica, 2003.

ALTSCHUL, NADIA R. *Geographies of Philological Knowledge. Postcoloniality and the Transatlantic National Epic*. Chicago y Londres: University of Chicago Press, 2012.

ANDERSON, PERRY. *Lineages of the Absolutist State*. Londres: NLB, 1974.

ANNA, TIMOTHY. *Spain and the Loss of America*. Lincoln y Londres: University of Nebraska Press, 1983.

BARTLEY, RUSSELL H. *Imperial Russia and the Struggle for Latin American Independence, 1808-1828*. Austin: University of Texas Press, 1978.

BARROS ARANA, DIEGO. *Un decenio de la historia de Chile, 1841-1851*. 2 tomos. Santiago: Imprenta y Encuadernación Universitaria, 1905-[Tomo 2 impreso por Imprenta y Litografía Barcelona] 1913.

BAUER, ARNOLD J. *Chilean Rural Society from the Spanish Conquest to 1930*. Cambridge: Cambridge University Press, 1975.

BENTON, LAUREN y LISA FORD. *Rage for Order: The British Empire and the Origins of International Law, 1800-1850*. Cambridge y Londres: Harvard University Press, 2016.

BERRUEZO LEÓN, MARÍA TERESA. *La lucha de Hispanoamérica por su independencia en Inglaterra, 1800-1830*. Madrid: Ediciones de Cultura Hispánica, 1989.

BOTANA, NATALIO R. "Las transformaciones del credo constitucional". En *De los imperios a las naciones: Iberoamérica*. Comp. por Antonio Annino, Luis Castro Leiva and François-Xavier Guerra. 473-494. Zaragoza: Ibercaja, 1994.

BRADING, DAVID A. *The First America: The Spanish Monarchy, Creole Patriots, and the Liberal State, 1492-1867*. Cambridge: Cambridge University Press, 1991.

Brahm García, Enrique. *Mariano Egaña. Derecho y política en la fundación de la República conservadora.* Santiago: Ediciones Centro de Estudios Bicentenario, 2007.

Bravo Lira, Bernardino. *Portales: El hombre y su obra. La consolidación del gobierno civil.* Santiago: Editorial Jurídica de Chile y Editorial Andrés Bello, 1989.

______________ y Felipe Vicencio, comps. *Manuel Montt. Educador, legislador, gobernante y magistrado en el bicentenario de su nacimiento (1809-2009),* 2 tomos. Santiago: Fundación Manuel Montt, 2009.

Brodie, Alexander, ed. *The Cambridge Companion to the Scottish Enlightenment.* Cambridge: Cambridge University Press, 2003.

Browning, John. *Vida e ideología de Antonio José de Irisarri.* Ciudad de Guatemala: Editorial Universitaria de Guatemala, 1986.

Bushnell, David. *The Making of Modern Colombia: A Nation in Spite of Itself.* Berkeley, Los Angeles, Oxford: University of California Press, 1993.

______________. *Simón Bolívar. Hombre de Caracas, proyecto de América: Una biografía.* Buenos Aires: Editorial Biblos, 2002.

______________ y Neill Macaulay. *The Emergence of Latin America in the Nineteenth-Century.* 2ª ed.Nueva York: Oxford University Press, 1994.

Campos Harriet, Fernando. *Desarrollo educacional, 1810-1960.* Santiago: Editorial Andrés Bello, 1960.

______________. *Historia constitucional de Chile. Las instituciones políticas y sociales,* 4ª ed. Santiago: Editorial Jurídica de Chile, 1969.

Carpenter, Kirsty. *Refugees of the French Revolution: Émigrés in London, 1789-1802.* Londres: Macmillan Press, 1999.

Carrasco Domínguez, Selim. *El reconocimiento de la independencia de Chile por España: La misión Borgoño.* Santiago: Editorial Andrés Bello, 1961.

Centeno, Miguel A. y Agustín Ferraro, eds., *State and Nation Making in Latin America and Spain: Republics of the Possible.* Cambridge: Cambridge University Press, 2013.

Collier, Simon. *La construcción de una república, 1830-1865. Política e ideas.* Trad. Fernando Purcell Torretti. Santiago: Ediciones Universidad Católica de Chile, 2005.

______________. *Ideas and Politics of Chilean Independence, 1808-1833.* Cambridge: Cambridge University Press, 1967.

______________. "The Historiography of the 'Portalian Period' (1830-1891) in Chile". *Hispanic American Historical Review,* 57, N° 4 (Noviembre 1977), 660-690.

COLLIER, SIMON. "Chile from Independence to the War of the Pacific". En *The Cambridge History of Latin America*. Comp. por Leslie Bethell, tomo 3, 583-613. Cambridge: Cambridge University Press, 1985.

______________. "Religious Freedom, Clericalism, and Anticlericalism in Chile, 1820-1920". En Richard Helmstadter, comp., *Freedom and Religion in the Nineteenth Century*. 302-338. Stanford: Stanford University Press, 1997.

______________ y WILLIAM F. SATER. *A History of Chile, 1808-2002*. 2ª Ed. Cambridge: Cambridge University Press, 2004.

COLMENARES, GERMÁN. *Las convenciones contra la cultura: Ensayos sobre la historiografía hispanoamericana del siglo XIX*. Santiago: Centro de Investigaciones Diego Barros Arana, 2006.

CONTRERAS F., LIDIA. *Historia de las ideas ortográficas en Chile*. Santiago: Centro de Investigaciones Barros Arana, 1993.

COSTELOE, MICHAEL P. *Response to Revolution: Imperial Spain and the Spanish American Revolutions, 1810-1840*. Cambridge: Cambridge University Press, 1986.

CRAIUTU, AURELIAN. *Liberalsim Under Siege: The Political Thought of the French Doctrinaires*. Lanham: Lexington Books, 2003.

CRISTI, RENATO, y PABLO RUIZ-TAGLE. *La República en Chile: Teoría y práctica del constitucionalismo republicano*. Santiago: LOM Ediciones, 2006.

CRUZ, NICOLÁS. *El surgimiento de la educación secundaria en Chile. 1843-1876 (El Plan de Estudios Humanista)*. Colección Sociedad y Cultura. Santiago: Ediciones de la Dirección de Bibliotecas, Archivos y Museos, 2002.

CUERVO, RUFINO JOSÉ. *El castellano en América: Polémica con Juan Valera*. Bogotá: Instituto Caro y Cuervo, 2004.

DAGER ALVA, JOSEPH. "El debate en torno al método historiográfico en el Chile del siglo XIX". *Revista Complutense de Historia de América*, 28 (2002), 97-138.

DAWSON, FRANK GRIFFITH. *The First Latin American Debt Crisis: The City of London and the 1822-25 Loan Bubble*. New Haven y Londres: Yale University Press, 1990.

DEAS, MALCOLM. *Del poder y la gramática, y otros ensayos sobre historia, política y literatura colombianas*. Bogotá: Tercer Mundo Editores, 1993.

______________. "Venezuela, Colombia and Ecuador: The First Half-Century After Independence". En *The Cambridge History of Latin America*. Comp. por Leslie Bethell. Tomo 3, 507-538. Cambridge: Cambridge University Press, 1985.

DEL VALLE, JOSÉ, ed., *A Political History of Spanish: The Making of a Language*. Cambridge: Cambridge University Press, 2013.

DÍEZ DEL CORRAL, LUIS. *El liberalismo doctrinario*. 2ª edición. Madrid: Instituto de Estudios Políticos, 1956.

DOMÍNGUEZ MICHAEL, CHRISTOPHER. *Vida de Fray Servando*. México: Ediciones Era e INAH, 2004.

DONOSO, RICARDO. *Las ideas políticas en Chile*. Colección Tierra Firme, N° 23. México: Fondo de Cultura Económica, 1946.

______________. *Antonio José de Irisarri, escritor y diplomático*. Santiago: Prensas de la Universidad de Chile, 1934.

______________. *Diego Barros Arana*. México: Instituto Panamericano de Geografía e Historia, 1967.

FAWCETT, LOUISE. "Between West and Non-West: Latin American Contributions to International Thought". *The International History Review*, 34, N° 4 (Diciembre 2012), 679-704.

FERRY, ROBERT J. *The Colonial Elite of Early Caracas: Formation and Crisis, 1567-1767*. Berkeley, Los Angeles, Londres: University of California Press, 1989

FLETCHER, RICHARD. *The Quest for El Cid*. Nueva York: Alfred A. Knopf, 1990.

______________. *Saint James's Catapult: The Life and Times of Diego Gelmírez of Santiago de Compostela*. Oxford: Clarendon Press, 1984.

FONTANA, BIANCAMARIA. *Benjamin Constant and the Post-Revolutionary Mind*. New Haven: Yale University Press, 1991.

______________. comp. *The Invention of the Modern Republic*. Cambridge: Cambridge University Press, 1994.

GAZMURI, CRISTIÁN. *La historiografía chilena, 1842-1970*. Tomo 1. Santiago: Taurus, 2006.

GÓNGORA, MARIO. *Ensayo histórico sobre la noción de Estado en Chile en los siglos XIX y XX*. 2ª ed. Santiago: Editorial Universitaria, 1986.

HALÉVY, ELIE. *The Growth of Philosophical Radicalism*. Nueva York: Augustus M. Kelley, 1949.

HALPERÍN DONGHI, TULIO. *Letrados y pensadores: El perfilamiento del intelectual hispanoamericano en el siglo XIX*. Buenos Aires: Emecé, 2013.

______________. *El espejo de la historia: Problemas argentinos y perspectivas hispanoamericanas*. 2ª ed. Buenos Aires: Editorial Sudamericana, 1998.

______________. *Reforma y disolución de los imperios ibéricos*. Madrid: Alianza Editorial, 1985.

______________ IVÁN JAKSIĆ, GWEN KIRKPATRICK y FRANCINE MASIELLO, comps. *Sarmiento: Author of a Nation*. Berkeley, Los Angeles, Londres: University of California Press, 1994.

HANISCH ESPÍNDOLA, WALTER. *El latín en Chile*. Santiago: Fondo Andrés Bello, Biblioteca Nacional, 1991.

HARVEY, ROBERT. *Liberators: Latin America's Struggle for Independence, 1810-1830*. Woodstock, Nueva York: The Overlook Press, 2000.

HAY, WILLIAM ANTHONY. *Lord Liverpool: A Political Life*. Woodbridge, Suffolk: The Boydell Press, 2018.

HEISE GONZÁLEZ, JULIO. *150 años de evolución institucional*. Santiago: Andrés Bello, 1960.

______________. *Años de formación y aprendizaje políticos, 1810-1833*. Santiago: Editorial Universitaria, 1978.

HENRÍQUEZ UREÑA, PEDRO. *Obra crítica*. Comp. por Emma Speratti. Prólogo de Jorge Luis Borges. México y Buenos Aires: Fondo de Cultura Económica, 1960.

HULME, T.E. "Romanticism and Classicism". En *Selected Writings*, editado por Patrick McGuinness. Manchester: Fyfield Books, 1998, 68-83.

HUNEEUS GANA, JORGE. *Cuadro histórico de la producción intelectual de Chile*. Santiago: Biblioteca de Escritores de Chile, 1910.

JAKSIĆ, IVÁN. *Academic Rebels in Chile: The Role of Philosophy in Higher Education and Politics*. Albany, NY: State University of New York Press, 1989.

______________. *Ven conmigo a la España lejana: Los intelectuales norteamericanos ante el mundo hispano, 1820-1880*. Santiago y México: Fondo de Cultura Económica, 2007.

______________. "Imparcialidad y verdad: El surgimiento de la historiografía chilena". *Estudios Públicos*, Nº 132 (Primavera 2013), 141-170.

______________. "La gramática de la emancipación". En Germán Carrera Damas y John Lombardi, comps. *La crisis estructural de las sociedades implantadas*. 507-521. Tomo 5 de *Historia general de América Latina*. París: Ediciones UNESCO/Editorial Trotta, 2003.

______________. y SOL SERRANO. "La Iglesia y el Estado liberal ante la difusión de la escritura en el Chile del siglo XIX". *Revista Historia*, 33 (2000), 435-460.

______________ y SOL SERRANO. "El gobierno y las libertades: La ruta del liberalismo chileno en el siglo XIX". *Estudios Públicos*, 118 (Otoño 2010), 69-105.

JOCELYN-HOLT LETELIER, ALFREDO. *La independencia de Chile: Tradición, modernización y mito*. Madrid: Editorial MAPFRE, 1992.

______________. *El peso de la noche: Nuestra frágil fortaleza histórica*. Buenos Aires: Ariel, 1997.

JOTABECHE [JOSÉ JOAQUÍN VALLEJO]. *Obras de Don José Joaquín Vallejo*. Comp. por Alberto Edwards. Santiago: Biblioteca de Escritores de Chile, 1911.

KATRA, WILLIAM H. DOMINGO F. *Sarmiento: Public Writer (Between 1839 and 1852)*. Tempe: Center for Latin American Studies, Arizona State University, 1985.

LAPESA, RAFAEL. *Historia de la lengua española*. 9ª ed. Madrid: Editorial Gredos, 1981.

LARRAÍN, CARLOS J. "Peñalolén". *Boletín de la Academia Chilena de la Historia*, 59 (1958), 56-97.

LIDA, RAIMUNDO. *Estudios hispánicos*. Comp. por Antonio Alatorre. México: El Colegio de México, 1988.

LIPP, SOLOMON. *Three Chilean Thinkers* [Francisco Bilbao, Valentín Letelier, Enrique Molina]. Waterloo, Ontario: Wilfrid Laurier University Press, 1975.

LLORENS, VICENTE. *Liberales y románticos: Una emigración española en Inglaterra, 1823-1834*. 2ª ed. Madrid: Editorial Castalia, 1968.

LOVEMAN, BRIAN. *No Higher Law: American Foreign Policy and the Western Hemisphere since 1776*. Chapel Hill: The University of North Carolina Press, 2010.

_______________. *Chile: The Legacy of Hispanic Capitalism*. 3ª ed. Nueva York: Oxford University Press, 2001.

_______________. *The Constitution of Tyranny: Regimes of Exception in Spanish America*. Pittsburgh y Londres: University of Pittsburgh Press, 1993.

_______________, y ELIZABETH LIRA, *Las suaves cenizas del olvido: Vía chilena de reconciliación política, 1814-1932*. Santiago: Ediciones LOM, 1999.

LYNCH, JOHN. *Simón Bolívar: A Life*. New Haven y Londres: Yale University Press, 2006.

_______________. *San Martín: Argentine Soldier, American Hero*. New Haven: Yale University Press, 2009.

MASUR, GERHARD. *Simón Bolívar*. 2ª ed. Albuquerque: University of New Mexico Press, 1969.

MCKINLEY, P. MICHAEL. *Pre-Revolutionary Caracas: Politics, Economy, and Society, 1777-1811*. Cambridge: Cambridge University Press, 1985.

MELLAFE, ROLANDO, ANTONIA REBOLLEDO y MARIO CÁRDENAS. *Historia de la Universidad de Chile*. Santiago: Ediciones de la Universidad de Chile, 1992.

MENÉNDEZ PIDAL, RAMÓN. *La España del Cid*. 5ª ed. 2 tomos. Madrid: Espasa-Calpe, 1956.

_______________. *Cantar de Mio Cid: Gramática, texto y vocabulario*. 3 tomos. Madrid: Espasa-Calpe, [1908-1911] 1976-1980.

MERRYMAN, JOHN HENRY. *The Civil Law Tradition: An Introduction to the Legal Systems of Western Europe and Latin America*. 2ª ed. Stanford: Stanford University Press, 1985.

MICHAEL, IAN, comp. *The Poem of the Cid: A New Critical Edition of the Spanish Text*. Trad. de Rita Hamilton y Janet Perry. Manchester: Manchester University Press, 1975.

MIROW, MATTHEW C. *Latin American Law: A History of Private Law and Institutions in Spanish America*. Austin: University of Texas Press, 2004.

MIROW, MATTHEW C. "The Power of Codification in Latin America: Simón Bolívar and the *Code Napoléon*". *Tulane Journal of International and Comparative Law*, 8 (Primavera 2000), 83-116.

MITCHELL, LESLIE. *Holland House*. Londres: Duckworth, 1980.

MITRE, BARTOLOMÉ. *Historia de la emancipación sudamericana*. Buenos Aires: Ediciones Peuser, 1946.

MONDOLFI GUDAT, EDGARDO. *Luis López Méndez (1758-1841)*. Caracas: Biblioteca Biográfica Venezolana, 2011.

______________. *Diplomacia insurgente: Contactos de la insurgencia venezolana con el mundo inglés (1810-1817)*. Caracas: Universidad Metropolitana, 2014.

MONGUIÓ, LUIS. *Don José Joaquín de Mora y el Perú del ochocientos*. Berkeley y Los Angeles: University of California Press, 1967.

MONTANER BELLO, RICARDO. *Historia diplomática de la independencia de Chile*. Santiago: Editorial Andrés Bello, 1961.

MORENO MOLINA, AGUSTÍN. *Entre la pobreza y el desorden. El funcionamiento del gobierno en la presidencia de José Gregorio Monagas*. Caracas: Universidad Católica Andrés Bello, 2004.

MORRISON, ROBERT. *The Regency Years*. Nueva York y Londres: W.W. Norton, 2019.

MUIR, RORY. *Britain and the Defeat of Napoleon, 1807-1815*. New Haven y Londres: Yale University Press, 1996.

MUÑOZ MACHADO, SANTIAGO. *Hablamos la misma lengua: Historia política del español en América, desde la Conquista a las Independencias*. Barcelona: Crítica, 2017.

MURPHY, MARTIN. *Blanco White: Self-Banished Spaniard*. New Haven y Londres: Yale University Press, 1989.

NEBRIJA, ANTONIO DE. *Gramática de la lengua castellana*. Edición de Antonio Quilis. Madrid: Editorial Centro de Estudios Ramón Areces, [1492] 1989.

OSSA SANTA CRUZ, JUAN LUIS. *Armies, Politics and Revolution: Chile, 1808-1826*. Liverpool: Liverpool University Press, 2014.

______________. "Francisco Antonio Pinto en los albores de la República, 1785-1828". Tesis de Licenciatura. Instituto de Historia, Universidad Católica de Chile, 2006.

______________. "La actividad política de Francisco Antonio Pinto: 1823-1828. Notas para una revisión biográfica". *Revista Historia*, 40, N° 1 (Enero-Junio, 2007), 91-128.

PAGDEN, ANTHONY. *Spanish Imperialism and the Political Imagination: Studies in European and Spanish-American Social and Political Theory, 1513-1830*. New Haven y Londres: Yale University Press, 1990.

Paquette, Gabriel. "The Intellectual Context of British Diplomatic Recognition of the South American Republics, c. 1800-1830". *Journal of Transatlantic Studies*, 2, N° 1 (2004), 75-95.

Parra-León, Caracciolo. *Filosofía universitaria venezolana*. En *Obras*. Madrid: Editorial J.B., 1954.

Parra-Pérez, Caracciolo. *Historia de la primera República de Venezuela*. Caracas: Biblioteca Ayacucho, [1939] 1992.

Pereira Salas, Eugenio. *Historia del teatro en Chile, desde sus orígenes hasta la muerte de Juan Casacuberta*. Santiago: Ediciones de la Universidad de Chile, 1974.

Pinilla, Norberto. *La generación chilena de 1842*. Santiago: Editorial Manuel Barros Borgoño, 1943.

Pino Iturrieta, Elías. *La independencia a palos y otros ensayos*. Caracas: Editorial Alfa, 2011.

Piwonka Figueroa, Gonzalo. *Orígenes de la libertad de prensa en Chile: 1821-1830*. Santiago: RIL Editores, DIBAM y Centro de Investigaciones Diego Barros Arana, 2000.

Pocock, J.G.A. *The Machiavellian Moment: Florentine Political Thought and the Atlantic Republican Tradition*. Princeton: Princeton University Press, 1975.

Polanco Alcántara, Tomás. *Simón Bolívar: Ensayo de una interpretación biográfica a través de sus documentos*. Caracas: Academia Nacional de la Historia, 1994.

Posada-Carbó, Eduardo, comp. *In Search of a New Order: Essays on the Politics and Society of Nineteenth-Century Latin America*. Londres: Institute of Latin American Studies, 1998.

Pratt, Mary Louise. *Imperial Eyes: Travel Writing and Transculturation*. Londres y Nueva York: Routledge, 1992.

Quintero, Inés. *La conjura de los Mantuanos. Último acto de fidelidad a la monarquía española. Caracas, 1808*. Caracas: Universidad Católica Andrés Bello, 2002.

________________. *La criolla principal: María Antonia Bolívar, hermana del Libertador*. 2ª Ed. Caracas: Fundación Bigott, 2004.

________________. *El hijo de la panadera: Francisco de Miranda*. Caracas: Editorial Alfa, 2014.

Racine, Karen. *Francisco de Miranda: A Transatlantic Life in the Age of Revolution*. Wilmington, DE: Scholarly Resources, 2003.

________________. "Imagining Independence: London's Spanish American Community, 1790-1829". Tesis Doctoral, Tulane University, 1996.

RACINE, KAREN. "Commercial Christianity: The British and Foreign Bible Society's Interest in Spanish America, 1805-1830". *Bulletin of Latin American Research*, 27, N° 1 (2008), 70-87.

__________. "'This England and This Now': British Cultural and Intellectual Influence in the Spanish American Independence Era", *Hispanic American Historical Review*, 90, N° 3 (2010), 423-454.

RAMOS, JULIO. *Paradojas de la letra*. Caracas: Ediciones eXcultura, 1996.

RENGIFO S., FRANCISCA. *Vida conyugal, maltrato y abandono. El divorcio eclesiástico en Chile, 1850-1890*. Santiago: Editorial Universitaria y Centro de Investigaciones Diego Barros Arana, Biblioteca Nacional, 2010.

ROBERTSON, WILLIAM SPENCE. *The Life of Miranda*. 2 tomos. Nueva York: Cooper Square Publishers, 1969.

RODRÍGUEZ O., JAIME E. *The Independence of Spanish America*. Cambridge: Cambridge University Press, 1998.

RODRÍGUEZ, MARIO. *"William Burke" and Francisco de Miranda: The Word and the Deed in Spanish America's Emancipation*. Lanham: University Press of America, 1994.

ROJAS, RAFAEL. *Las Repúblicas de Aire: Utopía y desencanto en la revolución de Hispanoamérica*. México: Taurus, 2009. [Contiene un capítulo sobre Andrés Bello, pp. 185-227].

SALAZAR, GABRIEL. *Construcción de Estado en Chile (1760-1860). Democracia de los "pueblos". Militarismo ciudadano. Golpismo oligárquico*. Santiago: Editorial Sudamericana, 2005.

SANHUEZA CERDA, CARLOS. *Chilenos en Alemania y alemanes en Chile. Viaje y nación en el siglo XIX*. Colección Sociedad y Cultura. Santiago: Ediciones de la Dirección de Bibliotecas, Archivos y Museos, 2006.

SANTA CRUZ A., EDUARDO. *La prensa chilena en el siglo XIX. Patricios, letrados, burgueses y plebeyos*. Santiago: Editorial Universitaria, 2010.

SCHOULTZ, LARS. *Beneath the United States: A History of U.S. Policy Toward Latin America*. Cambridge, MA: Harvard University Press, 1998.

SERRANO, SOL. *Universidad y nación: Chile en el siglo XIX*. Santiago: Editorial Universitaria, 1994.

__________. *¿Qué hacer con Dios en la República? Política y secularización en Chile, 1848-1885*. Santiago: Fondo de Cultura Económica, 2008.

__________. "Emigrados argentinos en Chile (1810-1855)". En Esther Edwards, comp., *Nueva mirada a la historia*. 107-126. Buenos Aires: Editorial Ver, 1996.

SHER, RICHARD B. *Church and University in the Scottish Enlightenment: The Moderate Literati of Edinburgh*. Princeton: Princeton University Press, 1985.

SHURBUTT, T. RAY., comp. *United States-Latin American Relations, 1800-1850: The Formative Generations*. Tuscaloosa: The University of Alabama Press, 1991.

SILVA CASTRO, RAÚL. *Prensa y periodismo en Chile, 1812-1956*. Santiago: Ediciones de la Universidad de Chile, 1958.

SMITH, COLIN. *The Making of the "Poema de Mio Cid"*. Cambridge: Cambridge University Press, 1983.

SMITH, OLIVIA. *The Politics of Language, 1791-1829*. Oxford: Clarendon Press, 1984.

STRAKA, TOMÁS. *La voz de los vencidos: Ideas del partido realista de Caracas, 1810-1821*. Caracas: Comisión de Estudios de Posgrado, Facultad de Humanidades y Educación, Universidad Central de Venezuela, 2000.

______________. *Las alas de Ícaro: Indagación sobre ética y ciudadanía en Venezuela (1800-1830)*. Caracas: Universidad Católica Andrés Bello y Fundación Konrad Adenauer Stiftung, 2005.

STUVEN V., ANA MARÍA. *La seducción de un orden: Las elites y la construcción de Chile en las polémicas culturales y políticas del siglo XIX*. Santiago: Ediciones Universidad Católica de Chile, 2000.

SUBERCASEAUX, BERNARDO. *Cultura y sociedad liberal en el siglo XIX (Lastarria, ideología y literatura)*. Santiago: Editorial Aconcagua, 1981.

______________. *Historia de las ideas y la cultura*. 3 tomos. Santiago: Editorial Universitaria, 2011.

TAPIA RODRÍGUEZ, MAURICIO. *Código Civil, 1855-2005. Evolución y perspectivas*. Santiago: Editorial Jurídica de Chile, 2005.

TEMPERLEY, HAROLD. *The Foreign Policy of Canning, 1822-1827: England, the Neo-Holy Alliance, and the New World*. Londres: Frank Cass & Co., 1966.

TICKNOR, GEORGE. *History of Spanish Literature*. 2ª ed. 3 tomos. Nueva York: Harper & Brothers, Publishers, 1854.

TOLAN, JOHN. "The Battle of Roncesvalles as Nationalist Polemic". En Marina Pérez de Mendiola, comp. *Bridging the Atlantic: Toward a Reassessment of Iberian and Latin American Cultural Ties*. 15-29. Albany, NY: State University of New York Press, 1996.

TURNER, JAMES. *Philology: The Forgotten Origins of the Modern Humanities*. Princeton: Princeton University Press, 2014.

TYACK, DAVID B. *George Ticknor and the Boston Brahmins*. Cambridge, MA: Harvard University Press, 1967.

URZÚA VALENZUELA, Germán. *Historia política de Chile y su evolución electoral (desde 1810 a 1992)*. Santiago: Editorial Jurídica de Chile, 1992.

VALENZUELA, JULIO SAMUEL. *Democratización vía reforma: La expansión del sufragio en Chile*. Buenos Aires: Ediciones del IDES, 1985.

VARONA, ALBERTO J. *Francisco Bilbao: Revolucionario de América*. Buenos Aires: Ediciones Excelsior, 1973.

VÉLIZ, CLAUDIO. *The Centralist Tradition of Latin America*. Princeton: Princeton University Press, 1980.

__________. *The New World of the Gothic Fox: Culture and Economy in English and Spanish America*. Berkeley, Los Angeles, Londres: University of California Press, 1994.

VELLEMAN, BARRY L. "Domingo F. Sarmiento y la función social de la lengua". *Historiographia Linguistica*, 24, N° 1-2 (1997), 159-174.

VERDEVOYE, PAUL. *Sarmiento, Éducateur et Publiciste (entre 1839 et 1852)*. París: Centre de Recherches de l'Institute d'Etudes Hispaniques, 1964.

VICUÑA MACKENNA, BENJAMÍN. *Historia de la guerra de Chile con España, 1863-66*. Santiago: Imprenta Victoria, 1883.

VILLALOBOS RIVERA, SERGIO. *Portales: Una falsificación histórica*. Santiago: Editorial Universitaria, 1989.

WAGNER DE REYNA, ALBERTO. *Las relaciones diplomáticas entre el Perú y Chile durante el conflicto con España (1864-1867)*. Lima: Ediciones del Sol, 1963.

WELCH, CHERYL B. *Liberty and Utility: The French Idéologues and the Transformations of Liberalism*. Nueva York: Columbia University Press, 1984.

WHITAKER, ARTHUR P. *The United States and the Independence of Latin America, 1800-1830*. Nueva York: W.W. Norton & Co., 1964.

WHITEHILL, WALTER MUIR, comp. *Liber Sancti Jacobi. Codex Calixtinus*. 3 tomos. Santiago de Compostela: Seminario de Estudios Gallegos, 1944.

WILLIFORD, MIRIAM. *Jeremy Bentham in Spanish America: An Account of his Letters and Proposals to the New World*. Baton Rouge y Londres: Louisiana University Press, 1980.

WOLL, ALLAN. *A Functional Past: The Uses of History in Nineteenth-Century Chile*. Baton Rouge y Londres: Louisiana State University Press, 1982.

YEAGER, GERTRUDE M. *Barros Arana's "Historia Jeneral de Chile": Politics, History, and National Identity*. Forth Worth: Texas Christian University Press, 1981.

__________. "Elite Education in Nineteenth-Century Chile". *Hispanic American Historical Review*, 71, N° 1 (Febrero 1991), 73-105.

__________. "Sobrellevar el pasado español. Liberalismo latinoamericano y la carga de la historia colonial en el siglo XIX: El caso chileno". En Gabriel Cid y Alejandro San Francisco, eds. *Nación y nacionalismo en Chile. Siglo XIX*. 2 tomos. Santiago: Centro de Estudios Bicentenario, 2009.

ÍNDICE ANALÍTICO

Jorge IV, 135. *Véase también* Gran Bretaña.

Jotabeche. *Véase* Vallejo, José Joaquín

Junín, 118. *Véase también* Hispanoamérica: Independencia

Justicia, 94

Justiniano, 166, 170, 258. *Véase también* Derecho romano

Lamanon, Teniente Paul de, 47, 61

Lancaster, sistema de educación, 127

Lastarria, José Victorino, 153, 166, 179, 204, 205-208, 210, 211, 212, 215, 217, 219, 227, 279, 280, 312, 313
"Bosquejo histórico de la Constitución", 214, 215
"Investigaciones sobre la influencia social de la conquista", 208, 213
Recuerdos literarios, 116, 205, 208, 279

Latín, 58, 80, 93, 97, 114, 117, 124, 167, 170, 171, 229, 230, 280,281, 308. *Véase también* Literatura Latina

Lavoisier, Antoine Laurent, 202

Leibniz, Gottfried Wilhelm von, 37, 256

Lenguaje, 56, 212, 214, 221, 229, 233, 236, 296, 316, 330. *Véase también* Castellano
Fragmentación lingüística, 97, 173
Neologismos, 203, 223, 230
y política, 223
y sociedad, 248
Unidad lingüística, 97, 98, 173, 234, 235, 330

Lenguas románicas, 308

Leo, Heinrich, 218

Lerminier, Jean Louis Eugène, 256

Ley, 56, 147, 180, 234, 254, 326
y ciudadanía, 263-268
y costumbre, 170, 250
Escrita, 218, 235, 250, 268
y gramática, 238
Igualdad, 179, 254
Imperio de la ley, 94, 98, 103, 165, 317, 326, 327
y sociedad, 249

Liberalismo, 24, 26, 105, 147, 166, 170, 179

Libertad, 51, 105, 114, 121, 157, 173, 203, 204, 212, 265, 267; versus "licencia", 203, 204, 214, 222, 224, 266, 267, 327
Libertad de prensa, 26, 204

Liceo de Chile, 151, 152, 153, 167, 205. *Véase también* Mora, José Joaquín

Lima. *Véase* Perú

Literatura y letras, 201, 202, 203, 206, 222, 223, 306, 327
Clásica, 197, 327, 330
Clasicismo versus romanticismo, 221, 222, 223
Neoclasicismo, 99, 222

Literatura española (poesía y prosa),
El Bernardo, por Bernardo de Balbuena, 302
Cantar de Mio Cid, 89, 92-96, 105, 174, 256, 295, 310, 313, 324
Crónica del Cid, 306, 309, 310
Medieval, 96, 295, 297, 300, 306, 311, 316
Romances, 300, 314

Literatura francesa. *Véase* Francia: literatura

Literatura latina (prosa y poesía), 280. *Véase también* Latín

EDITORIAL UNIVERSITARIA